海外日本人社会とメディア・ネットワーク

バリ日本人社会を事例として

吉原直樹
編著 今野裕昭
松本行真

東信堂

はじめに

　世紀転換期あたりから頓(とみ)に指摘されるようになったのは、海外から来る人、海外に出て行く人が増えただけでなく、そうした人びとによる移動のなかみが大きく変わってきたことである。それは海外に出て行く人についていうなら、当の移動していく人びとの様変わりに加えて海外日本人社会の変容をともなっていた。ちょうどこの頃に、越境や場所が社会科学の争点になり、移動が大きなテーマになっている。それは従来の移民研究に新たな次元を加えるものであったが、本書の基となる共同研究は、そうした動きのなかで企画された。幸い、科学研究費が採択され、共同研究をすすめていくための条件が確保された。「あとがき」にも記したように、共同研究は実質的にバリをフィールドにして進められた。その間、吉原を中心にして、アーリのモビリティ・スタディーズなどに依拠しながら、共同研究のための理論的枠組みの検討と推敲がおこなわれた。この二つの作業がうまくいったかどうかはわからないが、とにかくその二つが車の両輪となって共同研究が進められてきたのである。

　ところで上述した移民および日本人社会の変容をめぐってしばしば指摘されるのは、それらがいかにもフットワークが軽くて脱ナショナリティ志向を有しているということである。ライフスタイル移民とか文化移民などの言葉がそれらを説明するためのキーワードとなっている。それらは状況認識としては概ね間違っていないと思う。本書じたい、こうしたキーワードを基軸に据えている。しかし本書がこのタイミングで刊行されるのを、それだけで説明することはできない。2010年頃から顕著になった以下のような動きが、本書刊行に微妙な影を落しているのはまちがいない。

　一つの動きは、海外に移住・長期滞在する人がますます増えていることである。手元にあるロングステイ財団の資料によると、物価が安い（これは今となっては、ほとんどためにする説明となっている）のうえに、人の目を気にせずに生活できることが多くの人びとを海外に向かわせているという。ちなみに、

こうした動きは高齢のリタイア組だけでなく、子育て世代にも広がっている。考えようによっては、こうした海外に移住・長期滞在する人はライフスタイル移民を地で行っているようにみえる。しかしかれら／かの女らの背後には、一向に明るい兆しのみえない日本社会が見え隠れしている。近い将来破綻するといわれている年金、少子高齢化がとまらず縮小していく経済、再チャレンジの機会などどこにもない社会……。結局、ロングステイ層の背後から浮かび上がってくるのは、「貧困」であり「生きにくさ」である。かれら／かの女らは選んでいるようにみえて、実は選ばされているのである。

　さて指摘したいいま一つの動きは、東日本大震災後、さらなる災害や原発事故を恐れて海外に避難する人が増えていることである。海外移住を支援している「アエルワールド」によると、3・11以降、問い合わせが急増しているという（『福島民報』2012年12月30日付）。ここでは特に子育て世代が中心になっているが、被曝や災害への「行き当たりばったりの対応が続く日本政府」への不信が、かれら／かの女らをして海外避難を選ばせているという。こうした人びともまたライフスタイル移民かもしれない。しかしそこからみえてくるのは、やはり「生きにくさ」である。

　ここで想起されるのは、90年代において日本の男性社会から積極的に降りて、層をなして海外に向かった日本人女性たちのことである。ライフスタイル移民の嚆矢をなした、まさに「先発組」であるかの女たちもまた「生きにくさ」からの脱出を強く望んでいた。しかしいまみてきたようなロングステイ層や災害・原発事故避難組の抱える「生きにくさ」は、この「先発組」のかかえるそれとは微妙に異なっている。どう違うのかといえば、何といっても前者の「生きにくさ」には「貧困」が複雑にからまっている。逆に、後者の「生きにくさ」には、抑圧にともなうある種の諦めが伏在している。だから、「生きにくさ」といっても、もはや単焦点では語り得ないのである。いずれにせよ、本書をライフスタイル移民や文化移民の影の部分が明らかになっているこの時期に刊行することの意味と課題を深く認識せざるを得ない。本書がフィールドにしているバリはそうした点で恰好のラボラトリーである。

　とはいえ、本書では、いま述べたことをほとんど対象には入れていないし、

本格的に言及することもしていない。前記したロングステイ層や災害・原発事故避難組が日本人社会に参入した場合、日本人社会に大きな変容をもたらすことはまちがいないであろう。ただそれがどういう方向に向かうかは、いまのところまったく予想がつかない。ひょっとしたら脱ナショナリティ志向が強まるかもしれない。しかしそれがいきなり脱統合に向かうとはとても思えない。ともあれ、これらはたしかに本書の視圏内にはあるが、ここでは具体的に論じることはしない。何といっても、そのためのフィールドワークがほとんどできていないのである。さしあたり、本書以降の課題[※]として残しておくことにしよう。

　さて、こうしてみると、本書は掲げたテーマのごく一部にしか分け入っていないことに気づく。それでも、執筆に加わったメンバー、とりわけ新たに加わったメンバーは、このテーマに少しでも近づこうと奮闘している。このことを感じていただければ、本書の企図は概ね達成されたと思う。

2016年2月

吉原 直樹

※本書は「あとがき」でも言及したように、ほんの短期間で編集し刊行することになった。したがって、未遂のフィールドワークを補填することができなかっただけでなく、内容の推敲も不十分な点があるかもしれない。言い訳じみて潔しとしないが、これらの課題については、各執筆者と協議していずれ別の機会に果たしたいと考えている。

海外日本人社会とメディア・ネットワーク／目　次
　──バリ日本人社会を事例として

　　はじめに　i

序　章　いまなぜ海外日本人社会なのか……………　吉原　直樹　3
　1　グローバル化と移動／越境　4
　2　「ポストコロニアルの社会」と移民／ディアスポラの変容　6
　3　エスニック・コミュニティの変容とメディア・ネットワークの台頭　8
　4　本書の課題　10

第Ⅰ部　移民と海外日本人社会　17

第1章　日本人の海外移民史…………………………　前山総一郎　19
　　　　──グローバル・ディアスポラ論を参考に
　1　はじめに　19
　　（1）グローバル・ディアスポラ　20
　　（2）「ディアスポラの共通の特徴」　21
　2　前　史　23
　　（1）南アジアにおける「日本人町」の形成　23
　　（2）南欧・南米への「日本人奴隷」の売買と輸送　24
　3　近代日本の移民活動　25
　　（1）近代日本の移民活動の成立（明治維新1868年〜日露戦争1904年）　25
　　（2）移民事業の社会化（1905年〜米国の日本人移民禁止1924年）　27
　　（3）移民の国策化（1925年〜第二次大戦終結1945年）　29
　4　第二次世界大戦後（1946年〜）　30
　5　ディアスポラとしての日本の移民の特徴　31
　　（1）日本の移民の基調──労働移民のパターン　33
　　（2）当初から多様な移民パターンの存在　33
　　（3）労働移民→国策労働移民／戦時国策移民→企業移民　34
　　（4）日本のTrade（交易）型ディアスポラ　34

第2章　「ライフスタイル移民」の光と影............ 吉原　直樹　37
　　　　──ポスト3・11の福島を見据えながら
　1　はじめに　37
　2　「国策移民」から「企業移民」へ──「選べない移動」の二つの形　40
　　（1）「国策移民」としての満州移民　40
　　（2）ポストコロニアルと「企業移民」　41
　3　バリにおける「ライフスタイル移民」──「選べる移動」の一つの形　42
　　（1）「選べる移動」と「ライフスタイル移民」　42
　　（2）バリの日本人社会　43
　　（3）リタイアメント層と「棄民化」　45
　4　福島からの難民──「選べない移動」のもう一つの形　46
　　（1）「難民化」する「被曝した地元民」　46
　　（2）新自由主義的な復興とコミュニティ期待論の間　47
　5　むすびにかえて　49

第3章　バリ日本人会と日本人社会の形成............ 今野　裕昭　55
　　　　──日本人会の運営主体の変遷と日本人社会
　1　はじめに　55
　2　バリ日本人会の設立と会の特質　57
　　（1）バリ日本人会の設立事情　57
　　（2）バリ日本人会の特質　61
　3　バリ日本人会の成立と運営主体の変容　62
　　（1）バリ日本人会の組織と活動　62
　　（2）バリ日本人会の運営主体の変遷と要因　67
　　（3）日本人会の形成過程を規定した背景要因　79
　4　むすびにかえて──バリ日本人会と日本人社会の形成　82

第Ⅱ部　バリ日本人社会とメディア・ネットワーク　89

第4章　バリ日本人社会の先駆者たち................ 今野　裕昭　91
　　　　──バリ日本人社会第1世代の軌跡
　1　バリ日本人社会立ち上がりの中の第1世代　91
　　（1）1970年代80年代のバリの日本人たち（聞き書き）　91

  (2) バリ日本人社会の第1世代の3タイプ　95
  (3) バリ日本人社会の第1世代、第2世代、そして第3世代　99
 2　第1世代の人びと　100
  (1) バリ文化の理解者（サリさん）　101
  (2) インドネシア語・日本語の教育者（さち子さん）　110
  (3) 地元大手旅行会社の起業家（万亀子さん）　119
  (4) 日本人会立ち上げの橋渡し役（野口さん）　128
 3　むすびにかえて　139

第5章　日本人社会の多様なネットワーク(1)　吉原直樹、松本行真　145
  ——日本人会をめぐって

 1　はじめに　145
 2　バリの日本人とバリ日本人会　147
  (1) バリの日本人　147
  (2) バリ日本人会——一つの日本人社会　149
  (3) バリ在住の日本人とバリ日本人会の間　150
 3　ライフヒストリーからみたバリ在住の日本人　153
 4　バリ滞在日本人の意識と行動——アンケート調査結果を読みとく　155
  (1) バリ居住以前　155
  (2) バリ居住後　166
  (3) 今後の展望　182
  (4) 基本属性　186
 5　多重化する情報環境　190
  (1) ポスト「文化的エンクレイブ化」　190
  (2) 複層化する日常使用言語　193
  (3) 接触情報メディアの動向　196
  (4) 接触情報メディアの出自国化　201
 6　むすびにかえて　202

第6章　日本人社会の多様なネットワーク(2)　…吉原直樹、松本行真　207
  ——X店協賛店をめぐって

 1　はじめに　207
 2　X店協賛店の概要とネットワーク　208

(1) X店協賛店の概要　208
　　(2) X店協賛店の立地場所　211
　　(3) X店協賛店のネットワーク　214
　3　ネットワークと情報環境　216
　4　むすびにかえて　220

第7章　日本人社会の多様なネットワーク（3）… 吉原　直樹　225
　　　　――群立するネットワーク

　1　はじめに　225
　2　さまざまなネットワーク　226
　　(1) 「硬い組織」からの離床　226
　　(2) キーパーソンの生きてきた／生きる「かたち」　232
　　(3) ネットワークと「ひきこもり年金族」　238
　3　ネットワークのもう一つの「かたち」――「半熟の会」寸描　240
　　(1) 第2世代の女たち　240
　　(2) 「躓きの石」　246
　4　変容する情報環境　247
　　(1) すすむ紙媒体離れ　247
　　(2) 多層化する情報環境　248
　5　むすびにかえて　249

第8章　情報環境の多様化と日本人向けメディアの動向
　　　　――観光メディアの分析を通して …………… 松本　行真　255

　1　はじめに　255
　2　各メディアの変遷　258
　　(1) 観光メディア――日本からのまなざし『地球の歩き方』　258
　　(2) 現地日本人向けメディア――バリ社会へのまなざし　264
　3　情報環境とまなざしの変化――インターネットは何をもたらしたか　273

第9章　国際結婚と日本人社会……　ニ・ヌンガー・スアルティニ　285
　　　　――「ライフスタイル移民」をめぐって

　1　はじめに　285

2　ハイパガミー志向型からライフスタイル志向型の国際結婚　286
　　　（1）日本人女性における国際結婚　286
　　　（2）バリ島における日本人女性の国際結婚　287
　　　（3）ライフスタイル志向型の国際結婚　289
　　3　国際結婚にともなう国籍の選択をめぐって　292
　　　（1）国際結婚と国籍　293
　　　（2）バリ島における日本人女性の国際結婚と国籍について　295
　　4　むすびにかえて　301

第Ⅲ部　まなざしのなかの日本人社会　307

第 10 章　バリの大学生からみた日本人／日本人社会
　　　　　　　　　………………… イ・マデ・ブディアナ、松本行真　309
　　1　はじめに　309
　　2　日本語学科の概要　311
　　　（1）設立経緯　312
　　　（2）ビジョンとミッション　312
　　　（3）カリキュラム　312
　　3　日本語学科学生の実態　314
　　　（1）アンケート調査結果　314
　　　（2）ヒアリング調査結果　327
　　　（2）どのように日本を感じ、変わっていったのか　344
　　4　むすびにかえて──ディバイドの要因は何か　350

第 11 章　バリ島のゲーテッド・コミュニティと日本人
　　　　　　　　　……………………………………… 菱山　宏輔　353
　　1　はじめに　353
　　2　調査概要　356
　　3　デンパサール市内のゲーテッド・コミュニティの事例　358
　　　（1）Ｋさんの場合：自律した職業生活とバリの宗教性　358

（2）Mさんの場合：安全性・利便性とトロピカルなバリ　365
　　（3）Aさんの場合：ナチュラル・コロニアル・ハイブリッド　368
　　（4）SBさんの場合：ゲーテッド・コミュニティで距離感を学ぶ　372
　4　南部観光地区に隣接したゲーテッド・コミュニティの事例　380
　　（1）Jさんの場合：ここはバリじゃないみたい、ただ暑いだけ　380
　　（2）Nさんの場合：シンプルにして、求めればそこにある　383
　　（3）Oさんの場合：半径2km圏に地元も観光も何でもある　386
　　（4）Fさんの場合：バリの原風景は「静かで何も無い」　388
　5　総　括　391
　6　むすびにかえて　394

第12章　交錯する「まなざし」と複層化する社会観…松本　行真　397
　1　はじめに　397
　2　日本／バリ双方からみたバリ社会における日本人・バリ人　398
　　（1）バリ島とのかかわり　398
　　（2）日本、バリへの／からのまなざし　400
　　（3）日本のなかのバリ　405
　3　「まなざし」と社会観　408

資　料……………………………………………………………… 415
　バリ日本人会調査　417
　日本語学科学生が抱く日本イメージ調査　433

　あとがき　441
　事項索引　447
　人名索引　450
　執筆者紹介　452

海外日本人社会とメディア・ネットワーク
──バリ日本人社会を事例として

序　章
いまなぜ海外日本人社会なのか

吉原　直樹

───────────────────────

> 「私たちは誰なのか、そして私たちはどの空間／場所に属しているのか。私たちは世界市民なのか、国民なのか、土地の人なのか。」
> ——Harvey, D., *Hybrid of Modernity*.

　本書は、バリの日本人社会を事例として、グローバル化の進展とともに定住と移動のあいだを揺れ動く海外日本人社会のありようを、コミュニティとネットワークに基軸を据えながら越境とメディアに照準して明らかにしようとするものである。これまで海外日本人社会については数多くのモノグラフが累積されているが、それらはほとんどが「コロニアルの社会」および「ポストコロニアルの社会」を与件とするものであった。それにたいして、ここでいう「グローバル化の社会」を与件とする海外日本人社会についてのモノグラフは、管見のかぎりほとんどない[1]。

　ちなみに、ここでは特に女性の移民・移動に着目して日本人社会のありように迫るが、女性の移民・移動に関して言うと、これまではどちらかというと家事労働や介護労働をめぐる移民・移動の研究が主流であった。そして搾取され抑圧され周縁化された女性という画一化されたイメージ（「弱い女」）とともに論じられる傾向にあった。たしかにある種のジェンダー論は、こうした周縁化された女性が移動にともなって生じる連帯や地位の向上を契機として「強い女」になると主張しているが、そうした論議自体、画一化したイメー

ジを広げてきたといっていい。しかし「グローバル化の社会」の下での女性の移動は、(女性を)いっそう周縁化する一方で、身ぶり大きい社会の変化に規定されながら規定し返す「共同性」をもたらしている。そしてそのことが日本人社会のありようにも少なからず影響をおよぼしている。

そこでまず、身ぶり大きい社会の変化、いわゆるグローバル化の進展が移民・移動のかたちにどのような変化をもたらしているかを一瞥することからはじめよう。

1　グローバル化と移動／越境

こんにち女性にかぎらずヒトによる移動をみる場合、その最大の規定要因としてあるのはグローバル化である。このグローバル化にともなってヒトの移動がかってない規模で広がっている。ここではそれを従来の移動と区別してモビリティと呼ぶことにする[2]。このモビリティを特徴づけるものは、何といっても、脱領域的で多方向的で複層的であることだ。かつての移動ははっきりとした境界をもつ社会と深く関連していた。しかしヒトのグローバルなフローとハイブリディティからなるモビリティは、基本的には領域性によって規定されない。ちなみに、この「トランスナショナル」、つまり国家を越えたものとしてあるモビリティを、アルジュン・アパデュライは「根本的にフラクタル的であって、ユークリッド的な境界や構造や規則性をもはや備えていない」(Appadurai 1996=2002:27) としている。つまりモビリティは「領域のメタファー」ではなく「流動体のメタファー」で、さらに「構造のメタファー」ではなく「ネットワークのメタファー」で表象されるというわけである (Urry 2000 = 2006：59-60)。

ともあれ、モビリティがグローバルなフロー／流動そのものとなることによって、脱領域化／越境とネットワークが社会の前景に立ちあらわれるようになっている。なお、サンドロ・メッザードラは、この越境を「逃走」ととらえ、次のように述べている (Mezzadra 2006=2015:12)。

「(逃走とは、)旅行、発見、知への渇望であり、マヤコフスキーによって『日常の陳腐さ』と呼ばれた事柄の拒否でもある。」

そして続けて言う(ibid.:14)。

「移民をひとつの『文化』、『民族』、『コミュニティ』の『特徴をよく示す代表者』へと還元すること」は「かなり流布しているが、逃走の権利というカテゴリーは……それに逆らい、移民の主役たる人間たちの個体性、還元不可能な特異性を強調する方向へと向かう。」

この「逃走」という暗喩表現は、今日のモビリティと越境の複雑な性格を示してあまりある。何よりも注目されるのは、移民たちの越境、ここでいう「逃走」のもつ多面性、とりわけ能動性を浮彫にしていることである。これまで越境というと、いわんやそれを「逃走」にむすびつけて述べる場合、ホーム・ネーションから「降りる」(せいぜい「退出する」)という意味合い(ニュアンス)で言及されることが多かった[3]。だから、メッザードラが指摘しているように、移民たちの越境には「いつも懐疑的なまなざしが投げかけられてきた」のである (op. cit.:11)。でも、上記のように「逃走」として語られる越境を抱合するモビリティは、テッサ・モーリス・スズキがいみじくも指摘しているように、「一方で国民体を掘り崩すかもしれないが、他方で同時に、多重多層の別様のアイデンティティを活性化し、伝承された市民のありかたに、潜在的により大きな流動性を導き入れる」(Morris-Suzuki 2000=2002: 226) のである。

いずれにせよ、「グローバル化の社会」において、ヒトの移動自体に多様なバリエーションが生じていることは明らかである。ここでは、それを越境性、多方向性、そして複層性を帯同するモビリティとしてとらえ(かえし)たわけであるが、「グローバル化の社会」を「ポストコロニアルの社会」と重ね合わせてみると、上述の移動・移民の「かたち」に別の相があらわれる。節をあらためて述べることにしよう。

2 「ポストコロニアルの社会」と移民／ディアスポラの変容

　考えてみれば、「コロニアルの社会」における移動は、旧宗主国と旧植民地の間の往還が中心であった。つまり植民地帝国の支配—従属（被支配）体制下の直線的な「移民送出システム」としてあった。「ポストコロニアルの社会」でも、長い間、政策的な要因で、あるいは経済的な理由で選ばれる移動（本書の第2章で詳述する「国策移民」、「企業移民」）が中心であった。そして送り出す側も受け入れる側も比較的限定されていた。その場合、国家や社会あるいは職場から送り出された男性が担い手となり、それに家族が従うというのが一般的なパターンであった。こうしたパターンの下で、留学生や駐在員などからなる「非移民」と定住者からなる「移民」という分化もすすんだ。しかしグローバル化の進展とともに、領域や境界から自由な、すなわち国家や社会あるいは職場を背負わないモビリティが目立つようになり、そうしたモビリティの担い手である移民もまた大きく変容している（もちろん、上述の「非移民」と「移民」の境目もあいまいになっている）。

　かつて移民はといえば、出身国から移住先に直線的に移動し、移住先に適応していく存在とみなされた。つまり移住先に定住／永住するということを前提にいかに移住先に同化するかということが問われた。まさに移民は「モデル・マイノリティ」であることが求められたのである。だから、移民とともに論じられることが多かったディアスポラについていうと、本来、越境的な移動主体であるにもかかわらず、かれら／かの女らが容易に同化しないこと、つまり「モデル・マイノリティ」からの距離がどうであるかが問題とされたのである。

　しかし、グローバル化の進展とともに、みてきたようなモビリティが広がるなかで、上述の前提が音を立てて崩れ始めた。先に一瞥した「植民地帝国」下の「移民送出システム」、とりわけ旧宗主国から旧植民地へのヒトの移動に「逆流」が生じている。それは端的には外国人労働力の移入という形であらわれているが、そこには、日本の場合に象徴的にみられるように、少子高齢化にともなう労働力人口の枯渇に対応するための外国人労働力（たと

えば、ケア・ワーカー）の「輸入」という政策的要請が見え隠れしている。他方、旧宗主国から旧植民地へのヒトの移動が製造業のいっそうのグローバル化とともに広がっている。この移動に駐在員の男性だけでなく女性も加わっている。特に後者の場合、日本に限定していうと、職場での性差／ジェンダー分業、つまり男性優位の職場で「周縁化」していることから積極的に降りるノンキャリアの女性たちが主役を演じている。

　これらの女性たちの日本からの離脱は、文字通り、上述の日本的なジェンダー関係からの離脱をめざしている。そして前出したメッザードラの言述に寄り添うと、まさに「逃走」としてあるわけだが、移出先の日系企業社会で一定の役割を演じることによって、部分的に「ジェンダーと権力」の関係に組み込まれている[4]（島村 2007）。だから「いかなる類の根にも拘束されずに、文化とアイデンティティの境界をノマドのごとく自由に横断できる」（Mezzadra 2006=2015:15）とは簡単には言えないが、そこには直線的な移動に回収されないある種のフットワークの軽さをみてとることができる。そして本書でとりあげる事例に即して言うと、たとえば国際結婚で群れをなしてホームカントリーを跡にする女性たち、ロングステイをもとめて国外に移住したり出身国に還流する、あるいは両者を往来する「リタイアメント移民」にもこのフットワークの軽さを一部みてとることができる。こんにち、こうした移民を「ライフスタイル移民」（Sato 2001）とか「文化移民」（藤田 2008）などと呼ぶことが多い。またそれらに関連してしばしば「移民の非男性化」が指摘される。これらの点については、本書の第2章および第9章で言及するのでここでは触れない。ただ、移民の基層において地殻変動が生じていることはたしかである。

　なお、以上の移民の変容と関連して近年ことさら注目されるようになっているのはディアスポラのありようである。ディアスポラについては本書第1章で詳述されているのでそちらにゆだねるが、これまではホームから切り離された存在として、また移住先において背を向ける存在として懐疑的なまなざしにさらされてきた（実際、ディアスポラ研究の中心は離散とハイブリディティのなかで排除される存在態様に向けられてきた[5]）。しかしみてきたようなモビリ

ティと移民のトランスナショナルな展開とあいまって、文化の境界に身を置くことによって異文化をつなげる、すなわち「文化的仲介者」としてのディアスポラの存在に熱いまなざしが向けられるようになっている。それは、ロビン・コーエンが「グローバル・ディアスポラ」と呼ぶ、世界に自由に移動する人びとのことである (Cohen 1997=2001)。こうしたグローバル・ディアスポラは、「企業移民」が生んだ次世代の間から、出自(「どこから来たか」)を問うよりも、むしろ二つの国籍と文化によって育まれたナレッジをポジティヴに活かしながら立ちあらわれている。かれら／かの女らは、ジェイムズ・クリフォードがいうように、起源(ルーツ)を志向するよりも、移住先での文化的な実践にこだわる (Clifford 1997=2002)。まさにそのことを通して多声的なアイデンティティの担い手となっているのである。

3　エスニック・コミュニティの変容とメディア・ネットワークの台頭

さてみてきたようなボーダレスなモビリティの進展と移民の多様化に符節をあわせるようにして、エスニック・コミュニティも大きく様変わりしている。古典的な移民像とともに語られてきたエスニック・コミュニティは、自己完結する均質的で同質的な、内に閉じたコミュニティである。もちろん周辺のローカルな社会とはディスコミュニケーションの状態にある。移住先のホスト社会による同化圧力(既述)に引き寄せていうと、それは同化していくまでのシェルターとしての機能を果たすコミュニティでもある。だがそうしたコミュニティも、移民たちが移住と定住を繰り返しながら、その社会的、家族的紐帯をボーダレスに形成するのにあわせて流動的なものに変容しつつある。つまり、それはもはや文化人類学者が好んでとりあげた「ある土地にある人びとがいて、ある文化がある」といったスタティックな社会ではない (山下 2009: 17)。もしそうした地域や文化があるとすれば、伊豫谷登士翁がいみじくも論じるように、多方向で動態的なモビリティによってもたらされた「接触(コンタクト)に先行して存在するのではない。むしろそれらは、さまざまな接触を通じて維持され、人びとと事物のたえまない移動を流用し、規

律化するのである」(伊豫谷 2014:13-14)。前掲のメッザードラも相同的な認識を示している (Mezzadra 2006=2015:14)。

　「『文化』や『コミュニティ』は、移民たちのアイデンティティに関する当然の前提として特定できるものでは些かもない。これらは具体的な社会的・政治的構築物であり、それらが生産され再生産される過程を問いただすことが必要なのである。」

　いずれにせよ、エスニック・コミュニティには、いまや「モデル・マイノリティ」に収まらないライフスタイルを身につけた移民が跳梁し、それらの移民を中心にして出身国と移住先の間で、相互作用的で同時的で反復的であるコミュニケーションが行き交っている。こうしてエスニック・コミュニティは、越境的なネットワークが重層的にはりめぐらされた、「間国家的」(inter-state)な性格を帯びた高度にトランスなナショナルな社会的空間になっている。ところでこうしたトランスナショナルな社会的空間の形成をうながしている規定的な要因は、いうまでもなく情報テクノロジーである。一連の情報テクノロジーによって時間と空間の意味が変わり、ディヴィッド・ハーヴェイのいう「時間と空間」の圧縮(Harvey 1990=1999)が大規模に生じている[6]。アーリがその著『社会を越える社会学』以降一貫して主張しているグローバル・コンプレキシティは、実はそうした「時間と空間」の圧縮とともに立ちあらわれたものであり、そこを通底する複合的で重層的で乖離的な関係様式は上記のトランスナショナルな社会的空間としてのエスニック・コミュニティの基層をなしている (Urry 2000=2006；2003=2014)。
　あらためて注目されるのは、そうしたエスニック・コミュニティの変容を側面から強力にいざなっているのが、情報テクノロジーの発展によって支えられたさまざまなメディアが媒介するネットワークであるという点である。いうまでもなく、こうしたネットワークの形成にたいして衛星放送やインターネット、とりわけ後者の果たした役割にははかりしれないものがある。インターネットはこれまでの移民／ディアスポラのメディア実践、それも

パーソナルなかたちでおこなわれてきたものにたいして深甚な影響をおよぼしている。インターネットによって、これまでエスニック・コミュニティの「生活の共同」において欠かすことのできなかった物理的な近接性や地理的な凝集性 (coherence) が必ずしも必要なものではなくなっている。その代わりに、これまで想像もできなかったような「ヴァーチャルなエスニック・コミュニティ」が出来上がりつつある (Elkins 1997)。それは結果的に、離接的 (disjunctive) で脱統合的で創発的なコミュニティの形成に与している。

だが、ここで述べてきたエスニック・コミュニティにせよメディア・ネットワークにせよ、あくまでも過度的な段階のものである。考えようによっては、過渡期に特有の隘路を示しているともいえる。先にエスニック・コミュニティの「いま」を「間国家的」な位相でとらえた。まさに「はざま」で生きるゆえに、自分たちの祖先が「モデル・マイノリティ」すなわち「ポジティヴ・マイノリティ」になるなかで築いてきたさまざまな「生活の共同」の枠組みから切り離され、セーフティネット形成へのアクセスにおいて重大な困難が生じるようになるかもしれない。他方、移住先／ホスト社会そのものが多様化し、そうした社会からの同化圧力、そして「つくられるエスニシティ」の強制はかつてほどでなくなることが予想される。そうしたなかで、統合的な機制を欠いているゆえに、これまでエスニック・コミュニティが維持してきた集団的な母語・母文化教育の伝統が活かせなくなり、また移住前の故郷との結びつきによって保ってきたアイデンティティの形成とか自己表象などができなくなるようになるかもしれない。現実に、脱統合的で多重的なアイデンティティに包摂されないゆえに、自己形成につながる生活様式を確立できないという層が簇生している。

4 本書の課題

冒頭で簡単に触れたが、本書は海外日本人社会の「いま」をバリ島でみられる日本人社会に照準して浮き彫りにしようとするものである。ここでは、そのための論点になり得ると思われることを走り抜けに述べた。強調した

かったことは、海外日本人社会を「グローバルな社会」および「ポストコロニアルの社会」を縦軸に、移民とエスニック・コミュニティを横軸にして検討した場合、これまでドミナントにみられたものとはかなり異なるフェイズが立ちあらわれているということである。「移民の問題」はかつては「適応の問題」、すなわち移住先国家にどう同化するかという問題であった。だから越境は「命がけ」であったし、多くの悲劇と隣り合わせであった。しかしいまは越境がフットワークの軽いモビリティとともにある。当然、エスニック・コミュニティも中心に閉じていくナショナル・アイデンティティに回収されない。それは外に向かうベクトルとせめぎ合いながら、開放的で脱中心的なネットワークが幾重にも交差する、まさにトランスナショナル社会の写し鏡のようなものとしてある。

　だがそうしたエスニック・コミュニティと相同的に海外日本人社会、とりわけバリ日本人社会を見据えるには、なおいくつかの論点をクリアする必要がある。ここではとりあえず3点ほど指摘しておく。まずバリ日本人社会が「グローバルな社会」もしくは「ポストコロニアルの社会」においてどのような位置にある／位置を占めているかという点である。この点については、本書の第Ⅰ部において部分的に検討されることになるが、何といっても、バリにおいてグローバル・ツーリズムがどのように形成され、変容を遂げながら発展してきたのか、そしてその過程に日本人社会がどう組み込まれてきたのかをみる必要がある。前者については不十分ながらすでに別著で述べている（吉原編 2008）。問題は後者である。そこではグローバル・ツーリズムの進展を見据えながら、それとの関連で日本人社会のライフヒストリーをどう読み解くかが鍵となるであろう[7]。

　以上のことと関連して次に指摘しておきたいのは、事例のもつ個性をどう理解するかという点である。こんにち、バリの日本人社会を特徴づけるのが内外に広がる相互作用を組織化する中心形態としてのネットワークにあるとすれば、バリのローカルな社会、たとえばバンジャールが抱合するアダット（伝統／慣習）との対峙と対話の構造を明らかにする必要がある。バンジャール、そしてアダットにはまぎれもなく「一つの声」で語るローカル・

アイデンティが埋め込まれている。したがってそうしたものと交差するということは、必然的にアーリがいう「グローカル・アトラクタ」の問題圏（Urry 2003=2014）に足を踏み入れるということになる。この「グローカル・アトラクタ」を通してみえてくるネットワークはまぎれもなくバリ日本人社会の個性を構成しているが、同時にみてきたような変わりつつあるエスニック・コミュニティにみられるネットワークと共振している。本書第Ⅱ部および第Ⅲ部の諸章は、多少ともこの点が意識されていると思われる。

　さて最後に指摘したいのは、本書の理論地平をどこにもとめるかという点である。ここに原稿を寄せている執筆者の思いはさまざまであろう。とはいえ、編者、とりわけこの序章を草している筆者は、本書をモビリティ・スタディーズから「移民の社会学」への移行の途次にあるものと位置づけたい。そしてその際、中心的論点をなすのは、古くて新しい問題構制であるが、「コミュニティの問題」である。本書では、この「コミュニティの問題」をコミュニティとネットワークの接合地平、いやより正確にいうと、コミュニティとネットワークの「あいだ」に立って見定めようとするものである。この「コミュニティの問題」はこんにちどこまでも広がっていて、その応用解を示すことはいまや喫緊の課題となっている[8]。しかしそれは至難のわざであると言わざるを得ない。本書はせいぜい、その戸口に立っているにすぎない。

　いずれにせよ、いま述べた三つの点は、本書において未遂の課題として残されている[9]。

注

1　ただし、エスニック・メディア論とかディアスポラ論などに限定すると、さまざまなモノグラフが生み出されている。ここでもたしかにエスニック・メディアやディアスポラに触れるが、それらはテーマあるいはテーマにひそむ争点を明確にするための索出的な用具として言及するにとどまる。またこのテーマのもつ「現在性」を紐解くことも重要な課題ではあるが、ここでは現地調査によって得た知見にもとづいてモノグラフを作成するという作業を優先する。なお、これまでの現地調査のプロセスについては「あとがき」でしるす。

2　グローバリゼーション・スタディーズの一つの流れとしてはじまったモビリティ・スタディーズは、こんにち、ジョン・アーリを中心にして「本家本元」をしのぐ勢いで広がっている。たしかに、それはグローバリゼーションの「全幅的」

な進展をフローと流動性 (fluidity) をもってあきらかにすることによって、グローバリゼーション・スタディーズの衣鉢を継ぐとともに、それを凌ぐまでになっている。なお、モビリティ・スタディーズの動向については、Urry (2015) の巻末の訳者解説を参照されたい。

3 考えてみれば、移民は長い間「『文化』、『民族』、『コミュニティ』の『特徴をよく示す代表者』」(再出)とみなされてきた。そして常に「弱い主体」としてイメージされてきた。メッザードラによると、「このイメージは『パターナリズム』的諸論理を再生産するのに力を貸すものである……。つまりこのイメージは、移民たちに主体形成のいかなる機会も否定することで、かれらを従属的な位置へと追いやる言説秩序と実践一式が繰り返されることに手を貸してしまう」(Mezzadra 2006=2015:15)。

4 いうまでもなく、その背後要因を成すものとして、1970 年以降すすんだ「労働の女性化」(feminization of labor) があげられる。つまり女性の労働力が資本主義システムに組み込まれて、その結果、国際的な女性労働市場が成立したことが「越境する日本人女性」を多数生み出すとともに、あらたに「ジェンダーと権力」の関係をつくりだしたのである (山下 2009)。しかしこの場合、「越境する日本人女性」は、生活のおりおりにおいて能動性／主体性を発揮しているという観点に立てば、必ずしも「弱い主体」として一律に取り扱うことはできない。

5 ディアスポラ研究の蓄積は豊かであり、特に歴史研究の分野でいくつかの系譜ができあがっているほどである。しかし、多系的な研究系譜を貫いて言えることは、ディアスポラの悲劇性、周縁性、そしてハイブリディティが常に強調されてきたことである。他方で、ヒトの多方向的な移動とメディアの越境性によって(そこに情報テクノロジーが介在しているとはいえ)、ディアスポラの周縁性、ハイブリディティがむしろこんにち、強さに転じていることが認識されるようになっている。

6 実はそこで得られた時間・空間経験／感覚が「世界の縮小」、社会の「異種混淆性」(hybridity) および「流動性」(fluidity) を加速／増幅させるとともに (吉原 2008; Yoshihara 2010)、アルジュン・アパデュライのいう「グローバルな文化のフロー」——エスノスケープ、メディアスケープ、テクノスケープ、ファイナンススケープ、イデオスケープの五つの次元からなるフロー——を社会の前景に押し出している (Appadurai 1996=2002)。

7 厳密に言うと、日本人社会のライフヒストリーは戦前にまで遡る必要がある。特に日本の占領と期を一にしてはじまった植民地経営は、「コロニアルの社会」における日本人社会の嚆矢をなすものであり、看過することはできない。この「コロニアルの社会」の痕跡は、「ポストコロニアルの社会」において、たとえば日東紅茶主催のバリマラソン等において貌をあらわすが、資料の制約等のためほとんど未検証のままである。植民地経営の経験が占領体験とともに戦後の JICA 主導の開発政策にどう引き継がれたのかを検証することは、日本人社会のライフヒストリー研究を越えて重要な課題である。

8 モビリティを帯同する「コミュニティの問題」の理論射程は、個別ディシプリン

の枠を越えて広がっている。たしかに、領域に閉じられたコミュニティ・パラダイムということでいえば、定住を与件としてきたコミュニティ概念のリアリティの欠如が問われなければならない。しかしこんにち、ヨーロッパ全体を震撼させている難民問題は、「コミュニティの問題」がそれぞれのディシプリンが束になっても解をみつけることのできない、おそろしく奥の深い問題構制としてあることを示している。

9　本章の叙述には、吉原（2014）の内容の一部を、本書の課題に照らして再構成したものが含まれている。なお、モビリティはここでの嚮導概念になるが、紙幅の関係でほとんど展開できていない。詳細は、注2とともにUrry（2015）の巻末の訳者解説を参照されたい。

文　献

Appadurai, A., 1996, *Modernity at Large: Cultural Dimensions of Globalization*, University of Minneapolis Press.（＝ 2002, 門田健一訳、「グローバル文化経済における隔離構造と差異」『思想』935, 5-31.）

Clifford, J., 1997, *Routes: Travel and Translation in the Late Twentieth Century*, Harvard University Press.（＝ 2002, 毛利嘉孝訳、『ルーツ——20世紀後期の旅と翻訳』月曜社.）

Cohen, R., 1997, *Global Diasporas*, UCL Press,（＝ 2001, 角谷多佳子訳『グローバル・ディアスポラ』明石書店.）

Elkins, D. J., 1997, "Globalization, Telecommunication, and the Virtual Ethnic Communities," *International Political Science Review*, Vol.18(2), 139-152.

藤田結子, 2008, 『文化移民——越境する日本の若者とメディア』新曜社.

Harvey, D., 1990, *The Condition of Postmodernity: An Enquiry into the Origin of Culture Change*, Blackwell.（＝ 1999, 吉原直樹監訳、『ポストモダニティの条件』青木書店.）

伊豫谷登士翁, 2014, 「移動のなかに住まう」伊豫谷登士翁・平田由美編『「帰郷」の物語／「移動」の物語——戦日本におけるポストコロニアルの想像力』平凡社, 5-26.

Mezzadra, S., 2006, *Diritto di fuga: Migrationi, cittadinanza, globalizzazione*, OMBRE CORTE.（＝ 2015, 北川眞也訳, 『逃走の権利——移民, シティズンシップ, グローバル化』人文書院.）

Morris-Suzuki, T., 2000, "For and against NGOs: the politics of lived world," *New Left Review*, Mar./Apr.（＝ 2002, 大川正彦訳、「NGOにたいするイエスとノー」『思想』933, 223-245.）

Sato, M., 2001, *Farewell to Nippon: Japanese Lifestyle Migrants in Australia*, Trans Pacific Press.

島村麻里, 2007, 「アジアへ向かう女たち——日本からの観光」『アジア遊学』104, 92-99.

Urry, J., 2000, *Sociology beyond Societies: Mobilities for the Twenty-first Century*, Routledge.（＝ 2006, 吉原直樹監訳『社会を越える社会学——移動・環境・シチズンシップ』法政大学出版局）

―――, 2003, *Global Complexity*, Polity.（＝ 2014, 吉原直樹監訳, 『グローバルな複雑性』

法政大学出版局.）
―――, 2007, *Mobilities*, Polity.（= 2015, 吉原直樹監訳,『モビリティーズ――移動の社会学』作品社.）
山下晋司, 2009,『観光人類学の挑戦――「新しい地球」の生き方』講談社.
吉原直樹, 2008,『モビリティと場所――21世紀都市空間の転回』東京大学出版会.
―――, 2014,「モビリティ・スタディーズから『移民の社会学』へ」吉原和男編『現代における人の国際移動――アジアの中の日本』慶應義塾大学出版会, 85-102.
―――編, 2008,『グローバル・ツーリズムの進展と地域コミュニティの変容――バリ島のバンジャールを中心として』御茶の水書房.
Yoshihara, N., 2010, *Fluidity of Place: Globalization and the Transformation of Urban Space*, Trans Pacific Press.

第 I 部
移民と海外日本人社会

第 1 章　日本人の海外移民史　　　　　　　　　　　　　　前山総一郎
　　　——グローバル・ディアスポラ論を参考に

第 2 章　「ライフスタイル移民」の光と影　　　　　　　　　吉原　直樹
　　　——ポスト 3・11 の福島を見据えながら

第 3 章　バリ日本人会と日本人社会の形成　　　　　　　　今野　裕昭
　　　——日本人会の運営主体の変遷と日本人社会

第1章
日本人の海外移民史
——グローバル・ディアスポラ論を参考に

前山総一郎

1　はじめに

　海外日本人社会と情報環境にむけて、「日本人の海外移民史」について一定の視点から、素描を試みたい。

　現代、国外への移動や移住、さらには移民に関して、現在、かつての状況が大きく変化してきている。まず、人の移動が多様化し、国民国家の正当性が揺らぎ、またアイデンティティが多様になってきている。たとえば、筆者の専門とする米国を例にとると、米国生まれ、日本生まれ、また日本と何らかの系類がある者としては、4世代前からの日系、商社マンといった形での駐在、コミュニティカレッジや語学学校での留学、留学を終えて現地に職を得ての就職した者（採用元の保証により就労ビザ獲得）、グリーンカード取得による国籍取得者、ビザカードが切れてもそのまま滞在している不法滞在、日本人と日本人以外の親の間にうまれたバイリンガル者が米国か日本かどちらかに住もうかと検討しつつ暮らしている状態など多様な形がある。現地では、日本人というエスニシティを核としつつ、日本人以外との間に生まれたハーフやクォーターも「日本人」「日系人」と捉えられている。「日本人」ということばでは一言で捉えきることが難しい状況になっている。

　この状況を前に、移民研究においては「日本人」の「移民」(immigration,

emigration) のことばについては、単に出移民、入移民をのみ捉えるだけでなく、その全体をとらえる必要が問われてきている。現在、グローバリゼーションの下での労働力のフロー視点からの人的移動という広範な視点が提起され、また多文化共生の視点が提起されてきている。また、移動や移民のありように関して、1980年代ころから、とりわけグローバリゼーションの諸現象が進んだ21世紀に入って批判的社会構成主義により、土地（テリトリー）から切り離されたアイデンティティの問題や、特に「故郷」（ホームランド）のことばの見直しや、エスニックコミュニティ・宗教コミュニティというものの見直しが叫ばれてきた。

　本章では、以上ことを念頭に、「移民」のことばを、暮らしを移転する形での移動ととらえて、そしてその上で日本に何らかのオリジンをもつ者や系類を持つ者としての「日本人」がどのような「移民」を体験してきたのかについての素描をおこないたい。

(1) グローバル・ディアスポラ

　この状況において、「日本人の海外移民」についての一定の素描を行う上で、R. コーエンらにより提起された「グローバル・ディアスポラ」(global diasporas) のことばが、一定の枠組みを与えてくれる。

　グローバリゼーションが人・モノ・情報を巻き込み流布している現在、とりわけ1990年代に「ディアスポラ」の言葉が W. サフランとコーエンによって提起され、着目された。これは、1990年代のグローバリゼーションにあって、グローバルに移動・離散・漂流・結束する人びとと動向をくまどるために、「ディアスポラ」を現代的な形で捉えなおす試みと考えられる。サフラン (Safran 1991) は、グローバリゼーションの中での多様な移民・移住の形にあって自らないし祖先がホーム地の特定のセンターから複数の国外の地に離散し、故郷社会についての記憶、神話などを維持し、現在居住するホスト社会で十分に受容されていないといった認識を持つ動向をディアスポラとするが、それのみならず、故郷のホーム地との関係との保ち続けている関係がエスニック共同の意識と結束を規定しているような関係性であるとした。

先に述べた、「移民」「移動」にまつわるアイデンティティがホスト地、ホームランドとの関係性の多様化・流動化と、グローバル・ディアスポラ論の射程は交差している。

　コーエンは、さらに①「ディアスポラ的アイデンティティを保ち続けるというポジティブな長所がある」こと（たとえば、ユダヤ人による、ディアスポラ史のなかでの医学、進学、芸術、音楽、哲学、文学、商業において構築してきた業績）、②エスニシティを同じくする他国のメンバー達との結束をもたらすといった形で、集団的アイデンティティを動員すること、③歴史的・領域的な言説が強くない場合でさえ、「ディアスポラ」の語は、エスニシティを同じくする者たちの、国の領域を超えた結束を描出することに用いられ得る、とした。そこからコーエンは、「ディアスポラの共通の特徴」として次の9項目を挙げている。（Cohen 2008: 17）

(2)「ディアスポラの共通の特徴」

①自らないし祖先がオリジナルなセンターから、複数の国外の地に離散した。

②労働をさがすため、交易をおこなうため、またはさらなるコロニアルな野心のため、自分たちが由来したホーム社会から選択的にないしは迫られて膨張・拡大した。

③自分たちが由来したホーム社会についのいて記憶、神話を、場所、歴史、苦しみと成し遂げたことを含めて、持ち続けている。

④実際のあるいは想像の先祖のホーム地を理想化し、またその（理想化されたホーム地の）の維持、復興、安全と繁栄、さらにはその創造に集団的にコミットする。

⑤ホーム地への帰国運動の頻繁な展開（集団において多くの者がホーム地との代理的な関係や断続的な訪問で満足している場合でも、その帰国運動は集団的な賞賛を得る）。

⑥強力なエスニック集団意識が長期間維持されている。そしてその集団意識が独自性、共通の歴史、共通の文化・宗教的警鐘・共通の運命への信

念の感覚によって支えられている。

⑦受容の欠如や将来のグループに降りかかるかもしれない災害を示唆するような、現在暮らすホスト社会との困難な関係。(ホスト社会で十分には受容されていないこと)

⑧他の国々に移住したエスニシティを同じくする者たち (co-ethnic) との共感 (empathy) や共同責任 (co-responsibility) の感覚がある。──ホームとの関係が痕跡的に退行してしまった場合でも。

⑨複合性 (pluralism) への寛容を身に着けつつ、ホスト諸国における、独自の創造的生活を生み出し、生活を豊かにする。

（ちなみに、上記のうち、サフランの提起に加えて、項目2, 8, 9が内容的にコーエンによって加えられた部分である。）

その上で、コーエンは「ディアスポラ」の五つの理念型を示した (Cohen ibid: 18)。(**表1－1**)

「日本人」が「海外」にいかに進出したかといった問いやまた「日本人」が「現

表1－1 グローバル・ディアスポラの類型

ディアスポラの主要類型	主な事例	事項
① Victim (犠牲者) 型	ユダヤ人、アフリカ人、アルメニア人、アイルランド人、パレスチナ人	現代の多くの避難民グループが初期的な「犠牲者型」ディアスポラに相当。
② Labor (労働) 型	インド人、中国人、日本人、トルコ人、イタリア人、北アフリカ人。	契約労働。同義語 「プロレタリア・ディアスポラ」
③ Imperial (帝国) 型	イギリス人 (British)、ロシア人、その他の植民地主義勢力	同義語「開拓者 (settler) ディアスポラ」「植民地主義 (colonial) ディアスポラ」
④ Trade (交易) 型	レバノン人、中国人、ベトナム人、ビジネス関係・専門職インド人、中国人、日本人	華僑、長崎における中国商人、商社「デザインされたディアスポラ」
⑤ Deterritorialized (故郷領域疎外) 型	カリビア人、シンド族 (Shindi)、パーシ人 (Parsis)、ロマ (ジプシー)、ムスリム、宗教的ディアスポラ	「ハイブリッド」「文化的」「ポストコロニアル」が関連する用語 (同義語ではないが)

地」でいかにアジャストし得たのかという単純な問いでは、実像が捉えきれなくなってきていることは言うまでもない。そして、それは、本書の通奏低音としての「選択」「非選択」／「強制」「自発」の枠組みと関わってきている。

　本章は、コーエンの以上の理論展開を参考に、さしあたり、「移民」の展開にあっての①国の領域を超えた結束のありよう、②ホスト社会（定住地）とホームランド社会（日本）との相互関係を、主要な分析視点として検討してゆきたい。

2　前　史

　日本移民史は、相当に古く、遅くても室町時代にさかのぼるとされる。とりわけ、16世から17世紀初頭にかけての大航海時代に、日本人の国際的移動が活発になった。しかもそれは、二つの形で現れたことが象徴的である。（とりわけ下記二つの事例は同時期に生起している。）

(1) 南アジアにおける「日本人町」の形成

　16 〜 17世紀、南方諸国に進出した日本人の集団居留地として、南アジアに多数の「日本人町」がつくられた。とりわけ朱印船貿易の発展により、多くの日本人が流入した。シャムのアユタヤ、ルソンのディラオ・サンミゲル、コーチのツーラン・フェフォなどが知られている。その居住者は、第一に、商業に従事する者、第二に日本から避難したキリスト信者、第三に主君を失った浪人であった。ちなみに、こうした浪人は傭兵として数年の傭兵契約によって、日本から送られ、各地に配属されている（たとえば、オランダ平戸商館長ヤックス・スペックスも日本人70人を送り出したと報告している。1616年、平戸で大阪出身のクスノキイチエモンを頭人とする59人の三か年の傭兵契約が結ばれ、モルッカ諸島・アンボイナ島などオランダの拠点に配属された。）（岩生 1962）。

　シャムのアユタヤの場合、「諸外国人が、アユタヤにそれぞれのコロニーを持ち、住民が国王の許可を得て自分たちの中から選んだ一人の頭領の許でくらしている。そしてこの頭領は、自国の縄裸子に基づいて彼らを統治する」

（フランス人宣教師 Nicholas Gervaise による；1681 年から 1696 年にアユタヤに居住）。居住民を国王からオーソライズされた頭領が直接統制する任務を追っていた形であり、一種の自治区をなしていた。アユタヤでは、山田長政がこれを担いかつ、そこにいる 800 人の日本人兵員を動員する存在であった（鈴木 1997）。

ここからして、これらの日本人は、東南アジアの地でいくつかのコロニーを設立し、当時頻繁化していた朱印船貿易の拠点となりつつ、一定の小社会を形成していた。（また、その後も、日系混血と称される人びとが同地に居住していたことがわかることから、その後も一定のまとまりをなしていたと考えられる。）

ホスト社会とホームランドとのかかわりでとしては、1635 年の日本人渡航禁止令までは、これら日本人は直接日本に帰国することがあり広範な移動があったとともに、かつまた朱印船を経営・運営する企業家（大商人、外国人、大名などが出資し経営）を支える形で日本社会への経済循環を支援する形となっていた。1635 年以前は、いわば朱印船貿易という国策によりこれらの日本人移民が進められたが、幕府の日本人渡航禁止令により「移民」自体が禁じられることとなった。

(2) 南欧・南米への「日本人奴隷」の売買と輸送

ほぼ同時期に、ホスト社会（日本の社会）とは隔絶された形で「奴隷」として売買された移動が起こっていた。戦国時代、戦闘において各軍が掠奪や奴隷狩りを組織的に繰り返し行い、それに商人達が随行し、掠奪品や奴隷となった人びとの売買が行われていた。この人身売買は、海外に多数の日本人奴隷の輸出を生むこととなった。戦争奴隷が主として九州の大名や商人を通じて、ポルトガルの商人に売却され、そしてフィリピンやマカオなどポルトガルの拠点へ輸送された。中国人とともに日本人を奴隷として売る形での、商人による奴隷売買のネットワークが東アジア一円に広がっていたとされる（池本ら 2003）。

さらに奴隷として売買され輸送された者のなかには、ポルトガル本土へ輸送された者もいる。当時秀吉は奴隷の海外流出を問題視し、1587 年に人身売買停止令を発布した。ポルトガル王は、1570 年に日本人奴隷売買禁止と

奴隷解放を通達した。けれども、ポルトガル、スペインで 17、18 世紀を通じて奴隷貿易の禁止令をさらに出すものの、商人・プランテーション所有者らの実際的な奴隷売買が続いた。そこからさらに南米に移送された場合もあり、現在、ペルーに日本人奴隷がいたことが知られ（1614 年頃）、さらにはアルゼンチンのコルドバ市のアーカイブスに日本人奴隷の売買公正証書（1595 年）が残されている（Hoffman 2013）。

3 　近代日本の移民活動

　近代日本においての海外への移民として、渡航者ないし在住人口が 10 万人を超えたのは、ハワイ、アメリカ合衆国、ブラジル、朝鮮、台湾、満州の 6 地域であった。そして移民活動の時系列としては、ハワイと北米に向かう時期→南米（ブラジル）に向かう時期→満州に向かう時期という展開があった。

(1) 近代日本の移民活動の成立（明治維新 1868 年〜日露戦争 1904 年）

　1868 年に応募者 153 名がアメリカ人貿易商の個人的斡旋によってハワイへ送り出された。「元年者」といわれるこの移民団が、近代日本における海外移民のはじまりとされる。そして、本格的な組織的集団移民は、1886 年にハワイ政府と明治政府で結ばれた日布渡航条例に基づく「官約移民」から始まった。（ハワイのサトウキビ畑で 3 年間働く契約）。これ以降、10 年間で 2 万 9000 人がハワイへ渡ることとなる。

　さらに、その後政府は移民事業から撤退したが、それに代わって民間の移民会社が契約労働者を移送する事業を担った。日本吉佐移民会社（1891 年設立）に始まり 70 社を超える会社が設立され、その移送先は、ハワイ、カナダを含め、メキシコ、ブラジル、ペルー、フィジー、ニューカレドニアなど広く環太平洋全域にわたった（山中 1993）。

　ところで、この時期の移民活動をめぐって特徴的な時代的ダイナミズムと呼応している。第一に、国際関係の枠組みが萌芽的に形成されている時期であった。とりわけ、アメリカが、西海岸への進出とフロンティアの消失、世

界第一位の工業国化により大国化し、それまで関心を示さなかった外交問題に積極的となり対外進出を始めたところであった（1989年ハワイ併合）。そして、門戸開放政策をとなえ、植民地列強との緊張関係をもたらしてもいた。第二に、日本は、近隣の韓国やロシアとの境界を近代的な意味で線引きする試みをするといった形で「近代国家」の形を形成しつつあるとともに、憲法発布（1889年）、帝国議会開催（1890年）、また市民的政治運動との関係性構築（自由民権運動とその弾圧）といった形で、国家的な制度枠組みを形成する過程にあった。第三に、他方で、日本にあっては、1884年前後に松方正義内閣のもとでデフレが起こり、米をはじめとする農産物価格の下落がおこり地租負担が重くなるという事態により、農村各地が疲弊するという事態がおこった。零細自作農は、土地を手放して小作となるか、都市部等で何らかの新たな職を手に入れることを迫られた。ここにおいて、日本の移民史において大きな動向として、出稼ぎにむけての欲求が日本全土に構造的にあらわれた。なおまた、この当時ものされた多くの移民関係の著作（1887年の武藤山治『米国移住論』など）が現地の移民の実情や、動向、また実用的手引きなどを記して、その動向を後押ししていた。

①多様な移民類型

　国家の観点からの移民政策としては、消極的なものであったが、他方で、渡航・移民のありかたは比較的多様な時期であった。

　さきにみた「契約移民」での出稼ぎ労働移動がなされたとともに、その他の移民も広く見られた（岡部2002）。アメリカのハワイ併合による、ハワイにおける契約移民の禁止（1900年）にともなって、アメリカ本国への渡航がさかんとなったが、これら農園や鉄道、鉱山、森林などに従事する「出稼ぎ労働者」は、契約労働といった形での「出稼ぎ」であり、得た金を日本の家族に送金したり、また契約期間の終了にともなって日本に帰国することが念頭におかれていたのであり、ホスト社会で出稼ぎしながらホームランド（日本）に戻ることが前提となっていた（実際には、帰国しない者もいたが）。

　他方、1880年代中ごろから旺盛なアメリカ本土への「留学生」の渡航がみ

られていた。官費で渡航したエリートの場合（東海岸が多かった）は少数であり、他方で西海岸を中心に渡航した、学費の乏しい「苦学生」がサンフランシスコを中心とした西海岸に多く渡った。これらの苦学生は、当時発展しはじめた都市部での、商店や中流家庭での家僕等として働きつつ中等教育を受けた。苦学生の場合、アメリカ在住率は高いものとなった。

　さらに、特徴的であることは、自由民権運動家や後の社会主義者、労働運動家などが、1880年代後半から集会条例（1880年）や保安条例（1887年）などでの弾圧を逃れて、米国に活動を移す「亡命移民」が増えた。たとえば、福沢諭吉塾の出身者で、金子堅太郎らと共に『私擬憲法意見』を起草し自由民権運動の指導者となった馬場辰猪が、政治演説の禁止を申し渡された後、1886年にアメリカにわたり講演活動をおこなったり日本領事館にロビー活動をおこなったことが知られている。民権派移民は、在米日本人社会のみならず、日本国内への影響力を重視して、多数の日本語新聞を発行したといったことがあった。

　日本での国家的枠組み形成に関連してのハワイへの渡航禁止後は、国家制度模索期であった日本の実情（立志、亡命）と、松方デフレによる農村窮乏の実情という実態から、当時経済発展し、大国化しつつあるアメリカにいくつかのパターンでの「移民」あったことが確認される。

(2) 移民事業の社会化（1905年～米国の日本人移民禁止1924年）
　この時期には、日本は、日露戦争の勝利により、国際的な地域の向上を見た時期であり、かつ韓国併合（1910年）を認めさせ、アジアへの植民を本格化させて「植民地帝国化」を遂げて、朝鮮から満州への大陸進出の地歩を固めた時期であった。1909年に外相の小村寿太郎が「満韓移民集中論」を唱え、植民地帝国化の動がはっきりとその姿を現した。その根底的問題の一つは、農村地域における余剰人口問題にあった。その結果、朝鮮、満州への移動が著しく増えた。満州南部のロシア蘇州地（関東州）と、南満州鉄道の経営権を日本が獲得してから、軍関係者、関連業者、通訳、鉄道会社の社員とその家族などの比較的優遇された形での　移住・移民が進んだ。とりわけ、そ

のなかでの総合商社や貿易会社などからなる「商業コロニー」について、コーエンは「デザインされたディアスポラ」と呼んでいる (Cohen, ibid, p.142)。かつそれとともに、樺太、南洋諸島、中国本土、東南アジア各地への移民も始まった。

「北海道移民」は、内地の余剰人口を吸収するための内国植民地という位置づけにあった。そのピークは、1892年から1921年までであり、およそ199万8000人が北海道に渡った。

他方、世界的な観点からすると、日本が上記のような植民地帝国主義を可能としたのは、国際的な相対的安定があった時期だからといえる。アメリカの門戸開放主義によって帝国主義諸列強はむき出しの「帝国主義」をぶつけ合って第一次世界大戦を引き起こした。そしてその帰結として、1919年ヴェルサイユ条約と、ウッドロー・ウィルソンの提起する国際連盟の構想を基としての国際的和平が維持されることとなった。ドイツのヴァイマール文化が花開き、明るい空気がみえた時代でもあった。

ただし、日本の帝国主義化はひいては、各国に日本に対する抵抗を引き起こし、黄禍論を巻き起こすこととなった。日本人排斥の動きは、サンフランシスコでおこった日本人児童隔離事件 (1906年)、日本人街での商店等を襲ったバンクーバー暴動 (1907年) という形で起こった。これは外交問題化し、労働移民の受け入れ側 (米国) の制限、送り出し側 (日本) の自粛をうたう日米紳士協定 (1908年) を結ぶこととなった。

この時期の、移民居住地 (ホスト地) と日本 (ホーム地) とのかかわりについては、たとえば、有数の移民圏の一つである広島を例にあげる児玉 (1992) によれば、1907年には、財賀者数約3万6000人であり、送金ないし持戻金400万円である。(これは、県の歳入総額の2.5倍にあたった。) また、その使い道は、負債返済とともに、田畑の購入、家の新築修理、貯蓄に充てられた。海外での出稼ぎを終えて帰国すると、移民の資産は地元の銀行に預金され、地域経済の資産となった。また、帰国移民たちは、神社仏閣や小学校などに寄付をおこない、地域から顕彰をうけていた。これが次なる移民の誘因となっていた (坂口 2011)。

(3) 移民の国策化 (1925年〜第二次大戦終結 1945年)

①ブラジル移民国策化

　1929年の世界恐慌は、米国、ヨーロッパ諸国、日本に大きな衝撃を与えた。次第に、各国でナショナリズムが強くなり、外国人労働者にたいして「自分たちの職を奪うもの」という憤慨を基に排外的な空気が出来上がってきた。アメリカではさきの紳士協定に加えて、1924年に成立した新移民法制定により、日本人移民入国禁止をとることとなり、事実上、アメリカへの新規移民は事実上できなくなった。(尚、既住者が花嫁を「写真結婚」で呼び寄せる、といった形での女性の移民は続いた。)

　このとき、日本では、実は内国植民地であった北海道移民は、道内新開地開拓が尽きて終了してしまったことから、1920年ころにはほとんど停止状態となっていた。

　そこで、移住先として、キューバ、アルゼンチン、とりわけブラジルへの移住が増加することとなる。(ブラジルへの移民は、比較的後になってからの1909年に開始された。)これは、国の主導で発足した「海外興行株式会社」にブラジル移民業務を実施させるものであった。特に移民関係の事務を扱う内務省の社会局の設置(1921年)、さらに渡航費の全額支給(1925年)によりブラジル移民の正式な国策化へと転換した。さらに、南米頃の政府指定航路化、大型高速船の建造、神戸の国立移民収容所の建設とともに、自作農の定着促進のため現地の土地の獲得をすすめる現地法人ブラジル拓殖組合(通称「ブラ拓」)を設立し力をいれた(中隅1997)。

　しかし、ブラジルにおいても、排日運動が1930年代半ばに起こることとなり、ポルトガル語以外の外国語使用禁止令、そして移民許可数を極端に減らす外国移民二分法の制定(1934年)によって、実際的な新規移民は途絶えることとなった。

　なお、この時期に、朝鮮、台湾、樺太、中国本土、シンガポール、フィリピン、東インド、オーストラリア、北ボルネオの各地への渡航者は増えた。

②戦時国策移民

　ブラジル移民の実際的停止は、すぐさま満州移民への期待となった。1936年、国は、軍部の意向で20年間で100万個500万人の満州移住を国策として掲げた。これは、満州の日本人人口を増やすことが、満州の軍事的増強と治安維持につながるという軍部の発想に基づいていた。方式として、日本川に満州移住協会、満州川に満州拓殖会社を設置という手法がとられるとともに、拓殖省の管理の所管のもと、市町村が送出計画を立案し、渡航費補助、渡航後の生活保障、低金利融資等の国・自治体による手厚い支援がなされた。そして、日本の各町村ごとに数百世帯からなる集団開拓団の組織が計画された。「分村移民」という構想が推進された。これは、村を割って、村の半分の世帯が家族ぐるみで満州に移住してもらい、移民した戸が去って残した土地を、残った世帯が用いてより広く使うことができる。そして、移民した世帯は満州で用意された広大な区画土地（満州拓殖公社が用意した土地）を広々と使うことができる、というものであった（模範村「大日向村」が宣伝された）（二松2015）。

　1945年にソビエト軍の侵攻により、日本の満州支配が終わるとともに、満蒙開拓団の人びとは、戦火の中を引き揚げざることとなった。尚、満州の開拓民からは日本の出身村家族への仕送りがひろく行われていた。

　この時期全体の状況としては、1929年の世界恐慌に端を発した各国でのナショナリズムが強くなり、またさらには軍事国化が進むこととなった。その中で、日本は当初ブラジルへの移民を国策として、そして1934年の後には満州への移民を戦時国策として推進した。

4　第二次世界大戦後（1946年～）

　敗戦にともない、660万人（うち310万人が外地からの一般人引き揚げ）が帰国した。食糧不足は深刻化し、物価は上昇し、鉄鋼や石炭などの基幹産業は復興しておらず労働力の吸収はできていないため失業者は増大した。この状態で海外渡航は禁止された。

サンフランシスコ条約の発効により1952年日本は独立を回復した。これによって、各国が日本人の入国を認めることとなった。(アメリカ1952年、ブラジル1952年、パラグアイ1954年、アルゼンチン1955年等)。ここで「戦後移民」とよばれる動向が戦後直後に起こった。主に、ブラジルで一定期間コーヒー農園で労働に従事する労働移民であった。その場合、渡航費、手数料、渡航準備金など多くの資金的補助があった戦前の国策移民とは異なり、戦後はすべて自己負担となった。「戦後移民」は1960年をピークとなったが、高度成長期を経て、1963年までには激減し、1970年ころにはきわめて少ない数となった。

　これにたいして、高度成長時代以降は、多様な「移民」がみられるようになってきた。まず、企業が海外進出するとともに、「企業移民」が現れてきた。総合商社の商社マンや、企業の販売進出、また工場建設のために、単身あるいは家族連れで駐在する。数年間の駐在のあとは帰国することが概ね予定されている。一見「企業移民」は、戦前や「戦後移民」とは類型が異なるように見えるが、しかし、企業の西欧化＝近代化をめざし、みずからを非白人・非日本人から区分し、境界をひくという「国策移民」の序列意識と近いとされる（吉原2013）。

　また、他国の男性と結婚して海を渡った日本人女性に見られるが、自他を日本人・非日本人と区切らない「ライフスタイル移民」が現れている。また、自らの関心によって留学ないし在住をきめるスタイルの「移民」が現れている。そしてそれは、アメリカンスクールに通っていた若者が違和感なく渡航するケース、帰国子女が再度幼い時に育った地に渡航するケース、異なったナショナリティの親の間に生まれたバイリンガルのハーフが、日本と海外のどちらの生活がより快適かを考えているケースなど、事態が流動化していることの表裏にある。

5　ディアスポラとしての日本の移民の特徴

　R.コーエンのことばを参照にして改めて近代日本にあらわれた「移民」と

表1-2 近代における日本人移民の展開の位相

	移民移動		ホーム地との関係	ホスト地との関係		移民政策	ディアスポラの類型
				現地社会への自己調整	現地との力学的関係		
第1期 (1868〜1904年)	苦学生			自己調整			
	労働移民		仕送り・帰国後の地域経済貢献	混合(日本語と自己調整)			Labor
	民権移民		故郷への宣伝活動	自己調整			Deterritorialization
第2期 (1905〜1924年)	労働移民		仕送り・帰国後の地域経済貢献	混合			Labor
	北海道移民		仕送り・帰国後の地域経済貢献	混合			
第3期 (1925〜1945年)	満州移民(軍関係等)			日本語	軍事力背景		Imperial
	商社コロニー		日本商社からの出先	コンビネーション(日本語+自己調整)	軍事力背景		Trade + Imperial
	ブラジル国策移民		仕送り・帰国後の地域経済貢献	混合		国策	Labor
	満州移民	分村移民(ソ連侵攻前)	仕送り	日本語	軍事力背景	戦時国策	Imperial
		引き揚げ					Victim
戦後 (1946年〜)	戦後移民		仕送り・帰国後の地域経済貢献	複合			Labor
	企業移民		国境を越えたビジネス業務関係	コンビネーション(日本語+自己調整)	経済力背景		Trade
	ライフスタイル移民			自己調整			

「移民事業」について確認したい。日本の「移民」ということばにあっては、相当に多様なものが含まれているが、近代以降の「移民」について、移住者とホスト社会(移民先)との関係性やディアスポラのありようを含めて、日本の「移民」の展開的位相をリストとすると次のようになる(**表1－2**)。

ここでは、ホーム地との関係、ホスト地(移民先社会)との関係(①現地社会住民のなかに移民個人はどのような自己調整努力をしているのかあるいは、調整の必要のない「日本語」だけの集団生活なのか)、②現地に移動するにあたっての背景や後ろ盾となる力学関係)、移民政策の有無、ディアスポラの類型をしたためた。ここから、いくつかのことが読み取れる。

(1) 日本の移民の基調──労働移民のパターン

基本的には、日本の移民史で数的に基本的には帰国する前提「労働移民」が最も多く基調をなすが、それは、絶えずホーム地(日本)との関係を意識し、比較的頻繁な連絡・仕送りといった関係を維持し、帰国後は、地域の経済に貢献する、ないしはしようとするものであった。ホスト社会への適応としては、契約労働のような場合には、基本的には現地住民との調整は求められなかった。数的に言えば、この「労働移民」に多く見られる、ホーム地との密接な関係を維持しながらの「移民」が日本の移民史の基調をなしていた。

(2) 当初から多様な移民パターンの存在

けれども、第1期(明治維新期前後から日露戦争まで)のきわめて早い時期から、「労働移民」のほかに官費留学生のパターン、そして学費はないが自ら現地で学んだ言葉で働いての留学を試みた「苦学生」のパターン、さらに、日本から避難した民権運動家(民権移民)や政治亡命者のパターンもあった。これらは、「労働移民」とは異なり、何らかの社会的発信をすることの動機を基として移住した者であり、基本的には、自ら言葉や習慣をふくめて現地にアジャストした。また、民権移民や政治亡命移民の場合、思想信条の提起を重視して、ホスト地のみならず、新聞発行などを通じてホーム地日本に対する「宣伝」や連携を模索する傾向が強かった(みずからの故郷領域から切り離

されても、ネットワークを保持するパターン)。開国直後から、日本の移民史には、ホーム地・ホスト地とのかかわり、行動パターンなどの点で多様な移民パターンがみられる。

(3) 労働移民　→　国策労働移民／戦時国策移民　→　企業移民

　時代としてみると、第1期、第2期には、ハワイからはじまった労働移民は、当初民間エージェントが仲介し国家的な支えの無い形ではじまったが、第3期、ハワイ・アメリカへの移民先を失った時期、とりわけ1930年代には、国が移民希望者の旅費・手数料を補助する形で支えかつ移民先に土地の用意を構想する「国策移民」が展開された(ブラジル移民)。ブラジルを含め移民先を閉ざされた第二次世界大戦突入直前には、満州に国家的プロジェクトとしての移民事業が「遂行」された。戦後は、海外の市場をもとめての企業活動の展開にともなって、商社や企業活動の展開の中で「企業移民」が起こった。

(4) 日本のTrade(交易)型ディアスポラ

　日本が強国化し、植民地帝国化する時期に、総合商社をはじめ貿易会社等が世界の各地、とりわけ日本軍の後ろ盾のある満州などに進展した(商業コロニー)。これは、コーエンの言う、Trade型ディアスポラとImperial型ディアスポラの混合型と見える。

　戦後には、海外の市場開拓をもとめて商社や食料品、自動車メーカー等の企業が各地に進出し、企業マンを送った。数年で帰国することが暗黙の前提での「企業移民」のパターンである。

　この「企業移民」は日本的論理を用いての進出であるので、軍事力を背景にした、現地の文化に自己調整する必要のなかった満州移民と類似ないし通底しているとする理解があるが、しかし、詳細にみてると、Kotkin (1992)のいうように、このビジネス移民界は「コスモポリタニズムとエスニックな集団主義とのコンビネーションが特徴であり、それがまた成功裏なビジネスの構成要素」である。つまり、地域経済に一定程度密着しながら、日本の商習慣・思考ベースの枠組みになじんでいた戦前の商業コロニーの方式が、戦後の「企

業移民」と系譜的につながっているといえる。

　日本の移民は、国際関係および国家と社会の各時期で固有の形成プロセスというダイナミクスの中で、造形されてきたものだが、グローバル・ディアスポラ論の視点から、日本の「移民」というものの特有な諸相のいくつかが浮かび上がった。
　1990年代ころから経済やライフスタイルがグローバル化した現在、「ライフスタイル移民」の出現や、帰国子女、またいわゆる混血ハーフ（どこが自分にとってのホームランドかホストランドかが明確ではない場合）、というかたちで移動のありようがいっそう多様化し流動化してきていることを述べた。ますます、暮らしを移転する形での移動としての「移民」の問題は、ディアスポラ議論の進化、多文化共生論の進化を含め、ますますポレミスティックになり、またわれわれの生活の根底にかかわってくると考えられる。

文　献

Cohen, R., 2008, *Global Diasporas. An Introduction* (Second Edition), Routledge.
二松啓紀, 2015,『移民たちの「満州」』平凡社新書.
Hirabayashi, L. R., A., Kikumura-Yano, J. A., Hirabayashi, 2002, *New Worlds, New Lives. Globalization and People of Japanese Descent in the American and from Latin America in Japan*, Stanford University Press.（＝2006, レイン・リョウ・ヒラバヤシ他（移民研究会訳),『日本人とグローバリゼーション——北米、南米、日本』人文書院.)
Hoffman, M., May 26, 2013, "The rarely, if ever, told story of Japanese sold as slaves by Portuguese traders". *The Japan Times*.
池本幸三・布留川正博・下山晃, 2003,『近代世界と奴隷制——大西洋システムの中で』人文書院.
石原信一, 1988,『企業移民：Business nonfiction』小学館.
岩生成一, 1940,『南洋日本町の研究』南亜文化研究所.
——, 1962,『朱印船と日本町』至文堂（日本歴史新書).
伊豫谷登士翁, 2001,『グローバリゼーションと移民』有信堂高文社.
児玉正明, 1992,『日本移民史研究序説』渓水社.
Kotkin, J., 1992, *Tribes: How race, religion and identity determine success in the new global economy*, Random House.
中隅哲郎, 1997,『ブラジル学入門』無明舎.
蘭信三（編), 2008,『日本帝国をめぐる人口移動の国際社会学』不二出版.
Safran, W., 1991, Diasporas in modern societies: myths of homeland and return, *Diaspora* 1(1),

pp.83-99.
坂口満宏, 2011,「出移民の記録」日本移民学会『移民研究と多文化共生』お茶の水書房.
鈴木邦夫, 1997,『歴史学——国際化とその相互理解のために』東京電機大学出版局.
山中速人, 1993,『ハワイ』岩波書店.
吉原直樹, 2013,「移民におけるナショナリティ／脱ナショナリティ志向」吉原和男（代表編）『人の移動辞典　日本からアジアへ　アジアから日本へ』丸善出版.
———, 2014,「バリとフクシマ」『日本文化の明と暗』風媒社.

第2章
「ライフスタイル移民」の光と影
―― ポスト3・11の福島を見据えながら

吉原　直樹

「カテゴリー化が困難な現代の移民……パタンは、乱気流の波動の連続とみなすことができ、そこでは、渦巻き状の階層とともに、抵抗力を惹起するウィルスのようなグローバリズムがみられ、そして、平衡と言い得るような状態から離れて動く滝(カスケード)のような移民システムがみられる。」

――ジョン・アーリ『グローバルな複雑性』

1　はじめに

　グローバル化の進展とともに、国境の壁が徐々に低くなり、ヒト、モノ、カネ、コト、情報がボーダレスに行き交うようになっている。そうした中で、とりわけヒトの移動、そして移民の形が大きく変化している。何よりも移動が一方向的なものではなくなっているし、移民も後述するように、「国策移民」だけでなく藤田結子の言う「文化移民」や佐藤真知子の言う「ライフスタイル移民」(Sato 2001, 藤田 2008) など、実に多様化している[1]。そこでは何よりも、女性たちのボーダレスな移動が基調音となっている。因みに、この点について山下晋司は次のように述べている (山下 2009：27)

「かつて国際移住は男性の領分であり、植民地経営、戦争、出稼ぎな

どは故郷に女性をおいて男性が行う仕事であった。しかし、今日では、むしろ女性が国境を超えて動いているのである。」

　しかし、それだけではない。世界の大都市に点在するエスニック・コミュニティについても、これまでのようにホスト国への同化 (assimilation) というものさしだけでは、変化するコミュニティの全容が捉えられなくなっている。考えてみれば、これまで移民がホスト国で承認を得るためには、移住先のナショナリティに馴化し統合されることが不可欠であった。しかし今日のエスニック・コミュニティは必ずしもナショナルな統合に与するわけではない。さらに同化と関連してモデル・マイノリティの対語としてあったディアスポラにしても、今日の移民のフットワークの軽さとともに「グローバル・ディアスポラ」(コーエン) に熱いまなざしが向けられるようになっている (Cohen 1997=2001)。

　こうした動きは当然のことながら、社会学にも大きな地殻変動をもたらしている。過去十数年、社会学分野ではグローバリゼーション・スタディーズに大きな関心が向けられてきたが、その中でもとりわけマイグレーション・スタディーズおよびコミュニティ・スタディーズが主流を成してきたといえる。たとえば、ジョン・アーリの仕事はその最たるものである[2]。アーリはグローバル・マイグレーション・スタディーズの先に「社会を越える社会学」を観ている (Urry 2000=2006)。アーリによるまでもなく、いまや一つの社会／国家、あるいはそうした社会と社会／国家と国家を前提とする「移民の社会学」は急速に有効性を失いつつある。

　筆者自身についていうと、過去 15 年間にわたって、グローバル・ツーリズムの進展とともにバリ社会に埋め込まれた日本人社会がどのように変容しているかについてサーヴェイを行ってきた[3]。このサーヴェイはいまも続いている。

　ところで、周知のように、2011 年 3 月 11 日に東日本大震災が勃発し、未曾有の被災に見舞われた。特に福島県では、福島第一原子力発電所の水素爆発にともない、16 万人にのぼる人びとが放射能の被曝を避けて「難民」化す

ることになった。筆者は上記のバリの日本人社会のサーヴェイと併行して、「難民」化した人びとが仮住まいする仮設住宅でのサーヴェイも行っている。

　ここで問題なのは、二つのサーヴェイがどうつながっているのかという点である。たしかに、バリと福島は距離的に非常に離れている。一見、何のつながりもないように見えるが、実は戦後の開発政策、さらにグローバル化の中での位置取り（positioning）という点でいうと、両者は意外にも響き合っている。少なくとも移動に関わらせてみると、奇妙にも二つは交差するのである。詳述はさておき、一方は強制的移動として、そして他方は非強制的移動としてありながら、前者の「強制」には「非選択」の契機だけでなく、「自発」の契機も含まれており、他方の「非強制」には「選択」の契機だけでなく、「強制」＝「非自発」の契機も含まれている。つまり二つのサーヴェイは「強制」と「自発」、「選択」と「非選択」をめぐってダイナミックに絡み合っているのである。

　さてあらためて注目されるのは、こうした「強制」と「自発」、「選択」と「非選択」のダイナミズムは、もともと日本社会に特有のものであるという点である。これまで日本社会の特性として指摘されてきたことは、同質性、内向性、そして不動性である。平たくいうと、内に閉じられていて、異なるものを排除するということである。当然のことながら、人の移動はきわめて限られたものであった。日本社会の移動は、基本的には周縁が中心に回収されるという形をとった。つまり中心に向かう域内移動（近代になってからは国民社会内の移動）としてあった。ただ移動をうながす契機として、「強制」と「自発」、「選択」と「非選択」が複雑に入り混じっていた。

　日本社会において、海外移動、特に女性の海外移動は長い間「例外的なもの」であった。それは域内移動から外れたものであり、中心には向かわない周辺的なものでしかなかった。しかし、上述したグローバル化の進展、グローバルな女性労働市場の形成と相まって、海外移動、とりわけ女性のボーダレスな流動化が「例外的なもの」ではなくなり、国民社会を越えたいくつもの中心にフィードバック、フィードフォアードするようになっている。そしてこうした海外移動の動因として、「強制」と「自発」、「選択」と「非選択」の諸契機が交錯するようになっている。それはまるで日本社会のグローバル化とと

もに立ちあらわれているようにみえる。

　そこで本章では、二つのサーヴェイから得られた知見にもとづきながら、今日、バリの日本人社会で顕著にみられる（とされる）「ライフスタイル移民」の位相を明らかにするとともに、その裏側にあるものを探ることにする。併せて、それが海外日本人社会のみならず、日本社会を考察する際の一つの転回（ターン）の契機をなすことを指摘する。

2　「国策移民」から「企業移民」へ ── 「選べない移動」の二つの形

(1)「国策移民」としての満州移民

　しばしば指摘されるように、グローバル化はヒトの移動の形を大きく変えた。われわれが移動ということで長い間目にしてきたのは、多くはある場所から別の場所へ一方向的に移るというものであり、しかも一回性のものであった。移動には制約がつきまとった。近代以降に限定しても、国民国家の壁が高く、国家が課すさまざまな規制が移動をさまたげた。それでも移動はしばしば見られた。そのような場合、基本的には「選べない移動」あるいは強制的な移動であった。まず先駆的移民はハワイ移民であるが、それは松方財政下の人口調整政策の一翼を担ういわゆる官約移民としてはじまった（岡部 2002: 28-30）。それ自体、いわゆる「国策移民」としての嚆矢を成した。そしてコロニアル体制下では、植民地帝国の膨張にともなって旧宗主国から植民地への移動が大々的に見られた[4]。たとえば戦前の日本についていうと、満州移民がそうした移動によって生み出されたが、そこでは農村経済更生政策の下での移民送出事業が導きの糸となっており、明らかに国家の意思が強く作用していた。つまり満州移民は「国策移民」の典型としてあったのである（なお、満州移民については、満州移民史研究会編［1976］、蘭編著［2008］等を参照のこと）。

　戦後になって植民地はなくなったが、日本からは戦前の系をひくハワイ移民や南米移民が数多く送り出された[5]。そしてそうした移民も公的機関が深く関与して作り出された「国策移民」であった。こうした「国策移民」の多くは、結局のところ国家に見捨てられるか半ば放置されるかして「棄民」になった。

ちなみに、1980年代以降、中国残留孤児の帰還問題が大きな社会問題となったが、これなどはまさに「国策移民」の負の遺産として、つまり「棄民」の文脈でおさえることができるのである。

(2) ポストコロニアルと「企業移民」

　もっとも、国民国家の中の移動の物語は、ポストコロニアルの体制になっても引き継がれることになった。つまり「国策移民」は「企業移民」という形で再生産されていくことになったのである。周知のように、戦後日本の高度成長は世界史的にみても類例のないものであった。ところで、この高度成長で特徴的であったのは、企業の大々的な海外進出を伴っていたことである。この企業の海外進出によって世界の至る所、たとえばヨーロッパやアメリカ等の主要都市だけでなく、シンガポールやジャカルタ等のアジアのメガシティにも「企業移民」が送り出されていった。そしてカイシャ社会、すなわち男性優位の職場社会をそのままスライドさせた海外日本人社会ができあがったのである。そこはカイシャ社会のヒエラルキー／秩序がすみずみまでゆきわたっている。

　しかし、「企業移民」の多くは、いずれ日本に帰るという回帰性の高いものであった。彼らは海外の赴任先で「わが社」、「わがニッポン」という意識を抱きながら帰国する日を待ったのである。ちょうど「国策移民」が「わが祖国」という意識を抱きながら望郷の念を深めていったように。そしてそのために、海外日本人社会は閉鎖的で同質的なコミュニティを形成してきた。当然のことながら、そうしたコミュニティは赴任先国家のコミュニティとは没交渉のままであり、外社会からは孤立していたのである。たしかに、「企業移民」は「国策移民」とは違って、国家ではなく企業によって生み出されたものである。彼らにとって、企業がまさに国家のようなものとしてあったといえる[6]。しかし強制的な移動によって作り出されたという点では、「国策移民」と共通するところがある。同時に、近年の動向として、回帰性の低い「企業移民」、すなわち「帰るべき所」がなく漂流している人が増えている。かつて「企業移民」は企業エリートのキャリア形途上の一つの形であるといわれた。し

かしいまや、本社もしくは国内の有力な支社にポストがないから帰れないという「企業移民」が簇出している。意ならずして一生海外で暮らす人も少なくない。まさに企業による「棄民化」が進んでいるのである。あらためてここで指摘したいのは、「企業移民」も「国策移民」も選べない移動を基調としていた／していることである。

同時に、グローバル化の進展とともに、「労働の女性化」がすすみ、「企業移民」の足元を掘り崩すようになっている。そしてそれが結果的に、以下に述べるような「ライフスタイル移民」が台頭してくるための磁場を形成している。

3　バリにおける「ライフスタイル移民」——「選べる移動」の一つの形

(1)「選べる移動」と「ライフスタイル移民」

グローバル化は、上述してきた移動の形を大きく変えることになった。移動が選べるものになった、つまりかなりのところまで個人の意思によって決められるようになった。少なくとも表面的にはそのように見える。グローバル化の進展とともに、ヒトのボーダレスなフローが拡がり、国家とかカイシャを背負わない移民が多数輩出されるようになった。佐藤真知子は、こうした移民をそのフットワークの軽さに注目して「ライフスタイル移民」と呼んでいる(Sato 2001)。藤田結子がいう「文化移民」もこれに近いといえよう(藤田 2008)。こうした移民が多くなると、必然的に、強制的契機を伴う「会社縁」で国境を超えてきた男性が支配する日本人社会も変化せざるを得なくなる[7]。たとえば、コミュニティのメディア環境が従来のディアスポラ・メディア一辺倒から移住先主流メディアも一定の役割を果たすようになる。また子どもの教育についていうと、日本人学校よりはインターナショナルスクールに通わせるといった傾向が強まってくる。そうなると、「企業移民」によくみられるようなケース、つまり子弟は日本国内と同様の文部科学省のカリキュラムに準拠した日本人学校に通わせ、帰国後、帰国子女として大学に進学させるのとはまるで違ってくる。

「ライフスタイル移民」は、モビリティ志向が強く、いくつもの国を自由に行き来する。ちなみに、前掲の山下は、「二つの国のあいだで生きようとしており……『旅すること』と『住むこと』の違いはそれほど大きくない」（山下 2009: 43）点にその特性を見出している。こうした「ライフスタイル移民」はコーエンのいう「グローバル・ディアスポラ」に近いパターン／行動様式をとる。「就職はアメリカでもヨーロッパでもシンガポールでもいい……もちろん日本でもいい」というわけである。やや図式的なとらえ方になるが、「企業移民」を主体とする日本人社会が男性中心であるのにたいして、「ライフスタイル移民」によって担われた日本人社会はどちらかというと女性が前景に立ちあらわれているといえる。早い段階で男性優位の日本社会／カイシャ社会から降り、ガラパゴス化[8]（日本の男性に強く見られる内向き志向）を嗤う女性が世界のさまざまなところに進出し、「ライフスタイル移民」として立ちあらわれてきているのだ。もっとも、「選べる移動」といっても、単にフットワークが軽いと指摘するだけではその全体像をつかんだことにはならない。それに特有の影の部分も見据える必要がある。以下、バリの日本人社会を例にとり、「選べる移動」の光と影について言及してみたい。

(2) バリの日本人社会

バリの日本人社会の大きな特徴は、現地人（インドネシア人）と結婚した日本人女性が多数派を占めていることである。この点は同じインドネシアであっても、ジャカルタやスラバヤの日本人社会とは大きく異なっている。バリ以外のジャパン・クラブ（日本人会）では、「企業移民」がイニシアティヴを握っている。そしてカイシャ社会の序列がジャパン・クラブに持ち込まれている。ちなみに、2010 年夏にバリ日本領事館担当者にたいして行ったヒヤリングでは、1 週間に 2〜3 組の割合で日本人女性とバリ人男性のカップルが生まれているという[9]。いうまでもなく、この日本人女性たちは、自分たちの意思で結婚して海を渡っている（ただし、多くの場合、結婚の際に日本の家族から反対されている）。そして男たちの「サラリーマン・モデル」に馴化しないバリ日本人社会の魁となった。彼女たちの行動様式として特徴的なのは、

カイシャ社会日本、男社会ニッポンから離脱しており、ステイタスとかポストにこだわる男に距離を置いていることである。こうしたスタンスは、これまでの海外日本人社会ではあまり見られなかったものである。もっとも、バリ人男性と日本人女性との結婚に関していうと、そこに日本とインドネシアとのジェンダー化した関係がひそんでいることを見ておく必要がある。ちなみに、オンのように、アメリカ男性がアジア系の女性にたいして好意的であることの裡にアメリカ社会に存在するオリエンタリズムを読み込むならば（Ong 1999）、日本人女性とバリ人男性との結婚もまたある種のオリエンタリズム（いうなれば「内なる」オリエンタリズム）とともにあるといえる。

　ところで、「自分の意思」でバリに渡来している人で、近年になって急速に増えているのが、老後をバリで暮らすために赤道を越えてきたリタイアメント層である。これには海外移住にとって桎梏（しっこく）となっていた規制、とりわけ退職者ビザ取得要件とか各種認証制度が緩和されたことが大きく作用している。ところでこうしたリタイアメント層に特徴的なのは、「日本にこだわらない」メンタリティ、すなわち脱ナショナリティ志向が色濃く見られることである。彼らはある意味で先に触れた女性たち以上にフットワークが軽く、「社会から自由」、「国家から自由」という意識を内面に強く抱いている。同時に、背後要因として、日本において年金だけでは老後の安定した生活ができなくなっている高齢者とりわけ、男性の退職者が増えていること（→高齢者の、海外移住への半強制的契機を内包する「貧困化」）を忘れてはならない。ちなみに、山下は高齢者／退職者のバリ志向に一種の新植民地主義をみている（山下 2009: 165）。いずれにせよ、彼らにとって国境の壁がきわめて低くなっていることは間違いないようである。もちろん、こうした人びとが日本人社会に加わることで、日本人社会そのものに大きな変化が見られるようになっている[10]。詳述はさておき、こうしたリタイアメント層と先に言及した「企業移民」は対極に位置している。ここで筆者が特に注目するのは、リタイアメント層の参入によって日本人社会の求心力が高まるよりは、むしろ脱統合的な方向性が強まっていることである。

　このようにみていくと、バリの日本人社会には表面的には山下のいう「ラ

イフスタイル移民」のメンタリティが深く刷り込まれていて、「選べる移動」、すなわち強制されない移動の外に開かれた性格がますます強まっているようにみえる。少なくとも、これまでの日本人社会とは違った色調をみてとることができる。しかしここにきて「ライフスタイル移民」の裏側が特に目立つようになっている。それは前述した背後要因と関連があるが、筆者が「選べる移動」の影の部分として注目するのは、「選ぶ自由」の後ろに伏在するある種の不自由さ、あるいは危うさといったものである[11]。自分の意思でバリに嫁いできた女性たちの中から、異文化の壁にぶつかり、簡単に挫折してしまう人が出てきている。日本人としての、あるいはインドネシア人としてのアイデンティティを持たない人ほど、こうなる危険性がある。こうした人びとの場合、フットワークが軽いということが逆に作用しがちである。いずれにせよ、帰国することもままならず、バリ社会の底辺でうずくまっている人が増えている。当然のことながら、日本人社会からもドロップアウトしてしまう。問題なのは、こうした状況がきわめて見えにくくなっていることである。

(3) リタイアメント層と「棄民化」

だが、その点でいうと、筆者がより危惧しているのは、リタイアメント層の動向である。もともとこれらの人びとは、日本ではなかなか描けない老後の生活をバリにもとめてやってきた人たちであるが、インドネシアのインフレに伴う物価高の中で年金や貯蓄の目減りがすすみ、生活困難に陥ることが珍しくなくなっている。そしてリタイアメント層の場合、帰国がいっそう困難になっている。なぜなら多くのリタイアメント層は、日本で居場所を失い、日本を発つ際に、日本に回帰する退路を断ち切っているからである。その点では、こうしたリタイアメント層は、バリ人男性と結婚した後も、日常的に日本と行き来し、元あるコミュニケーションを維持している日本人女性とも異なっている。少なくとも、バリ人男性と結婚した日本人女性にポジティブにみられる「はざま」に生きる方法がより狭まっていることはたしかだ。ともあれ、今後、漂流し、「棄民化」されたリタイアメント層が日本人社会の「内」と「外」からあふれ出てくるものと予想される。

先にも触れたように、「国策移民」や「企業移民」の場合、国家や企業が移動させ、そして捨てた（→「棄民化」）。その点では、ここでみてきたリタイアメント層を中心とする「ライフスタイル移民」の場合、状況は大きく異なる。自分の意思で移動したのだから、帰れなくても捨てたことにはならない、という議論は一応成り立つ。しかし結局のところ、自己責任という論理を持ち出して日本政府は「ライフスタイル移民」の動向にたいして目を閉ざしている。もちろん、インドネシア政府は「ライフスタイル移民」が福祉の対象になることを警戒している[12]。筆者は、これから「ライフスタイル移民」のところで棄民がますます増えるだろうと予測している。

4 福島からの難民——「選べない移動」のもう一つの形

(1)「難民化」する「被曝した地元民」

さてここで原発災害被災地としての福島に目を移そう。まず3・12の東電第一原発が爆発した「あのとき」からみていこう。その段階で被災者は、「東京電力の人びと」、「被曝した地元民[13]」そして「取り残された災害弱者」という三層になり、いち早く逃げた人と被曝した人がくっきりと分かれた。爆発以前にいち早く逃げた東京電力関係者は原発の危険性を熟知していた。それにたいして「被曝した地元民」は、最後まで原発の「安全性」を信じて疑わない人びとであった。かれら／かの女らは、行政の誘導のままに、隣人には脇目もふらず、もっぱら家族、親戚と連れて逃げた。より悲惨であったのは、原発の爆発後も病院とか老人福祉施設などに置き去りにされた「取り残された災害弱者」である。これらの人びとが自衛隊によって救出されたのは爆発してから1週間後であった。そこにはおぞましいほどの惨劇——重病の上におびただしい量の放射能を浴びるといった事態——がみられた。

それはさておき、被災者の多数派である「被曝した地元民」についていうと、彼／彼女らは避難する際に、区会や班などといった地域住民組織／地域コミュニティにはまったく目を向けなかった。実は3・11以前に、原発立地地域の自治体では、毎年輪番で、区会、その下での班を動員して原子力防災

訓練を実施していた。しかし爆発直後、区会や班に代表される地域コミュニティはたしかに存在したものの、多くは役に立たなかった。つまり「あるけど、なかった」のである[14]。もちろん、レベッカ・ソルニットがいうような「災害ユートピア」(paradise built in hell)／「即興的コミュニティ」は発生しようもなかった (Solnit 2009 = 2010)。

　それでは被曝した人たちの「いま、ここ」はどうなのであろうか。原発立地地区から避難所、そして仮設住宅への移動は個人が選び取った避難であるといわれながら、実際には選びようのないものであった。まさに強制された移動だった。しかも後にしてきた故郷は放射能の線量が高いだけに、この強制された移動は「帰れない移動」にならざるを得ない。したがって事態はより深刻である。同時にここで指摘しなければならないのは、同じ「被曝した地元民」の間に分断と格差が生じていることである。「被曝した地元民」の中には「選べる移動」を手にすることができた被災者もいた。そうした人びとは社会関係資本(ソーシャル・キャピタル)や文化資本等に恵まれていたがゆえに、ある程度自分たちで避難先／移動先を選ぶことができたのである。こうして「選べない移動」が圧倒的多数であったにもかかわらず、部分的に「選べる移動」があったということは、「被曝した地元民」／被災者の間に格差が生じていたことを示している。

(2) 新自由主義的な復興とコミュニティ期待論の間

　ところで「被曝した地元民」が選べないままに身を寄せている仮設住宅では、いま家族離散とともにすさまじい高齢化がすすんでいる。「仮の宿」の仮設住宅でも、心ない人たち(特に遠く離れた東京に住んでいる人たち)によると、「住めば都(みやこ)」だということになるが、実態は寝るだけの「収容所」に近いものになっている。たしかに、そこには「自治会」という名のコミュニティはできている。しかしそれは、「上から」作られたものであって(→「国策自治会」)、住民の中から自主的に生まれたものではない。それは行政から一方的に情報が降りてくる連絡機関もしくは末端組織のようなものとしてあり、住民のニーズをきめ細やかな要求にまとめあげていく自治組織からはおよそ遠

いものである。ところで近年、復興という名の下に、除染、廃炉などにかかわるさまざまなプロジェクトが立ちあらわれている。しかしそれらは仮設住宅に身を寄せている被災者にとってはただ素通りするだけで、その事業収益のほとんどは東京に本社を置く民間企業に回収されるようになっている。3・11以降、「コミュニティは復興にとって要である」と、ことあるごとにいわれてきたが、資本の欲動とともにある新自由主義的な復興プロジェクトが強行される中で、「生活の共同」に根ざすコミュニティが不在であるという状況が続いている。

　ちなみに、筆者は今回の東日本大震災において「がんばろうニッポン」とか「つなごうよ日本」などといったオールジャパンのスローガンがメディアを通して溢れ出たことに非常に注目している。そして今回の震災ほど宗教学者とか哲学者などが前面にたちあらわれていることはない、と感じている。こうした状況はいまも続いているが、少なくとも阪神淡路大震災には見られなかったことである。こうした状況をどう捉えるかは、実は社会学にとって非常に重要なテーマを成していると考えられるが、ここではこれ以上言及しない。しかしここであえて指摘したいのは、上述のようなスローガンとともに、道徳的響きを伴ったコミュニティ期待論が異常なほどに高まっていることである。

　一方では資本の欲動を丸出しにした復興がすすむ、他方では、「あるけど、ない」にもかかわらず、コミュニティ期待論がどんどん広がっていく、こうした光景がわれわれの前に立ちあらわれている。筆者はそこに、ナオミ・クラインのいう「惨事便乗型資本主義」(Klein 2007 = 2011) と、同化と土着をメルクマールとするコミュニタリアニズム (共同体主義) の奇妙な共振状態を観るのであるが、それこそ新自由主義的復興に特有のスケープをなしているといえるかもしれない[15]。

　話を元に戻すことにする。仮設住宅の住民は生活の資を断たれ、財物保障も一向にすすまない、家族も大きくゆらぐという中で、「進むも地獄、退くも地獄」という状態に置かれている。無念とあきらめ、そして絶望、……未来の絵」などとても描けない、そうした鬱々とした日々を繰り返している。

そしてそうした生活のありよう自体が社会から徐々に忘れ去られようとしている。3・11から一年くらいは、新聞やテレビなどのマスメディアで頻繁に福島のことが取り上げられた。しかしいまや、取り上げられることは滅多にない。そうした中で、仮設住宅の被災者たちは「難民」を越えてまさに「棄民」になりつつある。しかしこうした「棄民」は状況は異なるものの、グローバル化の進展とともに世界のあちこちで立ちあらわれている日本発の「棄民」に通底するものがあるのではないだろうか。

5　むすびにかえて

　さて最初のテーマの設定に立ち帰ろう。本章を貫く仮説は、一言でいうと、グローバル化の進展は移動の形だけでなく移民のあり様も変えたというものである。ここではそれを、筆者がこの間フィールドとしてきた／しているバリと福島（大熊）で得た知見を引例しながら、「選べる移動」と「選べない移動」というテーマ設定の下で検証してきた。筆者が本章で強調したのは、グローバルなフローが国民国家の枠を越えて拡がっていること、そしてそれとともに国家とか企業に縛られないフットワークの軽い移民が従来の海外日本人社会を根底から打ち破るような形で立ちあらわれていること、しかし同時にそうした移民の間に新たな格差と分断が生じていること（「選べる移動」であってもそこから「選べない移動」が派生していること）である。こうした帰結はもっぱらバリの日本人社会にたいするサーヴェイから得られたものであるが、格差ということでいうと、まったく逆の形（「選べない移動」の中から「選べる移動」が派生していること）ではあるが、バリで生じていることが福島のサーヴェイにもとづく知見からも析出された。そういうなかで、本章では特に国内外の「選べない移動」に目を向けてみた。そして一つは、バリで老後を暮らすリタイアメント層の「帰れない移動」、いま一つは、ポスト3・11における福島の被災者の「自分で決められない移動」＝「帰れない移動」が浮き彫りにされた。いずれも漂流するばかりであるが、前者では母社会との関係が途絶え、地元社会／バリ・コミュニティとの没交渉（ディスコミュニケーション）がすすむ

なかであらゆるセーフティネットから切り離された移民の姿が、また後者では一切の自己決定権をもたない国内難民の姿がかなりの程度明らかにされた。私たちの生きているこの社会が新自由主義的な舵取りをおこなうかぎり（それはグローバル化の進展の中で世界のどこにでもみられる日常の風景となっている）、こうした難民＝棄民はますます増えていくことになるだろうと思われる[16]。

だからこそ、海の向こう側においても海のこちら側においても、すなわち海外の日本人社会においても国内の日本社会においても、「選べない移動」を相対化するようなセーフティネットをどのように構築するかといった課題が浮上してくるのである。この課題がモビリティ・スタディーズ（旧くは移民研究）のどこらあたりに位置するかは定かではないが、応用社会学にとってきわめて重要なキー・エリアを構成するであろうことは間違いない。ちなみに、福島についていうと、この課題にかかわって、たとえば社会的生存の確立に向けて移動のもつ可能性をさぐろうとする「大熊町の明日を考える女性の会」の活動が注目される（吉原 2013a）。それは福島を越えた女性たちと協働しながら、被災を共有すること（sharing disaster）によって新しい社会を立ち上げていこうとする活動である。そこには、ソルニットのいう「災害ユートピア」とは異なる新しい形のコミュニティ、すなわち非定形で「外に開かれた」ネットワーク型コミュニティがめばえつつあるといえる。

なお、最後に付け加えておきたいのは、移動にとって「コロニアル―ポストコロニアル」のもつ意味である。本章で取り上げたバリの日本人社会から析出される「ライフスタイル移民」は、コロニアルの地層からは明らかに「脱埋め込ま」れているが、「選べない移動」を内包しているという点では、コロニアルの地層に根ざしながらそれとは断絶しているといったポストコロニアルの段階にある。他方、福島の被災者たちは、一貫して内なるコロニアル体制の周縁に置かれていて、いまやそれがより重畳化されたポストコロニアルの地層に組み込まれている。

いずれにせよ、この点はモビリティ・スタディーズに新しい次元を加えるものと思われる。いうまでもなく、上述の「コロニアル―ポストコロニアル」の地層は、日本社会において（中心と周縁という構造の下に）固有にみられるメ

カニズム──「強制」と「自発」、「選択」と「非選択」のダイナミズム──が日本社会のグローバル化の進展とともに再編強化されている実態をかなりのところ写映している。みてきたような海外日本人社会の動向もその延長線上にある。それはグローバル化の機制にすっかり包み込まれているが、むしろローカルの側に立てば、日本社会、海外日本人社会の転態を示すものでもあるといえよう。そしてそのこと自体、モビリティ・スタディーズの視圏内にある。ただ、この点については、本章で詳述する余裕はない。本章は、結局のところ、表題に関する問題の所在を明らかにし、併せて表題をめぐってモビリティ・スタディーズのカバレッジ（適用範囲）がいかほどであるかを試論的に問い込んだにとどまる。

注

1　移民がどのようなものであれ、労働力移動がベースとなっており、そのかぎりで送り出し国と受け入れ国間の労働力の需給関係が主軸をなしていることは否定できない。ただ、移民の間でホスト社会への関わり方や帰属意識、さらに文化的適応においてバリエーションが生じているのも事実である。むしろどの社会もハイブリッド化する中で、「他者との差異」を意識し、それを自己の存立基盤に据える移民が増えている。

2　周知のように、アーリは市民社会（civil society）論から出発したが、いまや彼の社会学の中心はモビリティに据えられている。そして彼を中心にしてランカスター大学はモビリティ・スタディーズのメッカとなっている。ランカスター学派にとって、モビリティは何よりも fluidity であり、社会の hybridity と対をなしている。ところで、アーリの「移動の社会学」の影響源をなすのは、複雑性科学であり、彼の「創発性（the emergent）」の概念はそこから着想を得ている。

3　筆者は日本学術振興会の科学研究費を得て、「バリにおける日本人社会の変容と多様化する情報環境」というテーマの下にサーヴェイを行ってきた。バリ側のカウンターパートナーはウダヤナ大学文学部のイ・マデ・ブディアナ氏である。サーヴェイの中間的な成果は、『東北大学文学研究科研究年報』、『ヘスティリアとクリオ』、『大妻女子大学紀要（社会情報学研究）』などに発表してきた。本書はそれらの再集成に基づいている。

4　逆に植民地のエリートたちは、もっぱら高等教育を受けるために旧宗主国に向かった。そして教育を受けた後植民地に戻り、植民地経営の一翼を担った。あるいは帝国（旧宗主国）権力中枢と植民地の橋渡し（bridging）をした。いずれにせよ、コロニアル体制においてきわめて重要な役割を担ったのである。

5　正確にいうと、ハワイ移民にしても南米移民にしても戦前から見られた。何よりも農村における貧困問題（＝過剰労働力問題）をどう解決するかが背後要因と

してあった。戦前は過剰労働力を吸収するだけの都市工業の発展（→中心による周縁への回収）が十分でなく、海外に移動させることによってしか解決するしかなかった。そしてそうした移動は国家によって推奨された。しかしそれは実質的に着の身着のままの移動であった。そして数々の「成功物語」とともに「挫折の物語」（→「棄民の物語」）がつくりだされた。

6　多くの「企業移民」は、海外の企業活動の最前線で自分たちが国家を背負っているという意識を持ち続けた。そして企業への強烈なアイデンティティ／カイシャ意識が国家への忠誠に取って代わった。つまり企業＝国家であったのである。こうした企業至上主義はある時期までは企業エリートに特有の意識をあらわすものであった。その後、こうした意識はエリートの特権の消失とともに弱まることになった。

7　何よりも、日本人社会が有力企業の支店長クラスによって取り仕切られるといった構造が見られなくなった。あるいはそこまで断定できないとしても、そうした構造が弱まっていることはたしかである。またそうした変化と相まって、女性が日本人社会の中核に躍り出ていることも無視できない。ここでは、男性社会の一つの極限形態とともに、皮肉にもそうした男性社会に風穴を開ける動きが国内の日本社会より一足早く立ちあらわれているのを観て取ることができる。なお、この点は後述する。

8　日本発のビジネス用語。孤立した環境、すなわち日本市場のみで最適化が進むと、日本市場を越えたエリアとの相互交流がなくなり、孤立して置き去りにされていくだけでなく、エリア外の市場から適応力があり低価格のもの（製品や技術）が入ってくると、結局のところ淘汰されてしまうという謂れのこと。ガラパゴス諸島の生態系になぞらえたたとえ話で、通常、日本における若者の内向きの態度をさして用いられる。

9　この日本人女性とバリ人男性の結婚はかなり知られており、欧米の文献ではカップリングとして言及されることが多い（たとえば、Pringle [2004] を参照のこと）。しかし、通常、カップリングという用語法はあまりにも直接的な表現（生物学分野でいわれる交合の意味に近い）であるため、少なくとも欧米の男女の結婚には適用されない。したがって、カップリングという表現自体にある種のオリエンタリズムを読み取ることができる。

10　しばしば指摘されるのは、リタイアメント層は自己本位であり、集団参与も自己の利益になるかぎりでの関心にとどまっているといわれる。そして日本人社会にたいしても「自分が何をするか」ではなく「何をしてくれるか」を優先しがちであるという。だからジャパン・クラブの古参メンバーからすると、こうしたリタイアメント層の日本人社会への参入は、コミュニティとしてある日本人社会そのものの変容につながっていくとされる。しかし見方を変えると、日本人社会がいっそう多様化し、アソシエーション化するきっかけになるともいえる。

11　ここでは具体的に言及しなかったが、製造業の一層のグローバリゼーションの進展と相俟って男性たちとともに国境を越えた女性たちの存在形態が注目される。その担い手層の多くは、明らかに職場（企業社会）での性差／ジェンダー

分業——男性優位の職場で周縁化していること——に不満をもつノンキャリアの女性たちである。これらの女性たちは、日本を離れることによって、日本的なジェンダー関係から離脱しようとするが、多くの場合、移出先の日系企業社会で、一定の役割を演じている。したがって、この役割を評価して、「ライフスタイル移民」のフットワークの軽さだけを称揚すると、そこに潜むポストコロニアルの闇の深さといったものを見失ってしまうだろう。この点については、吉原（2013b）を参照のこと。

12　リタイアメント層の受け入れ政策は、マレーシア政府にしてもインドネシア政府にしても、このところ明らかに選別的なものにシフトしつつある。すなわちリタイアメント・ビザの発給において豊かなリタイアメント層は積極的に受け入れるが、そうでないリタイアメント層については受け入れの条件を厳しくするという手段を講じている。とりわけ近年のマレーシア政府は、受け入れたリタイアメント層が自国政府の福祉の対象となることを恐れている。

13　被災者の圧倒的多数を占めるこの「地元民」の多くは、国が用意したバスで放射線の被曝が比較的少ないとされるエリアに脱出しようとしたが、道路が混雑して、結局原発爆発後も放射線量の高いエリアにとどまることになった。したがってかなり被曝したことになる。今後、長期にわたって癌等の発症のリスクに向きあわざるを得ないであろう。ここに福島と広島・長崎が共振する地平を見出すことができる。

14　「あるけど、なかった」状態は、筆者が考えるには、原発が立地した時点にまでさかのぼる必要がある。つまり原発が立地することによって地域に受益体制ができあがり、それとともに「生活の私化（privatization）」が進み、他方でそれまで地域が維持してきた集落意識のようなものが弱体化した。こうして区会や班が担保してきた「生活の共同」＝自治の枠組みが早期に壊れていたのである。

15　新自由主義の近年の動向として注目されるのは、国家財政を簒奪する一方で、人びとにたいして「道徳的感情」を鼓吹することである。ちなみに、マウリツィオ・ラッツァラートによると、昨今の新自由主義の特徴は、「自己の意思決定に責任を持て」といって、ある種の「道徳性」を伴う主観的主体性を強調することにある。そして人間の自由と多様な生き方と個性を保障するはずの「自己参照」と「自己創出」を、あたかも本人自身が自ら進んで選択したかのように錯覚させる社会システムを創りだしている、という（Lazzarato 2011=2012）。なお、同様の議論の先駆けをなす主張をデヴィット・ハーヴェイが行っているし（Harvey 2003=2007）、たえず自己統治の責任を負ってがんばり続けるしかないとするギデンズのエージェント＝「能動的な主体」論には、そうした議論の範型を見い出すことができる（Giddens 1998=1990）。

16　ちなみに、ここでは具体的に言及しなかったが、こうした「難民」＝「棄民」はハンナ・アーレントのいう「剥奪された人びと（displaced persons）」に近いものと思われる。アーレントは、場所を、住民に市民としての諸権利を保障する政治的共同体として捉えている（Arendt 1951）。したがって場所を喪失している「難民」＝「棄民」は、市民としての諸権利を奪われ、生活の物的・心的基盤を喪失して

いることになる。

文献

蘭信三編, 2008, 『日本帝国をめぐる人口移動の国際社会学』不二出版.
Arendt, H., 1951, *The Origins of Totalitarianism*, new edition with added prefaces, Harcourt Brace Jovanovich.
藤田結子, 2008, 『文化移民』新曜社.
Cohen, R., 1997, *Global Diasporas: an introduction*, UCL Press.(=2001, 駒井洋監訳, 『グローバル・ディアスポラ』明石書店.)
Giddens, A., 1998, *The Third Way: the renewal of social democracy*, Polity.(=1999, 佐和隆光訳, 『第三の道』日本経済新聞社.)
Harvey, D., 2005, *A Brief History of Neoliberalism*, Oxford University Press.(=2007, 渡辺治監訳, 『新自由主義』作品社.)
Klein, N., 2007, *The Shock Doctine: the Rise of Disaster Capitalism*, Metropolitan Books.(= 2011, 幾島幸子・村上由見子訳, 『ショック・ドクトリン――惨事便乗型資本主義の正体を暴く』(上・下) 岩波書店.)
Lazzarato, M., 2011, *La fabrique de l'homme endette-Essai surla condition neoliberale*, Editions Amsterdam. (= 2012, 杉村昌昭訳, 『〈借金人間〉製造工場』作品社.)
満州移民史研究会編, 1976, 『日本帝国主義下の満州移民』龍渓書舎.
岡部牧夫, 2002, 『海を渡った日本人』山川出版社.
Ong, A.,1999, *Flexible Citizenship: the Cultural Logics of Transnationality*, Duke University Press.
Pringle, R., 2004, *A Short History of Bali: Indonesia's Hindu realm*, Allen & Anwin.
Sato, M., 2001, *Farewell to Nippon: Japanese Lifestyle Migrants in Australia*, Trans Pacific Press.
Solnit, R., 2009, *A Paradise built in Hell: the extraordinary communities that arise in disasters*, Viking.(= 2009, 高月園子訳, 『災害ユートピア』亜紀書房.)
Urry, J., 2000, *Sociology beyond Societies: mobilities for the twenty-first century*, Routledge.(= 2006, 吉原直樹監訳, 『社会を越える社会学』法政大学出版局.)
―――, 2003, *Global, Complexity*, Polity.(=2014, 吉原直樹訳, 『グローバルな複雑性』法政大学出版局.)
山下晋司, 2009, 『観光人類学の挑戦』講談社.
吉原直樹, 2013a, 『「原発さまの町」からの脱却――大熊町から考えるコミュニティの未来』岩波書店.
―――, 2013b, 「モビリティ・スタディーズから『移民の社会学』へ」吉原和男編著『現代における人の国際移動』慶應義塾大学出版会, 85-102.

第3章
バリ日本人会と日本人社会の形成
──日本人会の運営主体の変遷と日本人社会

今野　裕昭

1　はじめに

　本章は、バリ日本人会の運営主体の変遷を手掛かりに、バリ日本人社会の形成過程を描き出すことを狙いとしている。在デンパサール総領事館（旧、バリ総領事館）の在留邦人調査（10月1日現在）によると、現在バリ州には日本国籍を持つ 2,673 人（2014 年）の長期滞在と永住の日本人が生活している。このほかに、日本国籍を持たずインドネシア国籍を取得している日本人（日系人）も相当数いて、在留邦人と日系人の両者でバリの日本人社会を形成している。ここに言うバリ日本人社会は、年間 21 万人（2013 年。2009 年までは 30 万人台だった）くらいバリに来ている、3 か月未満の短期滞在者の日本人観光客を含まない、定住者の社会を指す。これら在留日本人と日系人のバリ日本人社会そのものを、全体について正確に鳥瞰することはなかなか難しい。まして、遡って日本人社会全体の形成史をつかまえるのは、ほとんど困難といえよう。

　バリ日本人会は、1989 年末という比較的最近に結成された、会員数が法人会員 48 社（109 名）個人会員 375 名（2015 年 1 月現在）という、東南アジア各地の日本人会の中でも比較的小規模な日本人会である。バリ島の在留邦人数だけでも 2,673 人（2014 年 10 月）なので、日本人会と関わらないところで生活している長期滞在の日本人・日系人のほうが圧倒的に多い。とはいえ、バリ日本人会は、バリ島における日本人・日系人の団体として、最大規模の団体

である。これに次ぐ規模の団体は、バリ日本語補習授業校（通称、日本語補習校）で、現在、幼稚園児・小・中学児童数281名（2103年5月）を擁している。このほかには、ほとんどが小規模な日本人・日系人経営の地元ローカル日系企業や日本企業の支店、ウブドにある日系商店の商店会や、各地にある日本人の文化・スポーツ・環境・福祉活動のグループ・サークルといった、少人数の団体になる。

　バリ日本人会が創設された1989年当時はどうだったかというと、在留邦人調査では長期滞在者が156人・永住者が65人と、少なくとも220人からの日本人がいた。一方、日本人会のほうは、1996年以前の会員数の記録が失われていて正確な数は得られないが、当時の設立者たちの記憶では、設立時の日本人会に集まったのは50人くらいとも70人くらいとも言われている。ここからすると日本人会は、在留邦人総数の3分の1弱くらいの規模の団体であった。現在は在留邦人の22％を網羅するという形でさらに比率が落ちているとはいえ、バリ日本人会は設立当初の90年代はじめから、バリの日本人・日系人の団体として最大規模の団体であるといえる。

　この団体、バリ日本人会がバリ島のどのような環境の変化、バリ島に生じたどのような条件によって形成されてきたかの姿を捉えれば、これを通して日本人社会がどのような歴史の中にあるかを見ることができるであろう。そこで、本章では、バリ日本人会の形成過程を、東南アジアでの日本人会という団体の多くが進出日本企業の法人会員によって運営されているという性格に鑑みて、バリの日本企業駐在員勢力と地元ローカル日系企業の日本人勢力とのリーダーシップの面から捉え、そこから日本人社会の形成を展望してみる。

　結論を先取りすると、バリの日本人会の運営主体は、グローバル観光地バリ島の開発に携わったJICAや日本工営、PCI（パシフィックコンサルタンツ）と連携して入ってきた日本の建設関連企業、その観光地に日本人観光客を連れてきた日本の旅行業観光業企業の駐在員が前面に出ていた段階から、観光業のすそ野を構成している地元ローカル日系企業の事業主と母親を中心とする個人会員にリーダーシップが移行したという、バリ独自の性格が見えてく

る。その背景に、日本人旅行客の盛衰に合わせたバリ在住の日本人による観光業の推移がある。一方、バリの日本人社会そのものは、日本人会が誕生した1990年代の中頃に急速に人口が増え、以後、量・質ともに拡大し多様化しはじめ、2000年代以降の日本人会は一部の人たちの活動になってきたということが明らかになる。

2 バリ日本人会の設立と会の特質

(1) バリ日本人会の設立事情

　海外に居住している在留日本人で結成される日本人会は、アメリカ、ヨーロッパはじめ世界中の主要都市に数多くつくられている。東南アジアでは戦前にあった日本人会が敗戦時に一度消滅した後、戦後に再発足しているケースが普通に見られる。**表3－1**は、小林英夫ほか『戦後アジアにおける日本人団体』[1]から抜き出した、東南アジアのいくつかの国の現在の日本人会についての事情である。この本によると、東南アジアでは戦前、香港、マニラ、バンコク、シンガポール、ジャカルタなどほとんどの都市に日本人会があったが、これら戦前の日本人会は、太平洋戦争で完全に断ち切られ、戦後に連続していない。戦後サンフランシスコ講和条約締結後に設立されたのが、現在の日本人会である。

　表3－1を眺めると、これら戦後の日本人会の設立事情に、三つのタイプが見られる。一つは、戦後現地に進出した日本企業の駐在員が情報交換を目的に、商工会議所的な役割を持って設立したものである。表3－1のほとんどがこのタイプで、現地に進出した日本企業と地元日本人経営のローカル企業が会員である、法人部をその組織に持っている。二つ目は、子弟教育のための日本人学校、日本語補習授業校（以下、日本語補習校と称す）の経営に必要で設立したものがある。日本人学校の経営には日本人学校維持会をつくって別組織にしているところも多いが、その場合でも日本人会は理事を派遣するなどして、相互に密接な関係を維持している。同様に、商工会議所を別組織にしているところも、日本人会はこれに理事等を派遣している。三つ目に、

表3−1 東南アジアの日本人会

都市名	日本人会				日本人学校		商工会議所		
	名称	設立年	設立経緯	活動内容	名称	設立年	名称	設立年	
台北	台湾日本人会	1961年	1952年設立の金曜会（在台湾日本企業の親睦）が母体。日本人学校の経営に台湾政府公認の団体が必要なため。	・在台湾日本企業の活動環境の保全。・日本人学校の経営。	台北日本人学校	1953年	台北市日僑工商会	1971年 日本人会の法人部が独立	
香港	香港日本人倶楽部	1955年	進出日本企業の支店16社の法人会員でスタート。	・会員の親睦。・相互扶助（情報交換、各種講座、スポーツ活動）。・地域社会への奉仕・交流（バザー）。・会館・食堂の運営。	香港日本人学校	1966年 日本人倶楽部の教育部が独立	香港日本人商工会議所	1969年	
マニラ	マニラ日本人会	1959年	商業活動の情報交換からマニラ日本人クラブとしてスタート。1976年日本人会に改称。	・会員の親睦。・日本人学校の運営。※1984年マニラ日本人会（永住を目指す日本人の会）	マニラ日本人学校 90年代国際結婚による児童の入学増	1968年	—	—	
セブ	セブ日本人会	1982年	輸出加工区に進出した日本人企業の駐在員とセブに自営の日本人で。2000年以降退職シニアで。	・日本語補習校の運営。・親睦、スポーツ、安否連絡。・セブ観音の管理。	日本語授業補習校	？	セブ日本商工会議所	1990年	
ホーチミン	—	—	—	・教育、医療、安全（緊急連絡）。・日本人会館との連絡、会館の運営。・税務、法律、雇用と投資促進。	日本語補習校 日本人学校	1995年 1997年	ホーチミン日本商工会	1994年 日本人会は断念する	
バンコク	タイ国日本人会	1953年	商社、海運、銀行の駐在員が増加。日本大使館も再開し、日本人会再開。	・親睦、大使館との交流、地域社会との交流（駐在員以外の会員の多様化）	バンコク日本人学校	1956年再建	バンコク日本人商工会議所	1954年	
クアラルンプール	クアラルンプール日本人会	1963年	商社、銀行の大手と大使館が設立ち上げ	・親睦・子どもの教育で互助。・現地社会との交流。	クアラルンプール日本人学校	1966年	マレーシア日本人商工会議所	1983年	
シンガポール	シンガポール日本人会	1957年	総領事館から日本人墓地の管理を引き継ぐために日本人クラブとして設立。1976年日本人会に改称。	・文化、日本人墓地の慰霊祭・盆踊り、診療所運営・日本人墓地の管理・日本人学校の運営。・シンガポールとの相互理解。	シンガポール日本人学校	1964年	シンガポール日本商工会議所	1969年	
ジャカルタ	ジャカルタジャパンクラブ	1970年	1967年以降の日本企業の進出増。	・法人会が商工会議所の役割を。・日本人墓地の慰霊祭・盆踊り。・両国の親善。・現地への奨学金、邦人安全対策。・通商、経済協力に寄与。（役員の重要ポストを企業単位で割り当て、大企業が仕切る）	ジャカルタ日本人学校	1967年	—	—	

出所：小林英夫ほか『戦後アジアにおける日本人団体』より作成

日本人墓地の管理や慰霊の目的で設立したものがある。これら三つの性格のどれか一つだけで日本人会が結成されたわけではなく、複合的な目的でスタートしている。

　設立年という点から見ると、ほとんどの日本人会は、高度成長期にあるいはグローバル化の時代に入って設立されており、現地に進出した日本企業の駐在員に、現地の大使館や領事館が働きかけて結成されていたようである。大使館側からの設立働きかけの目的は多くの場合、在留日本人の連絡網を確立する必要と、在留邦人子弟の教育のための日本語学校をつくるために、日本人会の設立が必要という点で共通していたようである。

　本章で考察するバリ日本人会は、設立総会が1989年12月で、表3－1で分かるように東南アジア諸国の日本人会の中では比較的最近のものである。主な設立要因からすると、バリ日本人会は、まず第2のタイプ、日本語補習校の経営にあたる。このことは、バリ日本人会の設立総会に至る1989年の1年間の経緯を書き残した、JICAのデンパサール駐在、農業防虫プロジェクトの専門家、鈴木芳人さんの詳細な手記[2]（『バリ日本人会の歩み』[3]の冒頭に収録されている）の中の経過に示されている。また、最初に日本語補習校設置の要望を鈴木さんに持ちかけた、シガラジャのゴンドール海面養殖研究所にエビ養殖の専門家として赴任してきたJICAの貫山義徹さん（バリ日本人会初代副会長、日本語補習校初代校長。JICAを定年後、日本在住）が、2014年9月のインタビュー調査の中で明確に語っている。

　　　JICAの専門家は、子どもの教育が一番頭にある。バリの前の（赴任地の）ウジュンパンダン（マッカサル）で、子どもたちを日本語補習校に通わせていたので、バリでも（日本語補習校を）つくろうと思ったんです。（（　）内は筆者補足）

　当時のバリ日本領事駐在官事務所の領事から、日本語補習校を設立するには日本人会をつくると早いというアドバイスがあった（貫山さんへのインタビュー）。赴任してきた家族の子どもたちの日本語と算数の教育の必要上、

日本語補習校の設立を望んだ JICA の職員と、ODA 援助関係で空港と観光ホテルの建設のためにバリに駐在して来た建設関係者の要望の中から、日本人会の設立にこぎつけたという経緯があった。

　　当時、日本人会を立ち上げようと動いた。そのころは建設会社の人も来たんで、(日本工営の)中川さんと2人で建設事務所を回りましてね。日本人会をつくるんだけれども発起人会のメンバーになってくれないかとうことで、訪ねて行った。(シガラジャにいた)私も週末ごとに(デンパサールの)そっちに駆り出されまして、行きまして。で、何回か準備委員会というか、世話人会というか、そういう会合をして。(1998年)1月に(バリに)着いていろんなことがありまして、結局、その12月頃にですね、設立総会みたいなものをつくりまして。(貫山さんへのインタビュー。(　)内は筆者補足)

　他方、領事館側も長期滞在者の急増に対応する必要上、日本人会組織を必要としていたことが鈴木芳人さんの手記に記されている。大使館・領事館側からの在留邦人の連絡網の必要(バリ日本人会 2011: 8-9)が、もう一つ交差していた。
　現在、バリ日本人会は日本語補習校を主催している。バリ日本語補習校には学校維持会があり、ここで運営方針が決定され保護者会が運営にあたっているが、日本人会の教育部会の部長・副部長に保護者の代表と校長を送り込んでいる。財源の安定的な確保の狙いがあって、2006年から補習校の入学要件として親の日本人会加入を課した。補習校は財源的には授業料収入以上に日本人会からの補助金に依存しているが、バリの日本人会はジャカルタの日本人会とは違って、日本の大企業の支店が数多くあって法人会費からの収入が大きい訳ではないので、補習校の財政基盤確立のために立ち上げた財団・バリ日本友好協会は、日本も含めたところから寄付金を募ることが欠かせない活動になっている。

(2) バリ日本人会の特質

　インドネシアでは、戦前にスラバヤ、バタビア（ジャカルタ）、スマラン、バンドンに日本人会があったようであるが、現在は、本章で取り上げるバリ島のほかに、ジャカルタ、スラバヤ、バンドンに日本人会がある。この四つの中でバリ日本人会は、成員構成、運営のし方において特異であると言われている。

　どう特異なのか。『バリ日本人会の歩み』から、バリ日本人会の特質をめぐる言説を見てみよう。この20周年記念誌に、日本人会の回想あるいは日本人会への期待の原稿を寄せた13人の歴代役員のうち、6人がバリ日本人会の特徴について触れている。そこに共通に指摘されている点として、①個人会員が多い、②個人会員の多くは国際結婚した日本人女性である、③法人会員は地元日本人のローカル企業事業主層（経営者層）が主で、日本の企業駐在員といっても限られていて、JTBと一時期のJALとANA、JALパックなどの観光関係の企業、そして、JICA、PCI（パシフィック・コンサルタンツ）、竹中、大成、清水といった一時期の観光開発関連の建設業くらいしかない、という三つほどの特徴が見出される。

　ジャカルタの日本人会は商工会議所的性格が強く、組織図を見ると法人部会の内部グループ編成が、商社、金融保険、運輸、電子・電機、化学品合樹、機械、金属、自動車、燃料、繊維、農林水産、建設不動産と多岐に亘り、このうち製造業中心の大手日本企業の支店が法人会員の大半を占めている。これにたいして、バリの場合は、旅行会社、ショップ・レストラン・アクティビティ、ホテル・ウエディング、病院医療、建設不動産・カーゴといったグループ分けが適切なものになっている。バリ日本人会は、観光関連の地元ローカル企業が法人会員の大半を占め、国際結婚をした個人会員が多いところに特徴がある。この特徴がバリ日本人会の自由な雰囲気を生み出しているという指摘もなされている。

　　　（バリに住む日系人のSさんは）バリ日本人会には結成当時積極的にかかわる。ジャカルタの日本人会（ジャパンクラブ）は、自分たちの世界、す

なわち「会社員の世界」を絶対視し、現地人を下に置く傾向があるが、バリの日本人会にはいろいろな職業の人が入っていて、バリ人を自分たちと横並びで見る意識が強く、「気に入っている」とSさんはいう。（吉原 2011: 303）

3　バリ日本人会の成立と運営主体の変容

　本節では、バリ日本人会の組織運営の仕組みとその具体的な運営の変容を分析する中から、運営主体の変化とそれをもたらしたバリ社会の中の要因を明らかにする。

(1) バリ日本人会の組織と活動

　バリ日本人会の目的は、「バリ島に在留する日本人、日系人およびその家族の親睦、相互扶助をはかり、その生活向上に寄与することと併せて、地域社会の文化、経済との円滑な交流を促進すること」（「バリ日本人会会則」第2条）にあり、バリ日本語補習授業校を主宰するとともに、緊急連絡網の作成のほか、大運動会、三都市親善スポーツ大会、盆踊り、バザー（補習校祭り）、ゴルフコンペ、ボーリング大会、忘年会、もちつき大会（ウブド地区）といった年間の行事を毎年行っている。

①バリ日本人会の組織

　日本人会の組織は、総会の下に、バリ総領事館の総領事を名誉会長に、会長、顧問、副会長からなる役員がいて、この役員の下に部会と事務局で構成されている運営機構がある。部会は、1990年代は法人管理部、教育部、女性部、福祉厚生部、広報部、会計部の6部門で構成され、そこに1998年から、永住者が増えてきたウブド地区にウブド地区部会が置かれた。その後、日本語補習校入学に日本人会への親の加入が要件化されたことに伴い、母親が中心の個人会員とその連絡網を管理する個人管理部会が2006年に設置された。

さらに、2008年には、三都市親善スポーツ大会の活動が充実してきたことを踏まえて、スポーツ振興部会が新設された。こうして部会が増え活動領域が広がってきたが、2008年の段階から重複し合っている各部会活動の整理再編の試みがはじまった。2008年にはウブド地区部会を文化部会に改組した。2011年にスポーツ振興部会を廃した。役員が三都市スポーツ親善大会のためだけに別に集まる大変さを解消するために親善大会の行事を福祉厚生部に移し、それ以外のスポーツ・サークルの部分は文化部に移した。さらに、女性部会が独自の会費を取らなくなったこともあり一般会員との境が曖昧化したことから、女性部が行ってきた料理教室とか食事会の活動にシニアの男性会員も参加しはじめている近年の動きを踏まえて、13年には女性部会を文化部に統合した。

　部会はそれぞれに活動を進めているが、全体を招集する部署として、毎月1回、会長、副会長、顧問、名誉会長、および各部会の部長と事務局が集まる運営委員会がある。この運営委員会の場で、各部の活動報告、今後の活動方針が承認され、日本人会全体が運営されている。運営委員会は日本人会設立当初からの形であり、現在入手可能な最も古い会報「BALI」92年1号（1992年9月）の中にも、1992年1月の第24回バリ日本人会運営委員会、92年2月の第25回、92年3月の第26回運営委員会の議事録の要旨が収録されている。この議事録の要旨を見ると運営委員会出席者は、当時顧問職はなく幹事職があった時代で幹事が出てくるが、それ以外は現在と同じ構成になっている。

②バリ日本人会の活動

　表3-2は、バリ日本人会の推移と関連する出来事の年表[4]である。〈日本人会〉欄には日本人会の活動と組織に関する主要な出来事を載せ、〈建設関係〉の欄に建設関係の日本企業の動き、右端の〈観光業〉欄に観光関係の出来事を一覧化している。

　〈日本人会〉欄にある日本人会の多彩な活動は、本節の冒頭に紹介した日本人会の主要な年間の行事も含めて、実施を担当しているそれぞれの部会がはじめたもので、20年の間に役員が交代する中で、毎年受け継ぎ継続して

表3-2　バリ日本人会の沿革と背景

	バリ日本人会	日本語補習授業校
Ⅰ期（立ち上げ確立期）	1989.5〜　日本人会世話人会 1989.12　日本人会設立総会（バリガーデンホテルに事務局） **JICA、JTB、NEC 駐在員幹部による事務局運営** 1990　盆踊り大会開始（日本人会） 1992　婦人部部長ニョニャ会を託したいと永住者のS子さんに打診　→　1993年婦人部長にM子さん 　　　日本人会報「BALI」発行 　　　広報担当幹事が緊急連絡網を作成 1992　バザー開始（〜2005、補習校に移行） 　　　チャリティゴルフ大会開始（福祉厚生） 　　　インドネシア語講座開始（事務局） 1993　定住者の野口さん会長（92.12〜94） 　　　事務所を日本語補習校内に置く 　　　**ローカル勢による組織基礎固め（会員規定、登録問題）** 　　　会報「バリ日本人会会報」に改称（広報部）。会員の店11店でディスカウント実施（事務局）	1989.11　日本語補習校設立準備会 　　　　　補習校運営委員会発足 　　　　　イターナショナルスクールの教室で 1990.1　日本語補習授業校開式 1991　外務省の補助認定。幼稚部開設 1992　校舎に民家を借用
Ⅱ期（観光業日本企業駐在員の進出および国際結婚女性会員の増大期）	1994　グランタン教室開始（女性部） 1995　忘年会開始（福祉厚生部）。会報「ケチャック瓦版」に改称 1995　会長、副会長ポストの**日本企業駐在員（旅行業）の指定席に**（1996〜2005） 1996　クルンクン養護施設訪問開始（女性部） 1988　「ウブド地区」部会創設 2000　日系人の子どもの就学適齢期 2002　日本語補習校校舎現在地に建設 2002　がんばろうバリ・キャンペーン 2003　三都市親善スポーツ大会開始（実行委員会）会報「バリ楽園通信」に改称 2004　大運動会開始（福祉厚生部、実行委員会）	1994　補習校運営委員会組織 1997　生徒数増大、隣接民家も借用 2000　新校舎建設委員会 2002　現校舎に移転。万喜子さん校地を無料貸与、竹中大成共同企業体がプレハブを無償提供 　　　基金が必要でバリ日本友好協会設立 　　　生徒数急増（2002〜）
Ⅲ期（JAL撤退と地元企業・個人会員への移行期）	**ローカル勢による組織・活動拡大** 2006　個人管理部設置（同好会、サークル） 　　　ボーリング大会開始（福祉厚生部） 　　　もちつき大会開始（ウブド地区） 2007　スポーツ振興部設置（三都市対抗大会） 　　　図書ボランティ開始（事務局） 　　　この年盆踊り、大運動会（09も）中止 2008　文化部発足。法人管理部に名称変更 2009　この年三都市親善スポーツ大会中止 　　　キンタマーニ植樹祭開始（文化部） 2010〜　**JAL撤退、日本人会の組織再編** 2010　この年会場費高騰で盆踊り中止 　　　緊急連絡網のテスト実施（事務局） 　　　スポーツ振興部廃止 2011　会長・会長代行とも相次ぎ異動転出で永住者副会長が会長代行に 　　　女性部を文化部に統合 2013　運営委員会を補習校会議室で	2005　日本人会からバザー運営を移行 2006　親の日本人会加入を要件化 2007　維持会を設立（基本方針を審議） 　　　教務主事、常勤講師の設置 2009　ヤヤサン法改正、友好協会再登録 2009　柴崎校長就任。万喜子さん終身校長に。カリキュラムの拡充 2009　日本政府の補助金削減で財政危機 　　　日本人会からの寄付金増額 2010　補習校チアリーダー部結成

建設関係	観光業
1965　バリビーチホテル（大成建設） 1982　ヌサ・ドゥアのバイパス完成（熊谷組） 　　　ヌサ・ドゥア開発、空港拡張 　　　　PCI、日本工営、竹中、大成、清水建設 1991、92　空港拡張、ヌサ・ドゥア 　　　　　　建設の終了で企業引き上げ	1980　領事館、駐在官事務所開設 1986　東京サミットへ途上のレーガン大統領がバリに滞在 1989　外国投資法改正 1990　JTB、国際開発がバリ支店 　　　日航がジャカルタ経由乗り入れ。 　　　日本人観光客増 1991　PATA 第40回年次大会 1993　PATA/WTO 人的資源会議 1994　JAL バリ支店設置。**日航直航便乗り入れ**。第1次バリブーム **日本人女性国際結婚ラッシュ ベビーブーム (95、96)** 　　　バリインペリアルホテル（帝国ホテル）が進出
	1995　ホテルニッコーバリ、 　　　JAL パックが進出
1996～99　スランガン島開発　周り浚渫埋立工事、五洋建設 1997～2000　竹中大成共同企業体 　　　　　空港拡張二期工事 2000～05　バリ海岸保全プロジェクト（タナーロット、ヌサ・ドゥア、クタ、サヌール護岸埋立）日本工営、五洋、東亜建設、大成、日本建設工業	1996　コレラ騒動、観光日本人激減 　　　NTA、HIS、ANA が進出 1997　2次バリブーム（前年の反動） 1998　通貨危機、経済危機 1999　クタ爆弾事件 2001、02　学齢期の子ども増大 2001　米国同時テロ事件 2002　バリ爆弾テロ事件 2003　ASEAN＋3 首脳会議 2003　サーズ騒動
2000～08　下水道施設整備工事 　　　　　　PCI、東亜建設	2005　バリ爆弾テロ事件 2006　駐在官事務所から総領事館に 2007　IPU（列国議員同盟）会議 　　　PATA トラベルマーケット 2009　鳥インフルエンザ 　　　邦人殺人事件、観光客減 2010　JAL 撤退。日航直航便廃止 2013　APEC 首脳会議

来ている。部会はそれぞれに実施のノーハウを持っている。「会報」に載せられている行事の収支報告を見ると、こうした行事での収益金は、まず日本語補習校に、さらに市内の養護施設などにその都度寄付されてきている。どの行事も会員の親睦のためにあるのだが、同時に日本語補習校を支えるために組まれ、さらに余剰があると地域社会のバリ人との交流のために福祉面での寄付を行う目的が見られる。

　盆踊りは日本人会が実行委員会を作り実施しているが、ほかに、部会ごとにその活動を見ると、法人管理部は、会員向けの税金・労働・外国投資法などのセミナーや異業種交流の懇親会の開催、連絡網の作成を行っている。個人会員管理部はスポーツ系・文化系の同好会・サークルを統括し、緊急連絡網の作成を担ってきた。福祉厚生部は大運動会[5]、ボーリング大会、忘年会を実施してきたほか、かつてスポーツ振興部会がやっていた三都市親善スポーツ大会も担当している。広報部は、会報「楽園通信」（以前の「ケチャック瓦版」）を年4回発行してきている。

　比較的新しい文化部は現在、かつてのウブド地区部会の時からのもちつき大会と、お茶会、本の市、キンタマーニ植林祭、大文字送り火行事などの実施を引き継ぎ、自力整体とシニア向けのグランドゴルフ、子どものための囲碁クラブの、スポーツ系・文化系の同好会を主催している。このほかに、女性部会を統合したことにより、かつて女性部の下で生まれ育ってきたグランタン・ペログッ（竹筒ガメラン。西部バリ、ジュンブラナ県の伝統楽器）のサークル「スアール・ドゥイ・ストゥリ」を、文化系のサークルに加えている。また、女性部会と統合後に新たに立ち上がった女性サークル「やまゆり会」をも編入する形を取っているが、まだ再編段階にある。「やまゆり会」は、これまで女性部が独自の会費を取りながら進めてきた、毎月の食事会・講演会・各種セミナーと島内3カ所の養護施設訪問、会報「ココナッツだより」の発行という活動を、そのまま引き継いでいる。部会の中につくられたこれらサークルとは別に、うたう会、野球、サッカー、フットボール、バドミントン、テニスの三つのサークルが、日本人会会員の中で作られ、より自主的なサークルとして活動している。かつては日本人会事務局にインドネシア語講座や

将棋講座が、また、女性部にヨガ、手芸の講座もあった。

　こうした日本人会の行事が、バリの日本人にとっての会員相互の親睦の場、地元バリ社会のインドネシア人との交流の場になっている。それだけでなく、バリに入ってきたばかりの新規参入者にとって、バリで生活してゆく上で本当に知りたいことを教えてくれる、セーフティネットにつながる情報提供も日本人会は行ってきた。女性部の企画だった「バリ生活情報誌」(1998年)や日本人会の「会報」、女性部独自の会報「ココナッツだより」の中に、バリでの生活の手引きになるような知恵として意図的に載せられた諸情報、さらには、日本人会が主催していた会員向けのインドネシア語講座が、この役割を果たしてきた。このほか、日本人会として緊急連絡網のテストをしている。日本人会会員の連絡網は、設立当初から作成を続けてきていて、何かあった時の対応ルートとして、日本人の安全を守る大切な役割を持っている。また、会員が会員証を使って、レストランや物販店、スパ、ホテル、ダイビングやプールのアクティビティなど、指定された会員の店でディスカウントを利用できるサービスを90年代の早い時期から実施してきた。

　日本人会の各部会の行事・活動を、現在を中心に概観してきたが、表3－2にこれら行事を開始年順に書き入れてあるように、ほとんどの活動が早い時期にはじめられ、会員がたいへんな労力を注ぎ込んで継続してきたことを見てとれる。

(2) バリ日本人会の運営主体の変遷と要因

　前項で見たような活発な日本人会の行事や活動を、バリ在住のどんな人たちが動かしてきたのだろうか。これまで担い手層の性格に変化はあったのだろうか。本項では誰が日本人会を引っ張ってきたかの観点から、現在までの25年にわたる日本人会形成のプロセスを、「Ⅰ期　立ち上げ確立期」、「Ⅱ期　観光業日本企業駐在員の進出と国際結婚女性会員の増大期」、「Ⅲ期　JALの撤退と地元企業・個人会員への移行期」の3期に分けて(**表3－3**)、日本人会の運営主体の変化と変化をもたらした要因を検討、記述する。

表3-3 担い手から見たバリ日本人会形成のプロセス

	時　期	担　い　手
Ⅰ期	立ち上げ確立期　　　　　　　　　(1990～93)	地元の日本人・日系人主導に移行
	日本人会を継続させる課題 ①会員規定の問題（日系人の夫も会員に）。会のステータス問題 ②日本語補習校の校舎の確保問題　（民家を借用）	
Ⅱ期	観光業日本企業駐在員の進出および 国際結婚女性会員の増大期 　　　　　　　　　(1994～2004)	日本企業の支店長・駐在員が前面に
	①国際結婚女性の子どもの就学適齢期 2000年問題・日本語補習校の校舎の確保問題（プレハブ校舎の寄付）	
Ⅲ期	JAL撤退と地元企業・個人会員への移行期 （2005～　　　）	地元企業事業主・個人会員が下支えに 地元の日本人・日系人主導に
	①前半期の駐在員のマンパワー不足の問題（運営委員会・行事への欠席） ②組織再編と世代交代の課題 ③年金生活シニアの増加問題	

①役員・部会幹部層の交代

　1990年91年の日本人会の役員一覧は、日本人会事務局には残っておらず、「会報」からも断片的にしか得られないので分からないが、92年からあとの役員一覧は、『バリ日本人会の歩み』に収録されている[6]。そこで、ここで、92年から現在に至る役員層の変化の動向をまず把握した上で、次項において、時期区分したⅠ期からⅢ期までを各時期ごとに詳しく見ていくことにする。

　行事や活動を中心になって企画し準備算段をして、会員を動員して実施してきた役員層[8]に、どのような人が入ってきたのかを作成してみたのが、**表3-4**である。日本人会会員は、日本企業のバリ支店・事務所駐在員と、地元ローカルの日本人・日系人とで構成されている。そこで、会長、副会長、会計、および、法人・福祉厚生・教育・女性・広報などの部会長・副部会長の一人ひとりが、バリ支店駐在員か地元ローカルの日本人・日系人かを判別し、これら役員全体のうちローカルな日本人・日系人が占める比率を算出してある。

第3章　バリ日本人会と日本人社会の形成　69

　この表を見ると、まず、日本人会会長は、日本企業のバリ支店駐在の支店長・所長と地元ローカル企業の社長や経営者とが、時期時期で入れ替わっている。1992年末から95年まではローカルな事業主、経営者が、96年から2005年まではJAL、ANA、JALパック、JTB、NTA（日本旅行）という日本の観光関係大手企業のバリ支店長・所長クラスが交互に就いている。とりわけ、

表3－4　日本人会役員に地元ローカルが占める割合（％）

	会長	副会長	部会長	部会長・副部長		出来事
						1990　空港拡張で建設業関係者増
						1990　JTBバリに進出
1992	○バリガーデンH/プラザバリ	50	83	83	年平均 81	1992　建設関係企業引揚げ
1993	○プラザバリ	50	83	78		
1994	○プラザバリ	50	17	58		1994　JALバリ支店、直航便乗り入れ、バリブーム
1995	○プラザバリ	50	17	44		旅行観光関係大手企業支店・事務所が多数進出
1996	□JAL	―	50	64	年平均 63	1995　国際結婚・ベビーブーム（1995～98）
1997	□JAL	33	50	53		空港拡張で建設関係者増
1998	□JAL/ANA	33	71	63		空港拡張で建設関係者増
1999	□JAL	0	86	67		
2000	□JAL	33	50	62		空港工事完了で建設関係者引揚げ
2001	□JALパック	33	86	69		空港工事完了で建設関係者引揚げ
2002	□JTB	0	86	71		
2003	□JAL	33	97	77		
2004	□NTA	67	71	67		
2005	□NTA	67	91	79	年平均 83	
2006	○ラマツアーズ	67	87	83		会長にラマツアーズ社長
2007	○スナリバリ	50	90	79		
2008	○スナリバリ	25	90	86		
2009	□NTA	25	89	85		
2010	□○NTA/JTB/ラマツアーズ	33	78	84		JAL直航便廃止、JAL撤退
2011	○ラマツアーズ	33	89	87		
2012	○ラマツアーズ	33	89	85		
2013	○ラマツアーズ	50	86	82		

注：○地元ローカル事業主、□日本企業の支店長
出所：2010まで『バリ日本人会の歩み』、2010～2013バリ日本人会事務局

96年から2000年まではJALのバリ支店長の指定席になっていた。その後06年から08年までローカル事業主が会長になる画期的な転回が起こる。09年に日本企業の駐在支店長に一時的に復帰するが、翌10年の年末に再びローカル企業の社長に戻り、以後現在までローカル企業の社長で続いている。実質的に06年には、主体が地元ローカル勢に移行したと見てよい。

　日本人会の活動を実質的に支えている層に、もう少し立ち入ってみる。まず、部長層は、97年以前は地元ローカル勢が半分以下だったものが、05年から後になると9割をローカル勢が占めるようになっている。地元ローカル勢が、日本人会運営の下支えにおいて果たす役割が大きくなってきている。会計部長も含む部会長と副部長の全員について傾向を見ると、この動向はもっとはっきりする。地元ローカル勢が92年93年に8割だったものが、94〜04年に6割に下がり、2005年から後は8割台を占めるようになり、近年、再びローカル勢が運営を担うようになる。94年と2005・06年とに、二つ節目がある。時期区分の節目の象徴的な出来事は、94年のJAL直航便の日本からの乗り入れ開始と、2006年の地元ローカル企業社長の日本人会会長就任である。

　さらに、この表には表示できなかったが、地元ローカル勢は近年、地元ローカル企業の経営者(法人会員)だけでなく、個人会員が年々多くなってきているのも、大きな特徴である。役員の中に参入する個人会員は、2004年には8人だけだったものが、09年には12人、13年には15人と、増えてきている。運営の担い手が地元ローカル勢に移行しているだけでなく、ローカル勢の中でも個人会員にシフトしてきている。

　役員の担い手は、創設当初の短い期間「地元ローカル事業主」であったが、94年から「日本企業の支店長・駐在員」が前面に出るようになり、05年になると「地元ローカルの事業主に再び」戻り出した。近年は地元ローカル事業主に加えて、ローカルの個人会員が参入してきている。こうした担い手変遷の動向を念頭に置いて、以下にⅠ期からⅢ期の時期を少し詳しく見てゆく。

②Ⅰ期　日本人会立ち上げ確立期(1990〜93)

すでに第1節のバリ日本人会の設立事情のところで見たように、バリ日本人会はJICAのバリ駐在職員とODA援助関係で空港拡張と観光インフラ建設のためにバリに駐在していた建設関係者を中心に、立ち上げられた。ところが立ち上げてすぐに、建設関係者は空港拡張工事が終わりバリを離れることになる。そこで、バリから退去するJICA、建設関連の駐在日本人は、バリ在住の日本人、日系人（国際結婚してインドネシア国籍をもつ日本人）に会のあとを託してゆくことになる。日本人会の会員数は1996年以前のデータが事務局にもないので、当時の事情を会員数の推移で確認することはできないが、この間の経緯は当時の「会報」紙面に断片的に窺える。

　　T会計より92年度は法人が減少するため、予算縮小の可能性ありとの報告。……（1992年1月運営委員会）。
　　婦人部会：人数が減少方向にあり、今年は17名であるが、マンネリ化を防ぐため運動部（ゴルフ）文化部（ガメラン）等の活動を活発化し、発表の場を作りたい（1992年1月運営委員会）。
　　会長：空港関係者の離島に伴い、新役員の交替充足人事を考慮する必要が有り、次の人事を提案する（1992年7月運営委員会）。
　　　　　　　　　　　　（以上、会報「BALI」92－01、1992年9月）
　　副会長（PCI）「バリでの仕事を終えて」：1991年1月にバリ国際空港建設工事の為にバリに赴任し、同時に前任の副会長W氏の後を受けて、副会長の名をいただき2年と10カ月が過ぎました。……当時バリ日本人会は、空港建設、ホテル建設の関係者が多くいましたが、バリ島の観光化が進むとともに、会員の構成も暫時変わり、今ではバリ島の観光を支えておられる方々と、バリで生活される方々が主になってきています。（「バリ日本人会会報」02号、1993年11月）

女性部部長の交代の様子を、『バリ日本人会の歩み』の記事と地元日系人のSさんの回想に再現することができる。

1992年度女性部部長：私が女性部部長として活動した1年間を顧みた時、バリ島の内情をあまり知らない、数年の滞在で帰国してしまう駐在員の奥様達が部の中心になるよりは、こちらに嫁がれ、しっかり根を下ろして生活されている方々の方が地の利にかなった方法を取り、女性部をよりよく発展させてくれるのではないか、と思いました。その為、「次の部長に！」とSさんやMさん宅に日参してお願いし……。（『バリ日本人会の歩み』70頁）

女性部というのがありますよね。Oさん（NEC＝筆者）というバリコレクションの電気関係の工事に来ていた人の奥さんがいらして、「私たちはここでニョニャ会というのをつくったんですけれども、女性部会員が帰国するとかジャカルタに行くとかで、いなくなっちゃって。でも、ここで終わりたくないから、……何とか続けてもらえないか」ということで。……で、「年上のMさんという人がいるから、Mさんに聞いてみて、彼女がやるというなら私もやるから」ということで。（2013年12月、Sさんへのインタビュー）

1990年当時の日本人会の規模は50人くらいだったと思われる。貫山さんの日記には、1989年5月に最初の世話人会を開いた時に、子どもが8人、日本人の滞在者が27人とある。鈴木さんの手記にもこの時、長期滞在者の親睦会に子ども同伴、27名参加と書かれており、JICA、建設会社関係でバリにいた日本人の数であったと思われる。他方で、地元ローカルの旅行会社やホテル、観光関係の仕事で働いていた日本人女性やインドネシア人・バリ人と国際結婚した女性が、この頃すでに20〜30人くらいはいたと見られる（当時の副会長Aさん、93年から95年の会長Nさんへの聞き取り）。貫山さんのインタビューに同席した夫人（日本人会婦人部初代会長）の記憶では、設立総会に70名くらいの人がいたという。

貫山さんへの聞き取りによれば、日本人会を立ち上げたJICAの鈴木さん・貫山さんと一緒に動いた日本工営のバリ駐在員中川さんが、最初の3か月間初代会長を務めた。初代会長が翌90年3月に転勤帰国のあと、2人いた副

会長のうちの一人、バリ・ガーデン・ホテルの日本人オーナー坂東さんが会長に繰り上がった。その後この 2 代目会長は 92 年暮れに突然交通事故で亡くなり、急遽 3 代目の会長を、当時教育部長に就いていた地元ローカル企業プラザ・バリ（大型免税店）の経営者だった N さんが引き継いだ。副会長は、設立時に貫山・坂東、90 年に貫山・新家（PCI）、91 年に A・伊佐田（PCI）と引き継がれてきた。また、この時期 90 年から 93 年まで、事務局に 3〜4 人の幹事[7]が置かれていた。この幹事には JICA、JTB、NEC の大手日本企業の駐在員があたっていたが（『バリ日本人会の歩み』21 頁の役員一覧）、各部会の部会長は地元ローカル企業の事業主が占めていた。

　N さんが会長のこの時に、会員資格をインドネシア人の夫（妻）にも広げるという会員規定の課題、日本人会をクラブ（プルコンプラン）か法人（ヤヤサン）として当局に登録するという課題を解決して、会が続くための基礎固めをしている（会報「BALI」「バリ日本人会会報」。2014 年 8 月、N さんへインタビュー）。また、94 年から事務局長を置くようにした。

　こうしてこの I 期は、設立してすぐに、日本人会の担い手が、立ち上げた JICA と観光開発関係の日本企業の駐在員から、地元日本人・日系人の事業主の主導に移行した時期だった。

　日本人会の運営主体が地元ローカルの事業主に引き継がれた背景には、91 年頃観光リゾート地区ヌサ・ドゥアの建設と空港の拡張工事が終了し、日本企業の駐在員が引き揚げ、日本人会の会員そのものが大幅に減少したという出来事があったことはすでに見た。3 代目会長 N さんの話では、91、92 年頃日本企業の駐在員家族がごっそり引き揚げていったが、入れ替わりにバリの人と国際結婚した日本人女性が増えてきたので、会員が一時期大きく減ったという印象はなかったという（2014 年 8 月インタビュー）。領事館の在留邦人統計を見ると、駐在員などの長期滞在者は 90 年に 156 人、91 年に 173 人だったものが、92 年には 120 人と前年比 31 パーセントの減少となっている。一方永住者は 91 年 90 人、92 年 122 人、93 年 178 人、94 年 227 人、95 年 290 人と継続して著しく増加している（2015 年 8 月、在デンパサール総領事館で収集。在留邦人等調査）ことが、N さんの話を裏づけている。

③Ⅱ期　観光業日本企業駐在員の進出および国際結婚女性会員の増大期（1994〜2004）

　Ⅱ期の10年間は、日本人会に大きな影響を与える二つの大きな動きが生じた。一つは、旅行業・観光業の日本企業がバリに直接進出してきたことで、もう一つは、その効果で国際結婚してバリに定住する若い日本女性が急増したことである。

　日本企業駐在員の進出　日本人会の運営主体交代の最初の節目が1994年で、この年から日本企業の駐在員が多数、日本人会の役員に進出した。94年からバリに進出した日本企業は旅行、観光関係の業者であったが、この進出の背景には、表3−2の〈観光業〉の欄にあげたように、1989年の外国投資法の改正がある。89年の規制緩和によって、1990年になると大手旅行会社JTBがバリに支店を開設した。航空会社JALは以遠権で日航機をジャカルタ経由バリまで飛ばすようになり、バリに日本人観光客が増大した。さらに94年にはJALはバリ支店を開設し、成田と関西空港から週14便バリに直航便を乗り入れるようになった。成田からのガルーダの直航便も週7便あり、この時期から日本からの観光客が急増した。

　年間の日本人観光客は、1989年までは4万人台、多くても5万人くらいだったのが、90年に7万1千人、91年8万7千人と増えはじめ、92年93年に一気に16万人台17万人台に急増した。JAL直航便が就航した94年には21万人に達し、92年からの3年の間に飛躍的に増えた。その後、2000年に36万人のピークに達し、96年のコレラ騒動やその後のサーズ、とりわけ2度の爆弾テロ事件などで、2年おきくらいに観光客が激減し翌年にはまた回復するといった波があるものの、2010年の日航の撤退までの2000年代は、日本人観光客は年間平均30万人台で続き、2位のオーストラリアの20万人台を凌いできた（『Bali Dalam Angka』、『Statistik Pariwisata Bali』の各年）。

　日本からの観光客の飛躍的な増大の皮切りにあたるこの第Ⅱ期の日本マーケットの観光業の動きは、JALの直航便に合わせて、95年、96年と日本の大手観光業企業が相次いで進出し、ANA、JALパック、HIS、NTA（日本旅行）、ホテルニッコー・バリ、帝国ホテルが支店や事務所を置いたことにある。そ

して、進出したこれら日本企業の駐在員が、バリ日本人会に入会した。こうした動きが、96 年に会長が地元ローカル企業の事業者から JAL の支店長に交代する下地を作り、約 10 年間、会長職は日本企業の支店長・所長の指定席になった。

> バリ日本人会会長は、だいたい日本から来た人です。2 年ここに駐在されて、2 年間終わって、次の誰かがまた会長になるって形できてたようですね。(2014 年 1 月、会長 A さんへのインタビュー)

国際結婚女性の個人会員の増加　一方で、バリの日本人社会では、94 年の JAL 直航便乗り入れ前後、若い日本人女性の観光客が激増(バリ・ブーム)したこともあって、日本人女性のバリ男性との国際結婚も急増し、ベビーブームが起こった。この時期の日本人会の会員数のデータが欠けているため、致命的なことに国際結婚の女性の増大を正確に跡付けることができないので、データが残っている日本語補習校の側から傍証することしかできない。このベビーブームの時の子どもが、2000 年頃に学齢期に達し、日本語補習校に入学を希望し、日本語補習校に校舎問題をもたらした。

> 95 年 96 年は、お子さんが生まれますね。で、学齢期になるのが 2002 年 03 年くらいなんですよ。そこでどっと増えて、あらたいへんだと言い出したのがちょうど 2000 年頃ですね。それで、日本語補習校の校舎設立委員会みたいなのができたんです。(2014 年 1 月、A さんへのインタビュー)

日本語補習校の学童数は**表 3 − 5** のように、幼稚園児が 1999 年に、小学生が 2001 年 02 年に増大している。

校舎問題は設立委員会が建設に向けて努力していたが、A さんが自分の土地を無料で貸与してくれ、当時第 2 次空港拡張工事が終了した竹中大成共同企業体が撤収するにあたって、工事事務所として使っていたプレハブの建物

表3－5　バリ日本語補習授業校在籍者数

	幼稚園児	増減率	小・中学生	増減率
1993	24		25	
1994	25	4.2	31	24.0
1995	33	32.0	31	0
1996	32	△ 3.0	35	12.9
1997	42	31.3	43	22.9
1998	43	2.4	52	20.9
1999	66	53.5	59	13.5
2000	80	21.2	62	5.1
2001	78	△ 2.5	77	24.2
2002	84	7.7	89	15.6
2003	75	△ 10.7	96	7.9
2004	80		89	△ 7.3
2005	89		93	4.5
……	……		……	
2010	71		170	

出所：『バリ日本人会の歩み』

を無償で提供移築してくれて、2002年に新しい校舎ができた。日本人会のクラブハウス（事務所）も、この一角に入っている。

　移転前の校舎の時代は迎えの父兄の車が道路に並び住民からクレームが出ていたこともあり、2002年の移転を機に社会的な登録の必要から、日本語補習校の運営母体にバリ日本友好協会を設立し、財団（ヤヤサン）として登録した。2006年に、子どもを日本語補習校に入れるには日本人会の会員にならなければならないと日本人会の規約を変え、日本人会に個人管理部が設置された。

　こうして、国際結婚の日本人女性の会員も増えたが、このⅡ期運営のトップに立っていたのは、各部会長からなる運営委員会のメンバーを見ても分かるように、一貫して日本企業の駐在員たちだった。

④Ⅲ期　ＪＡＬの撤退と地元企業・個人会員への移行期（2005～　）
地元企業事業主・個人会員が下支えに　Ⅲ期に入ると、日本人会の運営主

体交代のもう一つの節目が来る。2005 年頃から、それまで日本企業の駐在員で占められてきた法人部や福祉厚生部の部長・副部長の役員層が、地元ローカルの事業主にとって代わられるようになった。この頃から地元ローカル企業の事業主たちが、さらに力を発揮してくる。2002 年に起こったバリ爆弾テロ事件を受けた「がんばろうバリ・キャンペーン」の企画や活動、2005 年の爆弾テロ事件を受けた三都市親善スポーツ大会の開始、2006 年のジャワ沖地震の被災者救済のための募金活動を通じて、地元ローカル勢の結束力は、ジャカルタ、スラバヤ日本人会との連帯機運とともにますます高まった。三都市親善スポーツ大会の開始に伴う 2007 年のスポーツ振興部の新設など、地元ローカル勢は精力的に動き出している。一方、日本企業は、日本国内の不況のしわ寄せで駐在員は 2004 年、05 年頃から日本人会の活動より会社の仕事を優先しなければならない環境になり、地域社会との連携を図る余裕がなくなってきた。日本人会の運営委員会も仕事が入り直前になって欠席したり、さまざまな行事も出られなくなってきた。2007 年、09 年には運動会や盆踊りが中止になったりしている。こうして、時間的にも地元ローカル企業の事業主や女性個人会員たちが日本人会を支えるという状態になってきた。

　　会社の仕事には追われるし、日本人会では大切な会合があるしというジレンマを抱えた人たちが役員になった時、会員たちから批判が出たわけですよ。大事な会合にも出ない、大きなイベントにも出られない。それでなぜ会長なんだ、それでなぜ副会長なんだってことになるわけですよ。そうなった場合にやっぱり、個人で会社を持っている方で、自分の都合のいい時に自分の都合でなんでもできる人の方がうまく運営できるんじゃないかと。(2014 年 1 月、日本人会顧問 B さんへのインタビュー)

2006 年頃から 2010 年くらいの間に、日本人会運営の実質的な担い手が、地元ローカル企業の事業主と個人会員に徐々に交代してきた。

　　ローカルな事業主の方は、移動がないので、転勤もなくてずっとこっ

ちにいるので。だからまあ、昔のこともある程度分かるんで、というところが強みだし。いるので、来年もお願いみたいに言えるっていうことでしょうね。頑張って下さる。やりたいからやる、いいと思うから一生懸命やるしっていう……。日本企業からの人たちは行事にも、仕事の一部として出てくる。でも、私たちはボランティアでやっているという自負がある。(2014年1月、Hさんへのインタビュー)

こうした背景のもとに、2006年に地元ローカルの事業主が会長職に就く。3年後一時的に、日本企業の駐在支店長が会長職に戻るが、その翌年、JAL直航便の廃止が生じ、会長は地元ローカル大手企業の事業主に戻されている。

JALの撤退と地元ローカル勢の日本人会の課題 2010年はバリ日本人会にとって大きな節目だった。この年に会長職が日本企業の駐在支店長同士で年内に2人交代するが、その年末には地元ローカル事業主にあわただしく交代する出来事が起こる。

2010年のこの年、日本航空が経営不振で倒産し、再生に向けた路線便数計画でバリ直航便が廃止になり、バリ支店が撤退した。これに合わせて関連大手旅行会社の駐在員にも異動が生じ、日本人会会長も1年の間に、日本旅行の所長からJTBの支店長、そして最終的には地元ローカル企業、ラマ・ツアーズ社長が代行へと、年内に3人があわただしく代わった。以後、会長はラマ・ツアーズ社長で現在に至っている。JALの撤退は影響が大きく、日本人観光客も年間37万人から急激に18万人に減少し(2015年12万人台)、格安チャーター便を増発しているオーストラリアに観光客1位を奪われている。日本人の旅行会社やレストラン、ショップなど観光業も、日本マーケットから中国、韓国、マレーシアのアジアマーケットや、新中間層が厚みを増してきた国内マーケット(ジャワ人)に切り替えを図っている。

このⅢ期後半になると、スポーツ振興部が、実質三都市大会だけのために役員を集めるのもたいへんと福祉厚生部と一緒になる形になり、また、文化部に女性部が統合される形で、組織の再編が課題になってきた。さらに、会員も多様化し、2010年頃からあと年金暮らしのリタイアメント層のバリ定

住者も増大してきた。リタイアメント層は、正確な数は分からないが、バリ総領事館サイドの推定では、現在200人くらいは居るだろうとされている。日本人会には関わりたくないとする者も多く、セーフティネットがない問題を潜在的に抱えている。日本人会の組織の再編はなおも続いていて、90年代は日本人会も補習校もまだ規模が小さかったので顔が見えるお付き合いだったものが、2000年以降いまは規模が大きくなって顔が見えなくなり会員相互のつながりが弱くなったことがあって、新たな形を考えている。ウブドやサヌール、クタ、ジンバラン、ヌサ・ドゥアなど地区会という形で小さなグループをたくさん作り、地区長を立てて地区内を相互に見守るシステムにし、これらをヨコにつないで全体を構成する再編方向ができないかと模索中である。ノードの基礎単位を強化し、ノード間にネットワークを張ろうという構想である。さらに、多様な第3世代が出てきたいま、世代交代がもう一つの課題になっている。

(3) 日本人会の形成過程を規定した背景要因

　運営主体が旅行・観光業の日本企業駐在員から地元日系企業の事業主と国際結婚の母親を中心とする個人会員に移ってきた、バリ日本人会の形成プロセスを規定してきた背景要因をここで整理しておく。日本人会の運営に関与してきた勢力に、①日本総領事館、②観光インフラ建設の建設関係日本企業、③日本マーケットの旅行業、観光業の日本企業、④地元ローカル企業の事業主、⑤個人会員の五つがある。

　日本総領事館は、対外的に日本人会をバリの日本人社会を代表する団体として扱ってきたし、日本人会側も、頼まれて領事館の行事に協力するし、他方で、総領事が日本人会の名誉会長であり、国から公認されていて、領事館からさまざまな情報を受け取っているメリットを強調している。

　建設関係企業が大きな影響を持ったのは、日本人会立ち上げとその直後に彼らが関わった90年前後の第1次国際空港拡張工事の時と、日本語補習校の校舎を寄付していった2000年前後の第2次空港拡張工事の時の二つの時期だった。すでに第2節でみた表3-2の〈建設関係〉欄に掲げたように、ヌサ・

ドゥア建設と第1次国際空港拡張のプロジェクトで入ったのは竹中、大成、清水建設や NEC であり、PCI、日本工営がコンサルタントで入っていた。工事終了でその駐在員たちが91年92年に相次いで引き揚げた後も、96年から99年にサヌール南のスランガン島の浚渫埋立で五洋建設が入っていたし、90年代末に再び第2次空港拡張工事で竹中大成共同企業体が入っていた。2002年に日本語補習校の校舎を建てて置いていったのが、この共同企業体だった。その後、観光地タナーロットやヌサ・ドゥアのバリ海岸保全工事（五葉、東亜建設、大成、日本建設工業）、ヌサ・ドゥアとデンパサールの下水道施設整備工事（東亜建設）と続いてきた。これらの事業には日本の ODA が入っていて日本工営や PCI が間に入っていたし、JICA もエビ養殖やマングローブ保全に関わってきた。

　建設のゼネコン企業は、プロジェクトで来るので支店や営業所を置くわけでもなく、駐在員も単身で来ることが多かった。日本人会への影響は、もう一つの駐在企業群である旅行業や観光業のほうが大きかった。以前は、地元インドネシアのランド・オペレーター旅行会社が、JTB や JAL パックからチャーター便でバリに来る日本人観光客を引き受ける形だったものが、表3－2の〈観光業〉の欄に書き出したように、JAL、JTB、ニッコー・バリといった日本マーケットの航空会社、大手旅行会社、ホテルが、1989年の外国投資法改正による規制緩和を契機にして1994年頃から一気に直接バリに入った。これらの企業がバリでも当然のように日本人会の法人会員に組み込まれ、駐在員が役職に就いた。この時点で、バリの日本人会には、ジャカルタや海外の日本人会一般と同じように、駐在日本企業のもつ企業社会の論理が働き、上下の序列で会長職は大手日本企業の支店長クラスの指定席になった。この形式は基本的に、日航のバリ直航便が廃止になり日本航空が撤退する2010年まで続いた。

　バリの旅行業事業者と、ホテル・ショップ・レストラン・アクティビティ・土産物・小物販売・スパ・サーフィン・ダイビングといった観光業の地元ローカル企業の事業主は、2005年頃から日本人会の会長、部会の部会長、副部会長に就くようになり、日本人会運営の前面に出てきた。ラマ・ツアーズ、

サリ・ツアーズ、パラダイスバリ、スナリバリ、ジャバト、パドマリゾート、インダサリリゾート、プラザ・バリ、バリスズヤ、ワタベウェディング、バリハイ・クルーズなどの事業主、社員が、役員層に就いてきた。

　最後の勢力、個人会員は、1994年前後から急増した若い日本人女性の観光客の中で、バリに魅せられて長期滞在したり国際結婚して定住した日本人が、とりわけ子どもの日本語教育のために日本語補習校と日本人会に加入する母親の増大という形で日本人会に関わってきた。多くの母親は日本語補習校の活動に積極的であるが、日本人会の女性部や教育部の委員としても積極的に参加している。さらに近年は、リタイアメント・シニア層が個人会員として増えてきている。

　以上のような五つの勢力の動きを全体に眺めると、バリ日本人会はバリのグローバル観光日本マーケットの歴史と重なり合って形成されている。工業都市ジャカルタやスラバヤと異なり、バリは製造業ではなく観光、建設というサービス業で動いてきた。バリ日本人会の法人会員になっている日本企業は、旅行業・観光業の企業だけで、しかも数も限られていた。その代わりに、事業所規模の大きくない地元の旅行・観光関係企業の事業者と母親を中心とする個人会員が、日本人会の活動の下支えをしているのがバリ日本人会の特徴になっている。その形成経過は、まず、日本のODAの資金も入って日本の建設企業がバリの観光インフラを造り、94年に旅行客を連れてくる航空会社、旅行会社、ホテルの日本企業が入って来て、連れてきた観光客を楽しませる観光業が地元ローカル企業の事業主によって形成される。この間に、国際結婚した日本人女性を中心とする個人会員が、子どもの日本語補習校をインターフェースに日本人会に入ってきて、活動を担いはじめている。2010年の日本の航空会社、旅行会社の撤退、規模縮小と入れ替えで、地元ローカル主体の日本人会へと転回している。こういった構図が、バリ日本人会形成のプロセスであり、同時にバリ日本人社会の形成史でもあるといえる。第2節で提示した、観光関連の地元ローカル企業が法人会員の大半を占め、国際結婚した個人会員が多いというバリ日本人会の特徴は、まさにグローバル観光の地バリの形成過程の中で生み出されてきたことが、こうしてバリ日本人

会の歴史を吟味する中に明らかになった。

4　むすびにかえて──バリ日本人会と日本人社会の形成

　バリ日本人会は 1990 年に実質スタートした。それ以前のバリの日本人の世界は、70 年代 80 年代に前史がある。詳しくは本書第 II 部第 4 章の第 1 節「1970 年代 80 年代のバリの日本人たち（聞き書き）」を見ていただくとよいが、70 年代には、当時まだ規模が小さかった日本人観光客を対象にしたランド・オペレーター旅行業で働く日本人を中心に、来住第 1 陣の定住日本人、第 1 世代が 10 人とはいなかった。さらに 80 年代には、来住第 2 陣にあたる第 2 世代の先駆者の人びとが加わって、20 人を超える日本人・日系人がいたようである。これら来住第 2 陣は、バリのインドネシア人と国際結婚した日本人女性たちであり、また、観光客が増えはじめたバリの観光業でホテルやショップに働く女性たちであった。これが地元ローカルの当時の日本人社会だったようである。バリ総領事館が持っている一番古い在留邦人のデータは 1987 年の数字であるが、長期滞在者が 26 人永住者が 17 人となっている。

　こうして日本人会が実質的に活動を開始する 1990 年頃には、本章の第 3 節 (2) 項に示したように一方に JICA、空港ホテル建設関係の日本企業駐在員の世界が、他方で上記の地元ローカルな定住日本人・日系人の世界があり、日本人会の結成を機に両者が接点を持ち盆踊り等一緒に活動するところからはじまった。この頃の在留邦人は、第 1 次空港拡張工事で長期滞在の駐在員が 90 年から 91 年にかけて続々と入って来て、92 年には急速に異動で去り、他方で、地元ローカルの日本人が年々増えてきていた。

　90 年代に入ると、グローバル化の中でインドネシア政府の規制緩和の外国投資法改正によって日本の航空会社、旅行会社が直接バリに乗り込んでくる。1994 年の JAL の直航便の乗り入れは、若い女性が圧倒的に多い日本人観光客の急増（バリ・ブーム）を引き起こし、バリ人と国際結婚して定住する女性も増大する。これらの女性、母親たちが、来住第 3 陣である第 2 世代の人びとの中核になる。こうして、バリ在住の在留邦人総数が 94 年には 467 人だっ

たものが、2000年には1,005人と千人規模まで年々日本人社会は拡大してきた。その構成は、駐在員の世界と、地元ローカルな事業家、そして、若い母親を中心とする個人会員からなる地元ローカルな人たちの世界でなっている。こうして90年代のバリ日本人社会は、規模がどんどん大きくなり、かつての小さな規模での対面的な社会の良さが失われてきた。規模が大きくなったとはいえ、日本人会とバリの日本人社会はまだ重なり合っている部分が多かった。

しかし、2000年頃からあとは、バリ日本人会からは掌握できない日本人社会の部分が生まれてきている。総領事館の資料の在留邦人数は、日系人を含まないし登録していない日本人もいるという限界をいつの時期も持っているが、在留邦人総数と日本人会会員数との比をとると、日本人会の会員数が分かる1997年には総数の35％を占めていて2002年までは30％台だったのが、2003年からあとは25％台に落ち、2012年13年は22％と、今2,600人くらいいる在留邦人のうち、日本人会に加入しない日本人が増えてきている。しかも、2,600人規模になった日本人が、とりわけ2000年からあと多様化してきている。90年代には、国際結婚した日本人女性とその子どもがほとんどだった。今でも日本人会は女性の母親が多いが、日本人会以外のところで近年は、バリの女性と結婚する日本人男性が増えているというし、長期滞在の人や年金暮らしのリタイヤ組の日本人が2005年頃から急速に増えてきた。

日本人会の状況から見えないバリ日本人社会の部分は、一つにはウブドの動きと、もう一つはバリの日本人第3世代の動きといえる。最初の限界についていうと、日本人会の会員の日本人はデンパサール南部のサヌールやトゥバンに住んでいる者が多い。ウブドから事務局、補習校のあるサヌールまでは距離があるために、ウブドからの会員が多くないこともあって、日本人会の側からウブドの日本人社会の詳しいことは見えてこない。

> ウブドの方は、ちょっと分からないです。ウブドは今までずっとウブド地区支部長のZさんがやってきているので。多分、日本人会には日本語補習校の保護者がかなり入っているんじゃないかと思いますよね。だから、補習校に入ってくる部分で、日本人会とのつながりを広げる可

能性はあるんじゃないかと思います。(2014 年 1 月、副会長 H さんへのインタビュー)

　5 年くらい前に日本人会の会長、副会長で、ウブドの人たちを招待して交流をした。みんな自分のお店を持っている人で、自分でなにかをしようという、そういう女性たち。要するに、ここで暮らしているんだから何かをやりたいという、そういうクリエイティブな方たちが多くて。お仕事も成功させているという方が多かったので。同じバリに住んでいて、交流らしい交流もなく、私もその時初めて知ったの。そういう人たちが一杯いるというのを。(2015 年 8 月、副会長 B さんへのインタビュー)

　しかも、2014 年の在留邦人数調査では、ウブドのあるギアニャール県の日本人は 491 人でバリの日本人総数の 18％を占めている。ギアニャール県の日本人はほぼウブドに住んでいて、ウブドに 90 年代後半から定住する者が増えてきた。日系人を含めると絶対数はもっと多いであろう。

　ここ 10 年近くサヌールとウブドの日本人社会を実地調査してきている吉原直樹たちは、ウブドにある X 店という日本人経営の店を核にする 60 店舗近くのディスカウント協賛店のネットワークがあることを明らかにし、その実態を解明している (吉原ほか 2012)。また、日本人たちの自主的な文化・スポーツ活動のサークル・団体の主だったものをサヌールの八つ、ウブドの六つを取り上げ、その内実とそれらのキーパーソンたちのネットワークを明らかにしている (吉原ほか 2011)。2000 年からあとのバリ日本人社会には、こうしたバリ日本人会とは直接関わらない部分でのネットワークやグループ・サークルが、多様に形成されてきている。こうした、ネットワークやグループ・サークルを形成する人びとは、30 歳代、40 歳代の、バリ日本人社会への来住第 4 陣である第 3 世代にあたる人たちが多い。

　日本人社会の三つの世代の特徴は、2013 年～16 年の調査のインフォーマントたちへのインタビューで指摘されたところを要約すると、**表 3－6** のようになる。1970 年代にバリに来た第 1 世代の人たちは、戦後最初にバリに来て、パイオニアとして苦労して日本人社会を切り開いてきた人たちで、自

表3－6　バリ日本人社会の三つの世代

世代	定住時期	現在の年齢層	特徴
第1世代	第1陣（70年代）	60歳代後半〜	戦後最初にバリに来て、日本人社会をパイオニアとして切り開いてきた人たち。活動的な人たち。自分たちが上に立っているという自覚があって下の世代を支えてきた。 バリの近代化に役立とうという意識を持っている。 日本語補習校もなく、子どもも自分もインドネシア人になりきろうという意識があった。
第2世代	第2陣（80年代後半） 第3陣（90年代）	2陣 60歳代前半 3陣 40歳代後半〜50代	国際結婚をして、子どもを育てるために自営業の仕事を切り盛りしてきた母親が多い世代。 日本語補習校ができていて、日本とインドネシア両方の国で生きていけるように子どもを育てようという気になった世代。 自分はバリに根付くという意識が強い。
第3世代	第4陣（2000年〜）	30歳代〜40代前半 定年退職後のシニア層	大別すると、国際結婚組の日本語補習校の保護者グループと、バリの企業で働く女性グループと、年金生活のシニアグループの三つがあるが、それぞれグループ相互に距離がある。30歳代の人たちはフットワークが軽く、定住地が必ずしもバリでなくてもよい。 子どもがまだ小さいので、今後どうなるか未知数の世代。インターナショナルスクールもあるので、選択の幅は大きい。 日本語補習校の保護者は、補習校の活動には熱心でも日本人会には関係意識が薄く距離がある。メリットがないと入会しないという人が多い。 若い人たちは、脱組織的でもっと自由にやりたいという意識が強く、日本人会は会社組織のようだと敬遠する。逆に、会社経験がないまま来るので上下の組織を知らないと上の世代から言われる。シニア層は関わって欲しくないという人も多い。

分たちが上に立っているという自覚があって下の世代を支えてきた。子どもも自分もインドネシア人になりきろうという意識があった。90年代に国際結婚でバリに定住した第2世代の人びとも、自分はバリに根付くという意識が強い。これに対して、とくに2000年頃からあとの第3世代の若い人たちはグローバル化時代の申し子の面をもち、フットワークが軽く、定住地が必

ずしもバリでなくてもよいという志向が強い。脱組織的でもっと自由にやりたいという意識が強く、上下の秩序の組織活動を敬遠する者が多い。

　このように、第2世代までは、日本人会の外側に広がっている人たちも日本人会の形成過程の中での動きと同調的に動いてきたようであるが、第3世代になると属性も非常に多様化していて、グローバル化の進展の中で、日本人社会も硬い組織の社会から流動的なネットワーク化した社会へと動きはじめている地平にある。バリ日本人社会の形成過程をフォローするには、日本人会の外側にいるこの人たちが、これからどのような方向で進むのかを詳しく追いかけてゆく必要がある。

注

1　小林英夫ほか 2008 。
2　鈴木さんのこの手記（日本人会と日本語補習授業校の設立経緯に関する日誌）の記載事項は、貫山さんの日記と一致している。両者とも技術者のためか几帳面な人とみえ、貫山さんもまた、きちっと日記を残していた。我われの聞き取りの中で貫山さんは、「鈴木さんの手記は、日付などを日記と照らし合わせたら一致していた」と述べている。
3　『バリ日本人会の歩み―バリ日本人会 20 周年記念誌 1990 ～ 2010』は、バリ日本人会が 2011 年暮れに発刊した、日本人会の 20 年の歴史を記した刊行物である。責任編集者だった H さんは、「日本人会は毎年役員が交代しますし、バリを去られた方も多くいらっしゃいますので、バリ日本人会の設立や歴史について調べたくてもほとんど資料が揃っていない状態でした」と編集後記に記しており、記念誌も現状の記述以外、ほとんどの部分が歴代役員の回想文をもって歴史を再現しようとする構成がとられている。ただ、設立事情について設立時の中心メンバーの一人だった JICA の鈴木芳人さんの手記が残されていたのと、バリ日本人会会報「ケチャック瓦版」が、それぞれ部分的に保存していた会員たちから収集でき、そこから役員の変遷が辿れたのは大きかったと H さんは述べている（2014 年 1 月インタビュー）。この資料の存在によって、20 周年記念誌の発刊の見通しがついたのだった。
4　この表は、『バリ日本人会の歩み』と日本人会会報（「BALI」、「バリ日本人会会報」、「ケチャック瓦版」、「バリ楽園通信」、「楽園通信」）、それに、2013 年から 2016 年の間に、バリ日本人会事務局、日本人会会長、副会長、女性部部長（『バリ日本人会の歩み』の編集責任者、現副会長）、1993 年から 95 年の会長、当初の事務局長、日本語補習授業校校長を対象に実施した聞き取り調査の結果から作成した。
5　大運動会は、バリ島の日本人会員による運動会。長らく地区対抗でやってきたが、近年参加者が減少し、2012 年から法人会員対個人会員のチーム編成になった。

三都市親善スポーツ大会は、バリ、ジャカルタ、スラバヤの日本人会が毎年バリに集い、ソフトボール、サッカー、テニス、ゴルフ、バドミントンの5競技を行っている。2002年のバリ爆弾テロの時、バリ島に活気をとの支援ではじまった。バザーは、日本語補習校の運営資金のための行事で、2005年からは補習校の保護者会（補習校運営委員会）の主催に移行している。盆踊りは日本人会創設時から続いている日本人会最大の行事で、5,000人からの人が集まるといい、日本人の参加者よりも地元バリ人の参加の方が多い。

6 『バリ日本人会の歩み』の歴代役員一覧（同書、21頁）で、1995年の会長はJALのバリ支店長になっているが、一覧作成のソースにもなった当時の会報「バリ日本人会会報」「ケチャック瓦版」では、95年の会長は地元企業プラザ・バリの支配人になっていて、JALの支店長は1996年からになっている。事務局には当時の資料は残っていないようで、会報から拾い出した作業上のミスであると考えられる。本章のこの表では、当時の会報に従っている。

7 幹事は「本会の目的達成のため会長、副会長を補佐する」と規定されていて、各部の担当理事にあたる役目を想定していたと思われるが、94年以降就任者はなく、2008年3月の改定で幹事のポストはなくなった。

8 日本人会の会長、役員の選出については、会則の第6条に規定されている。「会報」に掲載されている日本人会会則を時系列に並べて役員の選出の項を見ると、1999年3月の会則までは、役員、部会長の選出法について、「役員の任期は1年とし、再任を妨げない」、「役員に欠員が出た場合は運営委員会がこれを選任す」という但し書きはあるものの、会長自身の選出についての文言はない。最初の時期、会長が抜けた時副会長から繰り上がっていたので、運営委員会での協議は、副会長から繰りあげる形が取られていたと思われる。その後、2002年3月の会則改定で、「新会長は現副会長から選出する」と初めて明文化されている。さらに、2005年3月の改定で、「役員（会長、副会長、会計、幹事）を1年以上経験したものから運営員会で選出」という規定になり、これが現行のルールになっている。会長以外の役員については、会長が選定し、役員に欠員が生じた場合は運営委員会が選任する規定になっている。また、部会長は会計部長を除いて運営委員会で選任する規定になっている。副部会長は各部長が選定する。

文　献

バリ日本人会，2011，『バリ日本人会のあゆみ——バリ日本人会20周年記念誌 1990〜2010』，Japan Club Bali.
バリ日本人会会報「BALI」92－01号（1992年）。「バリ日本人会会報」2号－7号（1993年－95年）。「ケチャック瓦版」8号－42号（1996年－2005年）。「楽園バリ通信」43号－75号（2005年－13年）．
後藤乾一，1986，『昭和期日本とインドネシア』勁草書房．
片寄美恵子，2005，『バリに嫁いで』長崎出版．
小林英夫ほか，2008，『戦後アジアにおける日本人団体——引き上げから企業進出ま

で―』ゆまに書房.
吉原直樹, 2011, 『コミュニティ・スタディーズ』, 作品社.
吉原直樹、松本行真、イ・マデ・ブディアナ, 2011, 「バリにおける日本人社会と多重化する情報環境 (続)」『東北大学文学研究科研究年報』60.
―――, 2012, 「海外日本人のネットワーク形成と情報環境に関する一事例的考察――バリ島ウブド地区のX店協賛店をめぐって」『大妻女子大学紀要　社会情報学研究』21.

〔付記〕本章は、2013年度からの科学研究費補助「海外日本人社会における移民主体の変容とコミュニティの再形成に関する経験的研究」(代表者、大妻女子大学社会情報学部教授吉原直樹) の成果の一部である。注4に記した聞き取り調査のインフォーマントの方がたが、お忙しい中を長時間にわたって快く応じて下さったことに、深く感謝します。

第Ⅱ部
バリ日本人社会とメディア・ネットワーク

第4章　バリ日本人社会の先駆者たち　　　　　　　　　今野　裕昭
　　　──バリ日本人社会第1世代の軌跡

第5章　日本人社会の多様なネットワーク(1)　　　吉原直樹、松本行真
　　　──日本人会をめぐって

第6章　日本人社会の多様なネットワーク(2)　　　吉原直樹、松本行真
　　　──X店協賛店をめぐって

第7章　日本人社会の多様なネットワーク(3)　　　　　　吉原　直樹
　　　──群立するネットワーク

第8章　情報環境の多様化と日本人向けメディアの動向　　松本　行真
　　　──観光メディアの分析を通して

第9章　国際結婚と日本人社会　　　　　　　　ニ・ヌンガー・スアルティニ
　　　──「ライフスタイル移民」をめぐって

第4章
バリ日本人社会の先駆者たち
―― バリ日本人社会第1世代の軌跡

今野　裕昭

1　バリ日本人社会立ち上がりの中の第1世代

(1) 1970年代80年代のバリの日本人たち（聞き書き）

　本章は、バリ日本人社会をつくり上げた第1世代の人びとのライフヒストリーを紹介してゆく。この方がたがバリのどのような環境の中で今日まできたかを明らかにするが、まず、この人たちが生活をはじめた当時のバリの様子をみておく。次の話は、バリ日本人社会の第1世代（来住時期でいうと第1陣）である、サリさん、さち子さん、万亀子さんにインタビューしたところを総合した、1970年代80年代当時のバリの日本人たちの世界である。

　23歳・24歳の日本人女性サリさんとさち子さんが、観光業の仕事で1972年73年にバリのサヌールに移住してきた時、E子さんという日本人女性が、インドネシア銀行に勤めていたインドネシア人の夫の転勤で、バリに来ていた。サリさんはバリに来てすぐ地元の旅行会社ラトラブに就職し、さち子さんはバリ・ビーチ・ホテルに就職して来たのだった。ほかに、K子さんという女性がジョグジャカルタから、銀行員を辞めたインドネシア人の夫と子ども3人を連れてバリに移り住んで来て、ゴールデン・バリ・ツアーという旅行会社に夫婦で働き、日本人旅行者のガイドにあたっていた。さらに、すでに1968年頃に単身バリに渡って来てバリ人女性と結婚し、これからは観光が発展すると見通していて日本食レストランをやっていた、年配のU男さ

んがいた。サリさん、さち子さんは、U男さんの店でよくお昼を一緒に取り、そこに、ジャカルタからバリに日本人観光客の手配の管理で来ていた旅行会社タクトの万亀子さんも、来るたびに加わっていた。やがて1978年に万亀子さんは、インドネシア人の夫とバリに移住して来て、旅行会社ラマ・ツアーズをはじめた。

　この人たちのほかに、サリさんはバリに来てすぐに、独立戦争を戦った旧日本兵のイ・ニョマン・ブレレン（平良定三）さん[1]と出会っている。平良さんは、それまでいた島の北海岸のシガラジャから1971年にデンパサールに移り住み、旅行会社に就職して日本人観光客の観光ガイドをしていた。もう一人、平良さんの他に、福岡から来て農業指導や日本語指導にあたっていた真武伸幸という方がいた。

　これが第1世代の3人が語る70年代前半のバリの日本人たちの姿である。1980年にサヌールにスラバヤ総領事館の駐在官事務所が開設されるまで公的機関も日本の企業の支店もなく、70年代までのバリには、定住日本人[2]が10人とはいなかったようである。

　次の1980年代になると、東京のインドネシア大使館の職員だったインドネシア人と結婚していたM子さんが、87年頃に夫と共にウブドに定住して来た。ランプン出身のインドネシア人と結婚したC子さんも、1986年に領事館駐在官事務所に職を得てバリに定住し、日本での小学校教員の経験を活かして日本語補習授業校の教員も勤めるようになる。また、日本に写真の勉強に来ていたバリ人と結婚していたR子さんが、バリに永住するために移り住んできたのも1987年だったし、バリに来てバリ人と結婚し、バリに定住後現地の観光会社で働きのちに日本語補習授業校で日本語を教えるようになるT子さんが、バリに来はじめたのも80年代後半だった。ほかに、バリに踊りの勉強に来てバリ人と結婚し、旅行会社で働いているY子さんや、バリに来てバリ人とサーファーをやっているF子さんなど、いま50歳代の女性が80年代後半には20人近くいたようである。この人たちが、第2世代の先陣（来住第2陣）の部分になり、その後90年代に入るとこのタイプの国際結婚した女性たちが急増する。また、92年から95年にバリ日本人会の会長

として日本人会のスタート時点で大きな役割を果たした野口さんが、日本人の妻と2人の子どもを連れてバリに休暇で来はじめたのも80年代の1983年だった。（80年代については、70年代を語った3名のほか、当事者たちからの話にも依拠している）

このほかにも、80年代後半のこの時期までには、駐在の形で、エビ養殖プロジェクトとマングローブプロジェクトでバリに在住していたJICA職員の家族と、空港やヌサ・ドゥアの開発、バイパス建設で駐在していた建設関係の駐在員も、かなりの数バリに住んでいた。

> 私たち（定住者＝筆者）にも（日本人会から）声がかかったんですよね。皆一緒にやろうじゃないかという話になったらしい。それが一番最初。1990年だったのかな。それが坂東さんだったの、会長が。で、坂東さんのバリ・ガーデン・ホテルでやったの。まず、顔合わせしましょうということで。確かJICAのシガラジャのほうで、JICAでエビなんかをやっていた人たちも来たし。誰がいたんですかね。30人か40人くらい来ました。日本人会ということで、はじめて会ったわけですよ。坂東さんは前から知っていたし、私も観光業だったんで。で、これから皆で一緒にやりましょうということで、お開きになった。（2013年12月、さち子さんへのインタビュー）

> 90年代の初めの企業駐在員の人たちというのは、JICAの人も含めて、家族もいれて20～30人だったと思いますよ。（2014年1月、万亀子さんへのインタビュー）

> 1990年くらいに家族と来たときは、JICAとウチと駐在している建設屋さんで、子どもも10人もいなかったですよね。それで、在留している子どもを合わせても、50人もいなかった。（2013年8月、野口さんへのインタビュー）

1996年以前の日本人会会員数の記録は残っていないので正確なところは分からないが、日本人会設立時当初に係わっていた日本人の数は、関係者の

記憶では50名前後だったようである。領事館の在デンパサール駐在官事務所の発表では、バリの在留邦人は、1987年には長期滞在者が26名、永住者が17名だったが、88年に長期滞在が37名、永住が41名、89年には長期滞在が86名、永住が60名、90年には長期滞在が156名、永住が65名となっている(出所：日本人会会報「ケチャック瓦版」11号、8頁)。全員が在留邦人調査に網羅されていないだろうとはいえ、87年には43名規模のたしかに小さな日本人社会だった。それが、88年から89年の間に急激に規模が大きくなってくる。80年代の最後のこの時期には、日本人観光客が増えてきたのに合わせて、ホテルやショップ・レストランをはじめる日本人が入ってきたり、日本人観光客相手の旅行会社や観光業に雇われて働く独身とか国際結婚の日本人女性も増えはじめる時期で、他方でヌサ・ドゥアの建設や国際空港の拡張工事で日本企業の駐在員もどっと入ってきた。こうした喧騒の中で、バリ日本人会が立ち上がった。

このあと90年代に入ると、日本からの若い女性が大挙してバリ観光に押し寄せるバリ・ブームがはじまり、バリ人と結婚してバリに定住する日本人女性が急増する。在留邦人も94年には467人規模に膨れあがり、バリ日本人会の法人会員も96年には地元に定住する日本人が経営するローカル企業が、旅行会社11社、ショップ・レストラン3社、ウエディング1社と、15社ほど加入していた(ほかに、日本の大手企業の支店が12社)(出所：バリ日本人会事務局)。

これが1970年代80年代にバリに住んでいた日本人たちの素描であるが、当時からすでに、日本人観光客相手の旅行業がバリに定住する一つのキーなっていることが示されているし、国際結婚がもう一つのキーになっている。面白いことにこれらの語りは、たえず日本人の奥さん方を中心に語られ、インドネシア人の夫の世界の側からの語りにはならない。インタビューアーが日本人で日本人会の調査をしているから日本人同士の世界の話ししか出てこないというだけでなく、とりわけ70年代を語ったインフォーマントの3人が、基本的にバリ人社会ではなくバリの日本人社会をフレーム・オブ・レファレンスに生きてきたことが反映しているのではないかと思う。

(2) バリ日本人社会の第1世代の3タイプ

　戦後バリ島に入ってきた日本人の第1世代は、1970年代にバリと出会い、1980年までにはここに定住することを決め、また、第2世代の先陣者たちは、80年代にバリと出会い80年代に定住を決め、今日までにバリに在住している人たちである。1990年代以降になるとバリ・ブームと呼ばれる現象が生じ、バリに魅せられた多くの日本人女性がバリ島にやって来て、バリのインドネシア人と国際結婚をしてバリに留まる、第2世代の本体（来住第3陣）の時代がはじまる。

　戦後早い時期にインドネシアに定住した日本人の女性には、日本にいた時にインドネシアからの「留学生と国際結婚してバリに来た」人たちと、「インドネシアに来てから国際結婚した」人たちの、二つのタイプがあるという。留学生と国際結婚してインドネシアに来た人たちについて、さち子さんは次のように説明している。

> 　インドネシアに来た日本人女性の第1陣は、戦後日本に来ていた留学生と結婚して、インドネシアに来た人たちだった。インドネシアの男性、学生とか働いている人で20何歳かから30歳代までの人が、日本の賠償で留学したのよ。ハンパサンとこちらではいうけれども。留学した人は、ほとんどの人が日本人と結婚して、船で連れて来た。その時、車は売ってもいいし財産になるからと、多くの夫婦が車を買って持って来た。1965～6年頃は、まだ車も本当に少なかった。バリでは万亀子さんタイプの人たち。彼女たちが来たのはこの時期だった。彼女たちはインドネシアを知らずに、インドネシアに来た。この人たちは、年齢は私（1948年生まれ）たちとよく似ている。5～6歳上。だけど、ちょっと違う人たち。そういう人たちが、まず、インドネシアに来ていた。1967～8年頃。
> 　こういう人たちがジャカルタに着いて。だけど、その時にスカルノからスハルトへの政変が重なっていた。だから冷遇された。スカルノは共産党親派だったので、ロシアに行った（留学した）人たちもかなりいた。

可哀そうなことに、この人たちはまったく冷遇されてしまった。中には、日本に留学した兄がスハルト時代に大蔵大臣になって、弟がプルタミナの大物になったという兄弟もいたけど（ギナンジャール・サスミタ）。もっとも、この人たちは日本人とは結婚しなかったけれども。でも、日本に留学した人たちも、恵まれなかった人が多かった。国家公務員になった人が多かったけれども、地位的には恵まれなかった。

　第1陣の彼女たちは、インドネシア人の中に入って生活していた。だからインドネシア語も非常に得意な人たち。日本人社会を形成するような雰囲気でもなかったし。ジャカルタだけは、多くいたのかな。でも、いろんなところに散らばったと思う。（2013年12月、さち子さんへのインタビュー）

　バリに定住している人たちには、ハンパサンとだけではなく私費留学した人との結婚者も含めた①「留学生との国際結婚」タイプと、②「バリで国際結婚」タイプ、そして、もう一つ、③「夫婦とも日本国籍」タイプの三つのタイプがみられる。

①「留学生との国際結婚」タイプ

　1970年代当時のバリには、「留学生との国際結婚」タイプとして万亀子さん、E子さん、K子さんがいた。万亀子さんは、のちほど詳しく紹介するが、賠償留学生（ハンパサン）のジャワ人と日本で結婚してジャカルタに移住し、そこから1978年にバリに移って来て旅行会社をはじめた。E子さんは現在バリには在住していない。K子さんは現在、バリの伝統芸能ジェゴク楽団を率いている。さち子さんの語りを借りて、この人たちを少し詳しく見てみよう。

　　私が来た当時、バリには、賠償留学帰国組の奥さんで日本人という人はいなかった。ただ、留学生だった旦那さんが転勤で来てた日本人の女性が一人いた。E子さん。旦那さんが、インドネシア銀行。旦那さんは賠償留学組ではなくて、銀行業の勉強を日本でやってきた人。私がバリ

に来た頃、ちょうど転勤でその夫婦が来ていた。彼女は私と9歳くらい違うが、来た事情がぜんぜん違う。彼女は、日本でインドネシア人と結婚して、何も知らずインドネシアに来て、クーデターも経験している。

　もう一人、留学生と結婚していたK子さんという人がいて。K子さんは、E子さんと同じように、留学生と日本で結婚してジョグジャにいたが、旦那さんが小さい銀行で働いていて生活が大変苦しくて。当時バリには観光客が来はじめていたから、1973年その時、K子さんはジョグジャで働くよりは、バリの方が観光客も多いし、しがない銀行よりはと、子ども3人連れて家族でやって来た。2人とも、観光会社で働いた。旦那さんも留学生なので、日本語ペラペラだった。　（2013年12月、さち子さんへのインタビュー）

　その後、80年代後半に入ると、東京のインドネシア大使館職員だったインドネシア人と結婚していたM子さんが、ウブドに住みはじめた。彼女はバリ日本人会の女性部ニョニャ会の会長を勤めたあと、90年代後半から名誉顧問になっている。また、日本に写真の勉強に来ていたバリ人と国際結婚した先ほどのR子さんも、80年代の終わりにバリに移り住んで来ている。世代的に第2世代の先陣（来住第2陣）である80年代のこの人たちも、「留学生との国際結婚」タイプに入る。

②「バリで国際結婚」タイプ

　他方、なんらかの形でバリにやって来てバリでインドネシア人と結婚し、インドネシア国籍を取った（日系人）あるいは永住者になった、「バリで国際結婚」したタイプがある。70年代にはサリさん、さち子さん、U男さんが、このタイプとしてバリに来ていた。のちほど詳しく紹介するが、サリさんは1972年にバリに来てすぐ地元の旅行会社ナトゥラブに就職し、バリ人と結婚してインドネシア国籍を取っている。さち子さんも1973年にバリ・ビーチ・ホテルに就職で来て、インドネシア人と結婚しインドネシア国籍を取得している。バリ人女性と結婚していたU男さんは、男性だったので当時は結婚し

てすぐにはインドネシア国籍を取れず、移民局との長い交渉の末苦労してインドネシア国籍を取得している。90年代2000年代には夫婦でバリ日本人会の名誉顧問に入っているが、すでに亡くなられた。

「バリで国際結婚」のこのタイプの日本人女性として、80年代になると、先にみたC子さんが1986年に30歳代前半でバリに来て、インドネシア人と結婚し、日本国籍のまま、長く領事館職員と日本語補習授業校の教師をしてきた。さらにT子さんも、80年代にバリ人と結婚しインドネシア国籍を取り、一時日本に住んでいたが、1992年には30歳代前半で移住でバリに戻って来て、日本語補習授業校で日本語を教えてきた。

「バリで国際結婚」のこのタイプが、90年代以降のバリ日本人社会の中核部分をなす人たちにとっての先駆的な形態で、このタイプの日本人女性が1990年代に入ると急激に増え、バリ日本人会の第2世代の本体（来住期第3陣）を形成する。1994年にJAL直航便の乗り入れがはじまるが、この直後から国際結婚でのベビーブームが起こる。国際結婚での子どもが急激に増えたので、この子たちが就学年齢になる2000年頃には日本語補習授業校の校舎が手狭になり、バリ日本人会で補習校校舎問題が検討され、2002年に新校舎建設がなされたと、日本人会の役員は説明する（万亀子さんへの2013年、2014年インタビュー、野口さんへの2013年インタビュー）。

③「夫婦とも日本国籍」タイプ

このような「留学生との国際結婚」タイプと「バリで国際結婚」タイプの二つのタイプのほかに、バリの定住者には第3のタイプとして「夫婦とも日本国籍」のタイプを設定できる。これは、日本人夫婦で、日本国籍のまま永住者あるいは長期滞在者になっている人たちで、1980年代にバリに駐在していた、空港や観光インフラの建設に携わった日本企業の駐在員家族やエビ養殖の技術援助を行ったJICAの職員家族も、このタイプにあたる。さらに、その後90年代、2000年代にバリに駐在していたJTB、JALパック、JAL、HIS、帝国ホテルといった観光業企業の駐在員家族も、長期滞在者としてこのタイプにあたる。しかし、これら駐在員で現在までバリに残っている者は

いない。80年代の第2世代の先陣に属して夫婦とも日本国籍の人で、現在もバリに在住しているのは野口さんだけであり、1970年、19歳の時から仕事でインドネシアに駐在し、1980年に駐在していたジャカルタで日本人女性と結婚し、大型免税店をバリで開業し経営するために1990年に家族でバリに移住してきている。

　独身者を除くと、70年代80年代のバリへの定住者は以上のような3タイプに分類できるが、現在もバリに在住している人たちの中では、万亀子さん、K子さん、サリさん、そしてさち子さんが第1世代のコア部分といえる。野口さんが年齢的には第1世代であるが、来住時期からいうと第2陣で第2世代の先陣にあたる。R子さん、C子さん、T子さんたちは、年齢的にも一つ下の世代になり、70年代の第1世代と90年代に一気に増えた第2世代の本体の人たちとの間をつなぐ中間に位置していて、どちらかというと第2世代の先駆けという受け止め方がなされている。

(3) バリ日本人社会の第1世代、第2世代、そして第3世代

　1970年代80年代の第1世代と第2世代の先陣の人たちのバリ日本人社会は、日本人そのものが少ない、小さな直接対面の世界だった。この80年代の最後のところでバリ日本人会が設立された。バリ日本人会は、第I部第3章で見たように、JICAの人たちの中に子弟の日本語教育のために日本人学校を必要とする親がいて、日本人学校をつくるためには日本人会をつくることが必要であることからはじまり、90年から本格的に活動がはじまった。

　90年代以降のバリ日本人社会は一気に100人200人規模に拡大し、他方でバリ日本人会に入らない日本人定住者も増えはじめ、第1世代とは異なる第2世代を形成している。第2世代は90年代にバリに流れ込んできた人たちから成っていて、子どもの日本語教育の必要から、日本語補習校を通じてバリ日本人会に接点を持っている母親が多い。この第2世代の者の一部分が、バリ日本人会を拠点にまとまりを持っている。さらに、2000年からあとバリに入ってきた第3世代の時代は、バリ在留日本人の数が1,000人2,000人の規模になってきており、ますますバラバラになっている。C子さんは第3

世代の特徴を、非常に多様化してきており、バラバラで、まとまりがつくれなくなっているとみている。

> バリの日本人の若い人たちは日本人会に入らないし、バラバラになっている。ウブトにはお年寄りを助けたりの雰囲気があるけれども、他の地区にはそういったまとまりはない。困ったことがあれば領事館に行けばよいと、みなバラバラになっている。今、バリにいる日本人のジャンル分けは、できなくなってきていると感じている。仕事でもなく、結婚もしていない人や、リタイヤーの人で日本に縁のない人もいる。昔は仕事か結婚かで分けられたが、今はこのジャンル以外の人が多くなっている。日本人夫婦で、子どもを連れて来て、何をしているか分からない人が一杯増えてきていて、中間的な人が増えている。もう、ジャンル分けできない。これからは、日本人社会は求心的でなく、拡散してゆくだろう。リタイヤーの人たちを考えると、なんらかのセーフティ・ネットが必要になってきている。日本人会の役割もこのあたりにあるのではないかと、日本人会会長さんは考えておられると思う。（2014年1月、C子さんへのインタビュー）

2　第1世代の人びと

1970年代という早い時期にバリに定住し現在もバリに住み続けて、現在60歳代後半になる第1世代の方がたには、サリさん、さち子さん、K子さん、万亀子さんがいる。サリさんとさち子さんは「バリでの国際結婚」タイプ、K子さんと万亀子さんは「留学生との国際結婚」タイプの日本人・日系人にあたる。この第1世代の方たちは、最初にバリに来て、苦労されて、しかも、日本人社会のパイオニアとして今日のあり方を切り開いてきた素晴らしい人たちである。この中で、K子さんは、最初の夫と離婚後、バリのジェゴク（竹筒ガメラン）の師匠と再婚し、ジェゴクの楽団スアールアグンのマネージャーとしてジャパン・ファンデーションの支援を受け日本など海外公演に活発に

動いており、日本人会女性部の活動のペログ（やや小型の竹筒ガメラン）の楽団とつながりがある。しかし、日本人会の運営には関わってこなかったので、ここでは、日本人会の内部で中心的な役員層の位置にいた、サリさん、さち子さん、万亀子さんを取り上げて、この方たちのライフヒストリーを見る中から、これまでの生き方をつくりあげた要因を捉えてゆく。また、年齢的にはサリさん、さち子さんと同年配であるが、バリの日本人・日系人の世代からいえばむしろ第2世代の先陣に入る、野口さん（「夫婦とも日本国籍」タイプ）も加える。野口さんは、バリ日本人会の立ち上げの時期に、これを立ち上げたJICAや日本企業駐在員の人たちとその後の日本人会を担った地元の日本人・日系人の人たちとの橋渡しをした、バリ日本人社会形成に欠かせない要の人になる。以下、この4人を、バリへの定住時期の順に取り上げてゆく[3]。この4人の方がたへのインタビュー調査での聞き取り項目は、生い立ち、バリとの出会い、バリでの職業生活、生活環境としての家族・隣人・友人、子どもの教育、バリ文化の理解への経緯、バリ日本人会との関わり、バリ社会と日本人社会への関わり、力を注いできたこと、影響を受けた人、の分野に亘っている。

(1) バリ文化の理解者（サリさん）

　サリさんは、サヌールに本社を置く、職員・ガイド合わせて35人規模のツアー・オペレーター会社、サリ・ツアーズを経営している。表4－1は、2014年1月と2015年8月の2回にわたって実施したサリさんへのインタビュー調査から再構成した、サリさんのライフヒストリー上の主要な出来事と、備考欄に出来事と関連するバリでの出来事を書き加えた年表である。まず、この年表に即して、サリさんのライフヒストリーを紹介する。

①生い立ち

　サリさんは1948年東京に生まれた。一人っ子で、父は帽子職人、母が父の仕事を手伝っていた。サリさんは東京の高等学校を卒業後、アジアアフリカ語学院インドネシア語科に進学した。これからはアジアの時代と思ったが、

表4-1 サリさんの履歴

年齢	出来事	関連出来事
1948年	東京生まれ アジアアフリカ語学院在学中に観光でジャワからバリを回る	
1970年(21歳)		
▲20歳代	アジアアフリカ語学院インドネシア語科卒 さち子さんとジャワからバリを回る旅行 バリに来てインドネシアの旅行会社ナトラブ入社 バリ人と結婚　インドネシア国籍取得 双子の娘誕生　芸能山城組の創始者山城祥二(大橋力)のバリ島芸能文化視察ツアーをガイドし、以降、交流を続ける	1973年　パンナム機墜落事故
▲30代	長男、次男の誕生 バリ・ヒンドゥーの中で生活 離婚	1989年　外国投資法改正 　　　　バリ日本人会設立総会
1990年(41歳)		1990年　JALジャカルタ経由で乗り入れ、JTBバリ支店開設
▲40代	ナトラブを辞め旅行会社サリ・ツアーズを起業 バリ日本人会ニョニャ会（のち女性部）の活動に参加 日本人観光客激減でサリ・ツアーズも苦境に 日本人会のニョニャ会会長になる 通貨危機　ドル建て決済が有利に働く	日本人旅行客増大 1994年　JALバリに直行便 1995年　コレラ騒動
2000年(51歳)		2001年　9.11テロ事件
▲50代	日本人会広報部長 バリ爆弾事件　観光客の激減で経営が苦しく バリ日本人会副会長 日本人会顧問	2002年　バリ爆弾テロ事件 2003年　サーズ騒動 2005年　バリ爆弾テロ事件
▲60代	デンパサール総領事表彰(バリの伝統文化を広く紹介し日本人コミュニティに寄与) サリ・ツアーズの経営を長男に任せる	2010年　JAL撤退、直航便廃止

　当時中国は国交がなく活躍できないと考え、インドネシア語を選んだという。次に紹介するさち子さんと同じインドネシア語科で同級生だったが、サリさんは在学中、インドネシア語が通じるか確かめてみようとジャワからバリを回る旅行をしたこともあり、卒業が1年遅れて大阪万博の年に卒業している。

　翌71年、さち子さんと2人で、再度ジャワからバリを回る旅行をした。最後に来たバリでは、ロスメン(宿泊所)に4カ月くらい長期滞在をした。日

本に戻ったあと、バリへの定住を考え、72 年に 23 歳でバリに来て、すぐ旅行会社ナトラブ（National Travel Bureau、パタン人が経営）に入社した。アジアアフリカ語学院時代に関心を深めたバリの歴史、民話を勉強したいと考えていたが、食べることの方が優先だったという。当時、日本人観光客が多いわけではなく、まだ日本語のパンフレット類もなかったので、旅行会社での最初の 3 年間くらいの仕事は、英語で書かれたバリの芸術関係のものからホテルの説明書きに至るまでのものを、日本語に訳してガリ版刷りにし、配布して、ガイドもするところからはじまったという。当時の状況を次のように語っている。

　　ニトゥールという国営の海外旅行会社があって、その会社が JTB のお客さん、その頃 JTB くらいしか来なかったですよね、ここに。お客さんが来てて、個人客も入っていましたけど、グループなんかはすべてニトゥールさんが最初は扱ってた。私が行った頃はニトゥールは下がり気味で、パクトやゴールデン・バリ・ツアーが大きくなってきた。私が入ったナトラブの支店長やっていた上司が人脈の広い人で、舞踏とか楽器を専門にする芸術高校の生徒たちに学校の講堂で日本のお客様を前にパフォーマンスをしてもらう企画をして、私もこちらの民族衣装を着て司会をしたり説明をしたりしていたので、その頃からバリの伝統芸能を身近で見たり、その頃の本当に素晴らしいクラッシックの踊りを見るチャンスがたくさんあったので、自分にとってもすごくプラスになったと思っています。

当時バリで生活を成り立たせる仕事は、なんといっても旅行会社の観光業だったことが伝わってくる。
　この年、バリ人と結婚して、インドネシア国籍も取っている。夫は、サリさんが日本語を教え、日本語のガイドがいない時代だったので日本語ガイドとして旅行会社に勤めるようになった。結婚に際し、仲人に当たることをしてくれたバリ人夫婦が、以後ずっとバリ人としての生活面での相談役になっ

てくれた。翌年、双子の娘が生まれた。

　娘が生まれた年、バリでは大きな飛行機事故があり、日本人観光客も乗っていたパンナム機が墜落した。サリさんは旅行業界関係者として日本人遺族を現地に案内したが、観光業をしていて一番つらい瞬間だったと述べている。この24歳の時、サリさんは一つの大きな出会いをしている。芸能山城組の創始者、山城祥二（大橋力）がバリのケチャを調査・修得のために日本の舞踏団のメンバーたちと来訪した時、一行をガイドとして案内したのがサリさんで、以後山城祥二と交流を続けることになる。のちに今日まで4回ほど行なわれてきた芸能山城組のバリ公演、また、逆方向の企画、プリアタン村のガムラン、ケチャの9回に及ぶ日本公演に尽力している。長年にわたる山城祥二との交流という素地が、サリさんのバリ芸能への理解を生み出した大きな要因となっているようである。

　この2年後、4年後に長男、次男が生まれているが、サリさんは子どもたちをバリ人らしく育てようと、私立サラスワティ大学の付属小学校、中学校に通わせ、公立高校、国立大学に進ませている。現在、長男はサリさんがのちに起業した旅行会社を継いでいるし、次男は不動産関係のサラリーマンでサリさんはこの次男家族と同居している。娘たちはそれぞれ、バリ人家庭に婚出している。これらの子どもたちを日本語では育てなかった。

　　生活に余裕がなくて、子どもに日本語を教えてあげる時間がなかった。80年代は日本語の書籍もふんだんにあったわけでもないし、日本に例えば中学の時に送れるという環境だったらまだ教えようという気にもなったろうが、そういう環境でもなかった。むしろ、子どもを日本人でもないインドネシア人でもないように育てちゃったら可哀そうだと思って、インドネシア人よりもインドネシア人（バリ人）らしく育てようと思っていた。女の子たちも、6歳からバリの踊りを習わせました。ただし、下の子がウダヤナ大学に行ってる時に、「おまえ日本語の名前を貰ってるくせに、なんで一言も日本語が喋れないんだ」と言われた時にものすごく悲しかった。どうしてお母さん、小さい時から日本語を教え

てくれなかったのって。他の人に指摘されて、ものすごいショックを受けたと。その経験があったから、日本語補習校のこともやっぱり熱が入るんです。

　88年に離婚したが、夫方の実家とは現在も娘、嫁として交流が続いている。70年代から80年代は生活するのに大変で、インドネシア人社会に溶け込みたいとインドネシア人社会（バリ人社会）にとっぷり浸かっていた。R子さんたちが来ても、あの当時、80年代後半はサリ・ツアーズの立ち上げに多忙で、日本人社会とはあまり接点がなかったと回想している。この頃、80年代まではバリの社会の中でも、バリ・ヒンドゥーが生活の中に生きていたという。このことが、サリさんがバリ人の生活の理解を深めることに役立った。バリ人の生活も90年代以降急速に都市化、近代化してきたと感じているが、サリさんが嫁いだウブドの夫の実家は、代々デサ（ムラ）の中のヒンドゥーの司祭の家系で、実家の祖父はホワイト・マジシャンだった。サリさんは家の祠の儀礼オダランや村に3か所ある寺院のオダラン、家族・親族の通過儀礼の儀式のたびに嫁として実家に戻り、儀式に参加する折りに祖父や両親、おじおばからバリ・ヒンドゥーの儀式の意味やバリ人の精神世界の話を積極的に聞き、学んできたという。こうした中で、日本でいえば巫女の口寄せやオガミヤさん、善霊・悪霊の精霊の世界などバリ・ヒンドゥーの根底に息づいている、バリ人の日常生活のアニミスティックな精神世界も学んできた。

　②サリ・ツアーズの起業とバリ日本人会への係わり
　1992年、43歳の時に、サリさんはナトラブを辞めて、自身で旅行会社サリ・ツアーズを設立した。パッケージ・ツアーでなく文化志向型のツアーを観光客に紹介したいという自身の内在的な願いと、80年代後半からJTBが東南アジア各地に支店を開設しバリにも支店を置く準備を進めている中でナトラブの日本人客も減るので、観光客を自分で取ったほうが有利になるという客観的な要因が、この時期に起業に踏み切らせたという。

その頃やっていたのは日本の会社も、いろんなパッケージというものを、いくつかのプログラムをつくって選択してもらうものでした。大量に同じところに行って同じところでご飯を食べるという、つくられたレールに乗って旅をする。そういう時代だった。私はお客様には行きたいというところにご案内できる、そういう旅行の夢を見ていたんです。お客様が行きたいところをお聞きしてアレンジして。ところが現実は、旅行業界の取り決めをしっかりと踏まえて仕事をすることによって、自分の思い描いた夢は実現しませんでした。だけど、バリの伝統文化を知って欲しいという気持ちは、旅行会社がバリ島旅行を企画する段階で十分に伝えましたし、受け入れてもらえたと思っています。
　ナトラブの主なお客は、JTBさんからお客様を送ってもらっていた。ところがJALが来る4年くらい前に、JTBホンコンとかJTBバンコクとか、JTBシンガポールと、自社を、海外に自社を設立することになって。私がものすごく仲のいいJTBの人で、「サリさん、JTBは自分で会社をつくったら絶対全部そっちに行くから。もうナトラブのお客様も少なくなることだから、自分のこと考えておいた方がいいよ」って言ってくれたお友達が、何人かいたんですね。で、覚悟を決めたんですよ。

　ナトラブではJTBから観光客をもらっていたが、独立してもこの時の顧客はとらないという信念で一からはじめ、観光客が月50人からはじまって3年間で300人くらいまで増やして、安定の方向が見え出した。そのところで、95年のコレラ騒動に遭い、1年近く日本人相手のビジネスが落ち込んだ。サリ・ツアーズも誰かに増資してもらわないと、というギリギリのところまで落ち込んだが、かろうじて乗り切り、会社契約も徐々に出てきて、2000年頃までに創立8年かけてやっと軌道に乗せられたという。1997年の通貨危機の時は、旅行業者はドル決済方式だったのでかえって有利に働き、サリ・ツアーズも社屋建替えの話まで出た。しかし、バブルに乗らない慎重な性格が幸いして思い止まり、その後の9.11同時多発テロ、2度にわたるバリ爆弾

テロ事件、JAL 直航便廃止の時の観光客激減の苦境を、乗り切れた。2002 年のバリ爆弾テロ事件の時は、5 年後の様子をみて会社をたたむ覚悟をしたほどの衝撃だったという。2010 年の日航便直航廃止後は日本人観光客が激減し、2014 年には長男が社長になり日本人マーケットからアジア・マーケット（中国、韓国、マレーシア等）とドメスティック・マーケット（ジャワ、大半がインドネシア華人）の開拓に方向を切り替えている。

　この間、1992 年にはバリ日本人会のニョニャ会（女性部）に顔を出しはじめ、1996 年にはニョニャ会会長を務め、副部長の R 子さんと「バリ生活情報誌（便利帳）」の企画アイディアを出した。2002 年には広報部長、2004 年には副会長、2007 年からは顧問を引き受け、また、日本語補習授業校を支えるヤヤサンの理事として、日本人会、日本語補習校の運営に尽力している。2000 年前後に、バリ在住の日本人にバリ社会を知ってもらいたいと、4〜5 年に亘って日本人会会報「ケチャック瓦版」に自らの経験に基づいたバリ人の精神世界を紹介する記事を連載投稿している。

　広報部長の時にバリ爆弾テロ事件に遭遇し、日本人会として「『頑張ろうバリ』キャンペーン」の企画に動いた。そこで、日本人社会で自分の経験を生かせることを実感したという。

　　広報部長をやった頃、やっと日本人としての、何ていうかな、自覚っていうのか、自分はこのインドネシアの社会に飛び込んで、インドネシア人とこう生活することに非常に喜びも苦しみもいろいろ感じたんですけれども、でも、自分はここにいる役割は何なんだろうと。日本人でここに最初に住んで、いろいろ分かってるんだから、その日本人会でそういう自分の経験とかそういうものが生かせたからいいんじゃないかなっていうふうに思いはじめたのが、この広報部での仕事をしながら思ったんです。私が広報部長やってるときに、不幸にも、大変悲しい出来事が起きちゃって、例の爆弾テロが起きたときなんで。そのときに私は日本人会で、会長さんとともに、みんな役員ともに一丸となって「頑張ろうバリ」っていうキャンペーンを張って。バリをまた盛り上げなきゃい

けない、バリはもう絶対にすぐにお客さん戻ってくるから、私たちが日本人会が頑張ろうっていうことで。キャンペーンで寄付を募って、とにかく犠牲者のご家族、要するに、孤児になっちゃった子もいたし、1人。あと、ご主人が亡くなったとか奥さんが亡くなったっていう遺族の方を、義援金を集めまして、その義援金を持って。バリ島にバラバラに住んでますよね。カランサムの人もいるし、シガラジャの人もいるし。みんな、遺族の場所を、こちらのお役所に聞いて、会長さんと、それからその当時の女性部長とそれと私で、全部、回ったんです、その遺族の家を。……県のオフィスに遺族の方を呼んでいただいて、それで義援金をお渡ししたっていう形で、そういうことをしてこう回ったんですね。そのときに、日本人会の会長とか、会長だけだと、言葉に問題ありますよね、日本語と英語だと。私は、そのときに、私がお役に立てるんじゃないかなと思って一緒に行った。……私にとってはもう本当にすごく悲しい出来事だし。

と同時に、バリ・ヒンドゥーの信者として、「全島清めの儀式」には日本人会からの招待客という立場は取れなかったジレンマを感じ、バリ人と一緒に道路の上に座って祈るという選択をしている。

　全島清めの大きい儀式があったんです。それが爆弾事件のあった場所、クタの場所で、バリ島のご僧侶が全部、そこでお祈りをするっていう、ものすごい大きい儀式があって。私もそのときに日本人会の会長から、日本人会もその清めの儀式、大きな儀式に招待されてるから出てくれって言われたんです。私は断ったんです、それは。ごめんなさい、私は出ませんと言ったんです。そこで何ていうかな、ちょっと感情が両方とも高ぶってしまってちょっと言い合いになったんですけど。それはなぜかっていうと、この席では、このケースでは私は、バリ人として道路の上に座ってお祈りしなきゃならないから、招待客になって椅子の上で見るっていうことはできないって言ったんです。私はもうバリ人として

ここで生活してる部分があるから、日本人としてではなく、ここで暮らしてる人間として。私はヒンズー教徒として、皆さんとヒンズー教徒のバリ人と一緒に、道路の上に座って一緒にお祈りをするっていうことが私の希望だから。私はそこで、K子さんもヒンズー教徒、K子さんと私と、みんなそこへ集まって、みんな家族と一緒に、そこでお祈りしたんですけど。そしたら、ここの州知事の下にいる人とか、みんな知り合いだから喜んでくれたわけですよ。サリさん、お祈り、一緒にしてくれるんだねとか。

サリさんにとっては日本人としてかバリ人としてかというアイデンティティの葛藤の中で、両社会の懸け橋として長きにわたって行ってきた活動が、バリの日本人社会の中に受け入れられ、バリの伝統文化を広く紹介し日本人コミュニティに寄与したとして、2010年に在デンパサール総領事表彰を受けている。

③人生の道づれ
　サリさんがこれまでに大きな影響を受けてきた人は、仕事の時間が多かったので一つは仕事関係の人であり、とりわけナトラブの社長とバリの支店長だった上司の、2人だったという。この人たちから、商売のし方を手とり足とり教えてもらった。このほかに個人的には、もう亡くなったご夫婦の方で、仲人親の役割を果たしてくれた、兄とか姉として慕っていた人がいる。

　　個人的には、亡くなっちゃった方ですけれども、インドネシア人(バリ人)のご夫妻がいて、ご夫妻とも私のお兄さんお姉さんみたいに付き合ってた方で。その方に、バリの風習だとか、こういう儀式の時はお祝いに持って行くのはこういう方がいいとか、同じ生地を選ぶんだったらこっちの方にしなさいとか、現実的なバリの生活に密着したものはこのご夫妻に手とり足とり教えてもらいました。彼女はシガラジャの人だったんですけれども、ここで大きいお土産物店やってて、それでご主人が

輸出のほうの仕事をしてました。私が観光関係の仕事をはじめた時に付き合ったのではなくて、その前にまだ独身の時から、日本人を通じて付き合いはじめたんです。結婚式を挙げた時には、当時はお金がなかったので、そのご夫妻が持っている結婚式の衣装とか全部借りたんですよ。彼女はジャカルタに、いつもいつも私を引き連れて行って、ジャカルタの偉い人との付き合いを全部紹介してくれた。ジャカルタの高官とどういう付き合い方をしたらいいのか、何か持っていくには何を持って行ったらいいかまで、そういったものはすべて彼女から教わりました。

もう一人、文化面では、山城祥二（大橋力）の影響が非常に大きかったという。道連れとして親しく付き合ってきたインドネシア人は、寿命の関係で60歳代の初めに先に逝ってしまった人が多いという。

　　亡くなった親しいインドネシア人の親友の子どもだとかお友達とは、今もずっとお付き合いはあるけれども、何でも話せるという感じではないですね。だから年をとるごとに、日本人が大事になってくるんです。

いま本当に親しいのは、1970年代から親交があったさち子さん、万亀子さん、K子さんで、また、日本人会と関わりを持つようになって、多くの在住の日本人と知り合いになり良き友人と巡り合っているという。こうした人生の道づれに巡り合った中で、本当に人に恵まれたとサリさんは感じている。

(2) インドネシア語・日本語の教育者（さち子さん）

さち子さんは、今は引退しているが、つい2年前までインドネシア語と日本語の塾、バレエ、ヨガ、空手の教室、日本食のある喫茶店、日本からの本の図書室からなる、アングン・バリ・カルチャー・ハウスを経営していた。**表4－2**は、2013年12月と2015年8月にさち子さんに行ったインタビュー調査に基づいて作成した、さち子さんのライフヒストリーの出来事である。

表4-2 さち子さんの履歴

年齢	出来事	関連出来事
1948年	T県T市生まれ	
	T市高等学校卒	
20歳代	アジアアフリカ語学院インドネシア語科卒	1969年 バリビーチホテル開業
1970年（21歳）		
	大阪万博職員	
	サリ須戸とインドネシア旅行、バリに4カ月くらい滞在　帰国後駐日インドネシア大使館勤務	
	バリビーチホテルに2年契約で就職	
	バリビーチホテル退職、旅行社トナスに就職	
	結婚(夫、スマトラ人)、インドネシア国籍取得	
	長男誕生	
	旅行社ジャバトに転職	
40代	夫のジャカルタ転勤で家族で引っ越す	1989年 バリ日本人会設立総会
	ジャバト退職	
1990年（41歳）		1990年 JALジャカルタ経由で乗り入れ
	夫はバリ勤務に戻り、その3か月後に子どもとバリに戻る	
	すぐに仕事がなく、バリ日本人会にボランティアでニョニャ会の引継ぎを頼まれM子さんと引き受ける	バリに日本人旅行客が増える
	バリ日本人会でボランティアでインドネシア語を教える（週1回2時間）	
	日本人会事務局長（1994～2002）	1994年 JALバリに直航便　日本人女性の国際結婚ラッシュ
2000年（51歳）		
50代		
	ドゥウィ・リングウァ日本語塾を開く	
	バリ日本人会のバリ爆弾テロ事件支援活動にあたる	
	バリ日本人会名誉顧問	
	アングン・バリ文化ハウス建設、経営（M子さんと共同出資）	
60代	デンパサール総領事表彰（アングンを設立し日本語・インドネシア語教育に貢献）	
	アングン閉館　インドネシア人経営者で再開	

①バリへの定住

　さち子さんは1948年T県T市で生まれた。両親は綿寝具店を経営していて、兄、姉、妹の4人きょうだいである。高校生の時、新聞記者が書いたマレーシアとインドネシアの植民地経営の違いの本を読んで、インドネシアに興味

を持ったという。異文化や言葉に興味を持ち、T市の高校を卒業すると、東京のアジアアフリカ語学院インドネシア語科に進んだ。20歳でアジアアフリカ語学院を卒業し、1970年の大阪万博に9カ月、契約社員で働いた。その後、アジアアフリカ学院インドネシア語科の同級生だったサリさんとインドネシアを旅行した。ジャワを回り、最後にバリに来てここに4カ月いた。帰国後東京のインドネシア大使館に1年半勤めたあと、サヌールのバリ・ビーチ・ホテルに2年契約の職を得、24歳でバリに戻った。外国人枠の採用で高給だった。この頃によく、バリに来ていたサリさん、万亀子さんと、U男さん経営の日本食レストランで一緒に昼食をとっていた。

2年後にバリ・ビーチ・ホテルを退職し、旅行会社トナスに就職した。同年、バリ・ビーチ・ホテルの同僚（スマトラ人）と結婚し、インドネシア国籍を取得した。この年には、夫もホテル・プルタミナコテージ（現バトラジャサ）に転職している。翌年長男が生まれ、その次の年、さち子さんは、日本人女性が経営していた旅行会社ジャバトに移った。

やがて子どもが小学校に上がり、子育てと観光会社の仕事で忙しい時期が続く。子育ては、お手伝いさんがいるのでまったく手がかからなかったというが、空港近くの社宅に住んでいたので周りがインドネシア人の家族の中で、子どもがほかの家族と違うと意識することのないように育てたという。

　私も、やっぱりインドネシアに慣れよう慣れようとしていたから。インドネシア人になりたいで。で、子どもにやっぱり違和感を抱かせたくない。私は社宅に住んでいたから、ほかのお母さんと違うことをやるというのは、もの凄い子どもに負担をかけるんです。1回、小さい時に、「ママ、ママ、みんな、イブイブが集まっているけど、どうしてママ行かないの？」って。子どもに日本語を話すようにさせたかったけど、そういう手段がないと思ったの。私は、一つの家に2人以上日本語を話す大人がいないとだめだと思ったの、子どもが日本語を話すのは。うちは誰もいなかったから、絶対にもうインドネシア語で通そうと思った。でも今のお母さんを見てると、たしかにお母さんだけでもいいのよね。子どもっ

て日本語を話すようになるって。

　息子の当時は、まだバリには日本語補習校もなくインターナショナルスクールもなかったこともあって、今ほど選択肢もなかった。インドネシア語で育てて、小、中、高、大学と公立学校に進ませた。息子は、スラバヤの国立大学経済学部を卒業後バリに戻り、石材の輸出業をやったあと、現在、イスラムの観光客を対象にした旅行会社を立ち上げている。

　ここまでが、さち子さんのバリとの出会いと、定住適応の時期と括れる。もともと言葉と異文化への関心が強く、インドネシアへの関心も高校時代につくられていた。旅行でバリに出会い、バリで職を得るという行動を起こし、70年代前半にバリに来てから国際結婚をして、観光関係の安定的な仕事に就き、80年代、子育てをしながら仕事をしてきた。

②インドネシア語・日本語教育への転換

　さち子さんにとっての転機が、1990年頃に生じた。89年、夫がジャカルタ転勤になり、さち子さんはジャバトを辞めて、親子3人でジャカルタに移った。ところが夫は9カ月でバリに呼び戻された。子どもは中学校1年の途中で、さち子さんは残りの3カ月子どもとホテル暮らしをして、遅れてバリに戻っている。ジャカルタでの1年の間に、日本の進出企業であった東洋レーヨンの秘書の仕事を4カ月ほどやった。観光関係の仕事が主流だったバリではインドネシア国籍を持っている日本人は重視されたが、ジャカルタではインドネシア国籍の日本人はインドネシア人と同じ扱いで、給料が安く交通費に食われてしまって収入にはならないので、結局辞めてしまったという。この時に、ジャカルタの日本人社会に、現地駐在の日本企業の体質が持つ上下の秩序観が強く、日本人とインドネシア人の間にも上下の秩序感覚があることを強く感じとったようである。これにたいして、バリの自由な雰囲気が気に入っているとさち子さんはいう。

　　ジャカルタにちょっと1年くらいいたことがあるんですよ。それで

ちょっとだけ日本人の会社で働いたら、今は変わっているかもしれない、もう20年ほど前の話だから。日本人の会社で、日本人っていうのはやっぱり固まるのね。上が全部日本人。これはどこでもそうでしょうけど。だけど、食事するのも。経済的なこともちろんあるんだけど、インドネシア食は食べれないっていう人も多分いるんでしょうけど、食事をまず絶対にインドネシア人と食べない。私はちょうど中間じゃないですか。日本人とインドネシア人との間。そうするとやっぱり違う。

　まず違うことは、要するにジャカルタとかそういう大都市では、企業が持ってる。日本人会を。だから企業が、もうほとんど音頭取りをしてる。で、バリは企業がない。人数的にいっても個人会員の方が多い。ということは、女性が多いといってる。で、お母さんたちが多い。企業はほとんどない。それで、人数が多いということは、インドネシア人と結婚している人たちの意見がやっぱり強く。ジャカルタなんかだと、インドネシア人と結婚しているということだけで、まず区別がある。だから、企業体質が、もうそこには、日本人会にも入っていると思う。ジャカルタはね。だけどここは、そういうのものがない。前はあったんだけど。JALの支店長さんとか、そういう人たちがみんな会長になってたわけだから、一応は（日本の＝筆者）企業の上の人たちがなってたわけですね。それが、JALが撤退してJALパックがなくなったでしょう。インペリアルがなくなった。土木会社とか、そういう所が。結局、（会長は＝筆者）万亀子さんに。万亀子さんは（駐在ではなく＝筆者）ローカルな会社の社長でもあるしね。

　91年にバリに戻って、再び働きたかったが仕事の場がなかった。このことが、さち子さんを、立ち上がったばかりのバリ日本人会に結びつけた。92年、日本人会婦人部「ニョニャ会」の会長からニョニャ会を引き継ぐよう乞われ、やがて、M子さんと一緒に引き受けることになる。

　　女性部（婦人部）というのがありますよね。河野さんという、ヌサ・ドゥ

アのバリコレクションというショッピングセンターの電気関係の工事に来ていた人がいた。河野さんも工事が終わってジャカルタに行かなければならなくなったということで、奥さんもいらして。奥さんは「わたしたちはここでニョニャ会というのをつくったんですけれども。日本人会の中にある婦人部をニョニャ会というんです。いままでやってきたんですが、全部会員が帰国するとかジャカルタに行くとかで、いなくなっちゃって。でも、ここで終わりでなく、続けて欲しい」ということで、いらしたのです。で、「年上のM子さんという人がいるから、M子さんに聞いてみて、彼女がやるというなら私もやるから」ということで。で、じゃ続けましょうということになって。

　この年、野口さんからも日本人会への入会を誘われ、盆踊りに出たりして、日本人会に入会をしている。その後、94年から2002年まで日本人会の事務局長を務めた。

　この期間、90年代に、日本人会の事務所を教室に、週1回2時間ずつ、4〜7、8人のクラスにボランティアでインドネシア語を教えはじめた。当時、94年のJAL直航便開始前後から日本人女性の定住者の数が急増し、インドネシア語教室へのニーズが生じていたことが背景にあった。日本人会員のお母さんたちのインドネシア語クラスを終えると、みんなで食事をしながら懇談するのが常だった。お母さん方にとっても、その場が相談事を出す場になり、一人で抱え込まないで悩みを解消する場になった。インドネシア語の学習という共通の活動をやることが、友達ができる場になっている。単に言葉を教えるだけでなく、終了後みんなで食事をし悩み事を出し合うなど、日本人新規参入者に悩み事解決の場を提供し相談役の役割を果たしてきた面が大きい。悩みを一人で抱え込んで、もう帰国しかないと思い詰めている人の相談にも乗ったりしている。

　　インドネシア語だけじゃなく、そこで友達ができるという。お母さんたちも、何かがなければ、友達になれないわけじゃないですか。この

誰も知らない土地で結婚して、子どもができて。ここでもいろいろ言われましたよ、子どもができた時に。子どもが泣いてしょうがないといったら、悪霊が来て、子どもに。それから、赤玉ねぎを擂って、子どものこういう所につけたらいいとか、社宅にいたから近所の人たちに。ここの人は赤ちゃんの胎盤を海に流すのに、なぜスマトラ人は持って帰って庭に埋めるのかとか。そういうこと言われたり、いろいろあるんですよ。終わったら、そういう悩みを抱えるお母さんたちが、ちょっとしたご飯を食べて、そういう話をしたりして。いや助かったっていう人、一杯いますよ。日本人同士で結婚していても、旦那さん忙しいし、一人で抱え込んでっていう人もいたし。

　さち子さんがはじめたこの日本人会のインドネシア語教室は、のちにドゥウイ・リングァ、アングンの経営のためにさち子さんが抜けたあと、別の講師が引継ぎかなり長く続いた。
　日本人会のインドネシア語教室だけでなく、この時期、さち子さんは、JTBとかの旅行社に頼まれてガイドやスパの従業員などに日本語も教えた。
　2000年代に入ると、さち子さんの言葉の教育の活動は新たな展開段階に入る。2000年にトゥバンで貸店舗を教室にして、インドネシア人を対象にバリで最初の日本人経営の日本語塾「ドゥウイ・リングァ」を日本人の友人2人と共同で開校し、自らも教えた。さらにインドネア語教室も加えたが、日本語教室には基礎コース、ガイド・コースを置いた。日本人旅行者のガイドやホテルの従業員たちが学びに来たが、基礎コースは初心者ばかりの生徒がなかなか続かず、経営的には楽ではなかったという。

　　一教室しかないし、夜みんなやっぱり働いてから来るっていう人が多いから。途中でみんなやめていくし。生徒もあんまりなかったからかもしれないけど、要するにもう経済的に合わない。そのあとのアングン・バリ・カルチャー・ハウスは、建物の借り賃がなかったからまだ持ったような。まだやってきた、10年間ね。

そのあと、2003年に自分の土地にM子さんと共同出資でアングン・バリ・カルチャー・ハウスを建てて、日本人やインドネシア人を対象に、インドネシア語教室、日本語教室、日本語での保育園、バレエ、バリ舞踊の教室、ヨガ、ストレッチ、空手のスポーツ教室をもつ総合的なカルチャーセンターを運営している。夫は当時、プルタミナ・コテージをすでに退職して野口さんが経営するプラザ・バリに勤めていたが、アングンの開校を機にアングンの経営に加わった。アングンはバレエやヨガ、空手教室用の大ホールと20人くらいの教室二つ、それに日本食もメニューに入っているカフェと貸出用の日本図書のコーナーで構成され、講師を雇って各種教室を開講し、カフェは日本人たちのサロンになった。さち子さんは成人向けのインドネシア語、日本語を担当し、子ども向けの日本語は日本語補習授業校の教員をしていたT子さんをお願いしていた。

　経済的に合わないんで（ドゥウイ・リングァを＝筆者）もう閉めようと私が思って、なんか友達に言ってたら、M子さんが、いや、これからインドネシアも絶対に習い事というものが盛んになってくる。みんな余裕が出てくるから、そうすると子どもの教育ってものを考えるから、バレエ教える所をつくったらいいんじゃないかって言うんで。M子さんがバレエを教えてたから、日本で。バレリーナだったし。で、先生を探したらちょうどいたんですよね。日本人の先生が。で、それを建てることにした。バレエも日本語も、最初は思ってもいなかったんだけど、日本人とインドネシア人のハーフの子が多く集まった。子どもの日本語は生徒が多い時で60人、バレエは80人くらいいましたね。バレエは、ものすごい才能のある子もいました。

　本の貸し出しは、なんか本を置いて行く人が多くて。それで、もうたくさん貰いすぎて場所がないから、前から順に整理して。本を借りに来るだけの人もいた。管理はしていないんですけど、ただこう並べて。汚いものは捨てるか、日本人会のバザーをやる時に売ったりなんかして、

順次新しいものを入れる。でも、みんな持ってきて、読んだまま置いていく人たちもいるから、結構溜まって。

2013年、T子さんが日本語講師を続けられなくなり、若い講師と一緒にバレエを教えていたM子さんも高齢で日本に帰ることになり、この年アングンを閉館した。だが、教室を続けてほしいという要望が強く、インドネシア人でこの施設を使いそのまま経営したいという人が出てきたので、施設を貸している。インドネシア語教室の生徒は、現在は、ほとんどが年金生活のリタイアメント日本人移住者に変わってきた。

このような活動の日本人社会への貢献が認められ、2010年には、アングン・バリ・カルチャー・ハウスを設立し日本語やインドネシア語教育に力を注ぎ貢献したとして、在デンパサール総領事表彰を受けている。

3) 新規参入者への窓口役

さち子さんの履歴を振り返ってみると、バリに戻って再び働きかったが仕事の場がなかったという1990年頃が、大きな転機になっている。バリに戻ってきてすぐに仕事がない時期に、バリ・ブームによる国際結婚の日本人女性が増大したことが、さち子さんに日本人会のボランティアとしてインドネシア語を教える環境を用意し、彼女の役割を新規参入日本人たちへの窓口役にと導いた。もともと外国語の言葉に関心が強かったさち子さんが、アジアアフリカ語学院で学んだ基礎もあって、インドネシア語を新規に入ってきたばかりの人に教えることが、自分に適していたのであろう。観光業での仕事は収入が高かったので良かったが、それ以上に語学の塾をやっているほうが自分には合っていると思っているという。

　　観光関係は合わない、続けてたけど。お金がやっぱり、ねえ、ドルで入るし。それでいい生活させてもらったからやってたけど。だけどやっぱ、合わないなと思い続けてた。それで、インドネシア語教えたり日本語教えたりする学校つくったらどうかと思った……。

日本企業の駐在員から地元定住の日本人・日系人に手渡されて立ち上がったばかりの日本人会の、93年〜95年という早い時期に、日本人会婦人部の副会長としてM子婦人部会長を支えた。そして、94年〜2002年には日本人会事務局長としてボランティアで事務局にいたことが、新規参入の日本人のさまざまな相談に乗ることで新規参入日本人への窓口役を務めるという位置に身を置くことになった。こうした新規参入日本人の窓口になるというさち子さんの内発的な志向性が、のちのアングン建設という活動の中に、バリ在住日本人のたまり場としてサロン的機能をもつハウスを設計する形として現れてきている。

　新規参入日本人への窓口役として、バリ日本人社会の中で大きな役割を果たしてきたさち子さんにとって、これまでの人生で大きく影響を与えた人というのは取り立てているとは思わないが、ごく親しい人は、一緒にバリに来たサリさんだという。サリさんは、なにかにつけて相談相手になってくれた人で、バリの日本人社会への貢献者として2人同時にデンパサール総領事表彰を受けている仲でもある。サリさん、さち子さん、それともう一人、万亀子さんの3人は、昔からの仲の良い友達ではあるが、サリさんがヒンドゥー教、万亀子さんがキリスト教、さち子さんはイスラム教で、信仰行事を通して子どもたちが一緒になるということもなかったので、女性3人だけの間で、本当に親しい親交は終わりそうだという。

(3) 地元大手旅行会社の起業家（万亀子さん）

　万亀子さんは、1978年という日本人がバリにまだ数えるほどしかいない早い時期に、サヌールに旅行会社ラマ・ツアーズを設立し、現在社員250人の規模にまで大きくしてきた。我われは、2013年8月、2014年1月、2015年8月の3回、万亀子さんへのインタビュー調査を実施した。表4－3は、この聞き取りと、JR西日本・東海の月刊誌『ひととき』2009年2月号の記事「今を決めたあの時」、『ガルーダ』（国際線日本語版機内誌）1996年1-3月号への手記「赤道を越えて」、西日本新聞の情報誌・月刊『みゅーず』に連載された「ま

表4-3　万亀子さんの履歴

年齢	出来事	関連出来事
1942年	F県Y市生まれ	
▲ 20歳代	F県の高校を経て、青山学院大学英米文学部卒	
	旅行会社京浜トラベルサービスに入社	
	賠償留学生で早稲田大学を卒業したジャワ人と結婚	
1970年(28歳)		
｜	夫、大阪万博インドネシア館の仕事を終え帰国	
▼	ジャカルタに移住	
▲ 30代	旅行会社パクトに入社	
	キャセイ航空のジャカルタ・トランジット時間サービスを機に、日本大手の旅行会社とのネットワーク	
	マラリ事件に遭い日本人企業経営者一行を救う	1978年　エア・マニラのチャーター便が日本から乗り入れ
	インドネシア国籍取得　夫と共にバリに移住	
	旅行会社ラマ・ツアーズを創業、夫はバス会社創業	1978年　東南アジア外相会議
	日通航空S.から日本人観光客計300名の団体受注	
▼	日本の取引銀行にドル口座を置く（ルピア切り下げ）	
1980年代	チャーター便、以遠権を使った乗り入れ便増大	1980年　領事館駐在官事務所設置
	パッケージツアーが増える　キンタマーニ観光	
1990年(48歳)		1989年　バリ日本人会設立総会
40代	バリ日本人会の新年会に出席	外国投資法の改正
	バリ日本人会副会長	1990年　JALジャカルタ経由で乗り入れ　JTB、国際開発がバリ支店開設
	ラマ・ツアーズ本社をクタ現在地に移す	
▼	ロータリークラブ（バリ・タマン）の設立メンバーに	
▲ 50代	国立病院血液センター、婦人健診車、水やメガネのプロジェクト活動	バリに日本人旅行客が増える
		1994年　JALバリに直行便
	日本へ留学生派遣奨学金	日本人女性の国際結婚ラッシュ
	5月政変時にスラバヤの日本人脱出をラマ・ツアーズあげて支援	1995年　コレラ騒動
2000年(58歳)		2001年　学齢期の子どもが急増
▲ 60代	東チモールPKO自衛隊員の国連休暇の受け入れ	2002年　バリ爆弾テロ事件
	日本語補習授業校の用地を無料提供	
	補習授業校のヤヤサン理事長	2005年　バリ爆弾事件
	バリ日本人会会長	
	外務大臣表彰（邦人保護に寄与）	
	バリ州からトゥリ・ヒタ・カラナ賞（観光への貢献）	
	夫死亡、観光バス会社2社、ガソリンスタンド、レストラン、航空会社の特約店を引き継ぐ	
	バリ日本人会会長	2010年　日航直航便廃止
▼ 70代	叙勲（旭日双光章　日本とインドネシアの友好親善）	

き子のバリ島便り」(2002年8月～04年8月)を参考にして再構成した、万亀子さんのライフヒストリー上の出来事である。

①バリとの出会いと旅行会社の起業

　万亀子さんは、F県Y市の出身(1942年生まれ)で、高校卒業まで地元にいて東京の青山学院大学の英米文学部を卒業し、旅行会社、京浜トラベルサービスに就職した。訪日外国人旅行を扱うインバウンドとして国内旅行の手配を担当したあと、日本人のヨーロッパ等海外旅行の添乗も担当した。

　　(就職活動をした中で＝筆者)一番魅力があった旅行会社に入社したんです。だから、インドネシアに来る前からもう、旅行屋さんなんです、私。で、6年日本で働きました。最初の3年は、アメリカの人を日本に誘致するためのインバウンド。日光、箱根、京都とか、日本の名所旧跡等日本の魅力を外国に紹介する仕事をしてました。小さな会社だったので、経理から何から全部自分でやらされて、それが今の私に役立ってたと思います、基本はね。それで、あと日本が成長して、経済成長が著しくて海外旅行者が増えたので、転属させられて。あんた添乗行きなさいって。さあヨーロッパ、さあハワイって、行かされているうちに、こんな素晴らしい仕事ないなって思ってて。……ですから、元々が旅行屋さんなんです。

　大学時代に、インドネシア政府から日本賠償留学生として派遣されて東京の早稲田大学商学部に留学していたインドネシア人と知り合っていたが、1969年に結婚した。夫は駐日インドネシア大使館勤務のあと、大阪万博インドネシア館に勤務し、万博終了後一足先に帰国した。翌1971年万亀子さんもジャカルタに移住、旅行会社パクトに入社し、日本部長として日本人観光客のバリへの誘致にも従事し、ジャカルタとバリの間を行ったり来たりした。当時はまだテレックスの時代で、パクト入社時の最初の仕事が、京浜トラベル時代の知人に手紙を書き、バリ観光をアピールするところからはじまったという。やがて、キャセイ航空から、日本人バリ・ツアー客への、帰

路早朝5時間ほどのジャカルタ・トランジット時間のサービスの仕事が入り、万亀子さんは自家製のおにぎりを作ってサービスをした。これがキャセイ航空極東支配人の目に留まり、パクトに感謝状が来た。これが機で、万亀子さんは日本に出張させてもらい、大手の旅行会社多数に極東支配人から紹介され、以後コース・ツアーの見積もりが舞い込み、日本マーケットの9割をパクトが取るという貢献をした。1976年にはエア・マニラがチャーター便を名古屋からバリまで飛ばしはじめ、パクトの仕事として、年末・年始の8日間ほどの間に入れ替わりで4便入ってくる日本人観光客の手配の管理者として、バリに出張する業務もはじまった。当時のバリ観光は、キンタマーニへの終日観光が定番だったという。この時期に、バリのU男さんのレストランで、旅行会社ナトラブのサリさん、ジャバトのさち子さんと昼食を一緒にするようになった。

　1978年、万亀子さんはインドネシア国籍を取得した。この年、パクトの上司がオーストラリアに帰国するのを機にここを辞め、仕事に見切りをつけていた夫とバリに2週間滞在の予定で来て、そのままバリに定住することを決めたという。夫は大学卒業後、駐日インドネシア大使館とジャカルタで5年間公務員をしたあと、石油のパイプライン等の日系企業をいくつか変わっていた。バリに定住したこの36歳の時に、夫がバリでバス会社を創業し、万亀子さんのほうは旅行会社ラマ・ツアーズを起業した。バス会社の資金調達にジャワと日本の親の援助を得た。ラマ・ツアーズは、従業員3人、日本語ガイド4人ではじめた。パクト時代のガイド4人が万亀子さんについて来た。その後ガイドを徐々に増やしていったが、空き時間に日本語を教え日本人の興味のもち方や考え方を教えるところからはじまった。最初の頃は、定期航空便で来る人も徐々に増えていたが、観光客が集中する観光シーズンを過ぎるとしばらくまた少なくなるという波が繰り返されていた。

　　観光シーズンを過ぎるとスッと忙しくなくなる。そういう時をみて、ローマ字を使って自分なりの日本語教育をしました。でも、それだけじゃありません。バリのガイドですという人は、自分の住んでいる地域、町

のことは分かる、芸術のことも分かる。でも、その他のことは一切分からない人が、ガイドっていっているわけです。だから頭の中広めてもらわなければならないし。日本の人はこうやって来るんですよ、こういうことに興味あるんですよとか。時間はちゃんと厳守しなければいけない、あたりまえじゃないですか、でもバリの人はできない。日本語の勉強だけでなく、そういうことの勉強会ですね。

会社創業の1ヶ月後に東南アジア外相会議がバリで開催されたが、まだ領事館駐在官事務所もない時代で、車30台手配の依頼が万亀子さん経由で夫のバス会社に持ち込まれた。さらにその2ヶ月後、パクト時代の繋がりで、毎月1回100人ずつの日本人観光客の手配斡旋を3カ月間引き受ける大型団体受注の仕事が日通航空サービスから入り、この年は、順調なスタートになった。しかし、11月に政府のルピア切り下げとぶつかり、取引銀行だった日本の銀行のジャカルタ支店の人に教えられ、その銀行にドル口座を置くようにした。

　　もう忘れもしませんね。……11月15日の夜8時頃、大蔵大臣がテレビに出て来て、この時を以て1ドルを、その頃400だったのかな、600（ルピア＝筆者）にするっていったんですよ。50％の切り下げなんです。でも、私はね、分かんないんです、感覚として。日本でそういう目に遭ったこともないし。……私ね、社長なんだけれども、経済学部でもなんでもなくて、分かんないんですよ、これが。あ、これは行く先ダメなんだなと思ったんです、ウチの会社ね。こういうのを知らない社長じゃ案じられると思ったんで。それで、うちの取引銀行は東京銀行ジャカルタ支店だったんですが、そこに飛んで行きました。そして、支店長じゃなかったですけど出てきた人がどうなさいましたというので、「私こういうもので、恥ずかしいことですけれども分からないんです、経済が。ここのインドネシアの経済も分かっていないし、今後ウチの会社どうしたらいいでしょうか。恥ずかしいことですけれど教えて下さい。お金はどうやっ

て持っていたらいいんですかね」って教えを乞うたんです。そうしたら、本当に丁寧に親切に教えて下さった。それがね、2時間くらいかけて教えて下さった。その方とまだ、今だに私お付き合いあるんです。ありがたいですよ。……で、その時の教えの一番大切なことはね、あなたルピアはお小遣い程度に小口現金で持ってなさい。あとは全部ドル口座に入れておきなさいって。ドル口座、巷では開けないんですよ。でも、東京銀行は開けたんです。

この年78年には、旅行会社の認可権が、州知事から中央政府に移った。この措置は89年の外国投資法改正の規制緩和まで続いた。当時バリには旅行会社が30社くらいあったが、ラマ・ツアーズにとってはこの間競争相手が増えず有利に事業を展開でき、これも幸いしたと万亀子さんは回想している。

80年代にラマ・スアーズは順調に事業拡大をし、91年には本社をクタの現在地に置き、現在は社員250人のバリで大手の旅行会社の一つに成長している。1997年の通貨危機になるまで、1978年から都合4回の通貨の切り下げがあったが、すでにドル建てでやることを学んでいたのでこれが幸いし、倍々ゲームでラマ・ツアーズの財産が増えたことが万亀子さんを大実業家に押し上げた。97年のアジア通貨危機も大きな打撃は受けずに済んでいる。

万亀子さんの夫も、順調に事業を拡大し、観光バス会社2社を経営し運転手を100名以上抱え、ほかに2か所のガソリンスタンド、レストラン一つ、航空会社2社の特約店を経営するまでに幅広くやっていたが、惜しいことに2009年に亡くなった。夫君も有能な方のようで、万亀子さんは自分の事業の折々に、夫と相談しながらアドバイスを受けてきたであろうことが、インタビューの端々から覗えた。現在万亀子さんは、ラマ・ツアーズだけでなく夫がやっていた事業も受け継いでいる。

②社会事業、福祉事業への展開

90年代に入ると、旅行会社の事業だけでなく、一方でロータリークラブ

を通しての社会事業・福祉事業へと、他方で、日本人会の日本語補習授業校の発展にも力を入れるようになる。

　1990年代に入ると万亀子さんは、夫がそれまで入っていたロータリークラブ、デンパサール・クラブから分派して、女性だけのロータリークラブ、バリ・タマンを作った時の設立者メンバー（チャーター・メンバー）になった。最初の年に副会長をし、会長も務めている。バリ・タマンは現在44名で構成されていて、活発に活動をしてきている。これまでの大きな活動には、1996年から今日に至るまで日本の鹿児島志布志、広島東、福山西、名古屋名東、帯広、仙台など日本の多くのロータリークラブや、国際ロータリー財団などからの寄付を得、自前の資金も加えて、国立サンラ病院血液センターの建設と医療器具の設置や、婦人健診車の寄付と無料医療奉仕の活動の運営、そして、孤児院や養護施設の訪問、水のプロジェクト、眼鏡プロジェクトを行ってきた。水のプロジェクトは、水源が遠く過酷な水汲みが子どもの仕事になっている集落に天水の貯水タンクを造ったり、水源からパイプを引いている。また、眼鏡プロジェクトは、眼科医とメガネ屋さんとのタイアップで、小学校の入学者に視力検査をし、必要とする子にメガネを配布する事業である。バリでは、小学校入学時の身体検査がないので、目が悪いことに気づかないままの親も多い。一方でバリ・タマンは、環境問題にも取り組んでいて、マングローブの再生に苗を調達し、クラブメンバーが奉仕活動で植林を行ってきた。

　万亀子さんはほかにも、ラマ・ツアーズ社の社会貢献として、若いインドネシア人を天理大学に日本語研修の留学生として送り出してきた。天理大学の参考館の館長が受け入れてくれ、2人ずつ2〜3年の派遣期間で、定期的に送り出してきた。長い人で5年間日本にいた人がいたが、いずれも旅費と奨学金をラマ・ツアーズが持ち、滞在費は大学寮への受け入れで大島大教会が負担してくれた。全部で10人ほど送り出してこの事業は終了したが、奨学生たちは帰国後はラマ・ツアーズに入社し、現在でも2人ほどが残ってくれている。万亀子さんは、人材教育の大事さを感じていて、この事業をはじめたという。

私がパクト時代の日本の旅行会社の社長さんで、「万亀子さん、あんた、よくやってくれているね。でもこれから先、人材教育しなさいね。お金がなければ、銀行に行けばいいんだよ。お金貸してくれる。でも、人材は貸してくれないよ。自分が育てなければいけないよ。」これ、すごいことじゃないですか。この言葉ですよ、私を動かしたのは。それで、人が大切なんです、私。手塩にかけるんですから。

　この思いがあるからこそ、ラマ・ツアーズを立ち上げてからも、徐々に増やしてきたガイドに、自らが手作りで日本語やガイドの素養の教育を施してきたのであろう。
　他方、バリ日本人会との関わりは古く、1990年にバリに立ちあがったばかりの日本人会の新年会に出て、91年から副会長として日本人会との関わりがはじまり、2010年からバリ日本人会会長を務めている。この間、2002年に日本語補習授業校の土地を無料で提供することにした。そのために日本語補習校の運営のための財団（ヤヤサン）バリ日本友好協会を日本人でインドネシア国籍の人5人で立ち上げ、その理事長に就いている。日本の大手企業の支店が多く潤沢な法人会員の会費で運営されているジャカルタと違って、観光業以外の企業が入って来ていないバリ日本人会の補習校は、一般からの寄付金で動いており、万亀子さんは資金調達・供給のため立ち上げた財団法人の下に、観光関係の仕事で日本に用のあるごとに日本国内で寄付を集めるなど、日本語補習校の発展に尽力してきた。万亀子さんは、バリの日本語補習校は二世教育に向かう方向が今後の展望だと考えている。
　観光業がグローバル化の中で発展することが、インドネシアにとっての近代化の柱の一つであるが、バリの観光業の中枢にいる万亀子さんの長年の貢献は、2006年にバリ州知事からトゥリ・ヒタ・カラナ賞を授与されたという形でバリ人からも認められている。その貢献の象徴として数え上げられたことの一つが、バリ・ラサ・サヤン（日本・バリ島観光事業促進委員会、現在95社加入）の立ち上げと会長の引き受けであった。1997年の通貨危機による経

済恐慌の際、インドネシア政府はそれまで日本を含む世界7カ所に置いていた観光促進事務所を閉鎖した。日本の旅行業界からバリに日本の代表事務所を置いてほしいという要望が出、バリ進出の日系旅行会社20社ほどが集まって協議したがまとまらず、ホテル、レストラン、お土産業者などの観光業者の強い要望に支えられ、州観光局と相談しつつ16社でバリ・ラサ・サヤンを設立した。現在毎年9月に有志企業で東京ビッグサイトの旅博に出向きバリを宣伝した後、3日間で東京、名古屋、大阪など全国3カ所に移動し、ホテルを会場にバリ島のプロモーション企画を実施して帰ってきている。

バリ州政府から表彰された直前、万亀子さんは、日本政府からも、1974年ジャカルタでのマラリ暴動事件の時に経済視察団の邦人20名の安全を図った功績、1998年スハルト退陣の混乱の中でスラバヤからの邦人300名をバリ経由で帰国させた時にラマ・ツアーズ社あげてこれを支援した功績、2002年に東チモール独立後のPOK自衛官の国連休暇をバリ島に誘致し、ラマ・ツアーズは彼らの保証人として安全に旅行を遂行させたという三つの功績をもって、外務大臣賞を受けている。マラリ事件では、1974年1月、当時の田中首相のインドネシア訪問に抗議する暴動がジャカルタで発生した時、夕食時のレストランからプレジデントホテルまで経済視察団を誘導したあと、3日間ホテルに避難し、最後は空港まで送り全員を無事帰国させた。さらに、2014年には日本政府の春の叙勲で、在留邦人への長年の福祉向上への功労と日本とインドネシアの友好親善への寄与を称えて旭日双光章が授与されている。

③人との出会い

これまで万亀子さんが大きな影響を受けてきた人が、3人いるという。一人は、はじめてジャカルタに来て1ヶ月後に日本に帰りたくなった時、航空券を購入に行った先のJALのセールス・マネージャーだった。

　　（ジャカルタに来て）1カ月して、インドネシアなど嫌だと思った。蚊がいる、暑い、臭い、電気がよく切れる、水がない……早く日本に帰りた

いと思った。何とか抜け出したいと思ったが、抜け出さずにとっぷり浸かってしまったのは、日本航空に行って飛行機の片道切符を買って、日本へ帰ろうと思って日本航空に行ったらば、そこにいたマネージャーさんに、「あんたそんなことじゃ駄目よ。インドネシアではもうちょっと忍耐しなくちゃ駄目だね」って諭された。私こそがインドネシア人の夫を持ってて、すごいインドネシア通だって思ってたのに、こりゃ遺憾と。日本人の方に諭されたと思って。

　もう一人は、パクト勤務時代に人材が大事だと教えてくれた日本の旅行会社の社長だという。そして3人目が、ラマ・ツアーズをはじめてすぐにルピア切り下げに遭った時に、東京銀行ジャカルタ支店で丁寧に教えてくれた行員の方である。大きな影響を受けたこの3人の他にも、バリ総領事館の歴代のトップからもよい影響を受けてきたと言い、「こういう人たちと出会いました。出会いですね」と、たいへん温和な顔で語った。

　『ひととき』の中にも紹介されているように、万亀子さんの信条は「ダルマのように、七転び八起き」。「思いもかけない事態に見舞われても沈まないこと、なんたって起き上がることです」と本人もいっているが、何回かのインタビューを通して受けたもう一つの万亀子さんの神髄は、人生を着実に歩んでこられた中で、一期一会の心をほんとうに大切にする人であるというところにある。

(4) 日本人会立ち上げの橋渡し役（野口さん）

　次に紹介するのが、野口さんである。野口さんはバリ日本人会にとっては、なくてはならない要の位置にいた人である。バリ日本人会はもともと、JICAの人たちが子どもの日本語教育という必要で立ち上げたものであった。数年もしないうちに、立ち上げ当初の主力会員であった空港拡張工事の建設関係の人たちが引き上げることになり、すでに地元に定住していた第1世代・第2世代の先陣の日本人・日系人の人たちに引き継いでもらわないと会が維持できない状態になっていた。野口さんはちょうどその時ジャカルタからバリ

表 4-4 野口さんの履歴

年齢	出来事	関連出来事
1951 年	東京生まれ	
	高等学校卒業。M 物産子会社入社、カリマンタンでエビの開発輸入を担当	
20 歳代	ジャカルタ駐在	
	ジャカルタ時代に、サイドビジネスで日本食品専門スーパー、日本食レストラン、カラオケも経営	
1980 年 (29 歳)		
	結婚	
	息子誕生	
30 代	休暇でバリに来はじめる	1983 年　ヌサ・ドゥア・ビーチホテル開業
	娘誕生	
	免税店プラザ・バリの企画を勤務先会社に提出、却下。ジャカルタのインドネシア人が資金提供を	
	プラザ・バリの用地買収	
1990 年 (39 歳)		1989 年　バリ日本人会設立
	M 物産子会社を退職	
	家族でバリに移住。子どもはインターナショナルスクールと日本語補習授業校に	1990 年　JAL ジャカルタ経由でバリに乗り入れ
40 代	プラザ・バリ、民芸品店開業	
	プラザ・バリ、免税店グランドオープン	
	日本語補習授業校運営委員長 (1992 年度)	
	バリ日本人会会長 (1993～95 年度)	
		1994 年　JAL バリに直航便
	通貨危機でプラザ・バリ経営難	
2000 年 (49 歳)		2001 年　バリ爆弾テロ事件　観光客激減
50 代	プラザ・バリに雑貨店経営	
	プラザ・バリにレストラン・ケマンギを経営	2010 年　JAL 撤退
		オーストラリア人観光客激増
	アジア・マーケット、ローカル・マーケットにシフト	
60 代	プラザ・バリ　空港店を残して閉店	
	プラザ・バリを退職	
	ケマンギをトゥバンに移し経営、雑貨店は閉店	

に移って来て、日本企業の駐在日本人たちと地元定住日本人・日系人たちとの橋渡しをし、3 代目会長として、立ち上がったばかりの日本人会の基礎固めをするという、非常に大きな役割を果たした。**表 4-4** は、2013 年 8 月、2014 年 8 月、2015 年 8 月に行ったインタビュー調査を基に作成した、野口さんのライフヒストリーの出来事である。

①バリとの出会い

　野口さんは、1951年に東京のサラリーマンの家庭に生まれた。3人兄弟の長男である。高校卒業後、ベトナム、インドネシア、タイなど7か国で第1次産業の開発輸入をしている三井物産の子会社に入社し、19歳でインドネシアのカリマンタンのエビの仕事に赴任した。

　　つい若気の到りでインドネシアを選んで、最初に入ったのがカリマンタンでエビの仕事をやってて。今から40年前ですから、入ったところは、電気が夕方6時から9時まで3時間しかつかないんですよね。だから、冷蔵庫はあるんだけど、冷蔵庫なんて使えないし、もちろんテレビもないし。で、9時過ぎるとランプ、シュトローケンといってランプでもって生活ですよね。ただ、そのころは面白くってですね。何もない、もうランプの生活ですよ。水もないんで。水はもう、雨水でシャワーするというような感じ。でも、それが面白くて、2年間くらい帰らなかったですよ。そしたら今度、親が心配して、早く帰って来いっていうんですよ。そんなことがご縁ですね、水が合ったというか。

　25歳でジャカルタ駐在になり、29歳の時にジャカルタに来ていた日本人女性と結婚し、息子と娘がジャカルタで生まれた。ジャカルタには14年いたが、その間にサイドビジネスとして日本食品専門のスーパー、日本食レストラン、カラオケ店も経営していた。

　ジャカルタ時代の会社の上司は仕事に厳しい人だったが、他方であの時代のおおらかさも持った人で、普通一般の企業だとサイドビジネスのようなアルバイトは許されないところを、日本食品が手に入らなかった当時、日本食品スーパーはジャカルタの日本人にとっても役立つのだから、やってみたらということで半ば公認してくれた。九州の大学に留学し同じ会社で同僚だったインドネシア人と半々の共同出資で、日本食スーパー・コスモを立ち上げた。資金的にも東京銀行系のリース会社からの支援を受け、ジャカルタ日本

人社会の支持の下に、のちにバリに転出するまでの間に経営が順調に進展した。一つ動き出すと、周囲からこれもやってくれないかと話がくる形で、日本食品レストランもカラオケも、それぞれインドネシア華人から一緒にやろうという話が出、人とのつながりで広がってきた。

　1983年に休暇で家族でバリ島に来て、以後、休暇のたびにバリによく来るようになった。1983年は、ヌサ・ドゥアに最初のホテル（ヌサ・ドゥア・ビーチ）が開業した年にあたる。何度もバリに来る中で観光客相手の免税店の構想が浮かび、36歳の時に大型免税店プラザ・バリの企画を勤務先の会社に提出した。が、採択してくれなかった。そこで当時お付き合いがあったインドネシア華人に話したところ、資金を出すという話になった。

　　ヌサ・ドゥアにもホテルなどは出来てくるんですけども、まあ、インターナショナルなショッピングがね。どこに行っても（売り子が＝筆者）100円、100円とかですね、なんか吹っ掛けたり、そういうビジネスだったんで。観光客が安心してショッピングができる、そういうのがビジネスとしても面白いんじゃないかなという。で、免税店もないから、じゃあどうなんだろうかと。そういうのを考えたのが87年なんですが。それで、私もサラリーマンだったんで、前の勤めていた会社（三井物産の子会社）に、こういうのバリでどうですかって。で、うちの会社、商社だったもんですから、「野口の企画はとても面白いし、あたると思うんだけども。要するに、我われは物を動かすのには慣れているけれども、リテールのノーハウはないから」。それと、あと、かなりお金がかかるんで、リスクが大きいと。まあ、とりあえず日本の会社のほうはダメになった。それで当時お付き合いしてた、プラザ・バリのいまオーナーですけれども、その方にお話ししたら、二つ返事で、とりあえず土地を探して来いと。要するに、土地がなければビジネスの規模も決まんないし、いくらお金が必要なのかもないので。それで、あの土地を、1988年11月に買ったんです。そこまでは、全部覚えてます。まず土地を買って、それからフィージビリティ・スタディー（事業化調査、実現可能性調査）をはじめたんで

す。専門の業者にフィージビリティ・スタディをしてもらって。大体観光客がどのくらい増えるとかですね、今の観光客の一人当たり落とす金額がいくらだとか、その中でショッピングのお金がいくらとか、そういう、会社がいろいろ調べてくれる。で、トータルでこれはいけると、ゴーサインになりまして、それでオーナーがじゃあお金を出すってはじめたんですね。

プラザ・バリに出資したオーナーは、もともと知り合っていた日本に留学したことのあるインドネシア華人の妹の夫で、スーパー・コスモの共同経営者の時と同様、日本への留学生とのつながりが、野口さんの起業を可能にしてきた。

1990年に、プラザ・バリを開業するために、勤務していた会社を退職し、家族でバリに移住してきた。子どもはインターナショナルスクールに入れ、スタートしたばかりの日本語補習授業校にも通わせた。プラザ・バリは、91年にまず民芸品店部分だけで仮オープンし、翌年に免税店開業でグランドオープンした。当時で社員600人ほどの規模で、バリでの大型ショッピングセンターの走りであったし、オリジナルなアイディアで建物の中に中華（海鮮）料理店を入れたのが、観光客からばかりでなく旅行会社からも好評を博した。

なにしろ僕自身が免税店とかリテールの経験があるわけじゃないんで、僕自身がお客だったらこういうのが便利だろうなってことで、免税店の中にチャイニーズレストランをつくったんですよ。そのレストランが非常にあたりましてね。あたりっていうのは、旅行会社の人もあそこでお食事しますよって言って、そのあとはどうぞ勝手に買い物して下さいっていうんで、無理に買い物に連れて行くっていうんではなくて、お食事です、お食事終わった後は自由時間にしますって言うことで非常にスマートにショッピングができるような形になったんで、それはあたりましたね。だから、今まではリテールのビジネスってのは、もうリテール

だけで、シンガポールでもどこでも DFS ありますけど、免税店、物を売るだけだったんですけど、そこに飲食をつけて。だから、シンガポールでもどこでも今、みな飲食は付くようになりましたよね。そのほうが便利ですもの。食事はこっち、ショッピングはあっち、あれはあっちと動くよりも、ワン・ストップで出来ちゃったほうが、観光客としては、滞在日数も短いし、限られた時間の中ではいいんじゃないですかね。

　1994 年の JAL 直航便が入った年には、プラザ・バリの売り上げは 3000 万ドル、翌年はコレラ騒動で落ちたが、96 年 4000 万ドル、97 人 4900 万ドルと売り上げは順調に伸びた。ところが、96 年にオーナーが 4000 万ドル以上ジャカルタに引き出してしまっていたことが災いし、98 年の通貨危機で債務をルピアで返す時一挙に 6 倍になり、銀行債務超過に陥った。オーナーが買い戻したものの通貨危機以降は元に戻らないまま、苦しい経営が続いた。通貨危機は、債務を抱えていた事業者には辛い状況で、日本食レストランなどもだいぶ潰れ、帰国した経営者も多かった。その後、2 年に 1 度くらい必ず、観光客が大きく減る出来事があったのがバリだという。2001 年の米国同時テロ、2002 年、2005 年の爆弾テロ事件、2003 年のサーズ騒動、2009 年の邦人殺人事件、2010 年の JAL 直航便撤退のごとに、半年とか 1 年とか観光客が激減する波を繰り返してきた。

　この間、プラザ・バリ内に個人として雑貨店を経営し、2009 年にはイタリアンとインドネシア料理の店「ケマンギ」の経営をはじめた。2012 年にプラザ・バリを、空港店を残して閉店した上で、野口さんもプラザ・バリを退職した。プラザ・バリ内に経営していた雑貨店は閉め、レストラン「ケマンギ」はトゥバンに移し経営を現在も続けている。

②日本人会立ち上げ時の貢献
　1990 年に野口さん一家がバリに移り住んできた時、バリ日本人会は前年暮に設立総会を済ませ立ち上がったばかりだった。会員も当時はまだ、JICA 職員と家族、空港・ホテル建設関係の日本企業駐在員と家族、若干の観光

業関係の日本人家族のみの、30〜40人くらいの規模だったようである。当時まだそれほど増えてはいなかった国際結婚した女性たちは、「盆踊り大会（1990年第1回〜）に行ったことはあるけれども、日本人会は駐在者、長期滞在者の会と思い、（インドネシア国籍の＝筆者）国際結婚者は入らなくていいのだと思っていた」（2013年8月、さち子さんへのインタビュー）という状況で、JICA、建設関係の駐在員中心の会で、最初の1〜2年は運営も私的な色彩が強いものからはじまったようである。万亀子さんは当時を次のように回想している。

　　その頃はなにしろ家族を入れても30名ぐらいですから、運営委員会なんていうものなくて、指名された人が役員になって、会長は坂東さんだとか、その次は野口さんだとかっていうのはあったんですけれども、それが会計がいたのか何がいたのかっていうのはあんまり問題にならないくらい会長だけで進んでいましたね。なんかあんまりお金も関係ない、集まったらみんながお金をポンと出す。ポケットから出して使う。（2014年1月、万亀子さんへのインタビュー）

野口さんは、子どもの教育から日本人社会、そして日本人会に関わっていった。

　　我われ（家族）が90年に来たときは、JICAの人とウチと建設屋さんとで、子どもも10人もいなかったですよね。それで、そういうJICAや建設屋さんの人たちが先生になって、寺子屋みたいにして、その子どもを教えたわけですよ。日本語補習校の最初です。うちの子どもたちなんかはインターナショナルスクールへ入れたんですけどね。ただ、日本語はやっぱり教えなければいけないし、あと、算数なんかもね、教えなければいけないんで。それは、JICAの人たち、まあ、それは、自分たちもお子さんがおりましたのでね。それで、その人たちが寺子屋みたいにしてやってくれていた。

90年の4月に来て、子どもの教育の問題が出てきちゃいますよね。子どものいるご夫婦たちとのお付き合いがはじまって。だから、子どもから大人が知り合ったという感じですかね。日本人社会とのつながりは、子どもから発生していますよね。ご夫婦は、JICAとか建設関係でしたね、竹中も来ていましたから。最初の寺子屋みたいな補習校も、各家の持ち回りでやっていましたから、ウチでもやっぱり授業をやったりっていうんで。で、日本人会があるということで、91年だったかな、我われも入りましたよね。確か、バリ・ビーチだったかな、盆踊りなんかにも行きましたよ。

　90年から92年の日本人会は、JICA、建設関係の会員中心に運営されていたが、この頃建設関係の工事が一段落し、社員・家族が帰国したりジャカルタに転勤になったりが相次いだ。日本人会の維持が困難になり、会の担い手を国際結婚した観光関係で働く地元ローカルな日本人へと移行を図る必要が出ていた。JICA、工事関係企業の奥さん方がつくったニョニャ会を日本人会の婦人部と位置づけた3代目婦人部会長の河野さんは、「バリの事情をあまり知らない、数年の滞在で帰国してしまう駐在員の奥様達が部の中心になるよりは、こちらに嫁がれ、しっかり根を下ろして生活されている方々の方が地の利にかなった方法を取り、女性部をよりよく発展させていかれるのではないか、と思い……『次の部長に！』と、さち子さんやM子さん宅に日参してお願いし……」（『バリ日本人会の歩み』70頁、人名は略号化）と記している。

　河野さんがいらして、「私たちはニョニャ会というのをつくったんですけれども。……ここで終わりでなく、続けて欲しい」って言われた。私はだから、「私たちは日本人会に入れないって聞いているから、日本人会に入らないし、それはできない。」って言ったら、「全然日本人会とは関係ないんです。女性の集まりで、ここに住んでいる日本人が一緒になって何かやれたらということで、親睦会のようなものですから。」というようなことで。そこで、「年上のM子さんという人がいるから、M

子さんに聞いてみて、彼女がやるというなら私もやるから」ということで。で、じゃ続けましょうということになって。……当時、日本人会じゃなくて、女性部として独立していたようなものだった。(2103 年 12 月、さち子さんへのインタビュー)

　この頃、野口さんは、すでに 88 年にはプラザ・バリの用地取得をはじめていて、観光関係の人として万亀子さんやさち子さん、サリさんたちともパイプをもっていて、JICA、大手企業駐在員のバリ日本人会を、地元ローカルな日本人・日系人たちに継承してもらう重要な橋渡し役の位置にあった。

　　日本人会といっても、もう日本人がいない。それで、私たちにも声がかかったんですよね。皆一緒にやろうじゃないかという話になったらしい。声がかかった、野口さんからね。野口さんは奥さん日本人だし、全然日本人だから。野口さんは（日本人会に＝筆者）入ってたの。私たちとも近しいんですよ、観光業だからね。……会長の坂東さんは前から知っていたし、私も観光業だったんで。　(2013 年暮れ、さち子さんへのインタビュー)

　野口さんは 92 年に日本語補習授業校運営委員長に選出され、日本人会の教育部部長にもなっていたが、その年の暮れに日本人会の会長、坂東さんが交通事故で亡くなり、急遽、会長を引き継いだ。野口さんは、日本人会会長をしていた 93 年から 95 年に、日本人会が当面していたいくつかの課題を処理し、その後の日本人会の順調な発展の方向付けをした。当時日本人会が直面していた問題は、会則の問題とりわけ会員規則についてと、会そのもののステータスの問題であった。
　90 年代の初め、日本人会が発足したときのルールは、会員は日本国籍を有する者、または、元日本国籍を有していた日本人だったという。しかし、国際結婚してバリに住む日本人の女性が増えてきつつあり、バリ人の夫は日本人会に入れない、夫の経営する地元企業は法人会員になれないという状況

が出てきた。

　日本人だけにすべき、いや、結婚したバリ人も入会できるようにすべき。当時そんな議論がありました。だからこそ会則を変えた。……ご主人のバリの人は日本人会に入れないと。そこいら辺がおもしろくないと、なかなか（日本人会に＝筆者）入らない人も。なんでそうやって差別されるかということで、僕が会長やってた時に会則を改定して、日本人およびその家族という形の文面にして。だから日本人でなくても問題ないですよ、という形に変更したのを覚えています。その時の会則ベースでずっときている。JTBの佐藤さん（法人部部長＝筆者）と2人で、ジャカルタの日本人会の会則を参考に、すでにあった会則を基に書き換えていった。……もちろん最初は日本人しかほとんどいなかったわけですから。年代とともにだんだん国際結婚する女性が増えてきて、それに合わせて会則変えたと、それだけなんですけれどもね。

日本人会のステータス問題は、当時、日本人会を地方政府に登録する必要が出ていたことへの対応である。当時、スハルト政権下で、10人以上の集会が法律で禁じられている状況下にあり、日本語補習授業校で子どもを迎える親の車が路上に並び、近所から不審の声が発せられることが起こっていた。団体として届け出るのにどの種類の団体としたらよいかで、副会長の万亀子さんと一緒に司法書士の事務所を訪ねたりしている。

　ステータスというのは、正直言って、そんな寺子屋みたいんでやってたんで。それから、数もそんな多くなかったんで。いわゆる日本人会としてのお墨付きを、地方政府なりなんなりからもらってなかったわけですよね。それで、当時何回もそれ（運営員委員会でその議題＝筆者）をやったんですけれども。ヤヤサン（財団）だとけっこう難しいというんで、最終的にプルコンプラン（集まり、クラブ）、財団よりは格下だけれども簡単に取れるということで、プルコンプラン・ジャパン・バリという名前

で申請しました。ステータスは、ここでやる限りにおいては必要があるというので、それは何回も議題にはなりました。

日本人が集まって何かをしていると不審がられないようにというだけでなく、日本語補習授業校の主催団体としてきちっと登録をして置くことが、のちの日本人会の発展にとって不可欠の基礎固めだったといえる。

③影響を受けた人びと

野口さんに大きな影響を与えた人が3人いるという。一人はジャカルタ時代の会社の上司だった。とても厳しい上司で、この上司の下で鍛えられたという。インドネシアにはじめて来て最初にやらされたのが、電報局に行って電報を打ってこいだった。当時は、まだテレックスもない、国際電話は高くて使えない。そうすると電報でやり取りするしかない。翌日行かされたのが電報局。「どうすればいいですかね」といっても、「運転手と一緒に行ってなんとかなるよ」といわれた。「初めてなんだから、これこれと教えてくれてもいいのに」と思ったという。一方で、この上司は、アルバイトでの日本食品スーパーの開業を黙認してくれる、おおらかさも持っていた。プラザ・バリの企画力、経営能力がどこで培われたかの質問に、「経営能力なんて、そんなものないんだけど。僕は常にお客の立場で考えて、こういうものがあったらいいなぁということで。それだけですね」と飄々と語るが、これまでの生き方の話の中に、ジャカルタ時代の上司に鍛えられたという豊かな力量が滲んでいる。

2人目が、万亀子さんで、バリに来てからは万亀子さんが一番の影響者だという。プラザ・バリをやろうとした時から万亀子さんに相談し、旅行業の先駆者としての万亀子さんにずっと相談に乗ってもらってきたという。

もう一人大きな影響を受けたのが、JTB初代バリ支店長の佐藤誠二さんだった。佐藤さんを通して、JTBの持っているランド・オペレーターとしてのノウハウを、野口さんだけでなくバリの旅行業界は受け取ったという。たとえば、空港での出迎え一つとっても、それまでは大きな厚紙に手書きで

第4章　バリ日本人社会の先駆者たち　139

○○様と書いたボードを頭上に掲げて出口前に立っていたものが、旅行会社のロゴ入りでワープロできれいにプリントしたボードを持つ形に変わったというように、それまでのローカルなレベルからインターナショナルスタンダードに変身したという。JTBが入って来て、それまでのノーハウをバリに置いて行った。野口さんも個人的に、多くのものを佐藤さんから学んだという。

3　むすびにかえて

　こうして4人の第1世代の方がたのライフヒストリーをふり返ってみると、この人びとが、バリ島の観光業の発達とともに歩んできたことが見えてくる。バリのグローバル観光は、巨大なリゾートホテル地区として新たに開発されたヌサ・ドゥアにホテル群が一気に建てられた1980年代中頃から飛躍的に展開するが、日本人社会の第1世代は、90年頃から急増してきた日本人観光客を対象とするランド・オペレーターの旅行業、ホテル・ショップ・レストランといった観光業の事業主として活躍してきた人たちである。この点、80年代末から90年代に入って一気に増えた第2世代の定住日本人女性・日系人女性が、お土産用や日本への輸出用の小物や雑貨の販売、サーフィンやダイビング等のアクティビティなどを生業として定住を図っているのと対照的である。第1世代はバリの観光業のインフラを築くことに苦労されてきた世代といえる。

　4人の軌跡を一覧化した図4－1を見ると、サリさんとさち子さんは、80年代一杯旅行会社に勤め、日本人観光客対応の仕事をしてきている。90年代に入ると、サリさんは自営で旅行会社を起業するし、さち子さんは旅行会社を辞め、草創期のバリ日本人会と接点を持ち、バリ社会に新たに入ってきた日本人を対象にインドネシア語を教えはじめる。さち子さんはその後、バリ在住日本人と関わったところでの語学塾の経営、本格的な文化・スポーツ教室の経営へと発展させている。サリさんの場合、若い頃からバリの伝統的な文化・芸能への関心をもち続けたことが、旅行業に留まり続けてきた原動力になっているとみえる。また、さち子さんの場合は、若い頃からの語学へ

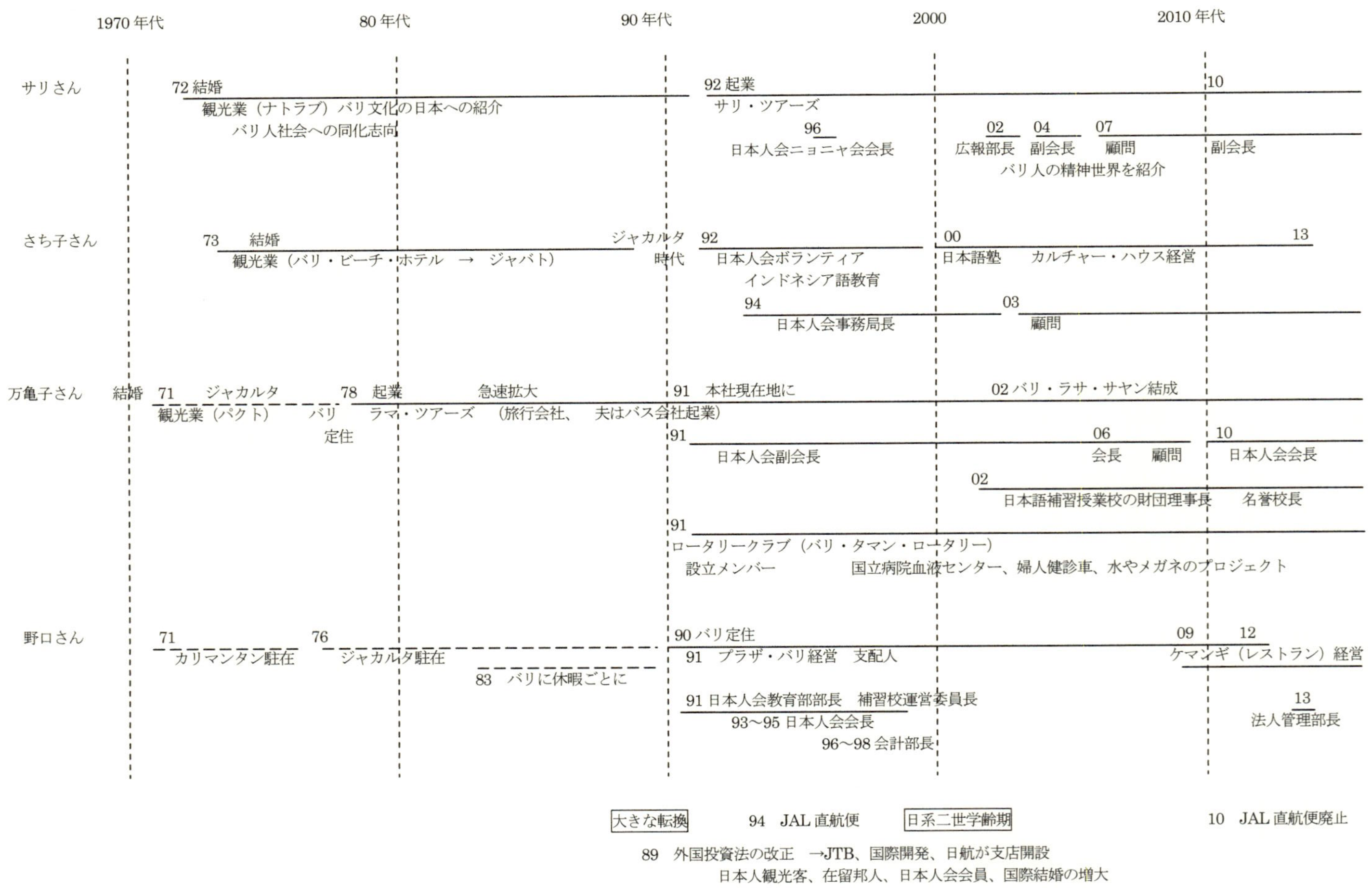

バリ日本人社会第1世代の軌跡を示す年表

	1970年代	80年代	90年代	2000	2010年代

サリさん
- 72 結婚
- 観光業（ナトラブ）バリ文化の日本への紹介
- バリ人社会への同化志向
- 92 起業　サリ・ツアーズ — 10
- 96 日本人会ニョニャ会会長
- 02 広報部長　04 副会長　07 顧問　副会長
- バリ人の精神世界を紹介

さち子さん
- 73 結婚
- 観光業（バリ・ビーチ・ホテル → ジャバト）
- ジャカルタ時代　92
- 日本人会ボランティア　インドネシア語教育
- 94 日本人会事務局長
- 00 日本語塾　カルチャー・ハウス経営 — 13
- 03 顧問

万亀子さん
- 結婚　71 ジャカルタ　78 起業　急速拡大　91 本社現在地に
- 観光業（パクト）　バリ定住　ラマ・ツアーズ（旅行会社、夫はバス会社起業）
- 02 バリ・ラサ・サヤン結成
- 91 日本人会副会長　06 会長　顧問　10 日本人会会長
- 02 日本語補習授業校の財団理事長　名誉校長
- 91 ロータリークラブ（バリ・タマン・ロータリー）設立メンバー　国立病院血液センター、婦人健診車、水やメガネのプロジェクト

野口さん
- 71 カリマンタン駐在　76 ジャカルタ駐在
- 83 バリに休暇ごとに
- 90 バリ定住
- 91 プラザ・バリ経営　支配人
- 09 — 12 ケマンギ（レストラン）経営
- 91 日本人会教育部部長　補習校運営委員長
- 93〜95 日本人会会長　96〜98 会計部長
- 13 法人管理部長

大きな転換　　94 JAL 直航便　　日系二世学齢期　　10 JAL 直航便廃止
89 外国投資法の改正　→JTB、国際開発、日航が支店開設
日本人観光客、在留邦人、日本人会会員、国際結婚の増大

図4−1　バリ日本人社会第1世代の軌跡

の関心が、ことばの教育を通して新規に参入してきた日本人のバリへの適応をサポートするという、バリ社会への受け入れ窓口の仕事に方向転換させたと見ることができる。万亀子さんは、70年代までジャカルタの旅行会社に勤めバリとの接点をつくり、70年代終わりにバリに移住し、自営で旅行会社を起業している。起業家・実業家として事業を大きくしながら、90年代を一つの転機に、バリ日本人社会と接点を持ち、また、社会事業、福祉の活動にも手を広げてきた。バリ日本人会、日本語補習授業校への関わりも深い。バリのグローバル観光の日本マーケットを引っ張ってきた中心的な人であるとともに、バリ日本人会立ち上げの頃からずっと日本人会の中枢にいた人でもある。また、野口さんは、90年代日本人会設立の時期にバリに移り住んで来て、立ち上がったばかりの日本人会で、日本企業の駐在員グループと地元に定住する日本人・日系人のグループとを繋ぎ、橋渡しするという重要な役回りを果たした。経済活動においては、バリのグローバル観光にとって斬新な大型免税店の形をつくり出し、これを経営してきた地元事業家である。

　第1世代の女性3人について更に見ると、3人ともが最初、日本人観光客を対象にする旅行業に入っている。1970年代に日本人女性がバリで生きて行ける場は、まだ市場が小さかった旅行業にしかなかった。さらにこの3人を見てゆくと、共通して90年代の初めに大きな転機が生じている。日本人観光客、日本人定住者の急激な増大に伴う観光業での環境が、それぞれ生き方の進路を方向づけている。起業して独立したり、実業家としてさらに活動を広げたり、転機を掴んで別の方向を選択したりしている。バリに来る日本人・バリに留まる日本人が増大し、その中でより多様な生き方が可能な環境になってきたことが、3人の多様な選択をもたらしている。この3人のライフヒストリーをたどると、バリという生活の場がもつ時期時期の状況の変化に、上手に適応して現在までの生活を巧みに組み立ててきている面を見てとれる。

　第1世代の人たちの生き方の語りから、二つの志向を剔出することができる。一つに、この第1世代は、インドネシアに同化しようとする志向を強く持っている。インドネシアに慣れようという意識が、とくに子育ての場面に

表れてきている。この世代の子育ての時期にはまだ、バリに日本語の環境がふんだんにあったわけではないので、子どもはインドネシア語でインドネシア人として育てよう、自分も子どもと一緒にインドネシアに同化しようという意識が強かったことが、サリさんやさち子さんの語りの中にみえている。二つ目に、この第1世代の人たちには、インドネシアの近代化に役立とうという意識がみられる点をあげることができる。この人たちが、観光業、旅行業に身を置いてきたことからくるのかもしれない。初期の観光業、旅行業はとくに、外国人観光客をいかに呼び込み滞在させるかに工夫を凝らし、自分たちの普段の業務を通して観光水準をローカル・スタンダードからグローバル・スタンダードに引き上げることに全力を注いできた。空き時間に寺子屋方式で言葉も含めてガイドの教育を一からはじめた万亀子さんのラマ・ツアーズの経営や、野口さんがインターナショナルなショッピングをと大型免税店を考え出した経緯、グローバルスタンダードを持ち込んだとするJTB支店長への評価の中に、近代観光への貢献意識は端的に表われている。野口さんがプラザ・バリの構想を万亀子さんに相談した時、万亀子さんは「トイレだけでも綺麗なのができたら、絶対行くわよ」と助言したというが(2015年8月、野口さんへのインタビュー)、ここに90年当時の観光関係者が志向していた方向がよくみられる。こうした営為は、バリの観光の近代化に直接寄与し、それは即、70年代の早い時期からレペリタI (国家開発5カ年計画)の中でグローバル観光を近代産業の柱の一つに置いてきた、インドネシアの国家政策に連なっていた。バリ日本人社会の第1世代の人びとが当時、明確に自意識化していたかどうかは分からないが、こうした環境の中に自分たちを置いてきたのは間違いない。インドネシアへの同化とインドネシアの近代化への貢献意識、この二つの内発的な志向が外側からの環境と作用し合って、第1世代の人たちのバリ社会での人生の軌跡が生まれてきたと読み取れる。

注

1 平良定三さんについては、独立戦争の時の義勇軍参加の話を、フリーライター坂野徳隆が『サムライ、バリに殉ず』(講談社、2008年)としてまとめている。
2 ここで定住日本人の語は、在留邦人の日本人と外国籍になった日本人(日系人)

の両方を含めている。日本の外務省の統計では、海外のある場所に 3 か月以上定住している日本国籍のある者を在留邦人と規定している。留学生、海外出張者も含む 3 カ月以上在住する在留邦人は、旅券法で在留届を出すことになっている。このうち、そこに本拠地を移した者を永住者、いずれ日本に戻る者を長期滞在者としている。この区分はあくまでも自己申告で、たとえばバリでいうと、永住者は「インドネシア人と結婚している人とその子どもが」が大半ではあっても、リタイヤや事業で永住希望の人も永住者に含まれているが、実際にはリタイヤーや事業での永住希望者には永住権はない。また、インドネシア人と結婚していても、永住意志はなくて長期滞在のほうに届け出ている人もいる。このほかに、日本人で外国籍を取得したものは、日系人として在留邦人とは別区分にしている。

3　名前は、地元の日本人社会の中でお互いが呼び合っている通称に従った。

〔付記〕本章の基になったインタビューは、2013 年度からの科学研究費補助「海外日本人社会における移民主体の変容とコミュニティの再形成に関する経験的な研究」(代表者、大妻女子大学社会情報学部教授吉原直樹)で、2013 年 8 月から 2016 年 1 月までバリ日本人社会第 1 世代の 4 人の方々を対象に 2 〜 3 回ずつ、主にイ・マデ・ブディアナ(ウダヤナ大学)と 2 人で実施した。インフォーマントの皆さんが、毎回、お忙しい時間を割いて長時間快くお話しをして下さったことに、深く感謝申し上げます。

第5章
日本人社会の多様なネットワーク(1)
―― 日本人会をめぐって

吉原直樹、松本行真

1 はじめに

　グローバル化がすさまじい勢いですすんでいる。少し長いスパンでみると、グローバル化は「時間と空間の圧縮」(D・ハーヴェイ)を極限にまでおしすすめ、ヒトの移動と相互作用をかつてない規模にまでひろげている。このヒトの移動と相互作用は、ついこの間までは、国民国家の機制のなかにあって「共同体」として想像できるものと関連して述べられることが多かった。しかしいまや、「国際公共性」(渡辺靖)の形成とかかわって論議されるようになっている。

　かつてジグムント・バウマンは、国民国家の機能変容を「『庭園師』から『猟場番人』へ」というメタファーで示し、「ポスト・パノプティコン的」といわれる権力が、特定の領土とか空間から離脱しており、むしろフローそのものとしてあるということを指摘した(Bauman 2000=2001)。スピードがあり軽やかで、さまざまなネットワークをかけめぐるこのボーダレスな権力は、まさにグローバル化のもたらした「ハイブリッドなもの (the hybrid)」を具現するものである。とはいえ、国民国家が国民を統制／統合するといった意思をまったく放棄してしまったわけではない。そうではなくて、グローバル化の進展によって、国民国家の内包する「モダンのジレンマ」が表出し、それが越境的なヒトの移動と相互作用としてあらわれているのである。国民国家による国民統合は、ベネディクト・アンダーソンがいみじくも指摘している

ように、公教育による国民規範の教え込みを通してなされてきたが（Anderson 1983=1987)、実はこの教育を受けた個人は国家の外にある世界へと越えていこうとする性向をもつ[1]。グローバル化は、国民を統制／統合したいという国家の意思を許容した状態で、国家を越えて外とつながろうとする個人の叢生をうながしたのである。

　ともあれ、国民国家の国民統合の意思とそこから脱却したいという個人のさまざまな思いが複雑に交錯するなかで、越境的なヒトの移動と相互作用がみられるようになっているのである。当然のことながら、こうしたヒトの移動と相互作用は、いまなお国民国家の機制のなかにある移民政策から自由ではない。そうしたものとバッティングしながら、現にさまざまな「かたち」をしるしている。いうまでもなく、ヒトの移動はモナド（単子）としての個々人のフローに解消されるものではない。移動、とりわけ移民の移動は、親族や友人、さらに同郷とのつながりを介して生じる。つまり移民をめぐるそうしたつながりが時間とともに増殖し、緊密なネットワーク[2]へと発展していくのである。そしてそうしたネットワークを通して移民および移民コミュニティのさまざまなタイプが生みだされることになる。

　本章では、バリの日本人会を事例にして、グローバル化の進展とともに立ちあらわれている海外日本人および日本人社会の新たな「かたち」を、かれら／かの女らを取り巻く情報環境のあり様に照準してあきらかにする。併せて、グローバル化の下でのナショナリズムに閉じていかないアイデンティティの可能性について論じてみたい[※]。

※本章は、上記の表題の下に、2007年1月から2009年9月までに前後数回にわたって断続的に行ってきたヒヤリング、アンケート調査、資料サーヴェイ等によって得られた知見（findings）を第一次的に概括したものである。もっとも、ここでは2回にわたるアンケート結果が分析のメインとなっている。さしあたり、2回のアンケート調査の概要を以下に記しておこう（**表5－1**）。

　なお、上記調査はイ・マデ・ブディアナの協力を得て、吉原、松本の両名が行い、調査結果を2人で討議した上で集約し、その集約に基づいて、1、2、3、5、6を吉原が、4を松本が執筆した。

表 5 － 1　調査概要

	第 1 次アンケート	第 2 次アンケート
課題名	バリ日本人会調査	在バリ日本人の情報環境調査
期　間	2009 年 3 月～5 月	2009 年 8 月～9 月
対象者	バリ日本人会会員 (336 人)	バリ在住日本人 (不特定)
場　所	バリ日本人会	「エスニック・ビジネス」の店頭等
方　法	留置式質問紙調査	対面式質問紙調査
回収数	55 人	91 人
回収率	16.4%	―

2　バリの日本人とバリ日本人会

(1) バリの日本人

　バリに日本人の姿が顕著な形であらわれるようになるのは、1990 年代のことである。特に 1994 年の JAL 就航によって、バリブームに火がつき、バリに日本人観光客がなだれを打って押し寄せるようになった。おりしも、1999 年になって、長い間、観光客数でトップの座を占めていたオーストラリアを抜き、日本人観光客数がトップに躍り出た (オーストラリア人 228,568 人、日本人 299,233 人：『バリ統計集』)。それ以降今日に至るまで、日本人観光客数は常にトップの座を維持してきた。その間、2002 年と 2005 年に爆弾テロ事件が起き、2002 年から 2003 年にかけて、さらに 2005 年から 2006 年にかけてそれぞれ 38.4 パーセント、17.5 パーセントの落ち込みがみられたが (Bali Government Tourism Office 所蔵資料より)、増加基調そのものが止むことはなかった。

　ところで、バリを訪れる観光客の増大にひきずられるようにして、バリに在留する日本人の数が増え続けている。**表 5 － 2** は 1997 年から 2008 年までの 12 年間におよぶバリ在留日本人の量的推移をみたものである。一貫して増え続けていることがわかる。この数値は在留届をしている者に限定されており、実際には滞在する日本人の数ははるかに多いはずである。なお、**表 5 － 3** より、地域別での布置状況 (configuration) をみると、デンパサール市、バ

表 5 - 2 在留日本人の推移（1997 年～ 2008 年）

年	1997	1998	1999	2000	2001	2002	2003	2004	2005	2006	2007	2008
人　数	737	841	921	1,005	1,226	1,330	1,372	1,453	1,568	1,657	1,742	1,929
(増減率)		(10%)	(14%)	(10%)	(9%)	(22%)	(8%)	(3%)	(6%)	(8%)	(5%)	(5%)	(11%)

注：各年 10 月 1 日現在
出所：在デンパサール日本総領事館所蔵資料より作成

表 5 - 3 　地域別在留日本人数

（　）内は百分比

	男	女	計
デンパサール市（デンパサール、サヌール）	304 (37/44)	380 (35/56)	684 (35/100)
バドゥン県（クタ、スミニャック、ジンバラン、ヌサ・ドゥア）	360 (43/43)	484 (44/57)	844 (44/100)
ギアニャール県（ウブド）	132 (16/40)	197 (18/60)	329 (17/100)
ブレレン県	14 (2/58)	10 (1/42)	24 (1/100)
タバナン県	5 (1/28)	13 (1/72)	18 (1/100)
カランアッサム県	8 (1/40)	12 (1/60)	20 (1/100)
ジュンブラナ県	5 (1/71)	2 (0/29)	7 (0/100)
バンリ県	1 (0/50)	1 (0/50)	2 (0/100)
クルンクン県	0 (0/ 0)	1 (0/100)	1 (0/100)
計	829 (100/43)	1,100 (100/57)	1,929 (100/100)

注 1：（　）内の左欄は県・市別の構成比、右欄は男女別の構成比をあらわしている
　 2：2008 年 10 月 1 日現在
出所：在デンパサール日本総領事館所蔵資料より作成

ドゥン県及びギアニャール県の 2 県 1 市に全体の 96.7 パーセントが、また性別では女性が 60 パーセント弱を占めていることがわかる。これらの地域はグローバル・ツーリズムの先端地域であるが、上述の事態は、90 年代になって日本人女性とバリ人男性との間で婚姻ブームが生じ、その動きが今日まで続いていること[3]、また近年定年退職者等によるロングステイがかなり多くみられるようになっていることとも関係があるように思われる。

　さて、本章の筆者の一人は、ごく最近、バリ在住の日本人の特徴として、他の国とか地域でよくみられるような日本企業の海外進出と直接にむすびついた移住者（「企業移民」）が中心となっていないこと、むしろ中高年女性とか定年退職者を担い手とする「ライフスタイル移民」が主流であると指摘した（吉原 2008）。そしてそうした移民を中心にして、流動的で脱統合的な日本人

社会が出来上がっていると述べた。詳述はさておき、そうした日本人社会の典型として想到されるのがバリ日本人会である※※。

※※なお、バリ日本人会については、本書第3章において詳述されている。以下の叙述は、行論の範囲内で概観するにすぎない。

(2) バリ日本人会――一つの日本人社会

　バリ日本人会(以下、日本人会と略称)が発足したのは1991年のことである。日本語補習授業校(以下、補習校と略称)を設立する際の母体として立ち上げられた。日本人会の会員は法人会員と個人会員とからなり、2007年7月末現在で前者は52社154名(家族会16名を含む)、後者は271名である。日本人会の傑出した特徴は、個人会員のうち、両親とも日本人は16世帯のみで、圧倒的多数が両親のいずれかがインドネシア人(バリ人)であるという点である。日本人会は、会長――副会長を中心にして七つの部会及びそれらと横並びに置かれたウブド地区からなり、各部の部長および副部長からなる。毎月1回第3木曜日に開催される運営委員会によって事実上運営されている。日本人会の主だった行事は盆踊り、運動会、三都市(ジャカルタ、スラバヤ、バリ)スポーツ大会である。なお、各部会ではさまざまな同好会活動がおこなわれている。運営費(人件費を含む)および諸活動/行事に要する費用は会費収入を充てている。事務局は有給のスタッフ1人とボランティアによって構成されている[4]。

　バリの在住日本人にとって、日本人会の存在理由は、「親睦」という以外必ずしも明らかではない。しかし少なくともこれまでは、日本人会を通してさまざまな情報が行き交い、日本人会をめぐってゆるやかなアソシエーションが形成されてきたことは否定できない。この場合、広報部が年4回発行している会報(「ケチャッ

写真5－1「ケチャック瓦版」

ク瓦版」(**写真5-1**)と彼らが管理しているホームページの存在が大きかった。

　ここで注目されるのは日本人会の運営の要をなすスタッフの間で、早い遅いの違いはあるにせよ、人生のある段階で「オルタナティブな生き方」を選びとって越境してきた女性とかリタイアメント層などの姿が目立つことである。日本人会がバリの日本人にとって強い凝集力をもつものとなっていないのは、ある意味で彼ら／彼女たちの中心をもたない「ライフスタイル志向」がそこに強く反映しているからであると考えられる。

(3) バリ在住の日本人とバリ日本人会の間

　もっとも、日本人会へのかかわり方には、バリへの来住時期が「90年代以前」、「90年代」、そして「2000年以降」でかなりの違いがある。ここでは、3人の女性の生き様を通して、その違いをみてみることにする。

① M. S. さん(「1990年代以前」層)

　1948年、北陸地方のT市に生まれる。父、公務員、母、専業主婦。4人兄弟の3番目(兄、姉、妹)。高校までT市に暮らし、卒業後、東京に出てM市の外国語の専門学校(インドネシア語専攻)に通う。2年間学んだ後、万博職員になる。万博終了後、帰郷し、T市の鉄工場で事務職員として働く。その間、インドネシア行きの希望を募らせ、22歳のとき、はじめてインドネシアに渡る。帰国後、インドネシア大使館で1年半勤務する。23歳のときJapan Timesでバリ・ビーチ ホテルで日本人女性を募集しているのを知り、これに応募し採用される(2年間の契約社員)。25歳のとき、バレンバン出身の職場(バリ・ビーチ・ホテル)の同僚と結婚。結婚と同時に退職するとともに、インドネシア国籍を取得する。しかしまもなく、S航空会社とタイアップしてつくられた観光会社に就職。28歳のとき、別の会社に移るが、このとき子ども(男)誕生。同年、夫、別のホテルに移る。41歳のとき、夫のジャカルタ転勤にともなって、一緒にジャカルタに移動する。夫は9カ月後に、バリに戻るが、Sは子どもの教育のためジャカルタにとどまり、遅れてバリに戻る。45歳のとき、夫、再びジャカルタに赴くが、今度は単身赴任。48歳のとき、夫、

退職し、バリに戻る。その間、夫、経営大学院で1年間学ぶ。夫は退職後3年間、プラザバリで働いた後、Sの仕事に加わる。Sは41歳から52歳まで特定のところで働かず、個人で仕事を請け負うという形で働き、52歳のときに日本人学校を開く(最初は1クラスからはじまったが、現在は4クラス開設するとともに、付設のレストランも経営している)。

　子どもはスラバヤの国立大学の経済学部を卒業した後、スラバヤの女性と結婚し、バリに戻り、2年間、大理石の会社につとめる(共同経営)。その後、独立して大理石の販売会社を興し、現在に至っている。子どもは、高校、大学時代は日本にほとんど関心を示さなかったが、自分の子どもができてからは日本に興味をもつようになった。「ルーツ探しのようなものがあるのではないか」とSは考えている。

　バリ日本人会には結成当時積極的にかかわる。ジャカルタの日本人会(ジャパンクラブ)は、自分たちの世界、すなわち「会社員の世界」を絶対視し、現地人を下に置く傾向があるが、バリの日本人会にはいろいろな職業の人が入っていて、バリ人を自分たちと横並びでみる意識が強く、「気に入っている」とSはいう。その反面、近年は日本人会がボランティアによって成り立っていることを理解しない人が増えていて、「自分たちとは違う」と感じることが多くなっている。

② H. T. さん(「90年代」層)

　1962年、中国地方のO市で生まれる。父、大型クレーン車の運転手、母、洋裁店経営。妹1人。地元のO大学を卒業後、大学院で英文学を専攻。修士学位を取得した後、K短大に専任講師として着任する。大学院在籍中に10カ月間、米国に留学。このときフルブライト留学生のタイ人と恋愛に陥ったが、経済上の理由で別れた。31歳のとき、大学の同僚とはじめてバリに渡る。「人びとがフレンドリーであることに感激した。」帰国後、Oインドネシア協会のインドネシア語講座に通い、インドネシア語を学ぶ。そして1年後に再びバリに出かける。このとき、今の夫Mと出会う。夫、24歳のとき。東ジャワのジュンブル出身のビーチボーイで、サーフボードのレンタル経営

に非正規で関与。Tさんは、その後、1年4カ月ほどオランダに留学し（Justice of Social Science）、開発修士号を取得。帰国後、Mとの結婚を決意するも、家族の猛反対にあう。しかし年齢のこと（「子どもが欲しかった」）、アメリカ留学中の苦い経験のこともあって結婚を強行する（1998年入籍）。結婚と同時に大学教員をやめ、バリに渡る。結婚後、Tさんの資金を元手にして、クタのアパート1室を借りてサーフボード店を開店。Tさんは専業主婦ではあるが、実質的に会計と渉外を担当している。現在、従業員は40人。「夫の思い切りのよさと私の慎重さがうまくかみあって店はきわめて順調にいっている。夫は従業員にたいして割合自由にやらせている。サーフショップは気楽さを維持することが基本。バリ時間をたいせつにしながら店をやっている。」ちなみに、子どもは女1人、男1人。

日本人会とは積極的にかかわっている。とりわけ女性部の活動には深く関与している。最初から日本人会にかかわっている人たちをパイオニアとして尊敬しているが、「自分たちが実質的に日本人会を支えている」という意識はある。ただし、「排他的になる」ことは避けている。わずかばかりの差であるが、2000年以降に入会してきた人たちは、Tさんの目には「まかせっぱなしにしている無関心層」と映っている。

③Y. K. さん（「2000年以降」層）

1970年、中国地方のY市に生まれる。父、大手企業の社員、母、専業主婦。4歳違いの兄がいる。Y市の小・中学校、県立高校で学んだ後、京都の女子短大に進学。卒業と同時に大手服飾メーカー（販売部）に勤務。97年、父親の転勤に合わせて退職。その後、Sトラベルのパート社員になる。失業中の97年、会社時代の友人と二人ではじめてインドネシアに渡る。このときインドネシア語に深く魅せられる。帰国後、外国語専門学校、T大学の夜間コースに通い、インドネシア語をマスターする。98年、再びインドネシアを訪れる。このとき、ングラライ空港のチェックカウンターで後の夫Dと出会う。帰国後、インターネットでDと交流を続ける。最初のうちは結婚する意思はなかったが、その後、4カ月に1回位の割合でインドネシアを訪れ、Dと

頻繁に会うようになり、「彼のことを近しく感じるようになるとともに、バリに住もう」と思うようになった。2000年末に結婚。ただし、両親は結婚に猛反対、Kさん自身、ショックを拭えなかった。現在、子ども1人（女）。少し前から、日本人歯科医のアシスタントをやっている。Kさんは、いまも日本国籍のままである（子どもはインドネシア国籍）。両親が健在なうちはそうしようと考えている。Kさんは、バリに大いに魅せられている。夫にたいするラブというよりは、「アイ・ラブ・バリ」だと常々言っている。ただし、年に1～2回、必ず帰るようにしている。

　Kさんは、日本人社会とのつきあいを意識的に避けている。「バリという狭い地域の上に、さらにせまいつきあいは鬱陶しい」という。日本人会に入っていないし、子どもを補習校に通わせていない。日本についての必要な情報はインターネットで得られるし、語学学校時代の友人を通してピンポイントのさまざまな情報を入手することができるという。

　以上、三つのケースが「90年代以前」層、「90年代」層、「2000年以降」層の範型をなしているのか、それとも異例な型であるのかは、にわかに判断しがたい。しかし日本人会にたいする三つのタイプを構成していること、そしてそれ以上にバリ在住の日本人とりわけ国際結婚した日本人女性の三つの「生きるかたち」を示していることは明らかであろう[5]。以下、先に記した第1次アンケート調査の結果をひもとくなかでこの「生きる」かたちをもう少し幅を拡げて検討してみることにする。

3　ライフヒストリーからみたバリ在住の日本人

　ここでは、ライフヒストリーからみたバリ在住日本人の立ち位置／存在形態をみることにする（以下、図5-1参照）。まず、最初に注目されるのは、出生時期がバリ居住開始時期ごとに、すなわち「90年代」層と「90年代以前」層および「2000年以降」層とでは明確な布置状況（configuration）の違いがみられることである。前者では、明らかに1960年から70年までの時期の出生者すな

わち40歳代の年齢層が中心であるのにたいして、後者とりわけ「2000年以降」層ではより広い年齢層にまたがっている。もっとも、「日本人女性×インドネシア男性」のばらつきは、「90年代」層のそれとやや近似しているのにたいして、「日本人男性×日本人女性」ではより高い年齢層に、また「独身」ではより低い年齢層に（ばらつきが）シフトしている。

　次に学歴であるが、居住開始時期よりも、「日本人女性×インドネシア人男性」と「日本人男性×日本人女性」および「独身」との間の違いが目立っている。前者では、バリ居住開始時期の違いを越えて、30歳代後半から40歳代後半にまたがって、大卒と高卒あるいは専門学校卒がほぼ同じように布置しているのにたいして、後者（「日本人男性×日本人女性」および「男性」）では明らかに年齢が上昇するとともに、大卒者が増えている。もっとも、大卒以降の職歴ということでいうと、「2000年以降」層の「日本人男性×日本人女性」と独身との間に大きなディバイド（分岐）がみられる。ちなみに、「日本人男性×日本人女性」では、学歴の如何にかかわらず、一つのケース(㊱)を除いて全員の初職が「常雇の従業員」(㉛㉜㉞㉟)および「公務員」(㊳)あるいは「その他の職業」(㉝)であるのにたいして（ただし、㊲は職歴なし）、「独身」では、高卒の初職あるいはその後の転職が「アルバイト・フリーター」の者が3人(㊵㊸㊼)、「派遣社員・契約社員」の者が2人(㊶㊼)存在する。一方、大卒の者は、全員が「常雇の従業員」および「公務員」である。ここでは、学歴格差がほぼストレートに雇用形態および職歴に反映していると考えられる。

　さてこのようにみていくと、あらためて注目されるのが、国際結婚の一方の側を形成している「日本人女性×インドネシア人男性」のライフヒストリーである。もともとバリ滞在の日本人で目立っているのは、**図5-1**からも読み取れるように、この「日本人女性×インドネシア人男性」である。（他のタイプと比して）このタイプのライフヒストリーの特徴として指摘できるのは、居住開始時期の違いにもかかわらず、結婚→専業主婦、結婚→就職→専業主婦もしくは就職→結婚→専業主婦のコースをたどっている者が少なからずいるという点である。ちなみに、図5-1でみるかぎり、このコースをたどっていると想到される者は7人(②⑧⑨⑪⑫㉓㉙)である。他方、このタイ

プの職歴でやや目立っているのは、「派遣社員・契約社員」、「パートタイマー」および「アルバイト・フリーター」に就いている者／就いたことのある者が3分の1近くにも達していること（④⑥⑦⑧⑨⑬⑮⑰㉖㉘）。しかもより年齢の高い層にその傾向が強くみられることである。家計補助者もしくは支持者としてのかの女たちの立ち位置／存在形態を部分的に観て取ることができよう。

いずれにせよ、いつ居住を開始したかによって、またどのようなカップリングを行っているかによって、ライフヒストリーが複雑に分岐していることが読み取れよう。ここでは、そのひとこまを垣間みた。以下、個々の意識および行動の次元からバリ滞在日本人の存在態様を追い上げてみよう。

4　バリ滞在日本人の意識と行動──アンケート調査結果を読みとく

ここではバリ日本人会の会員を対象に2009年春に実施した第1次アンケート調査結果（表5−1参照）に基づいて、バリ滞在日本人の意識と行動の一端を垣間みることにする。アンケート調査の質問項目は大きく四つのカテゴリーにわけられる。一つ目はバリ居住以前、二つ目はバリ居住以降、三つ目は今後の展望、最後は調査対象者の基本属性である（→資料参照）。以下、調査結果を対象者全体→バリ居住開始時期→カップリングの形態という分析の流れに即して、日本人会会員のバリとの関係および在住開始時期から読み取れる年代間の違いを明らかにする[6]。

(1) バリ居住以前
　①バリ認知のきっかけ（表5−4, 表5−5）

バリを知った年についてみると、バリ居住開始時期で「90年代以前」層が「21年以上前」、「90年代」層が「11年以上前」、「2000年以降」が「6年以上前」と、バリ来往の時期が新しいほど認知時期が最近になっている。この傾向はどのカップリングのタイプにも同じ様にみられる。

バリを知ったきっかけについては全体に多いのは「同性の友人・知人」である。居住開始時期別にみると、「90年代以前」層において親戚や書籍、「90

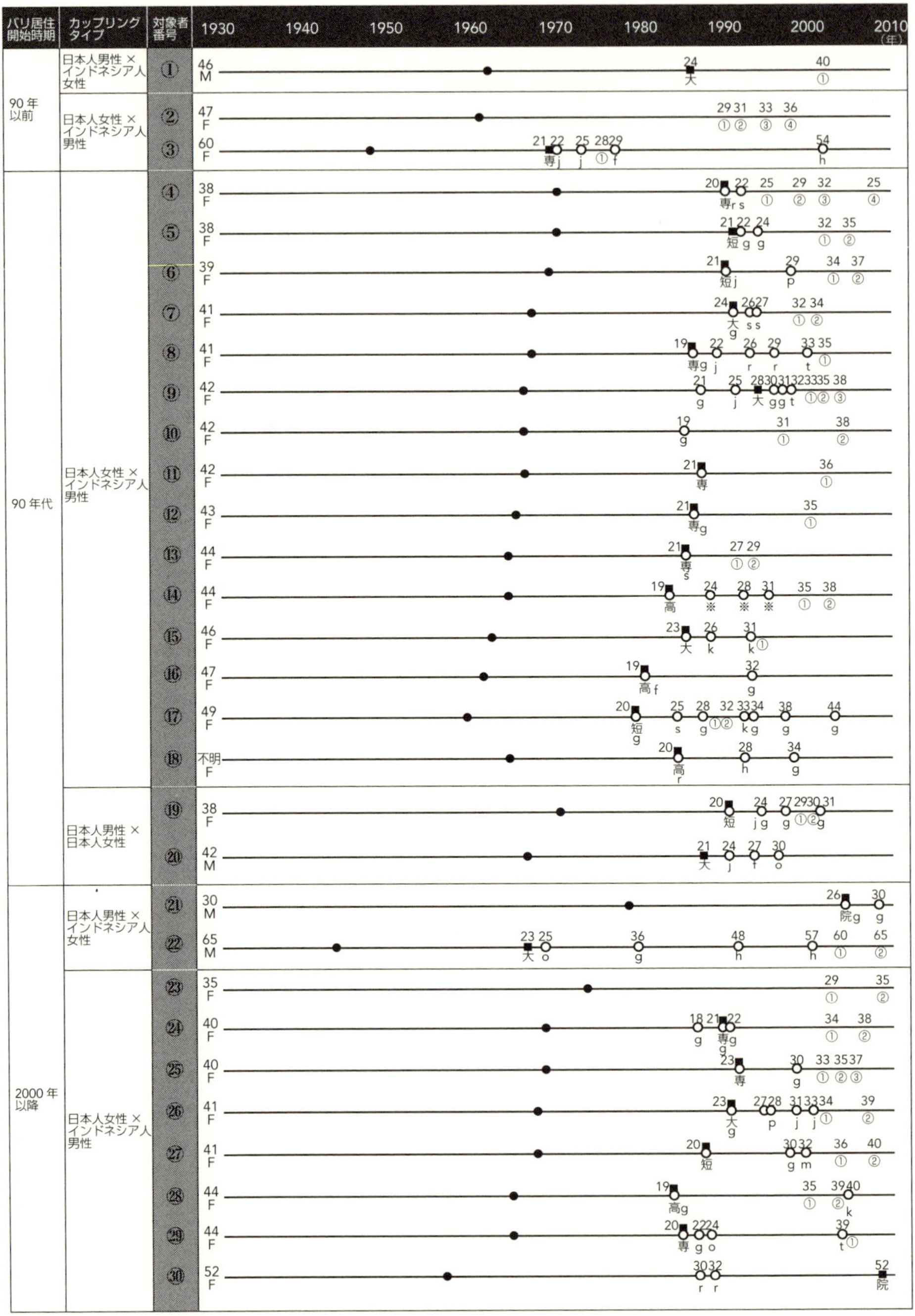

図5-1　調査対象者のライフヒストリー

出所：吉原直樹, 2011, 『コミュニティ・スタディーズ』作品社, pp.308-309.

第 5 章　日本人社会の多様なネットワーク (1)　157

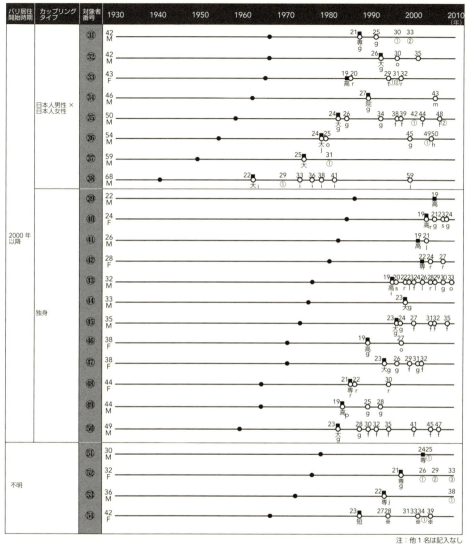

表5-4 バリ認知のきっかけ

バリ居住開始時期	カップリングタイプ	対象者(人)	バリを知った年 N=55					
			①	②	③	④	⑤	⑥
調査対象者全体		55	0.0	5.5	20.0	45.5	21.8	5.5
90年代以前		3	0.0	0.0	0.0	0.0	66.7	33.0
	日本人男性×インドネシア人女性	1	0.0	0.0	0.0	0.0	100.0	0.0
	日本人女性×インドネシア人男性	2	0.0	0.0	0.0	0.0	50.0	50.0
	日本人男性×日本人女性	*	*	*	*	*	*	*
	独身	*	*	*	*	*	*	*
90年代		17	0.0	0.0	0.0	70.6	23.5	5.9
	日本人男性×インドネシア人女性	*	*	*	*	*	*	*
	日本人女性×インドネシア人男性	15	0.0	0.0	0.0	73.3	20.0	6.7
	日本人男性×日本人女性	2	0.0	0.0	0.0	50.0	50.0	0.0
	独身	*	*	*	*	*	*	*
2000年以降		30	0.0	10.0	26.7	36.7	20.0	3.3
	日本人男性×インドネシア人女性	2	0.0	0.0	50.0	50.0	0.0	0.0
	日本人女性×インドネシア人男性	8	0.0	0.0	25.0	50.0	25.0	0.0
	日本人男性×日本人女性	8	0.0	0.0	25.0	50.0	12.5	12.5
	独身	12	0.0	25.0	25.0	16.7	25.0	0.0

① 2年以内
② 3年~5年前
③ 6年~10年前
④ 11年~20年前
⑤ 21年~30年前
⑥ 30年以上前

年代」層ではプライベートや仕事などの人づてやマスメディアと、バリに来た年代が下がるにつれて、認知経路が多様になっていることがわかる。カップリング別にみると、「日本人女性×インドネシア人男性」では友人知人や親戚による認知が少なくなる一方で、マスメディア、書籍、HPなどのメディアによる認知が増えている。「日本人男性×日本人女性」において、「90年代」層ではテレビ・ラジオや仕事関係による認知だけだったのが、「2000年以降」層では新聞・雑誌を含めたメディアや他の友人関係など、認知経路が多様になっている。このように「90年代以前」層の認知手段は限られていたが、バリを取りあげるメディアが多くなるにつれて、その経路が多様化してきている。注意すべきは、時代が下がるにつれて、認知経路は口コミといった人的

第5章 日本人社会の多様なネットワーク (1)

対象者(人)	バリを知ったきっかけ N = 54											
	①	②	③	④	⑤	⑥	⑦	⑧	⑨	⑩	⑪	⑫
54	31.5	13.0	13.0	11.1	11.1	11.1	7.4	7.4	5.6	1.9	1.9	1.9
3	0.0	66.7	0.0	0.0	0.0	0.0	0.0	33.3	0.0	0.0	0.0	0.0
1	0.0	100.0	0.0	0.0	0.0	0.0	0.0	0.0	0.0	0.0	0.0	0.0
2	0.0	50.0	0.0	0.0	0.0	0.0	0.0	50.0	0.0	0.0	0.0	0.0
*	*	*	*	*	*	*	*	*	*	*	*	*
*	*	*	*	*	*	*	*	*	*	*	*	*
17	52.9	17.6	11.8	11.8	0.0	5.9	5.9	11.8	0.0	0.0	0.0	5.9
*	*	*	*	*	*	*	*	*	*	*	*	*
15	60.0	20.0	13.3	13.3	0.0	0.0	0.0	13.3	0.0	0.0	0.0	6.7
2	0.0	0.0	0.0	0.0	0.0	50.0	50.0	0.0	0.0	0.0	0.0	0.0
*	*	*	*	*	*	*	*	*	*	*	*	*
29	20.7	6.9	17.2	10.3	10.3	17.2	10.3	3.4	10.3	3.4	3.4	0.0
2	0.0	0.0	50.0	0.0	0.0	50.0	50.0	0.0	0.0	0.0	0.0	0.0
8	37.5	12.5	12.5	12.5	12.5	12.5	12.5	12.5	25.0	0.0	0.0	0.0
8	0.0	0.0	37.5	0.0	12.5	25.0	12.5	0.0	0.0	12.5	0.0	0.0
11	27.3	9.1	0.0	18.2	9.1	9.1	0.0	0.0	9.1	0.0	9.1	0.0

> ①同性の友人・知人　　　　　　　　②親兄弟、従兄弟などの親戚
> ③新聞、雑誌の記事・広告　　　　　④異性の友人・知人
> ⑤職場の同僚、先輩、上司　　　　　⑥テレビやラジオの報道・広告
> ⑦取引先など仕事関係でのつきあい　⑧書籍
> ⑨政府観光局や旅行代理店のホームページ　⑩飲食店などで出会う人たち（飲み仲間など）
> ⑪クラブやサークルの仲間　　　　　⑫語学など習い事の仲間

ネットワークではなく、マスメディアやHPによるものが多くなっていることである。これは後の(3)でもふれることであるが、このような人たちの日本人会への関心の低さは、以上のような人的なネットワークを積極的に使わないという情報収集のやり方にもあらわれているのかもしれない。

　バリをはじめて知ったときの印象については全体では観光、懐かしさ、「日本とは違う何か」といったものが多い。バリ居住開始時期別にみると、「90年代以前」層では懐かしさが多かったが、「90年代」層では「日本とは違う何か」をバリに感じるといった人が多くなり、「2000年以降」層になると観光のイメージが強くなるなかで、バリ社会の多様性に関するものが目立つようになっている。総じて、年代が下るにつれて、バリにたいする第一印象は多様

表 5－5　バリの第一印象と移住までの訪問回数

バリ居住開始時期	カップリングタイプ	対象者(人)	バリを知ったきっかけ N＝54					
			①	②	③	④	⑤	⑥
調査対象者全体		54	35.2	24.1	20.4	16.7	14.8	13.0
90年代以前		3	33.3	66.7	0.0	0.0	33.3	33.3
	日本人男性×インドネシア人女性	1	0.0	0.0	0.0	0.0	0.0	0.0
	日本人女性×インドネシア人男性	2	50.0	100.0	0.0	0.0	50.0	50.0
	日本人男性×日本人女性	*	*	*	*	*	*	*
	独身	*	*	*	*	*	*	*
90年代		17	35.3	35.3	35.3	17.6	11.8	17.6
	日本人男性×インドネシア人女性	*	*	*	*	*	*	*
	日本人女性×インドネシア人男性	15	40.0	33.3	33.3	20.0	13.3	20.0
	日本人男性×日本人女性	2	0.0	50.0	50.0	0.0	0.0	0.0
	独身	*	*	*	*	*	*	*
2000年以降		29	34.5	13.8	17.2	20.7	13.8	10.3
	日本人男性×インドネシア人女性	2	50.0	50.0	50.0	0.0	0.0	0.0
	日本人女性×インドネシア人男性	8	62.5	25.0	12.5	12.5	12.5	12.5
	日本人男性×日本人女性	8	25.0	12.5	0.0	37.5	25.0	0.0
	独身	11	18.2	0.0	27.3	18.2	9.1	18.2

①観光で行ってみようと思った
②懐かしい田園風景があると思った
③日本とは違う何かがあると思った
④宗教色（バリ・ヒンドゥー）が濃い社会だと思った
⑤優しい人がいると思った
⑥人が生き生きしていると思った
⑦色々な人たちが集まっている社会だと思った
⑧住んでみたいと思った
⑨政情が不安定だと思った
⑩あまり印象に残らなかった

で、多層的なものになってきている。その一方で、「あまり印象に残らない」と回答した人も多くなっている。対象者サンプルが少ないために言い切ることはできないが、もしかすると情報格差による（豊富／貧困の）イメージ形成の違いがここにあらわれているのかもしれない。カップリング別にみると、「日本人女性×インドネシア人男性」の「90年代以前」層では懐かしさ、観光、人とのつながりが主なものであったが、「90年代」層になると「日本とは違う何か」という印象を抱く者があらわれ、「2000年以降」層にはその傾向が顕著

				バリをはじめて知ってから移住するまでバリを訪問した回数　N＝54			
⑦	⑧	⑨	⑩	①	②	③	④
11.1	5.6	3.7	3.7	33.3	31.5	27.8	7.4
33.3	0.0	0.0	0.0	100.0	0.0	0.0	0.0
0.0	0.0	0.0	0.0	100.0	0.0	0.0	0.0
50.0	0.0	0.0	0.0	100.0	0.0	0.0	0.0
*	*	*	*	*	*	*	*
*	*	*	*	*	*	*	*
17.6	0.0	0.0	0.0	17.6	47.1	35.3	0.0
*	*	*	*	*	*	*	*
20.0	0.0	0.0	0.0	13.3	53.3	33.3	0.0
0.0	0.0	0.0	0.0	50.0	0.0	50.0	0.0
*	*	*	*	*	*	*	*
6.9	10.3	3.4	6.9	27.6	31.0	31.0	10.3
0.0	50.0	0.0	0.0	0.0	0.0	50.0	50.0
0.0	12.5	0.0	0.0	12.5	50.0	37.5	0.0
12.5	0.0	12.5	25.0	25.0	50.0	25.0	0.0
9.1	9.1	0.0	0.0	45.5	9.1	27.3	18.2

①1〜3回
②4〜5回
③6回以上
④訪れたことはない

になっている。人びとの期待とイメージ形成を同一平面上で論じるならば、年代が下がるにつれて、バリに「日本とは違う何か」を求める／探す人が多くなっているのではないかと考えられる。「日本人男性×日本人女性」では、「90年代」層は懐かしさや「日本と違う何か」といった印象だけだったが、「2000年以降」層になると観光や「宗教色が濃い社会」など、印象が多様化している。ここで興味深いのは、カップリングの形態がバリのイメージ形成に影響を与え、相手がインドネシア人では日本との違いを、日本人の場合ではバリその

ものの地域色をイメージしていることである。

　バリをはじめて知ってから移住するまでに訪問した回数をみると、全体の傾向は「1～3回」が多い。バリ居住開始時期別でみると、「90年代以前」層では回答者全員が「1～3回」であったのにたいして、年代が下るにつれて複数回訪れた上で移住を決める人が多くなっている。その一方で、「2000年以降」層においては訪れることもなく移住を決めた人もいる。人づての情報では自分で確かめるためにその回数が多くなり、ネットなどで探した情報は自分で収集したものなので信頼ができる＝訪れる必要を感じないということなのかもしれない。カップリング別にみると、「日本人女性×インドネシア人男性」は「90年代」層で「4～5回」がもっとも多かったのにたいして、「2000年以降」層では「6回以上」がやや増えている。「日本人男性×日本人女性」では、年代が下るにつれて、「1～3回」が減少し、「4～5回」が増えている。

②はじめてバリに来たとき（表5－6）

　はじめてバリに来たときの同伴者では、全体で多いのが「同性の友人・知人」および「ひとりで来た」である。バリ居住開始時期別でみると、「90年代以前」層は「同性の友人・知人」が多かったのにたいして、年代が下るにつれて、同伴者の多様化とともに、ひとりでの来訪も増えている。この傾向は「日本人女性×インドネシア人男性」でもみられる。「日本人男性×日本人女性」では、「90年代」層の同伴者は「異性の友人・知人」、仕事上のつきあいが多かったのにたいして、「2000年以降」層ではひとりでの来訪が増えている。「2000年以降」層の「独身」の半数以上はひとりで来ていることがわかる。これだけをみると、人に依存するのではなく自分でバリにかんする情報を収集して、ひとりで（集めた情報を確かめるために）バリに訪れるのが「2000年以降」層、特に「独身」の特徴ということになるのであろうか。

　バリにたいする印象の変化をみると、全体ではバリに「住んでみたいと思うようになった」というのが多い。バリ居住開始時期別では、「90年代以前」層ではこの居住希望が強かったものの、「90年代」層は居住希望のほかに、観光や「日本とは違う何か」があるといったイメージが付加されるようにな

り、「2000年以降」層になると、それらのイメージがやや弱まるなかで、「優しい人たちがいる」といった、バリの人びとや彼らのまわりのさまざまなネットワークにたいして強い関心を抱くようになっていることがわかる。これは90年代以降に日本において見られた（テロの発生や大企業の倒産、終身雇用の見直しなどといった、いわばセーフティネットの瓦解によって引き起こされた）価値観の変化とともに、バリに対するイメージがそれまでの「日本とは違う何か」というものから、（バリという地域で）人びととの関係のなかでつくられる癒しの場というものへと変わったことをあらわしているのかもしれない。日本というナショナリティからの脱却を希求したのが「90年代」層であるとすれば、そうした脱ナショナリティの志向を引き継ぎつつ、バリ（インドネシア）にたいして「そこにいる人たち」とその背後にあるナショナルなものの〈はざま〉にあるもの、さらにいえば、ナショナリティそのものに留まらず、それらを構成している部分にまで立ち戻って選択しているのが、「2000年代以降」層といえるのだろうか。カップリング別にみると、「日本人女性×インドネシア人男性」の「90年代」層では主に「日本とは違う何か」がある、「住んでみたい」、また「観光で行ってみたい」といったイメージを抱いているが、「2000年以降」層では「日本とは違う何か」がある、「懐かしい田園風景」というイメージが弱くなっている。その一方で、「宗教色が濃い社会」、「優しい人たちがいる」というイメージが強くなっている。「2000年以降」層の「独身」は、バリを「日本とは違う何かがある」、「住んでみたい」というイメージを抱いている。単線的で直線的な議論は避けるべきだが、あえて言うなら、バリへのイメージは第一段階では日本との差異、第二段階ではバリそのものに向けられている。ちなみに、こうした図式で「2000年以降」層の「独身」をみると、一段階ずれていると言えるかもしれない。

③バリ居住まで（表5－7）
　バリに住むことになった理由を全体でみると、バリ現地人と結婚、自身の転勤・転職が多い。バリ居住開始時期別にみると、「90年代以前」層は現地人との結婚、旅行経験ありが居住の理由であったが、年代が下がるにつれて

表5-6　はじめて訪問したときの同伴者と印象の変化

バリ居住開始時期	カップリングタイプ	対象者(人)	バリに初めて訪れたときの同伴者 N＝50							
			①	②	③	④	⑤	⑥	⑦	⑧
調査対象者全体		50	30.0	14.0	10.0	6.0	6.0	2.0	2.0	24.0
90年代以前		3	66.7	0.0	0.0	0.0	0.0	0.0	0.0	0.0
	日本人男性×インドネシア人女性	1	0.0	0.0	0.0	0.0	0.0	0.0	0.0	0.0
	日本人女性×インドネシア人男性	2	100.0	0.0	0.0	0.0	0.0	0.0	0.0	0.0
	日本人男性×日本人女性	＊	＊	＊	＊	＊	＊	＊	＊	＊
	独身	＊	＊	＊	＊	＊	＊	＊	＊	＊
90年代		17	35.3	17.6	5.9	11.8	5.9	0.0	5.9	11.8
	日本人男性×インドネシア人女性	＊	＊	＊	＊	＊	＊	＊	＊	＊
	日本人女性×インドネシア人男性	15	40.0	20.0	0.0	13.3	0.0	0.0	6.7	13.3
	日本人男性×日本人女性	2	0.0	0.0	50.0	0.0	50.0	0.0	0.0	0.0
	独身	＊	＊	＊	＊	＊	＊	＊	＊	＊
2000年以降		26	23.1	11.5	15.4	0.0	7.7	3.8	0.0	34.6
	日本人男性×インドネシア人女性	1	0.0	0.0	0.0	0.0	0.0	0.0	0.0	100.0
	日本人女性×インドネシア人男性	8	50.0	25.0	25.0	0.0	12.5	0.0	0.0	12.5
	日本人男性×日本人女性	8	0.0	12.5	0.0	0.0	12.5	0.0	25.0	25.0
	独身	9	22.2	0.0	22.2	0.0	0.0	11.2	0.0	55.6

①同性の友人・知人
②親兄弟、従兄弟などの親戚
③異性の友人・知人
④職場（パートやアルバイト）の同僚、先輩、上司
⑤取引先など仕事関係でのつきあい
⑥クラブやサークルの仲間
⑦語学など習い事の仲間
⑧ひとりで来た

理由は多様になってきており、特に「日本以外の国で住んでみたかった」という理由をあげる人が増えている。カップリング別でみると、「日本人女性×インドネシア人男性」では現地人との結婚を（理由として）あげる人が一番多く、「日本人男性×日本人女性」では年代が下がるにつれ転勤・転職理由が減る一方で、日本以外の国に住んでみたかったという人が大幅に増えている。

バリ居住前に日本で準備したことをみてみると、全体で多かったのは「家族や友人・知人または上司・同僚への説明」、「資金の工面」である。バリ居

バリへの印象の変化 N = 50									
①	②	③	④	⑤	⑥	⑦	⑧	⑨	⑩
42.0	32.0	30.0	24.0	22.0	12.0	12.0	10.0	2.0	2.0
66.7	0.0	0.0	33.0	33.3	33.3	33.3	0.0	0.0	0.0
0.0	0.0	0.0	0.0	0.0	0.0	0.0	0.0	0.0	0.0
100.0	0.0	0.0	50.0	50.0	50.0	50.0	0.0	0.0	0.0
*	*	*	*	*	*	*	*	*	*
*	*	*	*	*	*	*	*	*	*
41.2	41.2	41.2	29.4	41.2	17.6	5.9	17.6	5.9	5.9
*	*	*	*	*	*	*	*	*	*
40.0	40.0	46.7	26.7	40.0	20.0	6.7	20.0	6.7	6.7
50.0	50.0	0.0	50.0	50.0	0.0	0.0	0.0	0.0	0.0
*	*	*	*	*	*	*	*	*	*
42.3	34.6	26.9	23.1	7.7	7.7	11.5	3.8	0.0	0.0
0.0	100.0	0.0	0.0	0.0	0.0	0.0	0.0	0.0	0.0
37.5	50.0	12.5	50.0	25.0	12.5	25.0	12.5	0.0	0.0
50.0	37.5	12.5	12.5	0.0	12.5	0.0	0.0	0.0	0.0
44.4	11.1	55.6	11.1	0.0	0.0	11.0	0.0	0.0	0.0

①住んでみたいと思うようになった
②また観光で行ってみたいと思うようになった
③日本とは違う何かがあると思うようになった
④宗教色(バリ・ヒンドゥー)が濃い社会だと思うようになった
⑤懐かしい田園風景があると思うようになった
⑥人が生き生きしていると思うようになった
⑦優しい人たちがいると思うようになった
⑧色々な人たちが集まっている社会だと思うようになった
⑨いつも変化がある社会だと思うようになった
⑩政情が不安だと思うようになった

住開始時期別では、年代が下がるにつれて準備項目が多くなるなかで、バリで展開するビジネスの計画を立てる人、また何もしないという人も増えている。カップリング別でみると、「日本人女性×インドネシア人男性」では何も準備をしない人、「日本人男性×日本人女性」ではビジネスの計画をする人が増えている。また、「独身」では何も準備をしない人が4割にも達している。

表5-7 バリ居住理由と移住前に日本で準備したこと

バリ居住開始時期	カップリングタイプ	対象者(人)	バリに住むことになった理由 N=55						
			①	②	③	④	⑤	⑥	⑦
調査対象者全体		55	34.5	32.7	18.2	10.9	9.1	7.3	5.5
90年代以前		3	33.3	0.0	0.0	0.0	0.0	33.3	0.0
	日本人男性×インドネシア人女性	1	0.0	0.0	0.0	0.0	0.0	100.0	0.0
	日本人女性×インドネシア人男性	2	50.0	0.0	0.0	0.0	0.0	0.0	0.0
	日本人男性×日本人女性	*	*	*	*	*	*	*	*
	独身	*	*	*	*	*	*	*	*
90年代		17	64.7	29.4	17.6	11.8	11.8	11.8	11.8
	日本人男性×インドネシア人女性	*	*	*	*	*	*	*	*
	日本人女性×インドネシア人男性	15	73.3	20.0	20.0	13.3	13.3	6.7	13.3
	日本人男性×日本人女性	2	0.0	100.0	0.0	0.0	0.0	50.0	0.0
	独身	*	*	*	*	*	*	*	*
2000年以降		30	23.3	26.7	23.3	13.3	10.0	3.3	3.3
	日本人男性×インドネシア人女性	2	50.0	50.0	0.0	50.0	0.0	0.0	0.0
	日本人女性×インドネシア人男性	8	75.0	0.0	12.5	0.0	0.0	0.0	0.0
	日本人男性×日本人女性	8	0.0	25.0	62.5	25.0	25.0	0.0	12.5
	独身	12	0.0	41.7	8.3	16.7	0.0	8.3	0.0

①バリの現地人と結婚したから
②自分自身の転動・転職があったから
③日本以外の国で住んでみたかったから
④バリで新しいことにチャレンジしたいと思ったから
⑤今までの人生をリセットしたかったから
⑥以前に旅行で行ったことがあるから
⑦日本での生活に疲れたから
⑧バリに住む人たちの生活にあこがれたから
⑨友人・知人に誘われたから

(2) バリ居住後

①バリの人的ネットワーク（表5-8）

　ここではバリに居住するようになってからの日本在住者との付き合いの様子について概観する。全体でみると、日本在住者とのつきあいで多いのは、「同性の友人・知人」、「親兄弟や親戚」、「異性の友人・知人」である。バリ居住開始時期別でみると、年代が下がるにつれて、「親兄弟や親戚」をはじめとした人づきあいはどちらかというと減る傾向にあることがわかる。カップリング別でみると、「日本人女性×インドネシア人男性」でも同様な傾向が、

		バリに住む前に日本で準備したこと N=55									
⑧	⑨	①	②	③	④	⑤	⑥	⑦	⑧	⑨	⑩
1.8	1.8	56.4	23.6	23.6	21.8	14.5	14.5	12.7	10.9	5.5	18.2
0.0	0.0	100.0	66.7	33.3	0.0	0.0	0.0	33.3	0.0	0.0	0.0
0.0	0.0	100.0	100.0	0.0	0.0	0.0	0.0	100.0	0.0	0.0	0.0
0.0	0.0	100.0	50.0	50.0	0.0	0.0	0.0	0.0	0.0	0.0	0.0
*	*	*	*	*	*	*	*	*	*	*	*
*	*	*	*	*	*	*	*	*	*	*	*
5.9	5.9	88.2	29.4	23.5	29.4	23.5	11.8	11.8	11.8	5.9	11.8
*	*	*	*	*	*	*	*	*	*	*	*
6.7	6.7	86.7	33.3	20.0	33.3	26.7	13.3	13.3	13.3	6.7	13.3
0.0	0.0	100.0	0.0	50.0	0.0	0.0	0.0	0.0	0.0	0.0	0.0
*	*	*	*	*	*	*	*	*	*	*	*
0.0	0.0	40.0	20.0	23.3	16.7	10.0	20.0	13.3	13.3	6.7	23.3
0.0	0.0	50.0	0.0	50.0	50.0	50.0	100.0	0.0	50.0	0.0	0.0
0.0	0.0	62.5	25.0	25.0	25.0	12.5	0.0	25.0	0.0	12.5	25.0
0.0	0.0	25.0	12.5	25.0	12.5	0.0	25.0	12.5	12.5	12.5	0.0
0.0	0.0	33.3	25.0	16.7	8.3	8.3	16.7	8.3	16.7	0.0	41.7

①家族や友人・知人にバリ移住の理由を説明した
②貯金や借金などをして資金の工面を行った
③会社の上司・同僚にバリ移住の理由を説明した
④インドネシアやバリの文化について学んだ
⑤バリに行ったことのある家族や友人・知人などにバリ事情について
⑥バリで展開するビジネスについて計画を立てた
⑦バリに住んでいろ家族や友人・知人などにバリ事情について説明を受けた
⑧バリの住居や税金・保険などについて、自分で調べたり、他の人か
⑨日本にある資産・財産をすべて処理した
⑩何もしなかった

みられるが、ここで特徴的なのは、「メール友達」や「語学などの習い事の仲間」、「隣近所の人たち」というように、既存のネットワーク以外のつきあいが年代が下がるにつれて多様化していることがわかる。

バリでの人づきあいで一番多いのは「日本人会所属の日本人」であり、次いで多いのが「日本人会を通じて知り合った日本人」である。バリ居住開始時期別でみると、「90年代以前」層においてはバリでの人づきあいは日本人会関係のネットワークのみだったのが、「90年代」層では日本人会以外で形

表5-8 バリの人的ネットワーク

バリ居住開始時期	カップリングタイプ	対象者(人)	バリに来て以降の日本に住んでいる人との付き合い N=55						
			①	②	③	④	⑤	⑥	⑦
調査対象者全体		55	90.9	85.5	50.9	36.4	34.5	16.4	10.9
90年代以前		3	100.0	100.0	66.7	33.3	0.0	0.0	33.3
	日本人男性×インドネシア人女性	1	100.0	100.0	100.0	100.0	0.0	0.0	0.0
	日本人女性×インドネシア人男性	2	100.0	100.0	50.0	0.0	0.0	0.0	50.0
	日本人男性×日本人女性	*	*	*	*	*	*	*	*
	独身	*	*	*	*	*	*	*	*
90年代		17	100.0	88.2	41.2	35.3	47.1	23.5	17.6
	日本人男性×インドネシア人女性	*	*	*	*	*	*	*	*
	日本人女性×インドネシア人男性	15	100.0	86.7	40.0	26.7	40.0	20.0	20.0
	日本人男性×日本人女性	2	100.0	100.0	50.0	100.0	100.0	50.0	0.0
	独身	*	*	*	*	*	*	*	*
2000年以降		30	86.7	83.3	53.3	36.7	26.7	10.0	6.7
	日本人男性×インドネシア人女性	2	100.0	100.0	100.0	50.0	50.0	0.0	0.0
	日本人女性×インドネシア人男性	8	87.5	87.5	50.0	25.0	25.0	25.0	25.0
	日本人男性×日本人女性	8	62.5	62.5	25.0	50.0	12.5	0.0	0.0
	独身	12	100.0	91.7	66.7	33.3	33.3	8.3	0.0

①同性の友人・知人
②親兄弟、従兄弟などの親戚
③異性の友人・細人
④取引先など仕事関係でのつきあい
⑤職場(パートやアルバイトなど)の同僚、先輩、上司
⑥メール友達(メールのやり取りが中心の人)
⑦語学など習い事の仲間
⑧クラブやサークルの仲間
⑨隣近所の人たち(町内会やマンションの管理組合など)
⑩飲食店などで出会う人たち(飲み仲間等)
⑪PTAなど子どもを通じたつきあい
⑫特定のホームページや掲示板に集まる人

成したネットワークへと拡大し、さらに「2000年以降」層になると日本人会のネットワークによるつきあいがむしろ減少していることがわかる。カップリング別にみると、「日本人女性×インドネシア人男性」において「日本人会所属の日本人」とのつきあいが増えている一方で、外国人や現地人とのつきあいが減っている。また「日本人男性×日本人女性」においても同じ様に、現地人や外国人とのつきあいが減っていることがわかる。これらの結果は、5(2)で述べることになるが、ある意味でインドネシア社会への同化圧力の反

⑧	⑨	⑩	⑪	⑫	①	②	③	④	⑤	⑥	⑦	⑧
					\multicolumn{8}{c}{バリでの人づきあい N=55}							

⑧	⑨	⑩	⑪	⑫	①	②	③	④	⑤	⑥	⑦	⑧
9.1	5.5	5.5	1.8	1.8	89.1	61.8	32.7	30.9	18.2	16.4	3.6	3.6
33.3	0.0	0.0	0.0	0.0	100.0	66.7	0.0	0.0	33.3	0.0	0.0	0.0
100.0	0.0	0.0	0.0	0.0	100.0	100.0	0.0	0.0	100.0	0.0	0.0	0.0
0.0	0.0	0.0	0.0	0.0	100.0	50.0	0.0	0.0	0.0	0.0	0.0	0.0
*	*	*	*	*	*	*	*	*	*	*	*	*
*	*	*	*	*	*	*	*	*	*	*	*	*
11.8	5.9	5.9	0.0	5.9	94.1	70.6	23.5	35.3	41.2	17.6	5.9	0.0
*	*	*	*	*	*	*	*	*	*	*	*	*
6.7	6.7	6.7	0.0	6、7	93.3	66.7	20.0	33.3	33.3	13.3	0.0	0.0
50.0	0.0	0.0	0.0	0.0	100.0	100.0	50.0	50.0	100.0	50.0	50.0	0.0
*	*	*	*	*	*	*	*	*	*	*	*	*
6.7	6.7	3.3	3.3	0.0	90.0	60.0	36.7	33.3	6.7	16.7	3.3	6.7
0.0	0.0	0.0	0.0	0.0	100.0	100.0						
0.0	12.5	12.5	0.0	0.0	100.0	37.5	12.5	25.0	0.0	0.0	0.0	0.0
0.0	0.0	0.0	12.5	0.0	100.0	62.5	50.0	50.0	25.0	37.5	12.5	0.0
16.7	8.3	0.0	0.0	0.0	75.0	66.7	50.0	33.3	0.0	16.7	0.0	16.7

①バリ日本人会に所属する日本人
②バリ日本人会を通じて知り合った日本人
③日本人会以外の団体で知り合った日本人
④日本人会以外の団体で知り合った現地人
⑤バリ日本人会を通じて知り合った現地人(バリ、インドネシア人)
⑥日本人会以外の団体で知り合った現地人以外の外国人
⑦バリ日本人会を通じて知り合った現地人以外の外国人
⑧一つもない

転としてある「わたしたち日本人」という意識が人とのつきあいという側面に鋭意にあらわれたものといえるかもしれない。

②日本人会所属の日本人とのつきあい(表5-9)
　以下、②から⑦までにおいて、調査対象者がかかわっている人的ネットワークの各々についてみていくことにする。
　まず知り合いの人数をみると、全体では「11人以上」が約7割に達している。

表5-9　日本人会に所属する日本人とのつき合い方

バリ居庄開始時期	カップリングタイプ	対象者(人)	知り合いの人数 N=49		
			①	②	③
調査対象者全体		49	4.1	26.5	69.4
90年代以前		3	0.0	33.3	66.7
	日本人男性×インドネシア人女性	1	0.0	100.0	0.0
	日本人女性×インドネシア人男性	2	0.0	0.0	100.0
	日本人男性×日本人女性	*	*	*	*
	独身	*	*	*	*
90年代		16	0.0	25.0	75.0
	日本人男性×インドネシア人女性	*	*	*	*
	日本人女性×インドネシア人男性	14	0.0	28.6	71.4
	日本人男性×日本人女性	2	0.0	0.0	100.0
	独身	*	*	*	*
2000年以降		27	7.4	22.2	70.4
	日本人男性×インドネシア人女性	2	0.0	0.0	100.0
	日本人女性×インドネシア人男性	8	12.5	25.0	62.5
	日本人男性×日本人女性	8	0.0	25.0	75.0
	独身	9	11.1	22.2	66.7

①1～3人程度
②4～10人程度
③11人以上

　バリ居住開始時期別では、「90年代」層では知り合いは「11人以上」が75パーセントであったが、「2000年以降」層になると70.4パーセントに減少し、逆にこれまで皆無であった「1～3人程度」という知人が少ない人もあらわれている。この傾向は「日本人女性×インドネシア人男性」において顕著にみられる。

　日本人会所属の日本人と話す内容をみると、全体の傾向としては主に生活全般、ビジネス、「バリやインドネシア」について話していることがわかる。バリ居住開始時期別では、「90年代」層と「2000年以降」層を比べると、近年に居住をはじめた人ほど日本人会所属の日本人と話す内容は減っている。この傾向は「日本人女性×インドネシア人男性」、「日本人男性×日本人女性」

話す内容 N=49									
①	②	③	④	⑤	⑥	⑦	⑧	⑨	⑩
87.8	59.2	55.1	46.9	44.9	38.8	32.7	20.4	4.1	0.0
66.7	0.0	33.3	0.0	33.3	33.3	0.0	0.0	0.0	0.0
0.0	0.0	0.0	0.0	0.0	0.0	0.0	0.0	0.0	0.0
100.0	0.0	50.0	0.0	50.0	50.0	0.0	0.0	0.0	0.0
*	*	*	*	*	*	*	*	*	*
*	*	*	*	*	*	*	*	*	*
100.0	68.8	81.3	75.0	81.3	56.3	68.8	37.5	0.0	0.0
*	*	*	*	*	*	*	*	*	*
100.0	71.4	85.7	85.7	85.7	57.1	71.4	35.7	0.0	0.0
100.0	50.0	50.0	0.0	50.0	50.0	50.0	50.0	0.0	0.0
*	*	*	*	*	*	*	*	*	*
81.5	59.3	44.4	33.3	25.9	33.3	18.5	14.8	7.4	0.0
100.0	100.0	50.0	50.0	50.0	50.0	0.0	50.0	50.0	0.0
87.5	50.0	62.5	87.5	37.5	25.0	50.0	0.0	0.0	0.0
62.5	50.0	25.0	0.0	0.0	37.5	0.0	0.0	0.0	0.0
88.9	66.7	44.4	11.1	33.3	33.3	11.1	33.3	11.1	0.0

①ふだんの生活全般について　⑥日本人会について
②仕事やビジネスについて　⑦自分の配偶者について
③バリやインドネシアについて　⑧日本人会以外のﾈｯﾄﾜｰｸについて
④自分の子どもについて　⑨その他
⑤その他日本のことについて　⑩一つもない

でも観取される。

③日本人会を通じて知り合った日本人とのつきあい（表5－10）

　知り合いの人数をみると、「11人以上」の知り合いを持つ人が全体の5割を占めている。バリ居住開始時期別でみると、他と比べて、とりわけ「90年代」層の知り合いの数が「1～3人程度」と「11人以上」に二極化する傾向にある。「日本人女性×インドネシア人男性」では、年代が下がるにつれて知り合いの人数が減っていることがわかる。

　話す内容をみると、全体では主に生活全般、ビジネス、「バリやインドネシア」について話していることがわかる。バリ居住開始時期別では、「90年代」層と「2000年以降」層を比べると、近年に居住をはじめた人ほどビジネスの

表 5 − 10　日本人会を通じて知り合った日本人とのつき合い方

バリ居住開始時期	カップリングタイプ	対象者(人)	知り合いの人数 N=34		
			①	②	③
調査対象者全体		34	11.8	38.2	50.0
90年代以前		2	0.0	50.0	50.0
	日本人男性×インドネシア人女性	1	0.0	100.0	0.0
	日本人女性×インドネシア人男性	1	0.0	0.0	100.0
	日本人男性×日本人女性	*	*	*	*
	独身	*	*	*	*
90年代		12	16.7	25.0	58.3
	日本人男性×インドネシア人女性	*	*	*	*
	日本人女性×インドネシア人男性	10	10.0	30.0	60.0
	日本人男性×日本人女性	2	50.0	0.0	50.0
	独身	*	*	*	*
2000年以降		18	11.1	38.9	50.0
	日本人男性×インドネシア人女性	2	0.0	50.0	50.0
	日本人女性×インドネシア人男性	3	33.3	33.3	33.3
	日本人男性×日本人女性	5	20.0	20.0	60.0
	独身	8	0.0	50.0	50.0

①1〜3人程度
②4〜10人程度
③11人以上

話が多くなり、生活全般やインドネシアといった話題が減っていることがわかる。この傾向は「日本人女性×インドネシア人男性」でもほぼ同様に観察される。

④ 日本人会を通じて知り合った現地人（バリ、インドネシア人）とのつきあい
　（表 5 − 11）

　知り合いの人数をみると、全体では「11人以上」が4割である。バリ居住開始時期別で「90年代」層と「2000年以降」層を比べてみると、近年に居住をはじめた人ほど現地人の知り合いの数が増えていることがわかる。カップリング別でみると、「90年代」層の「日本人女性×インドネシア人男性」では知り合いの数が「11人以上」と「1〜3人程度」に二極化している。

	話す内容 N=34								
①	②	③	④	⑤	⑥	⑦	⑧	⑨	⑩
88.2	73.5	52.9	41.2	35.3	32.4	32.4	17.6	8.8	0.0
100.0	50.0	0.0	50.0	0.0	0.0	50.0	0.0	0.0	0.0
100.0	100.0	0.0	100.0	0.0	0.0	100.0	0.0	0.0	0.0
100.0	0.0	0.0	0.0	0.0	0.0	0.0	0.0	0.0	0.0
*	*	*	*	*	*	*	*	*	*
*	*	*	*	*	*	*	*	*	*
100.0	66.7	75.0	66.7	75.0	75.0	41.7	25.0	8.3	0.0
*	*	*	*	*	*	*	*	*	*
100.0	70.0	80.0	80.0	80.0	80.0	40.0	20.0	10.0	0.0
100.0	50.0	50.0	0.0	50.0	50.0	50.0	50.0	0.0	0.0
*	*	*	*	*	*	*	*	*	*
77.8	83.3	50.0	22.2	16.7	11.1	27.8	16.7	11.1	0.0
100.0	100.0	50.0	50.0	50.0	0.0	0.0	50.0	50.0	0.0
100.0	100.0	33.3	66.7	0.0	33.3	33.3	0.0	0.0	0.0
20.0	80.0	60.0	0.0	0.0	0.0	40.0	0.0	0.0	0.0
100.0	75.0	50.0	12.5	25.0	12.5	25.0	25.0	12.5	0.0

①ふだんの生活全般について　⑥日本人会について
②仕事やビジネスについて　⑦自分の配偶者について
③バリやインドネシアについて　⑧日本人会以外のネットワークについて
④自分の子どもについて　⑨その他
⑤その他日本のことについて　⑩一つもない

　話す内容について全体に多いのは、ビジネス、生活全般、「バリやインドネシア」である。バリ居住開始時期別では、「90年代」と「2000年以降」層を比べると、近年に居住をはじめた人ほど日本人会や「バリやインドネシア」の話が多くなり、ビジネスなどの話題が減っていることがわかる。

　なお、**表5－12**は日本人会を通じて知り合った現地人以外の外国人とのつきあい方を示したものであるが、回答者が2名であるため、分析から外すことにした。

⑤ 日本人会以外の団体で知り合った日本人とのつきあい（表5－13）

　知り合いの人数をみると、全体では「11人以上」が6割である。バリ居住開始時期別でみると、「90年代」層において「4〜10人程度」が5割を占めて

表5-11 日本人会を通じて知り合った現地人とのつき合い方

バリ居住開始時期	カップリングタイプ	対象者(人)	知り合いの人数 N=10			話す内容 N=10	
			①	②	③	①	②
調査対象者全体		10	20.0	30.0	40.0	70.0	60.0
90年代以前		1	0.0	0.0	0.0	100.0	100.0
	日本人男性×インドネシア人女性	1	0.0	0.0	0.0	100.0	100.0
	日本人女性×インドネシア人男性	0	0.0	0.0	0.0	0.0	0.0
	日本人男性×日本人女性	＊	＊	＊	＊	＊	＊
	独身	＊	＊	＊	＊	＊	＊
90年代		7	28.6	28.6	42.9	71.4	57.1
	日本人男性×インドネシア人女性	＊	＊	＊	＊	＊	＊
	日本人女性×インドネシア人男性	5	40.0	20.0	40.0	60.0	60.0
	日本人男性×日本人女性	2	0.0	50.0	50.0	100.0	50.0
	独身	＊	＊	＊	＊	＊	＊
2000年以降		2	0.0	50.0	50.0	50.0	50.0
	日本人男性×インドネシア人女性	0	0.0	0.0	0.0	0.0	0.0
	日本人女性×インドネシア人男性	0	0.0	0.0	0.0	0.0	0.0
	日本人男性×日本人女性	2	0.0	50.0	50.0	50.0	50.0
	独身	0	0.0	0.0	0.0	0.0	0.0

① 1～3人程度
② 4～10人程度
③ 11人以上

いるのにたいして、「2000年以降」層では「11人以上」が8割であり、日本人会以外の日本人ネットワークが拡大していることが推察できる。年代が下がるにつれて、こうしたネットワークが拡大する傾向は、「日本人女性×インドネシア人男性」、「日本人男性×日本人女性」にも同じ様にみられる。

　主に話す内容は、生活全般、「バリやインドネシア」、ビジネスについてである。年代が下がるにつれて話す内容は減ってきており、そうした傾向は「日本人女性×インドネシア人男性」、「日本人男性×日本人女性」でも観取される。

⑥日本人会以外の団体で知り合った現地人とのつきあい（表5-14）
　知り合いの人数を全体でみると、「11人以上」が6割を占めている。バリ居住開始時期別でみると、「90年代」層に比べると「2000年以降」層の方が知り合いの数が増えており、日本人会以外の現地人ネットワークが拡大してい

③	④	⑤	⑥	⑦	⑧	⑨	⑩
50.0	30.0	30.0	20.0	10.0	10.0	0.0	0.0
100.0	100.0	0.0	100.0	0.0	0.0	0.0	0.0
100.0	100.0	0.0	100.0	0.0	0.0	0.0	0.0
0.0	0.0	0.0	0.0	0.0	0.0	0.0	0.0
＊	＊	＊	＊	＊	＊	＊	＊
＊	＊	＊	＊	＊	＊	＊	＊
42.9	28.6	28.6	14.3	14.3	14.3	0.0	0.0
＊	＊	＊	＊	＊	＊	＊	＊
60.0	40.0	20.0	20.0	20.0	20.0	0.0	0.0
0.0	0.0	50.0	0.0	0.0	0.0	0.0	0.0
＊	＊	＊	＊	＊	＊	＊	＊
50.0	0.0	50.0	0.0	0.0	0.0	0.0	0.0
0.0	0.0	0.0	0.0	0.0	0.0	0.0	0.0
0.0	0.0	0.0	0.0	0.0	0.0	0.0	0.0
50.0	0.0	50.0	0.0	0.0	0.0	0.0	0.0
0.0	0.0	0.0	0.0	0.0	0.0	0.0	0.0

①ふだんの生活全般について　　⑥日本人会について
②仕事やビジネスについて　　　⑦自分の配偶者について
③バリやインドネシアについて　⑧日本人会以外のネットワークについて
④自分の子どもについて　　　　⑨その他
⑤その他日本のことについて　　⑩一つもない

ることが推察できる。年代が下がるにつれて、「日本人女性×インドネシア人男性」、「日本人男性×日本人女性」にも現地人ネットワークが拡大していることが読み取れる。

　主に話す内容は、生活全般、「バリやインドネシア」、ビジネスについてである。年代が下がるにつれて、話す内容は減っている。カップリング別でみると、「日本人女性×インドネシア人男性」において「2000年以降」層の方が「90年代」層よりは「自分の配偶者について」話すことが多い。

⑦ 日本人会以外の団体で知り合った外国人とのつきあい（表 5 − 15）

　知り合いの人数を全体でみると、「11 人以上」が 4 割である。「90 年代」層に比べると「2000 年以降」層の方が知り合いの人数が減少しており、外国人

表5-12 日本人会を通じて知り合った現地人以外の外国人とのつき合い方

バリ居住開始時期	カップリングタイプ	対象者(人)	知り合いの人数 N=2			話す内容 N=2		
			①	②	③	①	②	③
調査対象者全体		2	0.0	0.0	100.0	100.0	100.0	50.0
90年代以前		0	0.0	0.0	0.0	0.0	0.0	0.0
	日本人男性×インドネシア人女性	0	0.0	0.0	0.0	0.0	0.0	0.0
	日本人女性×インドネシア人男性	0	0.0	0.0	0.0	0.0	0.0	0.0
	日本人男性×日本人女性	*	*	*	*	*	*	*
	独身	*	*	*	*	*	*	*
90年代		1	0.0	0.0	100.0	100.0	100.0	100.0
	日本人男性×インドネシア人女性	*	*	*	*	*	*	*
	日本人女性×インドネシア人男性	0	0.0	0.0	0.0	0.0	0.0	0.0
	日本人男性×日本人女性	1	0.0	0.0	100.0	100.0	100.0	100.0
	独身	*	*	*	*	*	*	*
2000年以降		1	0.0	0.0	100.0	100.0	100.0	0.0
	日本人男性×インドネシア人女性	0	0.0	0.0	0.0	0.0	0.0	0.0
	日本人女性×インドネシア人男性	0	0.0	0.0	0.0	0.0	0.0	0.0
	日本人男性×日本人女性	1	0.0	0.0	100.0	100.0	100.0	0.0
	独身	0	0.0	0.0	0.0	0.0	0.0	0.0

①1〜3人程度
②4〜10人程度
③11人以上

ネットワークが縮小していることが推察できる。特に「2000年以降」層の「日本人男性×日本人女性」は知り合いが「1〜3人程度」と「11人以上」とに二極化している。

　主に話す内容は、生活全般、ビジネスについてである。年代が下がるにつれて、減っており、これは「日本人男性×日本人女性」でも同様にみられる傾向である。

⑧日本人会での活動(表5-16)
　次に調査対象者がどのように日本人会にかかわっているかを、活動への参加実態と意向の把握を通じて明らかにする。
　2008年度に参加した活動をみると、全体では盆踊り、運動会が多い。バリ居住開始時期別でみると、盆踊りや運動会への参加、「楽園通信・ケチャッ

④	⑤	⑥	⑦	⑧	⑨	⑩
50.0	50.0	50.0	0.0	0.0	0.0	0.0
0.0	0.0	0.0	0.0	0.0	0.0	0.0
0.0	0.0	0.0	0.0	0.0	0.0	0.0
0.0	0.0	0.0	0.0	0.0	0.0	0.0
*	*	*	*	*	*	*
*	*	*	*	*	*	*
100.0	100.0	100.0	0.0	0.0	0.0	0.0
*	*	*	*	*	*	*
0.0	0.0	0.0	0.0	0.0	0.0	0.0
100.0	100.0	100.0	0.0	0.0	0.0	0.0
*	*	*	*	*	*	*
0.0	0.0	0.0	0.0	0.0	0.0	0.0
0.0	0.0	0.0	0.0	0.0	0.0	0.0
0.0	0.0	0.0	0.0	0.0	0.0	0.0
0.0	0.0	0.0	0.0	0.0	0.0	0.0
0.0	0.0	0.0	0.0	0.0	0.0	0.0

①ふだんの生活全般について　⑥日本人会について
②仕事やビジネスについて　　⑦自分の配偶者について
③バリやインドネシアについて　⑧日本人会以外のネットワークについて
④自分の子どもについて　　　⑨その他
⑤その他日本のことについて　⑩一つもない

ク瓦版」への投稿は、年代が下がるにつれて減少し、それと共振するように一つも参加しない人も増加している。これは先に述べたように、情報収集をはじめとして、人、特に日本人会の日本人とのかかわりを持つことを避ける人が多くなってきたことを示唆している。カップリング別でみると、「日本人女性×インドネシア人男性」はほとんどの行事において参加率が低下してきているが、運動会に関しては「90年代」層よりも「2000年以降」層の参加率が高い。これは行事に積極的にかかわるというよりは、(後述の参加理由でもふれるが) 子どもにあわせて参加していると言えるかもしれない。また、「日本人男性×日本人女性」ではいかなるものにも参加しない人が4分の1にも達しており、参加している人とそうでない人との二極化傾向がみられる。「独身」では4割がどの活動にも参加しておらず、参加するか否かは自分たちが日本人会を必要とするか、または参加することでどんなベネフィットが得ら

表5-13　日本人会以外の団体で知り合った日本人とのつき合い方

バリ居住開始時期	カップリングタイプ	対象者(人)	知り合いの人数 N=18			話す内容 N=18		
			①	②	③	①	②	③
調査対象者全体		18	11.1	22.2	61.1	88.9	61.1	50.0
90年代以前		0	0.0	0.0	0.0	0.0	0.0	0.0
	日本人男性×インドネシア人女性	0	0.0	0.0	0.0	0.0	0.0	0.0
	日本人女性×インドネシア人男性	0	0.0	0.0	0.0	0.0	0.0	0.0
	日本人男性×日本人女性	*	*	*	*	*	*	*
	独身	*	*	*	*	*	*	*
90年代		4	25.0	50.0	25.0	100.0	100.0	50.0
	日本人男性×インドネシア人女性	*	*	*	*	*	*	*
	日本人女性×インドネシア人男性	3	33.3	66.7	0.0	100.0	100.0	33.3
	日本人男性×日本人女性	1	0.0	0.0	100.0	100.0	100.0	100.0
	独身	*	*	*	*	*	*	*
2000年以降		11	9.1	9.1	81.8	90.9	54.5	54.5
	日本人男性×インドネシア人女性	0	0.0	0.0	0.0	0.0	0.0	0.0
	日本人女性×インドネシア人男性	1	0.0	0.0	100.0	100.0	100.0	0.0
	日本人男性×日本人女性	4	0.0	0.0	100.0	75.0	75.0	50.0
	独身	6	16.7	16.7	66.7	100.0	50.0	66.7

①1～3人程度
②4～10人程度
③11人以上

れるかにかかっていると言える。

　今後の活動意向をみると、参加したいと考えている人は全体の7割である。バリ居住開始時期別でみても、どの年代も7割前後が今後の参加を考えている。カップリング別でみると、「日本人女性×インドネシア人男性」では「90年代」層に比べて「2000年以降」層の参加の意向が高いが、その一方で「日本人男性×日本人女性」では不参加の意向が高くなってきている。そして、「独身」の3割は参加には消極的である。ところで、これら二つの層における不参加の意向はそれぞれ背景が異なるように思われる。バリに来てまでも日本人会といった日本社会のしがらみに取り込まれたくないという意識は、「ライフスタイル移民」であるかれら／かの女らに恐らく共通してみられるものだが、前者は日本人会以外の（人とのつながりを求めた）人的ネットワークが拡がっているために、また後者は（有益な情報を求めるための）情報のネットワー

④	⑤	⑥	⑦	⑧	⑨	⑩
33.3	27.8	22.2	11.1	11.1	5.6	0.0
0.0	0.0	0.0	0.0	0.0	0.0	0.0
0.0	0.0	0.0	0.0	0.0	0.0	0.0
0.0	0.0	0.0	0.0	0.0	0.0	0.0
*	*	*	*	*	*	*
*	*	*	*	*	*	*
75.0	50.0	50.0	25.0	25.0	0.0	0.0
*	*	*	*	*	*	*
100.0	66.7	33.3	0.0	0.0	0.0	0.0
0.0	0.0	100.0	100.0	100.0	0.0	0.0
*	*	*	*	*	*	*
18.2	9.1	18.2	9.1	9.1	9.1	0.0
0.0	0.0	0.0	0.0	0.0	0.0	0.0
0.0	0.0	0.0	0.0	0.0	0.0	0.0
0.0	0.0	0.0	0.0	0.0	0.0	0.0
33.3	16.7	33.3	16.7	16.7	16.7	0.0

①ふだんの生活全般について　⑥日本人会について
②仕事やビジネスについて　⑦自分の配偶者について
③バリやインドネシアについて　⑧日本人会以外のネットワークについて
④自分の子どもについて　⑨その他
⑤その他日本のことについて　⑩一つもない

クとしての日本人会の存在意義を認めていないために参加しようという意識が生じないのではないだろうか。

　参加したい理由で多いのは「人間関係が拡がる」、「有益な情報が得られる」、「子どものためになる」、である。バリ居住開始時期別でみると、ほぼどの項目においても年代が下がるにつれて参加意識は減少しており、積極的な参加理由が見られなくなっている。特に「子どものためになる」については、「90年代」層から「2000年以降」層にかけての落差は大きい。カップリング別では、「日本人女性×インドネシア人男性」において、「人間関係が拡がる」、「有益な情報が得られる」といった参加理由が年代が下がるにつれて高くなっている。その一方で、「日本人会の発展に貢献したい」、「日本人同士の方がつき合いやすい」、「日本人とのつき合いが他にない」といった、日本人とのつながりを求めるために参加するという理由が減少している。これは日本人会に

表5-14　日本人会以外の団体で知り合った現地人とのつき合い方

バリ居住開始時期	カップリングタイプ	対象者(人)	知り合いの人数 N=17			話す内容 N=17		
			①	②	③	①	②	③
調査対象者全体		17	0.0	29.4	64.7	70.6	58.8	52.9
90年代以前		0	0.0	0.0	0.0	0.0	0.0	0.0
	日本人男性×インドネシア人女性	0	0.0	0.0	0.0	0.0	0.0	0.0
	日本人女性×インドネシア人男性	0	0.0	0.0	0.0	0.0	0.0	0.0
	日本人男性×日本人女性	*	*	*	*	*	*	*
	独身	*	*	*	*	*	*	*
90年代		6	0.0	33.3	50.0	83.3	66.7	66.7
	日本人男性×インドネシア人女性	*	*	*	*	*	*	*
	日本人女性×インドネシア人男性	5	0.0	40.0	40.0	80.0	60.0	60.0
	日本人男性×日本人女性	1	0.0	0.0	100.0	100.0	100.0	100.0
	独身	*	*	*	*	*	*	*
2000年以降		10	0.0	20.0	80.0	60.0	50.0	50.0
	日本人男性×インドネシア人女性	0	0.0	0.0	0.0	0.0	0.0	0.0
	日本人女性×インドネシア人男性	2	0.0	0.0	100.0	50.0	50.0	50.0
	日本人男性×日本人女性	4	0.0	0.0	100.0	25.0	50.0	50.0
	独身	4	0.0	50.0	50.0	100.0	50.0	50.0

①1～3人程度
②4～10人程度
③11人以上

関わることに何らかのメリットを感じて参加しているだけであり、そこで生じる何らかの義務を果たそうとは考えていないことをあらわしている。「日本人男性×日本人女性」については、「90年代」層に比べて「2000年以降」層の参加理由はほとんどの項目での項目で減少しているが、「日本人以外の人とつきあいたくない」＝日本人だけとつきあいたいという項目は増加している。

ちなみに、日本人会の活動に参加したくない理由で多いのは、「自分の時間を大切にしたい」、「日本人会にあまり関心がない」、である。バリ居住開始時期別でみると、年代が下がるにつれて日本人会への関心が低下していることがわかる。

⑨バリでの満足度（表5-17）

④	⑤	⑥	⑦	⑧	⑨	⑩
23.5	23.5	23.5	11.8	5.9	5.9	0.0
0.0	0.0	0.0	0.0	0.0	0.0	0.0
0.0	0.0	0.0	0.0	0.0	0.0	0.0
0.0	0.0	0.0	0.0	0.0	0.0	0.0
*	*	*	*	*	*	*
*	*	*	*	*	*	*
33.3	50.0	33.3	16.7	0.0	0.0	0.0
*	*	*	*	*	*	*
20.0	60.0	20.0	0.0	0.0	0.0	0.0
100.0	0.0	100.0	100.0	0.0	0.0	0.0
*	*	*	*	*	*	*
20.0	10.0	20.0	10.0	10.0	10.0	0.0
0.0	0.0	0.0	0.0	0.0	0.0	0.0
50.0	0.0	0.0	0.0	0.0	0.0	0.0
0.0	0.0	0.0	0.0	0.0	25.0	0.0
25.0	25.0	50.0	25.0	25.0	0.0	0.0

①ふだんの生活全般について　⑥日本人会について
②仕事やビジネスについて　⑦自分の配偶者について
③バリやインドネシアについて　⑧日本人会以外のネットワークについて
④自分の子どもについて　⑨その他
⑤その他日本のことについて　⑩一つもない

　ここではバリにおける生活の満足度を検討する。全体の9割がバリでの生活に満足しており、年代が下るにつれて満足すると回答した人が増加する傾向にある。「90年代以降」に居住をはじめた人で「日本人女性×インドネシア人男性」の9割は満足しているのにたいして、「日本人男性×日本人女性」では不満である人が25パーセント増加している。

　満足している理由として多いのは、「自由にいろいろなことができる」、「バリにいる日本人とうまくいっている」、「自分らしさが実感できる」である。バリ居住開始時期別でみると、「90年代以前」層では「自由にいろいろなことができる」だけが満足の理由であったが、「90年代以降」では「バリにいる日本人／現地人とうまくいっている」など、さまざまな項目があがっている。しかし、「90年代」層と「2000年以降」層との比較では「自由にいろいろなことができる」以外の項目はいずれも減少していることがわかる。「日本人女

表5-15　日本人会以外の団体で知り合った外国人とのつき合い方

バリ居住開始時期	カップリングタイプ	対象者(人)	知り合いの人数 N=9			話す内容 N=9		
			①	②	③	①	②	③
調査対象者全体		9	11.1	44.4	44.4	77.8	44.4	33.3
90年代以前		0	0.0	0.0	0.0	0.0	0.0	0.0
	日本人男性×インドネシア人女性	0	0.0	0.0	0.0	0.0	0.0	0.0
	日本人女性×インドネシア人男性	0	0.0	0.0	0.0	0.0	0.0	0.0
	日本人男性×日本人女性	*	*	*	*	*	*	*
	独身	*	*	*	*	*	*	*
90年代		3	0.0	33.3	66.7	100.0	100.0	100.0
	日本人男性×インドネシア人女性	*	*	*	*	*	*	*
	日本人女性×インドネシア人男性	2	0.0	50.0	50.0	100.0	100.0	100.0
	日本人男性×日本人女性	1	0.0	0.0	100.0	100.0	100.0	100.0
	独身	*	*	*	*	*	*	*
2000年以降		5	20.0	40.0	40.0	60.0	20.0	
	日本人男性×インドネシア人女性	0	0.0	0.0	0.0	0.0	0.0	0.0
	日本人女性×インドネシア人男性	0	0.0	0.0	0.0	0.0	0.0	0.0
	日本人男性×日本人女性	3	33.3	0.0	66.7	66.7	33.3	
	独身	2	0.0	100.0	0.0	50.0		

① 1～3人程度
② 4～10人程度
③ 11人以上

性×インドネシア人男性」でも同様の傾向がみられる。しかし、「日本人男性×日本人女性」では、「自由にいろいろなことができる」、「自分らしさが実感できる」、「わずらわしい人間関係がない」が増加しており、ある程度バリでの自由を満喫しているといえる。

(3) 今後の展望

①バリでの今後（表5-18）

バリで今後やりたいことをみてみると、調査対象者全体では「経済基盤の安定」、「日本の友人・知人との交流」、「子どもの教育」、「ビジネスの拡大」などが多い。バリ居住開始時期別でみると、「90年代以前」層で一番多かった「日本にいる家族や親戚との交流」は、年代が下がるにつれて大幅に減少している。また、「90年代」層と「2000年以降」層を比較してみると、年代が

④	⑤	⑥	⑦	⑧	⑨	⑩
33.3	33.3	33.3	22.2	11.1	22.2	0.0
0.0	0.0	0.0	0.0	0.0	0.0	0.0
0.0	0.0	0.0	0.0	0.0	0.0	0.0
0.0	0.0	0.0	0.0	0.0	0.0	0.0
*	*	*	*	*	*	*
*	*	*	*	*	*	*
66.7	66.7	100.0	66.7	33.3	0.0	0.0
*	*	*	*	*	*	*
100.0	50.0	100.0	50.0	50.0	0.0	0.0
0.0	100.0	100.0	100.0	0.0	0.0	0.0
*	*	*	*	*	*	*
0.0	20.0	0.0	0.0	0.0	40.0	0.0
0.0	0.0	0.0	0.0	0.0	0.0	0.0
0.0	0.0	0.0	0.0	0.0	0.0	0.0
0.0	0.0	0.0	0.0	0.0	33.3	0.0
0.0	50.0	0.0	0.0	0.0	50.0	0.0

①ふだんの生活全般について　⑥日本人会について
②仕事やビジネスについて　　⑦自分の配偶者について
③バリやインドネシアについて　⑧日本人会以外のネットワークについて
④自分の子どもについて　　　⑨その他
⑤その他日本のことについて　⑩一つもない

下がるにつれて増加しているのは、「ビジネスの展開」と「現地人との交流」だけであり、そのほかの項目はほぼ減少していることがわかる。カップリング別でみると、「日本人女性×インドネシア人男性」において年代が下がるにつれて増加しているのは、「日本にいる友人・知人との交流」であり、逆に大きく減少しているのは「日本人会の活動」や「現地人との交流」である。ここには携帯電話、インターネットや衛星放送などのメディアの発達により、ヴァーチャル空間での情報収集や交流にかかるコストが大幅に低下しているため、実際にはバリに居住している人たち、ヴァーチャルには日本に住んでいる人たちといった、通信コストの低下による「空間を超えた交流の相手と手段の使い分け」(の進展)を垣間見ることができる。また、「日本人男性×日本人女性」を「90年代」層と「2000年以降」層で比較してみると、ほぼどの項目も減少していることがわかる。

表5－16　日本人会での活動

バリ居住開始時期	カップリングタイプ	対象者(人)	2008年度に参加した活動 N=55 ①	②	③	④	⑤	⑥	⑦	⑧
調査対象者全体		55	65.5	40.0	25.5	21.8	10.9	9.1	7.3	14.5
90年代以前		3	100.0	100.0	33.3	33、3	0.0	33.3	0.0	0.0
	日本人男性×インドネシア人女性	1	100.0	100.0	100.0	0.0	0.0	100.0	0.0	0.0
	日本人女性×インドネシア人男性	2	100.0	100.0	0.0	50.0	0.0	0.0	0.0	0.0
	日本人男性×日本人女性	*	*	*	*	*	*	*	*	*
	独身	*	*	*	*	*	*	*	*	*
90年代		17	88.2	47.1	17.6	17.6	11.8	11.8	11.8	5.9
	日本人男性×インドネシア人女性	*	*	*	*	*	*	*	*	*
	日本人女性×インドネシア人男性	15	86.7	40.0	13.3	13.3	67.0	6.7	6.7	6.7
	日本人男性×日本人女性	2	100.0	100.0	50.0	50.0	50.0	50.0	50.0	0.0
	独身	*	*	*	*	*	*	*	*	*
2000年以降		30	53.3	36.7	26.7	20.0	13.3	6.7	3.3	23.3
	日本人男性×インドネシア人女性	2	50.0	0.0	0.0	50.0	50.0	0.0	0.0	0.0
	日本人女性×インドネシア人男性	8	75.0	62.5	0.0	0.0	0.0	0.0	12.5	0.0
	日本人男性×日本人女性	8	50.0	37.5	50.0	37.5	25.0	12.5	0.0	25.0
	独身	12	41.7	25.0	33.3	16.7	8.3	8.3	0.0	41.7

①盆踊り
②運動会
③三都市親善スポーツ大会
④文化部、スポーツ振興部の活動
⑤忘年会
⑥『楽園通信・ケチャック瓦版』への記事などの投稿
⑦その他
⑧一つもない

　今後のバリの生活について不安を感じている人は全体の約9割に達している。ところがバリ居住開始時期別でみると、「90年代以前」層は約7割と、他の年代に比べると2割程度低く、将来不安についてギャップが存在することがわかる。「日本人女性×インドネシア人男性」でも、ほぼ同様な傾向がみられる。

　②**不安の内容**（表5－19）
　それでは不安の内容を具体的にみてみると、多くの人があげているのが自然災害、景気悪化、政情不安などである。バリ居住開始時期別でみると、「90

第5章　日本人社会の多様なネットワーク (1)

今後活動意向 N=55				対象者(人)	参加したい理由 N=40								対象者(人)	参加したくない理由 N=12			
①	②	③	④		①	②	③	④	⑤	⑥	⑦	⑧		①	②	③	④
16.4	56.4	18.2	36.0	40	60.0	45.0	42.5	30.0	27.5	10.0	2.5	0.0	12	41.7	41.7	33.3	16.7
0.0	66.7	33.3	0.0	2	50.0	0.0	0.0	0.0	0.0	0.0	0.0	0.0	1	0.0	0.0	0.0	0.0
0.0	0.0	100.0	0.0	0	0.0	0.0	0.0	0.0	0.0	0.0	0.0	0.0	1	0.0	0.0	0.0	0.0
0.0	100.0	0.0	0.0	2	50.0	0.0	0.0	0.0	0.0	0.0	0.0	0.0	0	0.0	0.0	0.0	0.0
*	*	*	*	*	*	*	*	*	*	*	*	*	*	*	*	*	*
*	*	*	*	*	*	*	*	*	*	*	*	*	*	*	*	*	*
11.8	58.8	23.5	0.0	12	66.7	58.3	75.0	33.3	50.0	25.0	0.0	0.0	4	50.0	25.0	50.0	50.0
*	*	*	*	*	*	*	*	*	*	*	*	*	*	*	*	*	*
13.3	53.3	26.7	0.0	10	60.0	50.0	80.0	30.0	50.0	20.0	0.0	0.0	4	50.0	25.0	50.0	50.0
0.0	100.0	0.0	0.0	2	100.0	100.0	50.0	50.0	50.0	50.0	0.0	0.0					
*	*	*	*	*	*	*	*	*	*	*	*	*	*	*	*	*	*
20.0	50.0	16.7	6.7	21	52.4	42.9	28.6	28.6	14.3	48.0	4.8	0.0	7	42.9	57.1	28.6	0.0
50.0	50.0	0.0	0.0	2	50.0	50.0	0.0	50.0	0.0	0.0	0.0	0.0					
12.5	62.5	12.5	0.0	6	66.7	66.7	83.3	16.7	16.7	0.0	0.0	0.0	1	100.0	100.0	0.0	0.0
12.5	62.5	0.0	25.0	6	50.0	33.3	16.7	33.3	16.7	0.0	16.7	0.0	2	0.0	50.0	50.0	0.0
25.0	33.3	33.3	0.0	7	42.9	28.6	0.0	28.6	14.3	14.3	0.0	0.0	4	50.0	50.0	25.0	0.0

①積極的に参加したい
②まあ積極的に参加したい
③あまり積極的に参加したくない
④積極的に参加したくない

①活動に関与すると人間関係が拡がると思うから
②有益な情報が得られるから
③子どものためになるから
④日本人会の発展に貢献したいから
⑤日本人同士の方がつきあいやすいから
⑥日本人とのつきあいが他にないから
⑦日本人以外の人とつきあいたくないから
⑧他にやることがないから

①自分の時間を大切にしたいから
②日本人会にはあまり関心がないから
③日本人同士ばかりでつきあいたくないから
④人間関係が狭くなると困るから

年代以前」層で一番多かった「景気の悪化」や「生活が不安定になること」については、年代が下がるにつれて大幅に減少していることがわかる。ちなみに、「90年代」層と「2000年以降」層の間では、ほぼどの項目についても不安と感じる人が減少している。全体としてバリの生活への不安が減少しているなかで、「90年代」層と「2000年以降」層の「日本人女性×インドネシア人男性」で、不安が増大している項目として「社会保障制度への不安」、「自分や家族の老後の健康」、「子どもや孫の将来」があがっている。当然のことかもしれないが、家族にかかわることがらが不安視されるようになっているのである。このようにみると、以前はバリでの生活や社会などにおいて漠然と不安であったも

表5－17 バリの生活満足度

バリ居住開始時期	カップリングタイプ	対象者(人)	生活満足度 N=55 ①	②	③	④
調査対象者全体		55	21.8	67.3	7.3	0.0
90年代以前		3	33.3	33.3	33.3	0.0
	日本人男性×インドネシア人女性	1	0.0	100.0	0.0	0.0
	日本人女性×インドネシア人男性	2	50.0	0.0	50.0	0.0
	日本人男性×日本人女性	*	*	*	*	*
	独身	*	*	*	*	*
90年代		17	5.9	88.2	0.0	0.0
	日本人男性×インドネシア人女性	*	*	*	*	*
	日本人女性×インドネシア人男性	15	6.7	86.7	0.0	0.0
	日本人男性×日本人女性	2	0.0	100.0	0.0	0.0
	独身	*	*	*	*	*
2000年以降		30	23.3	63.3	10.0	0.0
	日本人男性×インドネシア人女性	2	0.0	50.0	50.0	0.0
	日本人女性×インドネシア人男性	8	25.0	75.0	0.0	0.0
	日本人男性×日本人女性	8	0.0	75.0	25.0	0.0
	独身	12	41.7	50.0	0.0	0.0

①非常に満足している
②まあ満足している
③あまり満足していない
④まったく満足していない

のが、日本人移民の増加とそれによる生活ノウハウなどの情報が蓄積されていくにつれて、より具体的に相対的なミクロな事項へと移行していることがわかる。

(4) 基本属性

最後に調査対象者の基本属性について検討する。

①ライフステージ（表5－20）

全体で多いのは末子未就学、次いで独身と末子小学生である。バリ居住開始が「90年代以前」層では末子小学生、子独立、「90年代」層では末子未就学末子小学生が、「2000年以降」層は独身と末子未就学が多い。

対象者(人)	満足している理由 N=49							対象者(人)	不満理由 N=4	
	①	②	③	④	⑤	⑥	⑦		①	②
49	53.1	38.8	34.7	30.6	26.5	16.3	14.3	4	75.0	25.0
2	50.0	0.0	0.0	0.0	0.0	0.0	0.0	1	100.0	0.0
1	0.0	0.0	0.0	0.0	0.0	0.0	0.0	0	0.0	0.0
1	100.0	0.0	0.0	0.0	0.0	0.0	0.0	1	100.0	0.0
*	*	*	*	*	*	*	*	*	*	*
*	*	*	*	*	*	*	*	*	*	*
16	43.8	50.0	43.8	50.0	25.0	25.0	18.8	0	0.0	0.0
*	*	*	*	*	*	*	*	*	*	*
14	42.9	50.0	50.0	50.0	14.3	28.6	21.4	0	0.0	0.0
2	50.0	50.0	0.0	50.0	100.0	0.0	0.0	0	0.0	0.0
*	*	*	*	*	*	*	*	*	*	*
26	57.7	34.6	34.6	23.1	23.1	15.4	11.5	3	66.7	33.3
1	100.0	100.0	0.0	100.0	100.0	100.0	0.0	1	100.0	100.0
8	50.0	37.5	25.0	25.0	12.5	12.5	12.5	0	0.0	0.0
6	66.7	0.0	16.7	0.0	16.7	16.7	0.0	2	50.0	0.0
11	54.5	45.5	54.5	27.3	27.3	9.1	18.2	0	0.0	0.0

①自由に色々なことができるから
②バリにいる日本人とうまくいっているから
③自分らしさが実感できるから
④現地人とうまくいっているから
⑤仕事がうまくいっているから
⑥わずらわしい人間関係がないから
⑦行事の参加を通じて現地にとけ込めているから

①自分らしさが実感できない
②行事が多くてわずらわしい

②同居家族(表5－21)

　同居している家族数をみると、「1人」が多く、次いで「3人」、「4人」である。バリ居住開始が「90年代以前」層では「6人以上」や「2〜3人」、「90年代」層では「4〜5人」が、「2000年以降」層は「1人」が多い。
　同居している家族の属性をみると、配偶者、子どもが多く、バリ在住開始年代にかかわらず同様の傾向がみられる。

③住まい方・出身地(表5－22)

　住居形態についてみると「持家一戸建て」が多く、次いで「借家一戸建て」

表5－18　バリにおける今後の意向

バリ居住開始時期	カップリングタイプ	対象者(人)	バリで今後やりたいこと N=55					
			①	②	③	④	⑤	⑥
調査対象者全体		55	61.8	54.5	52.7	50.9	45.5	45.5
90年代以前		3	33.3	66.7	33.3	33.3	100.0	33.3
	日本人男性×インドネシア人女性	1	100.0	100.0	100.0	100.0	100.0	100.0
	日本人女性×インドネシア人男性	2	0.0	50.0	0.0	0.0	100.0	0.0
	日本人男性×日本人女性	＊	＊	＊	＊	＊	＊	＊
	独身	＊	＊	＊	＊	＊	＊	＊
90年代		17	88.2	76.5	82.4	52.9	70.6	35.3
	日本人男性×インドネシア人女性	＊	＊	＊	＊	＊	＊	＊
	日本人女性×インドネシア人男性	15	86.7	73.3	86.7	46.7	66.7	33.3
	日本人男性×日本人女性	2	100.0	100.0	50.0	100.0	100.0	50.0
	独身	＊	＊	＊	＊	＊	＊	＊
2000年以降		30	56.7	50.0	36.7	46.7	30.0	43.3
	日本人男性×インドネシア人女性	2	100.0	100.0	50.0	100.0	50.0	100.0
	日本人女性×インドネシア人男性	8	50.0	87.5	87.5	25.0	75.0	25.0
	日本人男性×日本人女性	8	62.5	0.0	25.0	37.5	0.0	50.0
	独身	12	50.0	50.0	8.3	58.3	16.7	41.7

①収入などの経済基盤の安定
②日本にいる友人・知人との交流
③子どもの教育
④現在、展開している仕事の事業規模拡大（手伝いも含む）
⑤日本にいる家族や親戚との交流
⑥新たなビジネスの展開（手伝いも含む）
⑦日本人会の活動
⑧現地人との交流
⑨現地のコミュニティへの参加
⑩帰国を含めた転職・転居

である。バリ居住開始が「90年代以前」層では「持家一戸建て」と「持家集合住宅」、「90年代」層では「持家一戸建て」が、「2000年以降」層では「持家一戸建て」と「借家一戸建て」が多い。

　調査対象者の出身地をみると、関東地方がもっとも多く、次いで中部地方、近畿地方である。バリ居住開始が「90年代」層までは関東地方、「2000年以降」層は中部地方、近畿地方、中国四国地方と分散している。

　以上、バリ日本人会会員のバリへのかかわり方について、居住以前、居住以降、今後の展望に区分して概観してきた。バリ居住開始時期を分析の基軸

	⑦	⑧	⑨	⑩	不安有無 N=55 ①	②
	27.3	23.6	7.3	7.3	85.5	14.5
	33.3	33.3	33.3	0.0	66.7	33.3
	0.0	0.0	0.0	0.0	100.0	0.0
	50.0	50.0	50.0	0.0	50.0	50.0
	*	*	*	*	*	*
	*	*	*	*	*	*
	23.5	17.6	5.9	11.8	88.2	11.8
	*	*	*	*	*	*
	13.3	13.3	6.7	13.3	86.7	13.3
	100.0	50.0	0.0	0.0	100.0	0.0
	*	*	*	*	*	*
	23.3	23.3	6.7	6.7	86.7	13.3
	100.0	100.0	0.0	50.0	100.0	0.0
	12.5	12.5	12.5	0.0	87.5	12.5
	12.5	12.5	0.0	0.0	87.5	12.5
	25.0	25.0	8.3	8.3	83.3	16.7

①あり
②なし

に据えたが、「90年代以前」層、「90年代」層、「2000年以降」層の各セグメントの違いが明らかになった。それを概括してみると、時代が下がるにつれて、バリの情報収集における認知経路が多様化してきていること、さらにその認知は主に人的なネットワークによるものではなく、メディアやHPによるものが多いこと、また、バリの第一印象が懐かしさ→日本との違い→観光とバリ社会の多様性というように、イメージが多様化しているだけでなく複層化していることである。さらに明らかになったのは、バリでの人的ネットワークは「90年代以前」層から「90年代」層へと拡大しているものの、「2000年代

表5-19　今後の不安

バリ居住開始時期	カップリングタイプ	対象者(人)	バリでの生活不安 N=47 ①	②	③	④	⑤	⑥
調査対象者全体		47	48.9	46.8	42.6	40.4	40.4	34.0
90年代以前		2	0.0	100.0	0.0	50.0	100.0	0.0
	日本人男性×インドネシア人女性	1	0.0	100.0	0.0	0.0	100.0	0.0
	日本人女性×インドネシア人男性	1	0.0	100.0	0.0	100.0	100.0	0.0
	日本人男性×日本人女性	*	*	*	*	*	*	*
	独身	*	*	*	*	*	*	*
90年代		15	80.0	60.0	73.3	66.7	66.7	46.7
	日本人男性×インドネシア人女性	*	*	*	*	*	*	*
	日本人女性×インドネシア人男性	13	76.9	61.5	76.9	61.5	61.5	46.2
	日本人男性×日本人女性	2	100.0	50.0	50.0	100.0	100.0	50.0
	独身	*	*	*	*	*	*	*
2000年以降		26	34.6	34.6	26.9	26.9	26.9	30.8
	日本人男性×インドネシア人女性	2	100.0	100.0	50.0	0.0	0.0	0.0
	日本人女性×インドネシア人男性	7	57.1	57.1	42.9	71.4	14.3	71.4
	日本人男性×日本人女性	7	0.0	14.3	14.3	0.0	28.6	28.6
	独身	10	30.0	20.0	20.0	20.0	40.0	10.0

以降」層になるとやや縮小傾向にあること、活動の参加率が低下傾向にあるのは、バリの日本人において情報交換など日本人会の役割や機能が相対的に低下したことによるもの、などである。

5　多重化する情報環境

(1) ポスト「文化的エンクレイブ化」

　バリに在住する日本人にとって、情報環境がどうであるかは自分たちの日常生活上のニーズをみたし、いわゆるセーフティネットを構築するにあたって中心的な問題構制をなすものである。ところで、こうした情報環境においてきわめて重要な位置を占めているのがエスニック・メディアである。しか

⑦	⑧	⑨	⑩	⑪	⑫	⑬	⑭	⑮	⑯
31.9	25.5	17.0	14.9	14.9	14.9	12.8	6.4	4.3	2.1
0.0	0.0	0.0	50.0	0.0	0.0	50.0	0.0	0.0	0.0
0.0	0.0	0.0	100.0	0.0	0.0	0.0	0.0	0.0	0.0
0.0	0.0	0.0	0.0	0.0	0.0	100.0	0.0	0.0	0.0
*	*	*	*	*	*	*	*	*	*
*	*	*	*	*	*	*	*	*	*
46.7	53.3	33.3	33.3	20.0	33.3	20.0	13.3	6.7	6.7
*	*	*	*	*	*	*	*	*	*
46.2	46.2	30.8	38.5	15.4	23.1	15.4	15.4	7.7	7.7
50.0	100.0	50.0	0.0	50.0	100.0	50.0	0.0	0.0	0.0
*	*	*	*	*	*	*	*	*	*
23.1	11.5	11.5	3.8	15.4	7.7	3.8	3.8	3.8	0.0
0.0	50.0	50.0	0.0	50.0	0.0	0.0	0.0	0.0	0.0
57.1	14.3	28.6	14.3	0.0	0.0	0.0	14.3	0.0	0.0
28.6	14.3	0.0	0.0	14.3	14.3	0.0	0.0	0.0	0.0
0.0	0.0	0.0	0.0	20.0	10.0	10.0	0.0	10.0	0.0

①地震などの自然災害　　　　　⑨自分の国籍
②景気の悪化　　　　　　　　　⑩自分や家族の失業
③バリやインドネシアの政情不安　⑪自分の将来が見えない
④社会保障制度があてにならない　⑫自分がどんどん年をとっていく
⑤収入が変動して生活が不安定になること　⑬税金や保険料などの負担増加
⑥自分や家族の老後の健康　　　⑭バリの社会にとけこんでいけるか
⑦子どもや孫の将来　　　　　　⑮努力しても報われないこと
⑧治安の悪化　　　　　　　　　⑯日本の変化に取り残されること

しこれまで海外日本人社会というと、その閉鎖性、同質性とともに居住国内産と出自国産からなるエスニック・メディアによるコミュニティの席巻が指摘されてきた。そして日常的に母語の印刷メディアとか母語のインターネットなどに依存し、家族や友人とは母語でコミュニケーションをし、余暇時間は母国からのテレビ番組に興じるといった「文化的エンクレイブ化」(白水繁彦)のなかにあるコミュニティの風景が取りざたされてきた。だが今日、そうした単風景に収斂しない多重的な情報環境ができあがりつつあるようにみえる。少なくとも、バリに在住する日本人をめぐってはさまざまなエスニック・メディアが交錯するとともに、メディア利用の相が複層化、多次元化している。

表5-20 ライフステージ

バリ居住開始時期	カップリングタイプ	対象者(人)	ライフステージ N=55 ①	②	③	④	⑤	⑥
調査対象者全体		55	20.0	9.1	29.1	20.0	9.1	5.5
90年代以前		3	0.0	0.0	0.0	66.7	0.0	33.3
	日本人男性×インドネシア人女性	1	0.0	0.0	0.0	100.0	0.0	0.0
	日本人女性×インドネシア人男性	2	0.0	0.0	0.0	50.0	0.0	50.0
	日本人男性×日本人女性	*	*	*	*	*	*	*
	独身	*	*	*	*	*	*	*
90年代		17	0.0	11.8	35.3	29.4	17.6	0.0
	日本人男性×インドネシア人女性	*	*	*	*	*	*	*
	日本人女性×インドネシア人男性	15	0.0	6.7	40.0	26.7	20.0	0.0
	日本人男性×日本人女性	2	0.0	50.0	0.0	50.0	0.0	0.0
	独身	*	*	*	*	*	*	*
2000年以降		30	33.3	10.0	26.7	6.7	6.7	6.7
	日本人男性×インドネシア人女性	2	0.0	50.0	50.0	0.0	0.0	0.0
	日本人女性×インドネシア人男性	8	0.0	12.5	75.0	12.5	0.0	0.0
	日本人男性×日本人女性	8	0.0	12.5	12.5	12.5	25.0	25.0
	独身	12	83.3	0.0	0.0	0.0	0.0	0.0

①学校を卒業、就職または習い事や家事手伝いの独身者
②既婚で現在子どもがいない
③末子(一人の場合はその子)が小学校入学以前の親
④末子が小学生の親
⑤末子が中学・高校・大学などの学生の親
⑥すべての子どもが学校を卒業して就職・または結婚した親

表5-21 同居家族

バリ居住開始時期	カップリングタイプ	対象者(人)	同居家族数 N=55 ①	②	③	④	⑤	⑥
調査対象者全体		55	29.1	91.0	20.0	18.2	10.9	9.1
90年代以前		3	0.0	33.3	33.3	0.0	0.0	33.3
	日本人男性×インドネシア人女性	1	0.0	0.0	100.0	0.0	0.0	0.0
	日本人女性×インドネシア人男性	2	0.0	50.0	0.0	0.0	0.0	50.0
	日本人男性×日本人女性	*	*	*	*	*	*	*
	独身	*	*	*	*	*	*	*
90年代		17	5.9	5.9	17.6	35.3	23.5	5.9
	日本人男性×インドネシア人女性	*	*	*	*	*	*	*
	日本人女性×インドネシア人男性	15	6.7	0.0	20.0	33.3	26.7	6.7
	日本人男性×日本人女性	2	0.0	50.0	0.0	50.0	0.0	0.0
	独身	*	*	*	*	*	*	*
2000年以降		30	43.3	10.0	16.7	13.3	6.7	6.7
	日本人男性×インドネシア人女性	2	0.0	50.0	0.0	0.0	0.0	50.0
	日本人女性×インドネシア人男性	8	0.0	0.0	25.0	37.5	25.0	12.5
	日本人男性×日本人女性	8	37.5	25.0	25.0	12.5	0.0	0.0
	独身	12	83.3	0.0	8.3	0.0	0.0	0.0

①1人(自分だけ) ②2人 ③3人 ④4人 ⑤5人 ⑥6人以上

ちなみに日本人社会に深く浸透しているエスニック・メディアは、もはや居住国内産と出自国産のメディアにとどまらない。後述するように、これら以外に国内のマジョリティ向けの主流メディア、世界各地に住む同胞がかかわるディアスポラ・メディア、そして世界のすみずみまで届くグローバル・メディアが存在し、これらを適切に使いわけながら多重的な情報環境が日常的につくられつつある（白水 2009: 164）。こうして移住先のエンクレイブの変容がうながされる一方で、日本人社会じたいが脱ナショナリティの志向をはぐくむようになっている。それでは、バリの日本人社会では、実際にメディアはどのように利用され、その結果、どのようにして脱領域的な情報環境が形成されつつあるのだろうか。

(2) 複層化する日常使用言語

　まずその前に、メディアの利用シーンと大幅にかさなりあう日常言語の使用状況についてみておこう。もちろん、これには居住開始時期およびカップリングの違いが規定要因として作用している。**表5－23**によると、配偶者と

対象者(人)	①	②	③	④	⑤
37	78.4	73.0	5.4	5.4	18.9
3	66.7	66.7	0.0	0.0	0.0
1	0.0	100.0	0.0	0.0	0.0
2	100.0	50.0	0.0	0.0	0.0
＊	＊	＊	＊	＊	＊
＊	＊	＊	＊	＊	＊
15	86.7	86.7	6.7	0.0	20.0
＊	＊	＊	＊	＊	
13	84.6	92.3	7.7	0.0	23.1
2	100.0	50.0	0.0	0.0	0.0
＊	＊	＊	＊	＊	＊
16	81.3	62.5	6.3	12.5	18.8
2	100.0	50.0	0.0	0.0	50.0
8	87.5	75.0	12.5	12.5	25.0
5	80.0	60.0	0.0	0.0	0.0
1	0.0	0.0	0.0	100.0	0.0

表頭：同居している家族 N=37

①配偶者　②子ども　③配偶者の親　④友人・知人　⑤その他

表5-22 住まい方・出身地

バリ居住開始時期	カップリングタイプ	対象者(人)	①	②	③	④	⑤
調査対象者全体		55	40.0	25.5	14.5	10.9	3.6
90年代以前		3	66.7	0.0	0.0	33.3	0.0
	日本人男性×インドネシア人女性	1	0.0	0.0	0.0	100.0	0.0
	日本人女性×インドネシア人男性	2	100.0	0.0	0.0	0.0	0.0
	日本人男性×日本人女性	＊	＊	＊	＊	＊	＊
	独身	＊	＊	＊	＊	＊	＊
90年代		17	52.9	17.6	0.0	5.9	5.9
	日本人男性×インドネシア人女性	＊	＊	＊	＊	＊	＊
	日本人女性×インドネシア人男性	15	53.3	13.3	0.0	6.7	6.7
	日本人男性×日本人女性	2	50.0	50.0	0.0	0.0	0.0
	独身	＊	＊	＊	＊	＊	＊
2000年以降		30	36.7	33.3	20.0	6.7	3.3
	日本人男性×インドネシア人女性	2	50.0	0.0	0.0	50.0	0.0
	日本人女性×インドネシア人男性	8	75.0	12.5	0.0	12.5	0.0
	日本人男性×日本人女性	8	25.0	37.5	37.5	0.0	0.0
	独身	12	16.7	50.0	25.0	0.0	8.3

①持ち家一戸建て ④持ち家集合住宅
②借家一戸建て ⑤社宅・寮
③賃貸集合住宅

子どもでは日常使用言語にかなりの違いがあることがわかる。配偶者にたいしては、全体の約40パーセントがインドネシア語で会話をしている(「インドネシア語で会話している」+「インドネシア語が中心であるが、ときたま日本語で会話する」)。反対に子どもにたいしては、全体の70パーセント近くが日本語で会話をしている(「日本語で会話をする」+「日本語が中心であるが、ときたまインドネシア語で会話する」)。しかしこうした動向も、居住開始時期によって、またカップリングによって偏差をともなっている。「90年代以前」層から「90年代」層へ、さらに「2000年以降」層になるにつれ、配偶者にたいしても子どもにたいしても使用言語は日本語が多くなっている。とりわけ「日本人女性×インドネシア男性」においてこの傾向が顕著にみられる。ちなみに、配偶者にたいする主たる使用言語としてインドネシア語を用いているのは、「90年代以前」層では80パーセント、「90年代」層では70.3パーセント、「2000年以降」層では40パーセントと急落している。また、子どもにたいする主たる使用

出身地 N=55						
①	②	③	④	⑤	⑥	⑦
7.3	36.4	20.0	16.4	12.7	1.8	1.8
0.0	66.7	33.3	0.0	0.0	0.0	0.0
0.0	100.0	0.0	0.0	0.0	0.0	0.0
0.0	50.0	50.0	0.0	0.0	0.0	0.0
*	*	*	*	*	*	*
*	*	*	*	*	*	*
0.0	64.7	17.6	11.8	0.0	0.0	0.0
*	*	*	*	*	*	*
0.0	66.7	13.3	13.3	0.0	0.0	0.0
0.0	50.0	50.0	0.0	0.0	0.0	0.0
*	*	*	*	*	*	*
6.7	16.7	23.3	23.3	20.0	3.3	3.3
0.0	0.0	0.0	0.0	100.0	0.0	0.0
12.5	0.0	12.5	37.5	25.0	0.0	0.0
0.0	25.0	50.0	0.0	12.5	12.5	0.0
8.3	25.0	16.7	33.3	8.3	0.0	8.3

①北海道・東北地方　⑤中国・四国地方
②関東地方　⑥九州・沖縄地方
③中部地方　⑦その他外国
④近畿地方

　言語としてインドネシア語を用いているのは、「90年代以前」層では60パーセント、「90年代」層では28.0パーセントと次第に下降し、そして「2000年以降」層ではついに0パーセントになっている。

　こうした動向を全体としてどう読み込むかはむずかしい問題ではあるが、確実にいえることは、「日本人女性×インドネシア男性」のところで、「2000年以降」層よりは「90年代」層において、さらに「90年代以前」層においてインドネシア社会に同化しようとする意識が強かったことである。このことからすぐさま同化主義的な圧力を「身体化」していたとはいえないにしても、いわゆる「モデル・マイノリティ」として自己を達成しようとする意識が過去に遡るほど強かったことはたしかである。だから、逆に最近になればなるほど、インドネシアに同化するよりも、「わたしたち日本人」という意識が頭をもたげてきているともいえる。もっとも、使用言語の動向だけで以上のことを言い切ってしまうのにはやや不安はある。

表5-23　バリ在住日本人が接触する情報メディア

バリ居住開始時期	カップリングタイプ	対象者(人)	子どもの有無 N=91	日常使用言語 配偶者 N=91				日常使用言語 子ども N=75			
				①	②	③	④	①	②	③	④
調査対象者全体		91	82.4	20.9	19.8	12.1	16.5	5.3	12.0	42.7	34.7
90年代以前		6	100.0	50.0	16.7	0.0	16.7	16.7	33.3	16.7	16.7
	日本人男性×インドネシア人女性	1	100.0	0.0	0.0	0.0	100.0	0.0	0.0	100.0	0.0
	日本人女性×インドネシア人男性	5	100.0	60.0	20.0	0.0	0.0	20.0	40.0	0.0	20.0
	日本人男性×日本人女性	*	*	*	*	*	*	*	*	*	*
	独身	*	*	*	*	*	*	*	*	*	*
90年代		32	93.8	28.1	34.4	9.4	15.6	10.0	20.0	30.0	36.7
	日本人男性×インドネシア人女性	1	100.0	0.0	100.0	0.0	0.0	0.0	100.0	0.0	0.0
	日本人女性×インドネシア人男性	27	92.6	33.3	37.0	11.1	18.5	8.0	20.0	24.0	44.0
	日本人男性×日本人女性	3	100.0	0.0	0.0	0.0	0.0	33.3	0.0	66.7	0.0
	独身	1	100.0								
2000年以降		47	70.2	10.6	10.6	17.0	19.1	0.0	0.0	57.6	36.4
	日本人男性×インドネシア人女性	1	100.0	0.0	0.0	0.0	100.0	0.0	0.0	100.0	0.0
	日本人女性×インドネシア人男性	25	84.0	20.0	20.0	32.0	28.0	0.0	0.0	57.1	42.9
	日本人男性×日本人女性	14	71.4	0.0	0.0	0.0	0.0	0.0	0.0	70.0	20.0
	独身	6									

①インドネシア語（または他の外国語）で会話している
②インドネシア語（または他の外国語）が中心であるが、ときたま日本語で会話する
③日本語で会話する
④日本語が中心であるが、ときたまインドネシア語（または他の外国語）で会話する

(3) 接触情報メディアの動向

　ところで、以上のような時代の推移とともにある使用言語状況は、当然のことながら、メディアの利用状況とも響き合う。再度、表5-23に目を移すと、本人の接触情報メディアと子どもの接触情報メディアにおいてはっきりとした違いがみられることがわかる[7]。つまり前者では使用言語が日本語のメディア（『バリフリーク』、NHK衛星放送、「ケチャック瓦版」、「アピ・マガジン」等）、後者では使用言語がどちらかというとインドネシア語のメディア（INDOSIA, RCTI, BALI POS）が主流をなしている。とはいえ、それぞれにおいて居住開始時期およびカップリングタイプで利用メディアが異なっている。情報メディアでは、「90年代以前」層ではどのカップリングタイプにおいても、バリ日

第5章　日本人社会の多様なネットワーク（1）

本人の接触情報メディア（上位3項目）	子どもの接触情報メディア（上位3項目）
バリフリーク (89.0)、NHK衛星放送 (63.7)、アピ・マガジン (50.5)	NHK衛星放送 (34.7)、INDOSIAR (24.0)、RCTI (24.0)
ケチャック瓦版 (83.3)、NHK衛星放送 (83.3)、バリフリーク (66.7)	RCTI (50.0)、METRO TV (50.0)、BALI TV (ili (50.0)
NHK衛星放送 (100.0)、ケチャック瓦版 (100.0)	その他 (100.0)
NHK衛星放送 (80.0)、ケチャック瓦版 (80.0)、BALIPOST他 (40.0)	RCTI (60.0)、METRO TV (60.0)、BALI TV (60.0)、BALI POS他 (60.0)
＊	＊
＊	
バリフリーク (87.5)、NHK衛星放送 (59.4)、アピ・マガジン (40.6)	INDOSIAR (40.0)、SCTV (40.0)、NHK衛星放送 (36.7)
ケチャック瓦版 (100.0)、NHK衛星放送 (100.0)、BALIPOS (100.0)	BALIPOS (100.0)、NHK衛星放送 (100.0)
バリフリーク (96.3)、NHK衛星放送 (59.3)、アピ・マガジン (48.1)	INDOSIAR (48.0)、SCTV (48.0)、ANTV他 (32.0)
ケチャック瓦版 (66.7)、バリフリーク (66.7)、NHK衛星放送 (66.7)	NHK衛星放送 (66.7)、バリフリーク (33.3)
SCTV (100.0)、TVRI (100.0)、BALI TV (100.0)	-
バリフリーク (93.6)、アピ・マガジン (63.8)、NHK衛星放送 (61.7)	NHK衛星放送 (30.3)、ANTV (18.2)、RCTI (15.2)
バリフリーク (100.0)、アピ・マガジン (100.0)、INDOSIAR他 (100.0)	-
バリフリーク (88.0)、アピ・マガジン (60.0)、NHK衛星放送 (60.0)	NHK衛星放送 (42.9)、ANTV (28.6)、RCTI (23.8)
バリフリーク (100.0)、アピ・マガジン (57.1)、NHK衛星放送 (57.1)	バリフリーク (20.0)、日本経済新聞・衛星版他 (10.0)
バリフリーク (100.0)、アピ・マガジン (100.0)、NHK衛星放送 (83.3)	

　本人会の機関誌「ケチャック瓦版」とNHK衛星放送が80パーセント以上の高率をもって取りあげられている。まさに、この時期に居住し始めたバリ在住の日本人にとって、バリ日本人会が中心をなしていたことを示すものである。上記の二つのメディアが主流をなす情報環境は「90年代」層においても維持されることになったが、同時にこの時期に「日本人女性×インドネシア人男性」を担い手／支え手として「バリフリーク」および「アピ・マガジン」が立ちあらわれている。「2000年以降」層になると、「バリフリーク」および「アピ・マガジン」がバリ在住の日本人の情報環境を席巻する構図がはっきりとしてくる。もちろん、バリ在住の日本人が高率でNHK衛星放送に接触する状況は依然として続いているが、「ケチャック瓦版」は後景にしりぞいてしまっている。要するに、「2000年以降」層では、「ケチャック瓦版」は「同胞メ

ディア」としてありながらも、もはや日本人の日々の情報欲求に応えるものとはならなくなってしまっているのである。このことは、多くのバリ在住日本人にとって日本人会がいわゆる「適応援助機関」としては副次的な存在になってしまっていることを示すものでもある。

さてあらためて、子どもの接触情報メディアに目を転じてみると、「90年代以前」層ではインドネシア国内のマジョリティ向けのメディアが情報環境の中心にあることがわかる。しかもその場合、「読むメディア」＝情報誌ではなく、「見るメディア」＝テレビであることが興味深い。「見るメディア」へ

表5－24　バリ在住日本人が読む雑誌（2009年8月現在）

	BUKA JTB	あちゃら
刊行年	1999年	2000年
現在の号数	60号	60号
発行頻度	隔月	3ヶ月ごとに定期発行
現在の発行部数	20,000部	25,000部
発行音	PT.Zaman Tropis Media Denpasar	PT. Fajar Bali
発行場所	Tabanan, Bali	Tabanan & Jakarta
配置場所	バリの和食レストラン、ホテル、ジャカルタの日本人が主に使うレストラン、ホテル、日本のJTBオフィス	空港（ングラライ空港）、バリの和食レストラン、ホテル、スーパーマーケット（Hardy's）、コンビニ（Circle K）
対象読者	旅行者	旅行者
当雑誌以外の他の発行物	無し	無し
編集者の人致	3人（インドネシア人2人、日本人1人）	4人（インドネシア人3人、日本人1人）
誌面製作の方法	内部	内部
表紙		

出所：筆者らが作成。ただし、作成に際し、ニ・ヌンガー・スアルティニの助力を得た。

の傾斜は、「90年代」層においても基調をなしている。しかし同時に、この層では「日本人」としてのアイデンティティのめばえとともに「NHK衛星放送」への接触が強くみられるようになる。そして「2000年以降」層においてこの動きはより強まる。いずれにせよ、こうして日本語で「読むメディア」と日本語を通して「見るメディア」が情報環境の中心に位置するようになっている。

ここで、本人および子どもが日常的に接触する日本語による情報メディア（ただし、NHK衛星放送は除く）について概観しておこう。表5-24は、その

BaliWalker	バリフリーク	アピ・マガジン
2000年	2001年	2002年
105号	105号	76号
月刊	月刊	隔月
5,000～10,000部	8,000～13,000部	20,000部
CV. Bali Walker by Bali Mode	PT. Harum Indah Sari Tours & Trave	PT. Abadi Business Solutions
Denpasar	Denpasar	Denpasar
空港（ングラライ空港）、免税店（PlazaBali）、ショッピングモール（Matahari Bali Galeria）、バリの和食レストラン	スポンサーになっているスーパーマーケット、レストラン	日本食スーパー（パパイヤ）、ショッピングモール（Matahari Bali Galeria）、免税店（Plaza Bali）
旅行者（70％）バリに滞在している日本人（30％）	HIS利用客、バリ在住日本人	旅行者（50％）バリに滞在している日本人（50％）
無し（ただし『るるぶ』等の企画に協力）	あり（『マップル』バリ特集号の年1回刊行・編集、HISのオリジナルブックス、JALPACSのオプショナルブックスの製作）	無し（ただし、一時期、『GARUDA』を、また不定期に『歩く人』も製作）
1人（日本人）	4人（日本人女性）	17人（インドネシア人13人、日本人4人）
内部	内部	内部

主だったものの概要である。すべて旅行者向けの情報誌として刊行されているが、バリ在住日本人が日常的に手にとっているものでもある。特徴的なのは、いずれも日本人観光客がピークに達する2000年前後に創刊されており、発行頻度がかなり高く部数も多いこと、日本人女性の周到な取材をベースとするフリーマガジン（無料誌）であること、しかし観光客だけでなく生活者にも目配りをし、バリ在住日本人の日常生活上のニーズにも応える紙面となっている（配布場所はバリ在住日本人が日常的に利用するスーパーとかレストラン、いわゆる「エスニック・ビジネス」の店頭がメインとなっている）ことである。そして実際に、「バリフリーク」は別にして、他の4誌はングラライ空港の入港窓口の脇にある棚にうず高く積まれているが、観光客の目に触れることはほとんどない。しかしおなじみのスーパーとかレストランなどではたちまちのうちに無くなってしまう。ちなみに、5誌のうち、バリ在住日本人の間で最もよく読まれているのが「バリフリーク」と「アピ・マガジン」である。この二つの雑誌は一見したところ、見て、食べて、遊ぶという、旅の三大要素に照準しているようにみえるが、紙面の随所にバリ在住日本人にフィットする生活情報が盛り込まれている。

　ちなみに、「バリフリーク」は、PAO（パオ）というプロダクションがHISバリ支店から依頼され創刊したものであるが、当初より「観光客よりはむしろ在住者が喜ぶような情報誌を作成する」ことをめざしたという。創刊号は28頁であったが、その後、リニューアルのたびに増ページしていった（現在、34頁）。紙面づくりにあたっては、普段からいろいろな分野にアンテナをはり、「住んでいる人」からの情報を大切にしているという。当初は読者層を20歳代前半から30歳代前半に据えたが、その後、読者層を拡げ、「若者向け」というよりは「大人向け」にしていった。そして若者風の文体からさまざまな大人が読めるような文体とか記事にしていったという。他方、「アピ・マガジン」は、ウェブサイトだけで展開している旅行会社バリ・ツアー・コムが隔週刊として創刊したものであるがあきらかに「ぴあ」を意識して立ち上げたものであった。「あぴ」としてはじまったこの雑誌は、最初から日本人とか日本社会以外の情報（特にイベント情報）を積極的にとりあげ、それを日本

人に提供することに心がけたという。つまり「バリフリーク」とはまったく正反対のスタンスから、バリ在住日本人向けの情報誌としての価値を高めていったのである。パパイヤ（上記旅行社の支店が置かれている日本食スーパー）での反響は驚くほどであるという。

(4) 接触情報メディアの出自国化

　ところで、表5－23にたちかえっていま一度確認しておきたいのは、本人と子どもの間で主たる接触情報メディアが印刷メディア（「読むメディア」）から放送メディア（「見るメディア」）へと移っていることである。この場合、放送メディアの多くがインドネシア国内のマジョリティ向けの主流メディアであることについては先にも述べたが、しかし「90年代」層になると、同じ放送メディアでも出自国からの番組の再放送がメインとなるNHK衛星放送が子どもの接触情報メディアの仲間入りをすることになり、「2000年以降」層ではその占める位置がますます大きくなっている。その反面、「バリフリーク」は別にして、Bali Pos のような印刷メディアからはますます遠くなっているのである。いずれにせよ、子どもが日常的に接触するメディアは多様化しているものの、「出自国化」への動きが顕著にみられるのもたしかである。いうまでもなく、こうした動きは、本人の間でみられる接触情報メディアの動向（母語の印刷メディアと放送メディアが中心になるという出自国化）と深く共振していると考えられる。

　なお、この間、エスニック・メディアについては、多言語併設メディアが「集団間的機能」をになうものとして注目されているが（白水2009）、バリの日本人社会では、たしかに Bali Travel News（英語と日本語の併記）のようなものが存在するものの、多くの人びとの耳目をとらえるには至っていない。また近年、とりわけ若者の間では、印刷メディアはいうにおよばず放送メディアさえ忌避し、インターネット経由の情報に頼る人が多くなっているといわれるが実際のところはよくわからない。ただ、ピンポイントの情報を提供する、日本人社会をターゲットとするウェブサイトやメールマガジンが数多くあらわれているのも事実である。表5－23でみるかぎり、そこのところはまったく

読み取ることができないが、「2000年以降」層のいわゆるニューカマー層でそうしたウェブサイトやメールマガジンにアクセスする人が増えているのは容易に想到することができる。ちなみに、筆者等が2007年1月におこなったインタビュー調査では、「日本人女性×インドネシア人男性」層のところで、印刷メディアにまったく依存せずに、もっぱらインターネット経由で出自国の新聞のサイトとかヤフー等のサイトにアクセスしている人が少なからずいることが判明した[※]。

※なお、本節の内容は、本書第8章においてより充実した形で展開されている。

6　むすびにかえて

すでに記したように、本章は、インドネシアのバリ島における日本人社会をフィールドにして、海外日本人社会のグローバル化社会(globalizing society)における立ち位置とナショナリティに閉じていかない、外に開かれたエスニック・コミュニティの一つの「かたち」を示すことに主眼が置かれている。

グローバル化の進展とともに、ヒト、モノ、コトのボーダレスなフローがみられるようになり、ナショナリティとの強い結びつきを必ずしも持たない「社会を越える社会」(J・アーリ)が立ちあらわれている。今日、そうしたものの一つとして海外日本人社会のあり様が取りざたされている。これまで海外日本人社会といえば、国策として「上から」創出された移民[8]、あるいは企業進出とセットとしてあった「企業移民」が中心であった。そして彼らは多くの場合、閉鎖的で同質的なコミュニティを形成してきた。それゆえまた個人の準拠枠の形成において母国と直結した情報環境がきわめて重要な役割を果たしてきた。しかし今日、旅と移住の間を行き来する、つまり自分の意思で国境を越え、棲み分けるフットワークの軽い「ライフスタイル移民」が増えるにつれ、「閉じる」コミュニティへの同化ではなく、ローカルな社会への「開かれた」関与をメルクマールとするような、脱ナショナリティ志向の日本人社会が部分的に出現している[9]。そこでは、地位とか肩書が幅をきかす、高

度にハイアラーキカルで、「同質性への志向」に根ざす景観とは異なる「エスノスケイプ」（A・アパデュライ）が立ちあらわれつつある。

　さて本章では、そうした「エスノスケイプ」を構成することになるいくつかの相(フェイズ)を、バリの日本人社会に照準して浮き彫りにすることにつとめたが、そこには《コロニアル―ポストコロニアル》、《開発―ポスト開発》の二つの軸が深い影をおとしているのに加えて、いわゆる国際結婚が対象自体を変奏する局面が重くのしかかっており、くっきりした形での脱ナショナリティ志向の日本人社会を浮かびあがらせることはできなかった。それでも、外に開かれたエスニック・コミュニティの一つの可能な「かたち」を示すことできたのではないかと思う。もちろん、本章が従来のナショナリティに視軸を据えた移民研究を凌駕する、モビリティ・スタディーズの質を担保し、「社会を越える社会」への確固たるまなざしに裏うちされたグローバルな市民社会論の形成に資するためには、まだまだ多くの課題をクリアしなければならないのはたしかである。ちなみに、情報環境に引き寄せていうと、こうした課題は何よりも、さまざまな「異なる他者」との互換的なメディエーションを介して内向きのエングレイブ化をいかに阻止するか、ということと深くかかわっている[10]。

　いずれにせよ、本章は、表題に示された問題構制の開示に向けての第一歩をしるしたにすぎない。

注

1　またそうした点で、「国家はより広い普遍的な「世界市民」へとメンバーを結びつけ、国を越えたアイデンティティを確立する手段ともなっている」とする小泉康一の指摘は的を射ている（小泉 2009 b）。

2　ここでいうネットワークとは、行動をうながす、あるいは媒介するネットワークのことであり、単に人間と人間との「あいだ」としてのネットワークのことではない。それはモノや情報、さらにエージェントが相互につながりあい、たえず増幅する「関係の束」として存在するものである。行動の体系としてネットワークをとらえるこうした見方は、今日、移動を考える場合に鍵になると思われる。

3　バリ日本領事館の話では、とりわけ最近は日本人女性とバリ人男性の間で週平均3組の婚姻が成立しているという。ちなみに、グリャによると、バリにおけるミックスト・マリッジ（雑婚）は、7世紀のバリ人の王と中国人の王妃の例に

まで遡ることができるし、コロニアル体制下には、バリ人とアメリカ人やオランダ人やドイツ人等とのカップリングが頻繁にみられた。グリヤは、ブーム性を帯びて立ちあらわれた 90 年代のバリ人と日本人のカップリングは、バリの真正の魅力（自然の美しさ、人びとのホスピタリティ、村落的価値等）がツーリズム戦略の中心に据えられた時期の所産である、と指摘している（Geriya 2002）

4　ここでは、バリ日本人会について本書第 3 章に抵触しないかぎりで「走り抜け」で概観した。なお、吉原（2008: 205-208）および Yoshihara（2010）も参照されたい。

5　もっとも、来住時期／居住開始時期別に「90 年代以前」、「90 年代」、「2000 年以降」と区分しても、それが時代相を反映していなければ意味がない。ここでは説明を避けたが、三つの時期は、グローバル・ツーリズムの展開（いわゆる端緒期、発展期、転換期）との関連でバリ社会が変動を画した時点とゆるやかに照応している。なお、グローバル・ツーリズムの展開それじたいについては、吉原編（2008）を参照のこと。

6　表 5 − 1 でも示したように本調査の総回収数が 55 人であるため、セグメンテーションやいくつかの条件をかけてしまうと、いわゆるベース割れを起こしてしまうこともあり、定量調査の結果として厳密に示すものではないことをあらかじめお断りしておく。

7　表 5 − 23 で示したもの以外にも、多くの情報誌がある。たとえば、日本人会女性部が発行している「ココナツ」は、日本人会内部とはいえ、多くの女性読者を獲得している。また後述するウェブサイトでは、「よもやまバリ」が若者の間で人気がある。そして何よりも注目されるのは、ジャカルタの日本人が制作しインドネシア中に広がっている「ディアスポラ・メディア」の一つである「じゃかるた新聞」が、バリの日本人の間で広く読まれていることである。「じゃかるた新聞」は、バリ在住の日本人がインドネシアのことだけでなく、日本国内の動向も知る上で、三大紙の衛星版以上に重要な役割を果たしている。

8　近年、「帝国と植民地主義」の文脈で、移民＝植民の存在形態をクローズアップしようとする動きがみられ、これにつらなる研究があらわれはじめている。たとえば、満州移民についていうと、蘭信三等による一連の著作が注目される（蘭 1994）（蘭編 2009）。しかし、こうした研究も、「モビリティと植民地」というテーマ設定の下に再検証される必要があろう。

9　ただ念のためにいうと、上記した「国策移民」、「企業移民」と「ライフスタイル移民」の境界はそれほど明確ではない。なぜなら、前者には「強制」＝「非選択」の契機だけでなく、「自発」の契機も含まれており、逆に後者には「自発」＝「選択」の契機だけでなく、「強制」＝「非自発」の契機も含まれているからである。移動をまねくものが錯綜し、移動動機が多様化すればするほど、両者の境界はあいまいになるであろう。なお、国際移動における「強制」と「自発」のダイナミクスについては、小泉（2009 a）が有益である。

10　この点でいわゆる多言語併設のエスニック・メディアの果たす役割はきわめて重要であると考えられる。しかし、バリの日本人社会についていうなら、こうしたメディアは印刷媒体でみるかぎり未見である。子どもの世代での活字離

れがこうした状況にどう作用するかが、今後注目されよう。

文 献

Anderson, B., 1983, *Imagined Communities: Reflections on the Origin and Spread of Nationalism*, Verso.（＝白石隆・白石さや訳，1987，『想像の共同体——ナショナリズムの起源と流行』リブロポート．）

蘭信三，1994，『「満州移民」の歴史社会学』行路社．

─── 編，2009，『中国残留日本人という経験——「満州」と日本を問い続けて』勉誠出版．

Bauman, Z., 2000, *Liquid Modernity*, Polity Press.（＝森田典正訳，2001，『リキッド・モダニティ——液状化する社会』大月書店．）

Geriya, I. W., 2002, *International Marriage: Tourism, Inter Marriage and Cultural Adaptation in the Family Life of Balinese-Japanese Couple in Bali*, Center for Japanese Studies, University of Udayana.

小泉康一，2009a，『グローバリゼーションと国際強制移動』勁草書房．

───，2009b，「彼らは移動によって難民となる——グローバル化のなかで加速する国際強制移動」『おちこち』(山川出版社) 31: 39-43.

白水繁彦，2009，「エスニック・メディアと言語——在日外国人のメディア利用」『日本語学』28: 163-172.

吉原直樹，2008，『モビリティと場所——21世紀都市空間の転回』東京大学出版会．

Yoshihara, N., 2010, *Fluidity of Place*, Trans Pacific Press.

〔付記〕本研究は、2009年度サントリー文化財団・人文科学、社会科学に関する研究助成（「グローバル化に伴うヒトの移動の新たな展開と海外日本人社会の変容に関する研究」代表・吉原）による研究成果の一部である。なお、アンケートの実施に際しては、バリ日本人会前会長の宇都克興氏から多大な御支援を賜わった。

第6章
日本人社会の多様なネットワーク(2)
―― X店協賛店をめぐって

吉原直樹、松本 行真

1 はじめに

　筆者らは前章で示した課題意識の下に、この間、バリをフィールドとして海外日本人社会の「新たな形」の描出につとめてきた。ところがごく近年になって、この「新たな形」に別のファクターが加わるようになっている。つまり「新たな形」として定型的に描かれてきた日本人社会にゆらぎが生じるようになり、より多面的な検討が必要になってきたのである。本章はバリのウブド地区（図6-1参照）のX店協賛店をめぐるネットワークに照準してこの課題に迫ろうとするものである[1]。

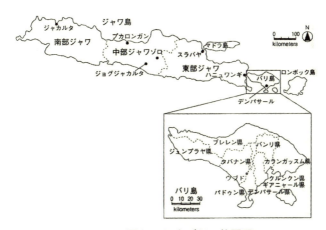

図6-1　ウブドの位置図

ところで、バリのウブド地区には100以上の店舗があり、日本人が経営に携わっている店舗も数多く存在する。ちなみに、今日、世界中からの観光客でにぎわっているハヌマン通りはかつて日本人街と呼ばれていた。とはいえ、日本人が何らかの形でかかわっている店舗のすべてを把握するのは困難である。本章の目的は、そうした店舗のうちX店(レストラン)協賛店に着目し、その加盟店のプロフィール、ネットワーク形成状況などを概観することによって先の課題を多少とも明晰にすることにある*。

> *なお以下の叙述は、2011年8月および2012年8月の現地調査の結果に基づいている(以下の引用に際しては2011年調査および2012年調査と略称する)。その概略を示せば、**表6－1**のようになる。ちなみに、上記2回の調査は緒に就いたばかりであり、本章は初発段階における第一次集約の域を出ない。最初にこのことをお断りしておきたい。

表6－1 2011年8月調査および2012年8月調査概要

	調査名	調査方法	対象数	回収数	回収率
2011年8月調査	バリの日本人によるビジネス・ネットワーク	留置式質問紙法	64	29	45.3%
2012年8月調査	バリ在住日本人の情報収集・発信の実態	留置式質問紙法	56	21	37.5%

2 X店協賛店の概要とネットワーク

(1) X店協賛店の概要

まずX店協賛店の中核を占めるX店であるが、この店舗が開店したのは1997年である。そして2002年にX店が発行するXカードを提示すると割引などの特典がうけられる制度としてX店 協賛店(Club, X Corporated Shop)が始まった**。制度発足時は3店舗であったが、2010年夏の調査時点では70店舗前後に達していた[2]。発足時のねらいは、X店に来店したら他店での特典が得られるという仕組の構築を通じて、協賛店同士による情報交換ができるようなネットワークを形成するという点にあったようだ。しかしながら、店

表6-2 X店協賛店の概要

番号	業態	開業時間	2011夏	2012夏	夫(年代)	妻(年代)	子ども	従業員	備考
①	R		×	○	日本人(70代)			6人	同一経営者
①'	O								(2012夏)契約終了
②	S	2003年	○	△	バリ人	日本人(40代)	男1	2人	同一経営者
③	S							2人	
④	R	1991年	○	○	バリ人	日本人(40代)			同一経営者
④'	R								
⑤	S	1994年	○	○	アチェ人(50代)	日本人(50代)	男1、女2	2人	
⑥	O	2001年	○	○	バリ人(40代)	日本人(40代)	男1、女1	2人	兄弟で経営
⑦	R		○	○	ジャワ人	日本人	男1、女1	2人	
⑧	R	1986年	○	○	バリ人	日本人(50代)	女1	4人	(2012夏)契約終了にて休業中
⑨	O	2003年	○	○	日本人(30代)	日本人(30代)	男1、女1		⑤と⑩は夫婦で経営
⑩		2003年						2人	(2012夏)ハヌマンに移動
⑪	S	1994年	○	○	ジャワ人	日本人(50代)	男2	2人	同一経営者
⑫	S							2人	
⑬	S	2002年	○	○	バリ人	日本人(30代)	男3	2人	
⑭	S	2000年	○	○	日本人	日本人(30代)		1人	
⑮	S	2001年	○	○	日本人(50代)	-		2人	
⑯	O	2003年	○	○	バリ人	日本人(40代)	(不明)2		
⑰	S	2001年	○	○	中国系インドネシア人	日本人(40代)	男1	2人	
⑱	S	1991年	○	○	バリ人	日本人(50代)	男1	なし	
⑲	S	1996年	無効	○	バリ人	日本人(40代)	女1		
⑳	O	2009年	○	○	バリ人(30代)	日本人(40代)	男1、女1	1人	
㉑	S	2005年	○	○	バリ人	日本人(30代)	なし	6人	㉛とのジョイントにて、レストランを開業
㉒	S	2010年	○	○	バリ人	日本人(30代)	(不明)1	2人	
㉓	R	1997年	○	×	日本人(40代)		1以上		
㉔	S	1996年	○	×	オーストラリア人	日本人(40代)			ウブド、スミニャックに複数店舗あり、スミニャックが拠点
㉕	R	2003年	○	×	日本人(40代)		男1、女1	25〜6人	(2012夏)マネージャーが転勤
㉖	S	2004年	○	×	バリ人	日本人(40代)		2人	
㉗	S	1996年	○	×	バリ人	日本人(50代)	女1	2人	
㉘	S	2006年	○	×	-	日本人(40代)		1人	
㉙	S		○	×	バリ人	日本人(30代)	男1	1人	
㉚	S	2007年	○	×	日本人	日本人	なし	2人	
㉛	R	2007年	○	×	日本人(30代)	日本人	女1	15人	
㉜	S	2010年	○	×	日本人	日本人(30代)	(不明)1		(2012夏)契約終了
㉝	S		×	-	日本人	日本人			家族すべて日本在住
㉞	S		×	-	バリ人	バリ人	(不明)1		
㉟	S		×	-	バリ人	日本人	女1		
㊱	S		×	-	ジャワ人	日本人	なし		
㊲	R		×	-	イタリア人	ジャワ人	女1	2人以上	
㊳	S		×	-	バリ人?	バリ人?			
㊴	S		×	-	バリ人	バリ人			
㊵	O		×	-	バリ人	-		2人	
㊶	R		×	-	台湾人	台湾人			
㊷	O		×	-	台湾人	台湾人			
㊸	S		×	-	日本人	日本人		1人	夫妻共に日本在住
㊹	O		×	-	バリ人	日本人	男1	5人	
㊺			×	-					
㊻	R		×	-					日本国内で展開
㊼	O		×	-	バリ人	バリ人		8人	同一敷地内で展開
㊽	O		×	-	バリ人	バリ人		8人	
㊾	R		×	-				6人	
㊿	S		×	-					(2011夏)移転のため不明
51	O		×	-	-	バリ人		6人	
52	R		×	-					日本国内で展開
53	S		×	-					スミニャックで展開
54	S		×	-	バリ人	日本人	男1	1人	別の店舗も経営
55	R		×	-	日本人	日本人	(不明)3	8人	日本でも同一ブランドで展開
56	S		×	-	バリ人	日本人			
57	S		×	-					ネットショップで展開
58	O		×	-					旅行会社
61	S		-	-					
62	O		-	-					
63	O		-	-					
64	S		-	-					デウィシタ通り→ハヌマン通りに移転?

舗同士のやりとりは必ずしも盛んではなく、今日なお発展途上の段階にある。また、協賛店のすべてが日本人と関係しているわけではない。さらに日本人とのかかわりが深い協賛店であっても、バリ島ではなく日本で展開しているものも何店かは存在している。ちなみに、協賛店の数は一定しておらず、X店協賛店を案内するホームページによると（http://angkasa.seesaa.net/category/7139694-1.html）、2011年夏の段階で64店舗、2012年夏の段階で56店舗となっている。そこで以下、2011年調査にもとづいて、2011年夏時点における協賛店のプロフィールを示すことにする。

＊＊ここでX店主Kの来歴について簡単に記しておく。1986年、北海道S市生まれ。S市内の私立大学（経済学部）卒業後、S市に本社のある会社に就職。2年弱勤務。その後、独立をめざしてアルバイトに従事。それから2年弱経ったところで、知り合いの年長の人にすすめられてはじめてバリに来る。3週間滞在。帰国してから半年後に再びバリへ。そのときは「リセットの心算で1年位」と考えていたが、その後、今日までバリに在住。96年から共同で店を開くが、翌年、独立してX店を開店（その前に開店資金を獲得するために3ヶ月ほど帰国しアルバイトに従事）。98年、ペジェン出身の女性（32歳）と結婚。子どもは2人（11歳と9歳の女の子）。隣接して店舗を営んでいるIとは20歳違いだが、無二の親友。Iとともに、ウブドの日本人社会のまとめ役として多方面で活動しているが、Iが「影武者」であるのにたいして、むしろ表に出ることが多い。ちなみに、2012年6月1日にX店の第2号店をクタで開店している。

表6－2は、協賛店の概要である（ちなみに、X店は店㉓になる）。まず「業態」であるが、ここでSはショップ、Rはレストラン、Oは「その他」を示している（なお、SとRはX協賛店HPで示されている分類を用いている。「その他」にはホテル、エステ・スパ、動物病院などが含まれている）。その比率はS：54.7％、R：21.9％、O：23.4％である。ショップが多数派となっているが、近年の動向としては、「その他」のエステ・スパが増える傾向にあるといわれる[3]。

次に、日本人経営者の年齢であるが、判明している分では40代が最も多く（男：2店、女：10店の計12店）、次いで30代（男：2店、女：7店の計9店）、そして50代となっており（男：1店、女：5店の計6店）、40代以下層（40代を含めて）が判明分だけでみると半数以上を占めていることがわかる。

夫婦の国籍に目を転じると、日本人同士は8組と少なく、夫：バリ人＆妻：日本人の組み合わせが18組と最も多い。このことはいまや世界的に知られている日本人女性のバリ婚（たとえば、Geriya（2002）、Pringle（2004）参照）を傍証するものである

写真6－1　移転を通知する貼り紙

と考えられる[4]。店舗の開業時期については、1986年から2010年の期間で、1980年代1店、1990年代8店、2000年代18店となっている。一見して、新規開店が目立っている。もっとも、近年におけるインドネシアの経済成長などによる環境変化の影響を受けてか、不動産の更新を機会に移転や休業する店舗もいくつか存在する。複数の聞き取りによれば、更新料が高騰して店舗が維持できなくなっているようだ（**写真6－1参照**）。また店舗を維持しているようなところでも（特にレストランの場合）、日本人だけをターゲットにした商いは難しくなっているという。というのも、日本社会のデフレ基調に馴化している観光客（とりわけ若手女性）にはせいぜい「丼物」くらいしか目がいかず、相対的に高く感じる日本料理には手を出さなくなっている（出せなくなっている？）といった状況があらわれているからだ。今日、日本料理を楽しむのは、欧米人やジャワから来た華橋系インドネシア人などであるといわれている[5]。

(2) X店協賛店の立地場所

さてここで、X店の協賛店の立地場所に目を向けてみよう。それをマップ

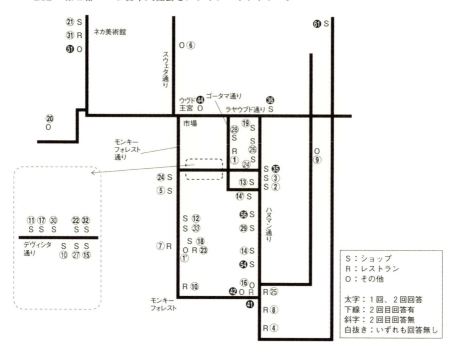

図6－2　X店協賛店マップ

の上におとしたものが**図6－2**である。一見してわかるように、多くの店舗がモンキーフォレスト通り、ハヌマン通り、デヴィシタ通りに立地している。とりわけ、いくつかのレストランはハヌマン通りの下方に集中している。このこともあって、ハヌマン通りがかつて日本人街といわれたことがあった、と先に述べたが、その要因としては、このエリア自体がさほど大きくないこと、また電話・メール・ネットといった通信手段が活用されることで、立地的な制約によって集積やネットワーク形成がさまたげられることにはならないことが指摘される。このことは次項で再度触れることにする。同時に、ここで指摘しておきたいのは、先に触れた転廃業（もしく休業）の動きが多少とも図6－2から読み取れることである。詳述はさておき、協賛店の現時点における布置状況（constellation）がマップ上に微妙な影をおとしていることはたしかである。

第6章　日本人社会の多様なネットワーク（2）　213

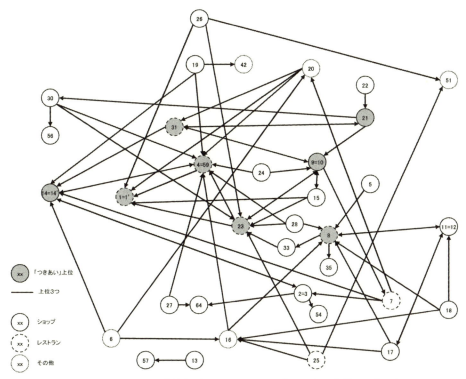

図6-3　X店協賛店ネットワーク（リンクは上位三つ）

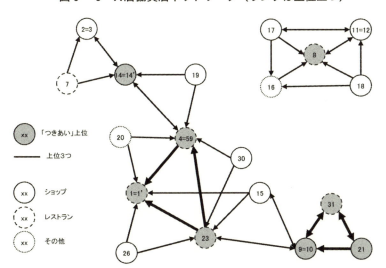

図6-4　抽出したX店協賛店ネットワーク（リンクは上位三つ）

(3) X店協賛店のネットワーク

次に協賛店の間でどのようなネットワークが形成されているかをみることにする。2011 年調査では、「つきあいのあるお店・人」の全てについて回答してもらったあとに、「特によくやりとりするもの三つ」を選択してもらった。**図6－3**はそれらの結果を関係図式としてあらわしたものである。ここで矢印の意味であるが、たとえば「A 店が B 店とつきあいがある」のときは、「A → B」という表記になる。この場合、さらに「B 店が A 店とつきあいがある」があるという回答がえられたときには、「A ⟷ B」となる。ハッチングしているものは「つきあい」上位の店舗が表示されている。具体的なデータを示すと、多いものから順に店④ = (59)(57.1%) 、店⑧ (53.6%)、店⑨ = ⑩ (53.6%)、店① = ①' (50.0%)、店⑭ (42.9%)、店㉑ (39.3%)、店㉛ (35.7%) となる。ちなみに、店㉓は協賛店の中心であることから 100.0% になるのは当然である。ここでは、これらの店舗を「ハブ店舗」と呼び、それ以外を「一般店舗」と 総称する。ハブ店舗の「業態」別の内訳を示す と、レストラン 5 店、ショップ等 3 店ということ になる。

次に**図6－4**に目を移すことにしよう。それはいわゆる「友達の友達は友達」を意味する三角形で閉じている組み合わせをみるために、閉じていないリンク (→の部分) を削除して得られたものである[6]。同図によると、該当する組み合わせは [店① = ①'、店④ =(59)、店㉓]、[店⑨ = ⑩、店㉑、店㉛] である。この二つの組み合わせには明らかに属性上の違い (divide) がある。すなわち、前者は 1990 年代にすでに開業している店舗で形成されていて、ウブド地区ではどちらかというと「古参組 (old comers)」に属するのにたいして、後者は 2003 ～ 2007 年に開業しており、「新参組 (new comers)」に属することである。ネットワークの形成という点でいうと、明らかに後者の方が「後発」である。

もっとも、ここで店⑧を中心とする別のネットワークにも言及しておく必要があるだろう。店⑧が存在するのは、この店が 1980 年代開業という (このなかでは) もっとも古い部類に属することと無関係ではないように思われる。図 6 － 4 でみると、店⑧はウブド地区全体のネットワークから明らかに分離している[8]。むしろ、図 6 － 3 からうかがいしれるように、他のハブとは他

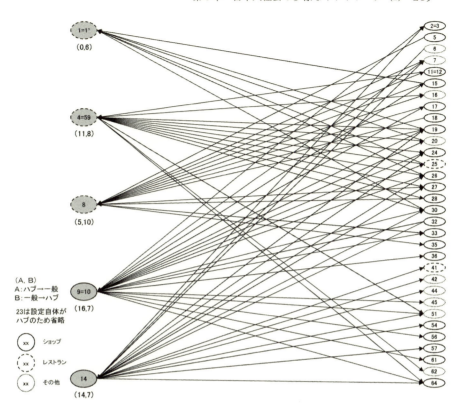

図6-5　ハブ店と一般店の関係

の一般店を介してつながっている。時系列での調査がなされていないために断定は避けなければならないが、これらのリンクは今後弱まっていくと想定される。そのように考えると、先に言及した［店⑨＝⑩、店㉑、店㉛］のネットワークも、さらに2000年代以降移住者の中心的な存在になりつつある経営者がとりしきる⑭店を中心とする［店⑭、店②＝③、店⑦］のネットワークも今後安定的に推移するとは必ずしもいえない。次第に分離する傾向になっていくのかもしれない。

　さて、以上、つきあいのある上位三つの関係（リンク）を中心に検討してきたが、それでは「すべての」関係についてどのようなことがいえるのだろうか。ハブ同士、一般同士の関係、また店㉓においてすべてのリンクがあるという

調査上の定義からこれらを削除すると、**図6－5**が得られる。

この図で注目されるのはリンクの本数というよりはむしろ矢印の方向である。というのも、それに注目することによって、ハブの情報発信力または受信力をある程度読み取ることができるからである[9]。ここで〈発信、受信〉という表記を用いると、店①＝①'は〈0,6〉、店④＝(59)は〈11,8〉、店⑧は〈5,10〉、店⑨＝⑩は〈16,7〉、店⑭は〈14,7〉となり、店①＝①'の遂行している役割がほぼ浮かびあがってくる。すなわち、「聞き手」ないし「相談役」としての役割を演じているのである。同様の傾向は、やや異なるネットワークの中心にあると想到される店⑧においても観取することができる。

他方、店⑨＝⑩や店⑭は情報発信力が高いことが推測される。同じく推測の域を出ないが、経営者の年齢が（相対的に）高いと〈受信〉に、逆に低いと発信に向うといった役割の分化がみられるようになっていると考えられる。この推測と図6－3をすりあわせると、上記の2店のネットワークは（少なくとも上位三つに限定するなら）互いに重なり合っていないこと、そして店⑨＝⑩と店⑭はいずれも発信力が高いが、図6－4のネットワークをみると双方に受信力が高いハブが存在していることがわかる。このことは今後のウブド地区のネットワーク形成と発展を検討していく際に重要な論点の一つとなるであろう。

3　ネットワークと情報環境

本節では、情報の受発信でハブとなる店舗（経営者）がどのように情報のやりとりをしているのかをもう少し立ち入って検討することによって、「ハブ」としての成立要件を明らかにする。

2012年調査では、相手の居住地域、すなわち「インドネシア国内」、「日本」、「その他諸外国」別に（過去1年間に限定して）ふだんつきあいのある人、やりとりする手段、話す内容について、次いでふだん接している情報媒体を「仕事やビジネス」、「生活全般」、「バリやインドネシア」、「日本のこと」といった話題別に、さらにと子どもが使う媒体などを質問している。以下、回答が

表6-3 ハブ店におけるふだんのつきあい

		①=⑰			④=㊾			⑧			⑨=⑩			⑭		
店番号／相手の居住地域		国内	日本	他	国内	日本	他	国内	日本	他	国内	日本	他	国内	日本	他
つきあいのある人	親兄弟、従兄弟などの親戚	○	○					○	○		○	○				
	友人・知人	○	○	○	○			○	○		○	○				
	職場の同僚、先輩、上司	○	○													
	取引先など仕事関係										○	○				
	隣近所の人たち	○						○			○					
	子どもを通じたつきあい				○											
	趣味のサークルなど	○														
	メール友達											○				
方法	直接会って	○	○		○			○	○		○	○		○		
	固定電話	○													○	
	携帯電話	○	○					○			○					
	Skype など		○	○												
	電子メール	○	○						○		○	○				
話の内容	仕事やビジネス	○	○								○	○				
	ふだんの生活全般	○	○		○			○			○	○				
	自分の配偶者	○														
	自分の子ども				○											
	バリ在住の日本人	○						○	○		○	○				
	バリやインドネシア		○					○	○		○	○				
	日本のこと	○			○			○			○	○				
	その他の国のこと	○									○					

　得られたハブ店①＝⑰、店④＝㊾、店⑧、店⑨＝⑩、店⑭を対象にして分析を進めることにする。

　まず、ふだんのつきあいについてであるが、**表6-3**にみられるように、大きくは三つに、すなわち「インドネシア国内」だけの店④＝㊾、「その他外国」も含めたマルチネットワークの店①＝⑰と店⑧、おそらくは多くがそうであろうと考えられる「インドネシア国内＋日本」の店⑨＝⑩と店⑭に分類できる。

　先の分析で受信力がもっとも強い店①＝⑰をみると、つきあいの種類は「国内＋日本」で計10種類と他のハブ店よりも明らかに多い。もちろん、これだけではつきあい人数はわからないが、多様であることは確認できよう。

　こうしてつきあいのある人はさまざまであるが、その方法についてはフェイス・トゥ・フェイスのやり取りや電話（固定または携帯）が多い。そうしたなかで、インドネシア国外とのやりとりにはやはり電子メールや Skype など

の無料通話を用いている。これは Wi-Fi 使用可能のスポットが増えるなどのインドネシア国内におけるインターネット環境がよくなりつつあることが影響しているものと考えられる。特にネットを通じた無料通話は国外とのやりとりのためのコストを大幅に削減し、互いの時間や空間といった距離感を埋める上で重要な役割を果たしている。話の内容であるが、ハブ的な存在であることからかほぼ網羅しており、店舗による差はあまりみられない。

次に情報媒体であるが、まずは 2011 年調査によって得られた結果をみてみよう（図 6-6）。

圧倒的に利用されているのは「バリフリーク」(78.6%) であり、実に 8 割近くの店舗 (経営者) がこの媒体をあげている。続いて「アピ・マガジン」(50.0%)、NHK 衛星放送 (42.9%) が半数前後となっている。バリフリークは日本からの観光客だけでなく、バリ島に住む日本人も対象にした紙面づくりをすること

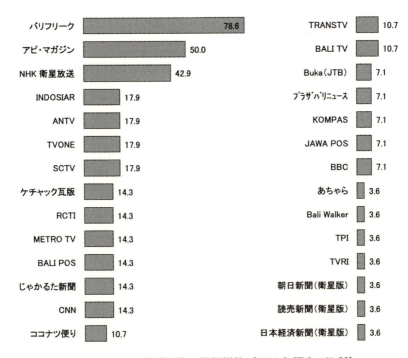

図 6-6　各店舗が使う情報媒体（2011 年調査　N=28）

表6－4　ハブ店が使う情報媒体

<table>
<tr><td colspan="2">店番号</td><td colspan="5">①＝⑪</td><td colspan="5">④＝(59)</td><td colspan="5">⑧</td></tr>
<tr><td colspan="2">入手情報</td><td>仕事</td><td>生活</td><td>国内</td><td>日本</td><td>子</td><td>仕事</td><td>生活</td><td>国内</td><td>日本</td><td>子</td><td>仕事</td><td>生活</td><td>国内</td><td>日本</td><td>子</td></tr>
<tr><td rowspan="13">情報媒体</td><td>バリフリーク</td><td>○</td><td>○</td><td>○</td><td></td><td></td><td></td><td></td><td></td><td></td><td></td><td colspan="4"></td><td></td></tr>
<tr><td>アピ・マガジン</td><td></td><td></td><td></td><td></td><td></td><td></td><td></td><td></td><td></td><td></td><td colspan="4"></td><td></td></tr>
<tr><td>INDOSIAR</td><td></td><td></td><td></td><td></td><td></td><td></td><td></td><td></td><td></td><td></td><td colspan="4">○</td><td>○</td></tr>
<tr><td>ANTV</td><td></td><td></td><td>○</td><td></td><td></td><td></td><td></td><td></td><td></td><td></td><td colspan="4"></td><td></td></tr>
<tr><td>RCTI</td><td></td><td></td><td>○</td><td></td><td></td><td></td><td></td><td></td><td></td><td></td><td colspan="4"></td><td></td></tr>
<tr><td>TPI</td><td></td><td></td><td></td><td></td><td></td><td></td><td></td><td></td><td></td><td></td><td colspan="4"></td><td>○</td></tr>
<tr><td>METRO TV</td><td></td><td></td><td>○</td><td></td><td></td><td></td><td></td><td></td><td></td><td></td><td colspan="4">○</td><td></td></tr>
<tr><td>SCTV</td><td></td><td></td><td>○</td><td></td><td></td><td></td><td></td><td></td><td></td><td></td><td colspan="4">○</td><td></td></tr>
<tr><td>JAWA POS</td><td></td><td></td><td></td><td></td><td></td><td></td><td></td><td></td><td></td><td></td><td colspan="4">○</td><td>○</td></tr>
<tr><td>ＮＨＫ衛星放送</td><td></td><td></td><td></td><td></td><td></td><td></td><td></td><td></td><td></td><td></td><td colspan="4">○</td><td>○</td></tr>
<tr><td>じゃかるた新聞</td><td></td><td></td><td></td><td></td><td></td><td></td><td></td><td>○</td><td></td><td></td><td colspan="4">○</td><td></td></tr>
<tr><td>Facebook</td><td>○</td><td>○</td><td>○</td><td>○</td><td></td><td></td><td></td><td></td><td></td><td></td><td colspan="4"></td><td>○</td></tr>
<tr><td>Google</td><td></td><td>○</td><td></td><td>○</td><td></td><td></td><td></td><td></td><td></td><td></td><td colspan="4"></td><td></td></tr>
<tr><td colspan="2">よく使う検索サイト</td><td colspan="5">Google、Bing、yahoo</td><td colspan="5">Google</td><td colspan="5">なし</td></tr>
<tr><td colspan="2">店番号</td><td colspan="5">⑨＝⑩</td><td colspan="5">⑭</td></tr>
<tr><td colspan="2">入手情報</td><td>仕事</td><td>生活</td><td>国内</td><td>日本</td><td>子</td><td>仕事</td><td>生活</td><td>国内</td><td>日本</td><td>子</td></tr>
<tr><td rowspan="13">情報媒体</td><td>バリフリーク</td><td>○</td><td>○</td><td>○</td><td></td><td></td><td></td><td>○</td><td>○</td><td></td><td></td></tr>
<tr><td>アピ・マガジン</td><td>○</td><td></td><td>○</td><td></td><td></td><td></td><td></td><td></td><td></td><td></td></tr>
<tr><td>INDOSIAR</td><td></td><td></td><td></td><td></td><td></td><td></td><td></td><td></td><td></td><td></td></tr>
<tr><td>ANTV</td><td></td><td></td><td></td><td></td><td></td><td></td><td></td><td></td><td></td><td></td></tr>
<tr><td>RCTI</td><td></td><td></td><td></td><td></td><td></td><td></td><td></td><td></td><td></td><td></td></tr>
<tr><td>TPI</td><td></td><td></td><td></td><td></td><td></td><td></td><td></td><td></td><td></td><td></td></tr>
<tr><td>METRO TV</td><td></td><td></td><td></td><td></td><td></td><td></td><td></td><td></td><td></td><td></td></tr>
<tr><td>SCTV</td><td></td><td></td><td></td><td></td><td></td><td></td><td></td><td></td><td></td><td></td></tr>
<tr><td>JAWA POS</td><td></td><td></td><td></td><td></td><td></td><td></td><td></td><td></td><td></td><td></td></tr>
<tr><td>ＮＨＫ衛星放送</td><td></td><td></td><td></td><td></td><td></td><td></td><td>○</td><td></td><td>○</td><td></td></tr>
<tr><td>じゃかるた新聞</td><td></td><td></td><td></td><td></td><td></td><td></td><td></td><td></td><td></td><td></td></tr>
<tr><td>Facebook</td><td></td><td></td><td></td><td></td><td></td><td></td><td></td><td></td><td></td><td></td></tr>
<tr><td>Google</td><td></td><td></td><td></td><td></td><td></td><td></td><td></td><td></td><td></td><td></td></tr>
<tr><td colspan="2">よく使う検索サイト</td><td colspan="5">Google</td><td colspan="5">Google</td></tr>
</table>

によって多くの支持を集めているといえよう[10]。一方でアピ・マガジンは消費を起点にした紙面づくりをしており、ビジネス展開のための材料として読まれていると考えられる[11]。

上記の結果を念頭に置きつつ、各ハブの情報媒体への接触状況をみたのが**表6－4**である。同表において最初に言及しなければならないのは、図6－6で上位にあったバリフリークやアピ・マガジンを使っていない店が存在することである。バリフリークを読んでいないのは店④＝(59)や店⑧といったウ

ブド地区では「古参組」に属する店であり、他方でアピ・マガジンは店⑨＝⑩だけが接しているという状況にある。これらの結果をどう解釈すればよいのであろうか。一つ考えられるのは、「ハブ」としてさまざまな情報のやりとりを行っていることから、これらの媒体をあえて使う必要がないということである。さらにもう一つあげるならば、古参であるがゆえにさまざまな事象が既知や自明のことであり、取り立ててこれらの媒体にアプローチする必要がないということである。このことは逆にハブとなる要件の一つを示しているといえるのかもしれない。

ちなみに、先に指摘した受信力の強い店①＝⑪と店⑧の利用媒体の数は他のハブに比べて多く、多様である。また、よく使う検索サイトであるが、Google（日本語版）が四つの店舗であげられている。

4　むすびにかえて

さて、本章の冒頭で日本人社会におけるゆらぎについて言及したが、たしかにそれらしきものが生じていることはこれまでの叙述からもある程度指摘できる。本章の事例を構成しているX店協賛店のネットワークに即していうと、いくつかの裂開(divide)と分岐が生じていることが何よりもそのことを示しているといえる。また情報環境についていうと、回路の多管化傾向と既存の情報媒体からの離脱傾向の裡にそうしたゆらぎの一編を観て取ることができる。だがこうした動向は固定的にとらえるべきではないと考えられる。多分に一過性としての性格を帯びており、（海外日本人社会の）新たな画期をしるしているとまでは断言できないのではないだろうか。とはいえ、日本人社会に埋め込まれた裂開と分岐は「文化移民」とか「ライフスタイル移民」といわれるものが決して安定的なものではないことを示しているといえよう。

だからこそ、その先を展望することが重要になってくるが、この点については本章の視界の外にあるといわざるを得ない。もっとも、X店協賛店の内部において転廃業がめずらしいことではなくなっていること、また一部情報媒体が急速に没機能化していることの裡にうかがいしれるように、「文化移

民」とか「ライフスタイル移民」の基層が大きくゆらいでいることはたしかである。本章では具体的に言及することはなかったが、X店協賛店の内外でセーフティネットを構築することのできない日本人が層として立ちあらわれるようになっている（これらの人びとはいまバリ日本人社会から退場しようとしている）こと、そして「文化移民」とか「ライフスタイル移民」であっても容易に「棄民」される側に回る可能性があることを忘れてはならないし[12]、このことに視野を拡げていくことが本章以降の重要な課題をなしているといえる。ともあれ、本章の事例でみるかぎり、海外日本人社会はいま大きな転換期にさしかかっているといえるし、それだけにまたさまざまな展開の方向性／可能性を示しているのである。

　なお、海外日本人社会について、本章の文脈とは必ずしも交差しないが、コロニアル―ポストコロニアルの理論地平で検討する必要があることはいうまでもない。特に、「国策移民」、「企業移民」そして「文化移民」／「ライフスタイル移民」の位相の違いについて明らかにするには、「選べる移動／非強制移動」―「選べない移動／強制移動」という二分法を超えて、時代の文脈に降り立って検討すること、つまり上述のコロニアル―ポストコロニアルの理論地平で問い込むことが避けられない[13]。このことは決して容易なことではないが、いずれ別の機会に果たしたいと考えている。

注

1　本章は、「バリの日本人社会の存立構成と変容」というテーマの下にこの間行ってきた調査研究の中間成果の一つである。ちなみに、これまで吉原（2008）、Yoshihara（2010）、吉原・松本・ブディアナ（2010、2011）、松本・吉原・ブディアナ（2011）を中間成果として発表している。

2　2010年夏に実施したX店主への聞き取りより。

3　2012年夏に実施したTへの聞き取りより。なお、この聞き取りによると、エステ・スパを開業している層は、団塊の世代である両親の潤沢な資金に支えられており、バリ人との結婚を契機にバリに来たものの、「必ずしもバリが好きなわけではなく、日常的にバリと日本を行き来している」、きわめてフットワークの軽い人たちである、という。

4　ちなみに、バリ日本人領事館の話（2011年夏）によると、日本人女性とバリ人男

性のカップリングが1週間に平均2組ほど成立している、という。これは届けられたものだけなので、実際にはこの数倍のカップリングが成立していると考えられる。

なお、カップリングという用語法は「直接的すぎる」から避けた方がいいという指摘がある。しかしここでは、Geriya (2002) および Pringle (2004) において、そしてそれ以外の多くの英語文献において日本人女性とバリ人男性の結婚／婚姻が coupling と表記されているのにしたがって、あえてカップリングという言葉を用いた。ただ、欧米の文献において、アジアの婚姻にたいして自国の場合だと決して使わないカップリングという言葉をあてていることに、ある種のオリエンタリズムあるいは「内なるオリエンタリズム」を読み取ることができることはたしかである。したがって、ここでカップリングという言葉を用いるのは、そういうバイアスを踏まえた上でのことである。

5　2011年夏に実施したK店主への聞き取りより。仄聞するところによると、こうした状況はウブドだけでなく、他のところ(たとえばサヌールとかヌサドゥア)でもみられるようである。

6　なお、以下の叙述においては、ネットワーク理論における「クラスター係数」に近い議論を行うが、その議論に深く立ち入ることはせず、その考えを採用するに留める。

7　なお、[　]はハブ店舗を表す。以下、同じ。

8　念のために記すなら、こうしたノードを結ぶリンクはつきあいのある上位三つのことをさしている。

9　ここで「ある程度」としたのは、店㉝〜㊹のデータが2011年調査、2012年調査では回収不能で得られなかったため、一般店からハブ店への矢印が描けなかったことによる。もっとも、以下の分析は大まかな傾向はつかめるという前提に立っている。

10　詳細は松本・吉原・ブディアナ (2011) を参照のこと。

11　なお、各種情報媒体の概要については、前章の表5−24 (198頁) を参照のこと。

12　海外日本人社会の今後を占う上で、これらの動向は鍵になると思われる。特にウブド日本人社会の草分けとして長い間先導的な役割を果たしてきた人たちのなかから(ウブド社会から)退場しようとしている人があらわれていること、また「ライフスタイル移民」の一翼を担ってきたリタイアメント層の一部に高齢化とともに行き場をなくしている人が出てきていることは無視できない。

13　ポストコロニアルの地層は、政治的にコロニアルの状況を脱してもなおその構造が維持されるところに最大の特徴がある。そしてこの点でいうと、「国策移民」、「企業移民」と「ライフスタイル移民」の間に境界を設けるのは恣意的 (イデオロギー的) であるということになる。「ライフスタイル移民」に言及する場合、しばしば強調されるのはそれが「選べる移動」(＝非強制移動) に基づいているという点にある。しかしそこにポストコロニアルの地層をみるものからすれば、「選べる移動」は実は「選べない移動」(＝強制移動) の裏面をなしているということになる。こうした見方はあくまでも経験的ベースで検討する必要があるが、論

点としてはきわめて重要である。なお、本書第 2 章も参照のこと。

文　献

蘭信三編著，2008，『日本帝国をめぐる人口移動の国際社会学』不二出版．
藤田結子，2008，『文化移民』新曜社．
Geriya, I. W., 2002, *International Marriage : Tourism, Inter Marriage and Cultural Adaptation in the Family Life of Balinese-Japanese Couple in Bali, Center for Japanese Studies*, University of Udayalla.
松本行真・吉原直樹・イ・マデ・ブディアナ，2011，「バリにおける日本人向けメディアの動向」『ヘスティアとクリオ』10，33-50．
Pringle, R., 2004, *A Short History of Bali : Indonesia's Hindu Realm*, Allen & Anwin.
山下晋司，2007，「ロングステイ、あるいは暮らすように旅をすること」『アジア遊学』104，108-116．
吉原直樹，2008，『モビリティと場所』東京大学出版会．
吉原直樹・松本行真・イ・マデ・ブディアナ，2010，「バリにおける日本人社会と多重化する情報環境——予備的分析」『東北大学文学研究科研究年報』59，107-149．
─────，2011，「バリにおける日本人社会と多重化する情報環境（続）」『東北大学文学研究科研究年報』60，129-155．
Yoshihara, N., 2010, *Fluidity of Place : Globalization and the Transformation of Urban Space*, Trans Pacific Press.

〔付記〕本章は平成 22 〜 24 年度日本学術振興会科学研究費基盤研究 B・海外（研究課題「アジア・メガシティの多層化するモビリティとコミュニティの動態に関する経験的研究」（代表・吉原））による研究成果の一部である。

第7章
日本人社会の多様なネットワーク(3)
―― 群立するネットワーク

吉原　直樹

1　はじめに

　グローバル化の進展によって移動の質がどう変わっているのか、またそれとともに移民社会にどのような地殻変動が生じているのか。前章および前々章を貫く問題意識はまさに上述の問題設定の裡にあった。本章もまたそれを継承するものである。こうした問題設定はいうまでもなく、これまでの移動研究、とりわけ国際移動研究のありかたを根底から問うことからはじまっている。それでは、従来の国際移動研究はどのようなものとしてあったのだろうか。藤田結子はそれを達意に次のように述べている(藤田 2008: 14)。

> 「これまで、国際移動研究は、出身地と移住先の経済的格差を前提とするプッシュ―プル論や、親族の媒介を強調する社会的ネットワーク論を用い、発展途上国から先進国への労働力移動や「家族呼び寄せ」などを主に扱ってきた。」

　藤田はこう述べて、続いて移民社会研究では「ナショナル・アイデンティティがどう変化するのか」が中心的な問題構制をなしてきた、という(同上: 18)。前章および前々章はいうなれば、こうした従来の研究動向、とりわけ移民社会研究の動向をバリの日本人社会に照準してとらえかえすことを意図していた。しかしそこでは、事実上、バリ日本人会およびX店協賛店に焦

点が据えられたために、きわめて限定された知見しか得られなかった。当然のことながら、従来の研究動向にたいする反省的視座を構築するなどということは思いもしなかった。本章は、日本人会の「内」と「外」で放恣に立ちあらわれているさまざまなネットワークに視野を拡大することによって、前章および前々章で打ち立てた問題設定に少しでも近づこうとするものである。

むろんこれまで同様、ここでも「ライフスタイル移民」をキーワードとする山下晋司らの一連のモノグラフ（[山下2007]等）が有力な参照系としてある。だがここにきて、インドネシアを経験場として「異文化結婚」のありかたを多面的に問う、吉田正紀によって作成されたモノグラフ [吉田2010] があらわれ、われわれが打ち立ててきた問題設定の「現在性」および「妥当性」を問い込む上で非常に重要な素材を提供するようになっている。吉田がいみじくも指摘しているように、「グローバル化の進展」のなかで「外国人との結婚を意味する国際結婚は多義的な意味をもつようになり、（これまでの国際移動研究とか移民研究が前提にしてきた）国際結婚の概念を拡大させなくてはならなくなっている」[同上:18。ただし、（ ）内は筆者挿入]。本章は、論述の範囲はほとんどクロスしないが、この問題意識を共有するものである[※]。

> ※なお、本章の素材となるデータは、2010年1月4日〜11日、3月17日〜30日、5月18日〜30日、8月27日〜9月8日の4回におよぶ現地調査によって得られたものである。いずれの調査にも吉原、松本、ブディが参加したが、本章は三者の協議を経て吉原が執筆したものである。なお、以下の記述において登場する人物はすべて仮名である。

2 さまざまなネットワーク

(1)「硬い組織」からの離床

前々章でみたように、バリの日本人社会をめぐっては、ある時点まではたしかに日本人会が中核的な役割を果たしてきた。しかしバリへの来住者が増え、その来住動機が多様化するにつれ、日本人会が必ずしも人びとの意識や行動の中心に位置しなくなっているのも事実である。バリに在住する日本人

の間では、現にさまざまなサークルとか団体が形成されており、そうしたものをめぐって多種多様なネットワークが日々行き交っている。そしてそれらは、人びとのセーフティネットの構築に一定の役割を果たしている。しかしそれらは、日本人会を必ずしもコアとするものではない。むしろそれに距離をとるものが増えている。もともとバリの日本人会は、他地域の日本人会と違って、メンバーが階層的に拡散し、組織的に脱統合的である点に最大の特徴がある[1]。しかしそうした日本人会でも、近年、とりわけ2000年以降に流入してきた新来層にとっては、自分たちの生活上のニーズに照応しない「硬い組織」になっていると映じることが多くなっている。同時に、そうした新来層自体、それ以前の来住層とは意識や行動において明確な違いをみせるようになっている。少し詳しくみることにしよう。

　2010年に前後3回にわたって実施したヒアリングの結果によると、バリ在住日本人の間でみられる主だったサークル・団体の数は現在14に達している。このうち八つがサヌールを、また六つがウブドを拠点としている。これはバリ在住の日本人の居住エリアがこの二つの地域に集中していることに対応していると考えられる。さしあたり、これらのサークル・団体の組織的構成を概観しておこう。

　ヨガの会　サヌールの「ごはんや」という日本食レストラン（オーナーは日本人、妻はバリ人）に来ていた常連客を中心にして、個人のニーズに対応できる組織をということで2007年の1月頃に発足。日本人会とは関係なく発足したが、2009年4月にこれとは別に日本人会の文化部をベースにして立ち上げたヨガの会に吸収された。そしてヨガの会はその後日本人会からも補習校からも離脱した。日本人会には批判的な立場[2]をとっている。インドネシア語教室も開催。事務局はアリッツ・バンガロー（ホテル）。発足時のメンバーは7人であったが、現在は14人。代表はフジタ、そしてカシヤ、ヤマモト等が有力メンバーとして加わっている。会費なし（活動に参加する場合にその都度参加費5万ルピアを支払う）。

　将棋の会　2007年4月、日本将棋連盟のバリ支部が結成されたのと同時に

発足。日本人会の文化部に所属。ウブドで月2回（第1および第3木曜日）、サヌールで月2回（第2および第4）開催（お互いに行き来できるよう、相互に重ならないように工夫）。活動場所はアリッツ・バンガロー[3]。メンバーは約10人。代表は設けていないが、カワダを中心にしてカシヤ、モリタ、サクナミ等が合流。メンバーは一番若い人で30歳代後半、一番年長者で75歳。活動の後に飲食をともにする（ただし、カワダは参加しない）。文化部で子どもの将棋大会をやろうという意見が出ているが、未だ実現していない。会費は年30万ルピア。なお、将棋の会とは別に、カワダの自宅で、週3回集まって将棋をさしている。

　テニス・サークル（A）　2000年春に発足。これ以前に日本人会の文化部にテニス・サークルができていたが、これとは無関係。毎週1回木曜日の朝、国会（DPL）のコートで練習。コートの賃貸料は1ヶ月5万ルピア。会費は月額5万ルピア。メンバーは12人。カワダがリーダーシップをとっている[4]。主たるメンバーは、カワダ以外、カシヤ、ヤシマ、エトウ、トモコ、ヤマモト等。練習の後、飲食をともにすることはない。ただ、メンバーの誰かが日本に一時帰国するといった時などは送別会をおこなってきた。サークルとしては、各種競技大会に積極的に参加し、メンバーのなかから優勝者もあらわれている。

　テニス・サークル（B）　2002年9月頃に発足。メンバーは9人（常時練習に出てくる人）。テニス・サークル（A）のメンバーとかなり重なっているが、女

写真7-1　バリ・エコカルタ（1）

写真7-2　バリ・エコカルタ（2）

性がやや多い。ヤシマが取り仕切っている[5]。「活動は技をきわめるよりもむしろ親睦の方に重点を置いている」(ヤシマ)。日曜日以外、誰かが国有電力会社(PLN)のコート(賃貸)で練習をしている。会費は月額2万ルピア。メンバーの誕生会は必ずおこなう。また飲食会もよくおこなう。いずれもアリッツ・バンガローで開催。

　クリーンアップ・バリ　2008年1月に日本人会の文化部内のゴミ・ボランティアとして発足。ボランティア立ち上げのきっかけは、「川がゴミでいっぱいになり、しばしば洪水を招いていること、またメンバーの多くが投げ釣りを趣味としているが、釣りのために川とか海にでるとゴミが体にまとわりついてくるようになることに危機をおぼえた」(カシヤ)ことによる。日本人会のイシドのよびかけではじまり、年長者ということでカシヤが代表になり、今日に至っている。メンバーは20人で、エトウ、ヤマモト、カワダ等、さらに領事、旅行会社も加わり、空間的にも社会的にも「間口の広い」活動となっている。会費なし。2010年には、子どものときからの啓発活動が重要ということで、インドネシア語のバリ・エコカルタ(1セット40枚：**写真7－1、2**)も作成した。

　Bali Mancing Club　2005年の5月頃に発足した釣り同好会。日本人会とは直接接点はないが、日本人会のメンバーも加わっている。メンバーは20人(そのうち1人だけ女性)。カシヤが代表をつとめ、エトウ、ヤマモト等が加わっている。旅行会社につとめている人が多くを占めている。会費は6ヶ月で18万ルピア。ジンバランから船を出し、活動範囲はウルワツまで拡がっている(カシヤは運転をしないために、もっぱらサヌール沖をフィールドにしている)。常時、釣りに参加するのは、5〜6人であるが、忘年会とか飲み会のときはほぼ全員が参加。1年に1回総会を開催(80%位の参加率)。クリーンアップ・バリの人的供給母体になっている。

　被爆をバリに伝える会　2009年3月、広島市出身のヤマモト夫妻が立ち上げる。正式名称はPeace from HIROSHIMA (PFH)。原爆資料館の友人の協力を得て、被爆をバリに伝える[6]。日本語高校教師会(MGMP: 高校で日本語を教えている教師集団)の支援(ヨシダが媒介)を得て、バリの高校生に伝えること

から開始。これを契機に原爆資料館、広島市教育委員会を介して、バリの高校生を広島市の高校に招くことを検討中。活動は、バドゥン県知事夫人主宰の夫人の集いでの上映へと展開し、現在アリッツ・バンガローでの月1回の映写会の開催を予定。活動は事実上、ヤマモト夫妻がおこなうも、国際交流基金のヨシダおよび「ヨガの会」のフジタの仲介、広島県会のバックアップが鍵をなしている。

広島県人会 ヤマモト夫妻と国際交流基金のヨシダ（福山市出身）が話し合いPFHと同時に立ち上げる。10人で発足。現在のメンバーは15人（広島県出身以外でも県人会に興味を抱いている人なら入会可）、そのうち夫婦は4組。世話人はヤマモト（夫）。3ヶ月に1回、適当なレストランで開催。メンバー間の情報交換、話題提供者の話を聞いた後で食事会。会費なし。会合に出席したときに実費を徴収。「ヨガの会」のフジタはオブザーバーで出席。PFHと表裏の関係をなす。

バリの森を考える会 2006年、モリタが立ち上げる。動機は「バリで森林が急速に減っていること、またバトゥール湖の水位が2メートル位下がっていることを知って何とかこれをくい止められないかと考えた」（モリタ）ことによる。呼びかけ時には日本人会のネットワークを利用。その後、2000年代前半から植林活動をおこなっている日本語高校教師会や日本のNPO（アジア植林友好協会）と協働すること（前者についてはヨシダが媒介）で活動が拡大、実際の植林時には100人強が参加している。

モリタを代表にして、サクナミ、イカワ、フジタ等が主力メンバーを構成。

写真7-3　古本交換会のポスター

写真7-4　古本交換会（「アンカサ」）

植林活動とともに、「植林祭」等を開催し広報活動を推進。会費なし。活動費用は寄付金と私費に依拠。

古本交換会 2000年に発足（1990年代半ば頃からウブド在住の日本人会のメンバーの間で底流としてあったものをサクナミが立ち上げる）。1年に2回ほど開催してきたが、2009年にサクナミからフルカワ、マリコ、ゴトウに引き継がれてからは毎月1回土曜日に開催（2010年8月末までに17回開催）。3ケ所のレストラン（「アンカサ」「ソフィア」「マンマル」）で交互に開催（**写真7-3、4**）。フルカワの友人7人（専業主婦が中心）が実際の活動を担当。交換会のときは新しい本を持ってきた人が代わりに別の本を持って帰る。旅行者が新しい本を持ってきた場合には、飲み物を無料サービス。交換のルールはポイント制[7]。毎回、20人前後集まる。常連の人は名簿登録。

Club, Angkasa Corporated Shop 2002年に発足。アンカサが発行するアンカサ・カードを提示すると協賛店で割引などの特典がうけられる制度として出発。発足時は3軒（そのうち1店はその後閉店）。2010年8月末現在で協賛店は70店（バリ州全域に拡がる）。会費なし。文字通り、フルカワのアイデアではじまったもの。日本人が経営主であるレストラン間の情報交換にとどまらず、ここからさまざまなネットワークがアドホックに派生。「影武者」のユキ、「ウブド・ラヤ」のタキコ等が積極的にサポート。

ウブド・エコ・プロジェクト バリの環境問題に照準して、イカワの着想で2008年にユキが立ち上げる。活動拠点はユキの「影武者」。ビニール袋、菓子袋の回収、リサイクル活動が中心。上述のAngkasa Corporated Shopを通して活動を展開。会費なし。同時に、フルカワ作成のエコバックも有償領布（50,000Rp：**写真7-5**）。ユキ、イカワ、フルカワが「活動の中心」をなす。「クリーンアップ・バリ」および「バリの森を考える」と連携、バリ全域への活動の展開を模索中。

ウブド子ども図書館プロジェクト　「影武者」の立地するデサ（村）に子ども図書館を作ろうという動きがイカワの着想で数年前からみられたが、

写真7-5　エコバック

写真7-6　ママの会（2010年9月1日「SOPA」）

　2010年6月の子ども図書館のオープン（約40人参加）で事実上始動。図書館の運営が「活動の中心」。運営費調達のために、3ヶ月に1回、チャリティバザーを開催。寄付金も募る。2010年10月からは「語りの会」も開催（第1回目約100人参加）。ユキが担い手で、イカワ、フルカワ等が支える。上述の「ウブド・エコ・プロジェクト」と表裏の関係をなしており、共同でブログを立ち上げている。

　ママの会　2010年8月発足。呼びかけ人はサトミ。会場はオーガニック・サロン「Sopa」。「ウブドで日本語で気さくに話し合える場をもち、ゆくゆくはウブドで補習校のようなものを作りたい」（サトミ）という趣旨で立ち上げる[8]。子どもをもつ比較的若い日本人女性の居場所づくりを模索。第1回の集まりでの参加者は23人（写真7-6）[9]。サクナミがサポート。この「ママの会」を母体として、現在、若い母親を対象として月1回ワークショップ（Kecebongbaliの会）0〜2歳児を対象とした週1回の遊びの会（「豆の会」）を開催（前者は近くの図書館、後者は「Sopa」で開催）。

(2) キーパーソンの生きてきた／生きる「かたち」

　さて表7-1は、以上のサークル・団体の概況を更に要約して示したものである。「ヨガの会」から「広島県人会」まではサヌールを拠点とし、「バリの

第7章　日本人社会の多様なネットワーク（3）　233

表7-1　バリ在住日本人の間でみられるサークル・団体の概況

サークル・団体名	発足年	日本人会との関係	会員数	主たるメンバー（下線、代表）
ヨガの会	2007年	文化部サークルとして出発、その後離脱	14人	<u>フジタ</u>、カシヤ、ヤマモト
将棋の会	2007年	文化部サークル	約10人	カシヤ、<u>カワダ</u>、モリタ、サクナミ
テニス・サークル（A）	2000年	無関係	12人	エトウ、カシヤ、<u>カワダ</u>、トモコ、ヤシマ、ヤマモト
テニス・サークル（B）	2002年	無関係	9人	エトウ、カシヤ、カワダ、トモコ、<u>ヤシマ</u>、ヤマモト
クリーアップ・バリ	2008年	文化部サークル	20人	イシド、エトウ、<u>カシヤ</u>、カワダ、ヤマモト、ユキ
Bali Mancing Club	2005年	無関係	20人	エゾエ、<u>カシヤ</u>、ヤマモト
被爆をバリに伝える会（PFH）	2009年	無関係	20人	<u>ヤマモト</u>、ヨシダ、MGMP、広島県人会
広島県人会	2009年	無関係	12人	ヤマモト、ヨシダ、フジタ（オブザーバー）
バリの森を考える会	2006年	連携	100人	フジタ、サクナミ、<u>モリタ</u>、イカワ、ユキ
古本交換会	2000年	無関係	7人	<u>フルカワ</u>、イカワ、サクナミ、<u>マリコ</u>、ゴトウ、モリタ
Club. Angkasa Corporated Shop	2002年	無関係	71店	<u>フルカワ</u>、ゴトウ、タキコ、ユキ
ウブド・エコ・プロジェクト	2008年	無関係	（71店）	フルカワ、イカワ、<u>ユキ</u>
ウブド子ども図書館プロジェクト	2010年	無関係	世話人のみ	イカワ、フルカワ、ユキ、サトミ
ママの会	2010年	無関係	23人	サクナミ、<u>サトミ</u>

注：「主たるメンバー」はすべて仮名である。

森を考える会」から「ママの会」まではウブドを拠点するものであるが、まず気づかされるのは、発足年がいずれの場合も、2000年以降のものばかりであるという点である。そして多くは日本人会とは関係のないところから生まれていることが注目される。このことは、日本人会が2000年前後あたりから日本人社会において急速に影響力を行使しえなくなったことと深く関連していると思われる。興味深いのは、こうして生まれたサークル・団体が何人かのキーパーソンによって主導され、かれら／かの女ら相互交流を通して、サヌールあるいはウブドを越えた重層的なネットワークを形成していることである。とりわけフジタ＝ヤマモト、カシヤ＝ヤマモト、ヤマモト＝ヨシダ、モリタ＝サクナミ、フルカワ＝イカワ＝ユキを基軸とする広域的なネットワークの形成は注目に値する（図7-1参照）。詳述はさておき、これらから

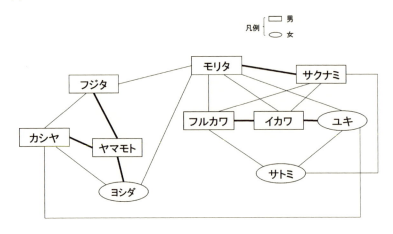

図7−1　キーパーソンのネットワーク

バリの日本人社会にある程度の拡がりと厚みが加わっていることが読み取れる。と同時に、日本人社会の担い手層に地殻変動が生じつつあることも観取され得る。それでは、どのような担い手層が以上のサークル・団体を通して立ちあらわれているのであろうか。以下、表7−1の「主たるメンバー」から重複度の高いと思われる10人を選び出して、かれら／彼女たちの「生きてきた／生きる」「かたち」を順次概観してみよう。

フジタ：1937年、東京生まれ。都内の有名私立大学工学部を卒業後、大手レコード会社に就職。1964年からミュンヘンに3年間、ロンドンに4年間勤務。この間1961年に結婚。子ども1人。帰国後、まもなく勤務先がN製作所に吸収合併される。それを機に退職し、米国のMTSに再就職。この間、技術職を通す。60歳で定年退職。退職後、ほどなくしてピース・ボートの世界一周の船旅に参加（103日間）。妻も同行。この船旅で視野が拡がり、外国居住を決意する。チェンマイ、プーケット、ペナンクアラルンプール、バリ等を見て歩き、バリを居住先に選ぶ（2005年4月）。最初ビアウングの一戸建て住宅地に居住。ここで1年間居住した後、ジャラン・チカット・バリアンに移住。しかし車が多く、嫌気がさしていたときに、アリッツ・バンガローのオーナー（サエコ）に出会い、アリッツ・バンガローに再移住（10年契約）。そして

現在に至る。セキュリティがしっかりしており、満足している、という。「ヨガの会」を主宰することを通して、他のサークル・団体との連携を深めている。

カシヤ：1935年、神戸市生まれ。北海道にある国立大学の工学部を卒業した後、大手製造会社に就職。2000年までその会社に勤務。この間、1965年に結婚。子ども3人。1992年にはじめてバリに来る（10日間滞在）。1994年に、長女がバリ人と結婚したのを機にバリを再び訪問。その後毎年バリに来る（毎回1ヶ月程度滞在）。そして退職後、バリに長期滞在（2ヶ月滞在、その後シンガポールに1回出てまたバリに戻って1ヶ月滞在、という生活を繰り返す）。2004年から2007年まではソーシャル・ビザで6ヶ月滞在を繰り返す。そして2007年以降はリタイアメント・ビザを取得し今日に至るまでバリに滞在。カシヤは魚釣りのサークル（Bali Mancing Club）およびテニスの同好会で交友関係を広げるとともに、「クリーンアップ・バリ」の活動を積極的におしすすめ、それを多方面に展開するなかで、地域を越えたつながり／ネットワークを確保している。

ヤマモト：1940年、広島市生まれ（被爆地1キロのところ）。都内の有名私立大学経済学部を卒業後、帰郷し、1985年までガソリン・スタンドを経営。その後、材木輸入会社に勤務（3年間）。さらにゴルフ練習場の支配人に転じる（7年間）。その後、2年間ぶらぶらした後に、マリーナを経営する会社の支配人になる（3年間）。60歳で定年退職。この間、25歳のとき結婚（54歳のとき死別）。子ども3人。63歳のとき同じ町内出身のインドネシア国籍の日本人（1941年生まれ、インドネシア人の元夫とは死別[10]）と再婚。再婚と同時に、バリに来る（2004年）。3年前に現在住んでいるビラを購入（妻名義）。その間、しばらくはソーシャル・ビザで行ったり来たりするが、2008年からはバリに定住。カシヤ、フジタとは日常的に行き来している。またヨシダとは「PFH」および「広島県人会」のことで頻繁に連絡を取り合っている。

ヨシダ：1979年、福山市生まれ。中部地方の国立大学教育学部を卒業後、都内の国立女子大学大学院（日本語教育コース）に進学（この間、学部3年のとき、文科省の交換留学生として10ヶ月間アメリカに留学）。大学院2年のとき、都内の日本語専門学校で日本語教師をつとめる。大学院修了後、国際交流基金の派遣でバンコクのアサンプション大学で日本語教員として4年間教鞭を執

る。その後一旦帰国後、2ヶ月してバリへ (2008年6月)。バリの高校の日本語教員の支援スタッフとして派遣される (2011年6月までの契約)。現在、独身。ヤマモトの活動をバリの高校で展開するにあたってメディエーター役を果たす。モリタの活動の一部 (お茶会の開催) にもお茶の先生 (師範の資格有り) としてかかわる。さらに2008年から2009年にかけて補習校の図書ボランティアとしても活動 (海外青年協力隊のシニアボランティアに誘われて)。

モリタ：1938年、明石市生まれ。近畿地方の私立大学を卒業後、神戸市にある地方新聞社に入社。1968年に結婚。子ども2人。阪神淡路大震災のときメディア局にいてそのときからインターネットに関心をもつようになった。その後、東京新聞の記者を通してサクナミと知り合うようになり、1993年初めてバリに来る。1995年、ウブドのコテッジを5家族 (近所に住んでいる家族) と共同で建築。経営は現地人にまかせスポンサーという形をとる。これ以降、退職 (定年まで2年残して) をはさんで10年間は年2〜3回のペースでバリに来る。2004年にソーシャル・ビザを取得し、バリに定住。ソーシャル・ビザのため、半年に1回、外に出ることになっているが、これが新たな楽しみになっている。「バリの森を考える会」を主宰しながら、独自でホームページを立ち上げて活動の裾野を拡げる[11]とともに、世界中に拡がっているアートマイルの運動にも関与。コテッジ内にある大村文庫の維持管理にもつとめる。

サクナミ：1938年、東京生まれ。群馬県の県立高校を卒業後、京都へ。帯の図案彫金等の修行を積む。紙すきの技術も修得。70年代、仲間とシベリア鉄道を経由してヨーロッパへ。そこでドイツ人と知り合い、彼の家でガムランを知り、バリに関心が向く。1978年、バリの染色をみるために仲間と初めてバリに来る。このときデンパサール、サヌール、クタに宿泊した後、旅行会社勤務のサチコさんに誘われてウブドに行く。一泊3食9ドルのマンデイのホテルに泊まったが、「ここがバリだ」と強く感じた。当時のウブドは通りに街灯がなく、電話も3台だけであった。82年、レストランを建設 (居所)。90年、いま住んでいるビンタンバリを建設。その後、大村しげが脳梗塞を患って静養するようになったのを機にコテッジを開始。80年に子どもの絵交換展 (京都—ウブド) を開催 (その後現在まで毎年開催)、90年にバリの紙

すき展を銀座、京都、須磨で開催（このときモリタと知り合う）。これまで独身。ただし、バリ人の養女あり。モリタと隣接して住み、バリ在住の日本人の活動に幅広く関与している。現在、日本人会の文化部長。

　フルカワ：1968年、札幌市生まれ。札幌市内の私立大学経済学部卒業後、札幌に本社のある会社に就職。2年弱勤務。その後、独立をめざしてアルバイトへ。それから2年弱経ったところで、知り合いの年長の人にすすめられてはじめてバリに来る。3週間滞在。帰国してから半年後に再びバリへ。そのときは「リセットの心算で1年位」と考えていたが、その後今日までバリに在住。96年から共同で店を開くが、翌年独立してウブドでX店を開店（その前に開店資金を獲得するために3ヶ月ほど帰国しアルバイトをする）。98年、ペジェン出身の女性（32歳）と結婚。子どもは2人（11歳と9歳の女の子）。隣接して情報センターを開いているイカワとは20歳違いだが無二の親友。イカワとともに、ウブドのまとめ役として多方面で活動しているが、イカワが「影武者」であるのにたいして、むしろ表に出ることが多い。

　イカワ：1947年、名古屋市生まれ。名古屋市内の私立大学商学部卒業後、インテリアデザインの会社に勤務。なお、大学在学中、1年間休学して世界を放浪（50カ国に及ぶ）。3年間、デザイン会社に勤務した後、デザイナーとして独立。これ以降、さまざまなイベント事業に関与。ちなみに、30歳のときライブハウスを立ち上げ、このときライブ出演していたユキと知り合う。25歳のとき結婚（子ども1人（男））。

　離婚後、32歳のとき再婚（子ども1人（男））。しかし再び離婚。86年頃に卒業旅行をかねた大学生2人を引率して初めてバリに来る。5泊6日の強行スケジュール（ウブド素通り）。90年に再びバリに来る。「来たときにはロンボックに住む心算であったが、ウブドに来てはまってしまった。」これ以降、帰国していない。レストランKを立ち上げる他、ウブドにおけるさまざまな活動の仕掛け人として活躍。文字通り"影武者"的存在。

　ユキ：1962年、半田市生まれ。地元の県立高校卒業後、名古屋市内で約4年間フリーターをやる。高3のときからバンドをやっていて、フリーターをやりながらプロを目ざすが挫折。22歳のときイオンに就職。87年、友人と一緒

にはじめてバリに来る。バリに来る前から、バリのガムランの音曲に惹かれていた。翌年の88年、再びバリに来る。1週間滞在。このとき長期滞在しているという日本人画家に会い、長期滞在を決意。一旦帰国し、2年間イオンで働き、貯金をして、90年半ば、三度バリに来る。「とにかくバリが好き」ということで来たが、当初は半年位で帰る心算であった。しかしイカワと出会い、「日本人の心休まる場」を作ろうということでイカワとの共同出資でレストランKを立ち上げる。96年、バツ・ブラン出身のガムラン奏者と結婚（結婚と同時にインドネシア国籍を取得）。子どもは2人（長男14歳長女8歳）。Kを拠点に、フルカワ、イカワ等と連携しながら、さまざまな活動をおこなっているが、バリ社会と日本人社会の「架け橋」になることが目標、という。

サトミ：1973年、堺市生まれ。奈良県にある私立大学外国語学部（英米学科）卒業後大阪市内の輸入家具店所有の喫茶店で1年ほど勤務。その後、バリに来て3週間ほど滞在。（バリには19歳のとき、姉たちに誘われてはじめてくる。そのときの印象は「だらけた、ゆるい社会」というものであった。その後、年2回位のペースでバリに来る。）帰国後、大阪市内の内装デザイン会社に1年半ほど勤務。退職後、またバリに来たが(24歳)、一旦帰国し、バリで住むための資金を獲得するために、1年間フリーターかけもちで「メチャクチャ働いた」。そしてバリに再度来て、カバン店Sを開いた。「とにかく行ってみたい」で始まったバリ行きであるが、いまや三つのカバン店、一つのオーガニック・サロンを経営するまでになった[12]。ちなみに、2005年に狭山市出身の男性と結婚。子ども一人。バリ人と結婚している若手の日本人女性を糾合することに腐心しており、ウブドの日本人社会の新たな担い手と目されるようになっている。周囲の期待も高い。

(3) ネットワークと「ひきこもり年金族」

表7-2は、以上10人の基本属性を概括したものである。十人十色といえばそれまでだがこれらのリーダーから共通に浮かびあがってくるのは、フットワークの軽さとバリ社会のなかで生きようとする意思の勁さである。もちろん、かれら／かの女らが「バリが好き」というときに、そこにさまざまな

表7-2 キーパーソンの基本属性

名前	性	年齢	出身地	学歴	妻・夫の国籍	バリ居住年数	居住のきっかけ	バリ以外の海外渡航歴
フジタ	男	73	東京都	大卒(工)	日本	5年	定年後の海外居住として	ヨーロッパに7年居住
カシヤ	男	74	神戸市	大卒	日本	6年	娘がバリ人と結婚したから	なし
ヤマモト	男	70	広島市	大卒(経)	インドネシア	6年	妻に誘われて	なし
ヨシダ	女	31	福山市	大院(修)	未婚	2年	国際交流基金の日本語教育	バンコックで専門家として4年居住
モリタ	男	71	明石市	大卒	日本	6年	サクナミに紹介されて	なし
サクナミ	男	72	東京都	高卒	未婚	28年	ウブドの田園風景に魅せられて	90年代にヨーロッパ旅行
フルカワ	男	42	札幌市	大卒	インドネシア	15年	人生のリセットのつもりで	なし
イカワ	男	63	名古屋市	大卒	未婚	20年	ロンボックに住むつもりがウブドに	20歳のとき1年間海外放浪
ユキ	女	48	半田市	高卒	インドネシア	20年	半年で帰る心算がイカワと出あって	なし
サトミ	女	37	堺市	大卒	日本	11年	「とにかく行ってみたい」ということで	なし

注：名前はすべて仮名である。

思惑とか利害が透けてみえることは否定できない。またサヌールを拠点とするリーダーとウブドを拠点とするリーダーとの間に微妙な違いがみられることもたしかである。たとえば、バリ社会にたいする愛着ということでいえば、明らかに後者のほうが「濃い」といえる。もっとも、それも来住時期／在住期間によってバリエーションをともなっている。とりわけ、バリ社会への距離のとりかたという点で違いが生じている。とはいえ、以上垣間みたリーダーからは、やはり共通に日本人社会、そしてそこからつながっていくバリ人社会への「開かれた」関与が読み取れる。先に触れた多種多様なネットワークが地域を越えて自在に展開しているのも、こうした関与があってこそ可能となるのである。

　もっとも、このような開かれた関与の影で、膨大な数の「ひきこもり年金族」が（日本人社会の）周縁に埋め込まれつつあることも忘れてはならない。たとえば、来住時期ではウブドにおいてサクナミと並んで最古参の一人であるタ

キコによると、それらの人びとは「2、3人の趣味が一致するグループで集まる傾向がある。言葉も覚えないし食事といえば日本食ばかり。もともとバリが好きで来たのではなく、バリに来るとぜいたくができるから来ているにすぎない。」という。日本人会の内部からは、そうした人びとは「日本人会に入っても、利益がないとわかるとすぐにやめてしまう」という声が聞こえてくるし、あるときなどは、補習校への寄付をもとめたところ、「何で日本人でもない間(あい)の子のために寄付をしなければならないのだ」と平然と言い放ったという。よくみえないだけに、こうした「ひきこもり年金族」が増えているのは不気味である。だがここで注目したいのは、そうした「ひきこもり年金族」が「ライフスタイル移民」の裏面をなしていることに加えて、「世話にもならん。世話もせんという人」(浜田 2010: 34)であるという点である。詳述はさておき、そうした人びとはある種の日本人の範型をなしている。

いずれにせよ、バリの日本人社会では、みてきたようなサークル・団体をコアにして多種多様なネットワークが形成される一方で、そうしたものに見向きもしない年金族がネットワークのはざまでうごめいているといった奇妙な光景がみられるようになっている。日本人社会の外に向かっていくヴェクトルと内に閉じていくヴェクトルとが奇妙に交錯するこうした構図は、考えようによっては、ハイブリッド社会としてあるエスニック・コミュニティに特有のものである、といえないこともない。ところがそうしたエスニック・コミュニティのイメージは、以下の「半熟の会」の事例につきあわせると、必ずしも単焦点化して述べられるものではないことがわかる。「半熟の会」はまぎれもなくみてきたようなサークル・団体と横並びのものとしてあるが、同時に内に閉じていく性格を色濃くとどめている。

3 ネットワークのもう一つの「かたち」——「半熟の会」寸描

(1) 第2世代の女たち

「半熟の会」は、1950年代半ばから後半にかけて生まれ、夫がすべてインドネシア人であり、補習校にかかわったことのある日本人女性(すべて全員イ

ンドネシア国籍を取得）が2006年に寄り集まって結成したサークルである。これまで歩んできた道のりが近似しており、その同質性の上に、何らかのセーフティネットの構築をめざして結成されたものである。メンバーは10人で、この体制は変えないことにしている。2ケ月に1回、メンバーの持ち回りで開催されることになっており（開催場所はレストラン）、食事をしながらメンバーの身近のできごとを話し合う。ここ数回は講師をまねいて、レクチャーを受けそれについて自由に話し合っている。

　ところで、「半熟の会」の女性たちは、結婚によってバリに住むようになった日本女性のなかでは第2世代に属する。第1世代の女性たちは、自分たちが日本社会をきりひらいてきたのだという自負心がある。しゃかりきになって働き、しかもインドネシア社会にあって「モデル・マイノリティ」としての役割も果たしてきた。人も羨む家族を形成し、バリ社会の発展とともに財をなし、地位も獲得した。だから日本人社会にあって指導的立場にあることを深く自認している。だからこそ、自分たちが中心になって立ちあげた日本人会にも特別の思いがあり、いつまでも組織の中心にいようとする。しかしその後の来住層にとって、たしかに彼女たちがトップランナーとして果たしてきた役割は認めるにしても、日本人会への「過剰な関与」にはいささか鼻につくことがある。もっとも、そのことを口にするのは、第3世代の女性たちである。彼女たちの多くはもはや日本人会にかかわろうとしない。第2世代の女性たちはその点で第3世代のようにはなれない。しかし第1世代の人びとほどには地位を獲得しているわけではないし、家族がゆらいでいることも多い。だからこそ、第2世代のなかから「半熟の会」のようなものがあらわれたのである。

　それでは第2世代の「半熟の会」のメンバーは、具体的にどのような人たちであろうか。**表7-3**は、2010年9月4日にサヌールのあるホテルの地階レストランで開催された定例会に参加した9人について、ヒヤリングによって得た知見をもとにその基本属性について簡単にまとめたものである。同表よりあきらかなことは、メンバー間に過度の同質性がみられること、しかしそれがライフヒストリーとしては必ずしも同じような「かたち」となってあ

表7-3 「半熟の会」の女性たちの基本属性

名前	年齢	出身地	学歴	居住年数	職業	子ども	夫の職業	備考
ナツミ	51	東京都	短大卒	20年	日本語学校教師	3人	無職	別居
モモコ	55*	不明	大卒(文)	不明	専業主婦	1人	旅行会社経営	夫、半身不随
エイコ	58	島根県	大卒(教)	24年	領事館勤務	1人	画家	夫、体調不良
ジュンコ	56*	東京都	高卒	29年	レストラン経営	2人	陶芸家	夫、再婚
ノリコ	51	横浜市	短大卒	22年	雑貨店経営	1人	洋服店経営	死別
ハナコ	51	鹿児島県	短大卒	23年	専業主婦	3人	卸売	
タキエ	53	舞鶴市	大卒(農)	25年	旅行会社勤務	2人	無職	離婚
フミ	52	東京都	大卒(音)	20年	補習校教師	2人	建築関係	
エミ	51	東京都	短大卒	18年	日本語学校教師	2人	無職	別居

注1:「不明」は本人から回答が得られなかったものである。
　2:年齢のうち*を付したものは、本人以外から聞いたものであり、本人の確認を得ていない。

らわれていないことである。第1世代の人たちの場合、この同質性にともなってあらわれたライフヒストリーの「かたち」には、それほど大きな違いはみられなかった。しかし、第2世代の「半熟の会」のメンバーをみてみると、個々の「かたち」において「ゆらぎ」を抱えている場合が少なくない。ここでは、夫と別居しているナツミ、死別したノリコ、離婚したタキエの「生きてきた／生きる」「かたち」をみることによって、それぞれの「ゆらぎ」にせまることにする。

　ナツミ：1959年、東京生まれ。父、会社員、母、専業主婦。4人兄弟の末っ子として生まれる。公立の小、中学校、私立の女子高校を経て、1979年、中野区にある短大の保育科を卒業。卒業後、5年間、私立の幼稚園に勤務する。24歳のとき、はじめてバリに渡る。ハワイに行く心算が偶然バリになった。そのときは1週間滞在した。レンボンガン島に日本人のサーファーとともに渡った。電気も水もないロスメンに宿泊。「カルチャーショックを受けた。皆、驚くほど質素に暮らしていて、おだやかでひたすら神様にお祈りをする。このとき、バリをもっともっと知りたいという思いにとらわれた。」84年、退職。フリーターに転向。昼間は配達、夜はレストランのウェイトレス。バリに行きたい、という一心で、働きに働いた。85年までに5回バリに渡る。最長の滞在は2ヶ月であった。そして「独習していたインドネシア語が通じ

第7章　日本人社会の多様なネットワーク（3）　243

るのを知って、ますますバリが好きになった。」バリ人の彼もできた。86年、レンボンガン島出身の彼と日本で結婚。東小金井市内のアパートに新居をかまえ、ナツミはもっぱらパートで働く。夫はレストラン従業員、とび職イベント会場の設営係……と転々と職をわたり歩く。6年間、こうした状態が続く。この間、2人の子ども（女の子と男の子）が生まれる。1992年、バリに渡る。サヌールで古い家を購入（日本で2人で稼いだお金で購入）。この家には多いときには20人近く居候していた。ナツミは1年ほど何もしなかったが（専業主婦）、やがて旅行会社にパートに出るようになりさらに知人の紹介で補習校の教師になる。10年間教師を勤めたが（この間、旅行会社にも6年ほど勤務）、日本人会女性部で知り合ったサチコが日本語学校Aを立ち上げるのを機にそちらに移り、現在に至っている。

　ナツミはこの間、インドネシア国籍を取得する（1998年）。子どもも大きくなり、上の女の子は、日本に渡り、2年半ほど中目黒でアルバイトをし、その後バリに帰り、現在ナツミとともに住んでいる。日本国籍であるため職に就くのに苦労している。下の男の子はコンピューター関係の大学に在籍中。夫は11年前のニュピのときに家を出たまま、現在にいたるまで帰ってこない。この当時、ナツミはヌガラの旅行会社につとめていて、帰宅が遅くなるのを夫は快く思っていなかった。しかし「夫は働いておらず、生活のことがあり、やめられなかった。また仕事じたいもおもしろくなっていた。」夫は現在別の女性と暮らしている。

　日本の父、母はすでに他界しているが、兄および2人の姉とはひんぱんに連絡を取り合っている。また幼稚園時代の上司、同僚、園児の父兄、さらに旅行会社に勤務していた頃に知り合った人たちとも交信はある。普段特に親しくしているのは、日本人会でナツミとともにグランタンという楽器を練習している仲間、そして「同じような経験をしている、年齢も近い」「半熟の会」の人たちである。もちろん、サチコはもっとも信頼している人である。

　ノリコ：1959年、横浜市生まれ。3人姉妹の真ん中。公立の小、中学校、私立の女子商業高校を経て、1979年、新宿区内の短大の経済学科（税理士コース）を卒業。卒業後、1年間アルバイトで過ごす。その後、外資系の会社（経理課）

に入社。1年間勤めた後、アメリカへ一人旅（1ヶ月半）。帰国後、半年間アルバイトをし、今度はバリへ一人旅（3週間）。1983年のときである。このときクタのロスメン（電気なし）に宿泊、後の夫になる彼と知り合う（「ルックスが自分のタイプであった」）。彼はメダン出身のインド系インドネシア人で高卒後、バリに来て店員として働いていた。帰国後、アルバイトをした後、彼と一緒にインド、ネパール、タイ、マレーシア等でヒッピー生活を送る（3年間）。日本に帰ってから、会社に就職（2年間勤務）。この間、彼が日本に来る。母が借りていたアパートで同棲生活にはいる（父、母はノリコが22歳のとき離婚していた）。ノリコ、28歳のとき、父、母了解の下に入籍。ノリコはその後も会社員を続け、また夫は路上の商い（銀細工品、バティク等を販売）をおこないながら糊口をしのいだ。入籍してから半年経ったところで、退社。1988年末、夫の実家のあるメダンに行って結婚式をあげた後、バリに来る。レギュアンのコス（アパート）に居住、店を借り、バックと洋服を販売する。89年、長女出生。現在、地元の国立ウダヤナ大学医学部の3年生。5歳のとき半年間日本に滞在したこと、また高校は英語クラスであったこともあって、英語、日本語ともに流暢に使いこなす（日本語能力検定試験2級合格）。夫、長女が高2のとき発病し、2年後に死亡した。

　ノリコがインドネシア国籍を取得したのは結婚（入籍）してから10年経った頃である。「日本国籍のままでは仕事がしづらい。しかしインドネシアでどうしても仕事がしたかったので、インドネシア国籍を取得した。」現在、雑貨商を手広くおこなっている。もっとも、国籍についてはそれほど深刻には考えていない。「今後日本人と再婚するような場合には、日本国籍に戻ってもいいかなあ」と考えたりしている。子どもも「パートナーがいたほうがいいよ」と言ってくれている。ちなみに、バリでハンディクラフトとかヨットを作っている日本人（10人位）とは付き合いがあるし補習校の維持会を通しての付き合いもある（ノリコは維持会のメンバーである）。姉妹高校、短大時代の友人たちとも交信を続けている。もちろん、「半熟の会」には積極的にかかわっている。「家族、子どものことについてざっくばらんに話し合う。相談したり相談されたりで、メンバー間であまり隠し立てすることはない。」という。

タキエ：1957年、舞鶴市生まれ。公立の小、中学校、県立高校を経て、1975年、中国地方の国立大学農学部（畜産学科）に進学。入学とともに女子寮に入ったが、「押し寄せる閉塞感」にいたたまれず、それから逃れようとして何度もインドに行った。結局、4年生のとき1年間休学して海外を放浪する（アフリカ、アフガニスタンなど）。卒業後、アルバイトをしながら何となくインド行きを考えていたときに、ある日、朝日新聞でインドネシア政府が国費留学生（ダルマシスワ奨学金）を募集していることを知り、それに応募したところ試験に合格し、バリ舞踊を研究するということでバリに渡ることになった（27歳）。留学期間は2年で、バリの歴史研究で有名なNさんは同期生。留学期間が終わって、インドネシアにとどまるか帰国するか迷っていたときに、バリ・ビーチ・ホテルから働かないかという誘いがあり、このホテルに就職。その後、5年間勤務したが、そうこうしているうちに、日本の有名旅行会社（当時、バリ・ビーチ・ホテル内に事務所を構えていた）から話があり、1992年にこの旅行会社に移る。現在、総務を担当しており、現地スタッフを統率する立場にある。この間、32歳のとき結婚。5歳年下の夫はJICAプログラムで日本にいったことがあり、ダルマシスワの同期生からの紹介で知り合った。子どもは2人（上は女、下は男）。長女は現在、ウダヤナ大学看護学部学生、長男は高校在学中で、海外の大学への進学を希望している。夫とは2004年に離婚。このとき手続きが面倒で「大変な思いをした。」なお、父が2009年4月死亡したので、11月から母（82歳）を呼び寄せ、現在、同居している。

　タキエはインドネシア国籍を取得するまでにかなりの時間がかかった。インドネシア国籍の取得に両親は猛反対した。「娘が遠くなる」というのが反対の主たる理由であった。しかしタキエは取得してよかった、と考えている。何よりも、「現在住んでいる家が自分のものであるということで安心できる」という。ちなみに、長女は日本国籍であるが、最終的にどうするかは、本人にまかせている。ところでタキエは、日本人会のメンバーであるが、「つかず離れず」というスタンスをとっている。「インドネシア国籍で、日本人会に入れてもらっているという意識がある。と同時に、どこかで日本人とつながっていたいという思いがある」。「半熟の会」では積極的にイニシアティヴ

をとりたいと考えている。メンバーが同年齢層であるだけに、抱えている問題も似通っており、「何でも話し合える」という雰囲気がある。また「会社の利害関係から離れたところのネットワーク」ということで安心できる。

(2)「躓きの石」

　以上みた3人の生きてきた／生きる「かたち」に、前章でみたキーパーソンに特徴的に見出されるフットワークの軽さを観て取ることができない。何よりもパートナーを選ぶ際の回りの目にはオリエンタリズムの残照が強く感じられた。それだけにナツミもノリコも（またある意味でタキエも）バリの生活風土に馴致した非エリートの彼（日本ではしばしば「ギゴロ」と揶揄される）を必死になって奮い立たせようとした。たしかに第1世代の場合もそうであったが、選んだパートナーがエリートであっただけに、むしろその後のインドネシア社会へのスムースな同化と相俟ってオリエンタリズムの脱色化に向かうことになった。しかしナツミの場合もノリコの場合も、そしてタキエの場合そういう「かたち」を手にすることはできなかった。日本で生活をしていたときには、いっとき彼は勤勉であった。しかし一旦バリに帰ってしまうと、バリの生活風土に馴致した彼にもどってしまう。だから、ナツミもタキエもノリコもバリ人（あるいはバリの生活風土になじんだ非バリ人）と結婚したときに、ある意味で「躓きの石」を抱えこまざるをえなくなったのである。死別は別にして、別居、離婚は、ある意味でその「躓きの石」が象徴的な「かたち」であらわれたものであるといえる。だから考えようによっては、「半熟の会」にみられる同質性と閉鎖性は「躓きの石」を抱えてここまできた女たちの重さを写映しているともいえる。

　先に日本人社会に多種多様なネットワークがあらわれていること、そしてその間で「引きこもり年金族」に代表されるような私生活主義に馴れきった日本人がうごめいていることを指摘した。「半熟の会」の位置は微妙である。まぎれもなく多種多様なネットワークの一つであるが、きわめて凝集性が高く、外に閉じられている、またそれでいて決して私生活主義に回収されていかない共同性の内実をはらんでいる。そうした点できわめて特異な存在である。

4 変容する情報環境

(1) すすむ紙媒体離れ

　さて多種多様なネットワークの広がりは、当然のことながら情報環境の進展と密接に関連している。サークル・団体の活動にとって、どのようなコミュニケーション・ツールに依存するかは決定的に重要なことがらである。いうまでもなく、かつては紙媒体が主流であった。しかし先に概観した14のサークル・団体についていうなら、連絡網として紙媒体を用いているのは、わずかに「ウブド子ども図書館プロジェクト」だけである。この場合、イベントを通知する印刷されたペーパーをいくつかの店に置いてもらい不特定多数の人びとに呼びかけるという形で連絡網に代えている。FAXを用いて連絡する、つまりペーパーを回すといったサークル・団体もまた皆無である。実際、どのサークル・団体も専用のファクシミリをもっていない。一般に生活の現場において携帯電話の普及とともに、これまでの固定電話の利用シーンが極端にせばまってきている。かつて固定電話は紙媒体とセットとしてあった。両者は相互補完的に作用し合っていた。だから固定電話の衰退は紙媒体の衰退としてもあるのである。

　紙媒体／固定電話に代わって連絡網として躍り出てきているのが携帯メール(SMS)である。ちなみに、先の「ウブド子ども図書館プロジェクト」は別にして、すべてのサークル・団体が程度の差こそあれ、この携帯メールで連絡をとりあっている。パソコンを使わない人も、この携帯メールにはアクセスすることになっている。別の言い方をすると、ここではデジタル・ディバイドが起こらないのである。この点で「ひきこもり年金族」の一人であるTさんが、パソコンは言うにおよばず、携帯メールをまったく使えないのは意味深である。なぜなら、今日、周縁に布置している「ひきこもり年金族」の多くが、デジタル・デバイドの担い手となっているからである。詳述はさておき、先の一方でのネットワークの叢生、他方での「ひきこもり年金族」の滞留という二元的構成は情報環境における格差構造と鋭くむすびついているのである。

(2) 多層化する情報環境

　ところで上述の格差構造は多層化する情報環境の「影の部分」の表出としてある。多層化する情報環境は、サークル・団体の間でまた違ったかたちのデバイドを生み出している。一つは、日本人会のメディア環境へのアクセス上の優劣にともなう格差である。

　とりわけ「クリーンアップ・バリ」および「バリの森を考える会」と「将棋の会」を除く他のサークル・団体との間に存在する、日本人会のメディア環境をめぐる利用格差はきわだっている（表7－1参照）。しかもこの格差は、不特定多数の人びとに依拠する度合いの強い二つのサークル・団体の優位性を示すものとしてある。さていま一つは、自前でホーム・ページを開いているサークル・団体とそうでないサークル・団体との間でみられるデバイドである。ちなみに、ウブドを拠点とするサークル・団体はすべて自前でホーム・ページをもっているか、それを自由に使える立場にある。そのなかにあってとくにレストランＫのホーム・ページとカバン店Ｓのホーム・ページは充実している。メンバー以外への発信力の拡がりとサークル・団体それ自体の凝集力の維持において際立った役割を果たしている。先にフルカワとサトミがウブドの日本人社会のキーマンをなしていると述べたが、この情報環境における優位性が背後要因をなしていることは間違いない。

　多層化する情報環境の効用／メリットを享受することができるサークル・団体はますますフットワークが軽くなり、裾野を拡げることができるようになるだろう。このことは上述のデバイドを助長することになるに違いない。しかし同時に、サークル・団体間の相互性をうながし、多元的な日本人社会の形成をうながす可能性も秘めている。いずれにせよ、多種多様なネットワークの叢生とともに、情報環境の変容が大々的にすすみ、日本人社会をきわめて動的なものにしていることはたしかである。こうしたなかであらためて注目されるのが、「半熟の会」をめぐる情報環境である。「半熟の会」でも携帯メールが主たるコミュニケーション・ツールになっているが、だからといって多層化する情報環境の効用／メリットを享受する側には必ずしもない。メンバー間

の見た目の同質性、近似性がそのことを見えなくしてしまっているのである。

5 むすびにかえて

みてきたようなネットワークの担い手であるキーパーソンたちが「ライフスタイル移民」にねざすことは否定できない。かつて移民の主流であった「国策移民」とか「企業移民」が「強制された移民」であったとすれば、多種多様なサークル・団体で活動する人びとは基本的に国境を越えて自由に行き来する移動者としてある。この移動者のエートスはネットワークを色鮮やかなものにしている。しかしネットワークの叢生と背中合わせで「ひきこもり年金族」が日本人社会に埋め込まれていることも忘れてはならない。かれらは一見したところ「ライフスタイル移民」のかたわれのようにみえる。しかしかれらは日本の社会では満足にセーフティネットを構築することができないという点でいうと、強制された移民の側面を有しており、そのかぎりで不本意移民である。「ライフスタイル移民」とこの不本意移民が「ともにある」ことが、いまやバリの日本人社会の大きな特徴となっている[13]。「半熟の会」は、この二つが二律背反的にあるのではなく、いわば相互互換的にあることを複雑な「かたち」で示しているといえる。

さてこうした日本人社会においてナショナリティのありかたを問うことは、冒頭でも触れたように国際移動研究、そして移民社会研究の要をなす大事な課題である。しかし、本章の論述の範囲からこれに直接答えを出すことにはやや無理がある。そのことを踏まえた上で、事例に立ち返って言及するなら、みてきたような多重的なネットワークの交差からゆるやかなナショナル・アイデンティティが立ちのぼってくることである。それはどちらかというと、移動者が出身地と移動先とをたえず往還しながら多層的な社会関係のなかから創り出すもの、すなわち今日いわれるところのトランスナショナリズムに近いものとしてある[14]。反対に、「ひきこもり年金族」からは、移動先とはつながらない、出身地に還っていくしかない自閉するナショナル・アイデンティティが深く底在しているのを観て取ることができる[15]。ここでも問

題となるのは、「半熟の会」の女性たちである。この場合、第1世代の女性たちとの比較が有効である。彼女たちは、第1世代がバリ社会に完全に同化した上で、すなわちナショナリティ・アイデンティティをすっかり脱色した上で日本人会を作ったのとは違って、「日本人会に入れてもらっている……と同時に、どこかで日本人とつながっていたいという思い」(タキエ)でいるという意識に象徴的にあらわれているように、インドネシア国籍でありながら日本人としてのアイデンティティを捨てきれないでいる。詳述はさておき、彼女たち立ち位置を考究することは冒頭でかかげた課題に応える上で大いに役に立つであろう。

注

1　たとえば、インドネシアに例をとってみると、バリ日本人会に並ぶものとしてジャカルタ日本人会およびスラバヤ日本人会があるが、いずれも「企業移民」、すなわち駐在員がイニシアティヴを握っている。また会員はほとんどが男性日本人もしくは日本人カップルであるが、バリ日本人会の場合、圧制的多数が「異文化結婚を生きる」人たちである。そうした点で異階層、異主体の人びとが集まる、カイシャの論理がそこに持ち込まれていないかなり特異な存在となっている。この点については、吉原 (2008) および Yoshihara (2010) を参照のこと。

2　「ヨガの会」を主宰するフジヤマは、バリに来てすぐのときに居住先をどうするかで日本人会の事務局に相談にいった。しかし居住先については不動産屋を紹介するだけであった。そのとき「日本人会は完全に法人組織になっていて個人のニーズにこたえるようなものになっていないことに気づいた」という。フジヤマは後述するように、若い頃に数年ドイツで暮らしたが、そのとき日本大使館は実に親身になって面倒をみてくれた、と述懐している。

3　サヌールにある老舗ホテルが長期滞在者向けに提供しているバンガローで多くの日本人が入居している。ちなみに、この老舗ホテルは現在3人の兄弟が共同でとりしきっているが、次男が東京にある私立大学を卒業しており、美術大学出身のサエコと結婚し、2人の子どもがいる。このバンガローはいまや日本人社会のネットワークのサヌールにおける拠点になりつつあるが、多方面に目配りをするサエコが重要な役割を果たしていることはいうまでもない。

4　カワダは、現在62歳。高校時代に硬式テニスでインターハイに出場したことがありサークルでは文字通り指導的立場にある。カワダは水戸市の進学校を卒業した後、都内にある有名私立大学の法学部に進学したが、中退した。その後、学習塾を経営して生計をたててきたが、40歳半ばにして学習塾を閉じ、バリに来た。バリ人のムスリムと一緒になり、現在に至っている (子ども一人)。年老いた母親を呼び寄せている。

5　ヤシマは、現在70歳。都内の有名私立大学政経学部を卒業した後、大手出版社に入社した。その後別の大手出版社に移り、定年の半年前まで勤めた。1990年にはじめてバリに来たとき、「ここで死ぬ」と感じたという。その後、たびたびバリに来るようになったが、2001年からは長期滞在するようになった。当初は日本人会に入っていたが、「行事に動員されるのが嫌」で退会した。開設しているホーム・ページでは、「バリの花の世界的権威」と自称している。花に詳しい京都出身の女性と生活をともにしている。

6　実際には、原爆資料館の被爆フィルムを素材にしている。プロジェクターとスクリーンを購入して被爆フィルムを用いて被爆を伝えている。原爆資料館の友人の果たす役割がかぎりなく大きい。高校生に伝えることからはじめているが、国立高校の場合（ほとんどがそうなのだが）、「上からのしめつけが強く、なかなか思うようにいかない」のが現状である、という。

7　ここでは2004年以前刊行のもの（古い本）を1ポイント、2004年以降刊行のもの（新しい本）を2ポイントとし、基本的に同一ポイントで交換できるようにしている。ポイントはポイントカードに記帳し、余ったポイントは次回の交換会で使えるようにしている。このポイント制は定着しており、利用層はかなり拡がっているという。漫画も扱っているので、交換会のときには子どもも集まってくる。

8　「ママの会」の主宰者サトミには、補習校にたいする新来層、とりわけ2000年以降にバリに来た若い母親たちの屈折した感情をすくいとろうとする意識がある。この意識は、ウブドに参入しようとしたときに「古参の者から嫌がらせを受けた」ときに抱いた感情にも通底している。サトミは、2004年から5年間、日本（N県）に帰ったが、この意識を見極めるためにどうしても必要であった、という。

9　ちなみに、参加者のうち19人（全員女性でウブド在住）について簡単なアンケートを実施した。その結果を記すと概ね以下のようになる。

〔年齢〕30歳代：11、40歳代：8
〔出身地〕大阪市：4、東京都：2、大津市：2、札幌市、小樽市、横浜市、横須賀市、茅ヶ崎市、新潟県、大和郡山市、堺市、芦屋市、神戸市、岡山市各1
〔結婚〕未婚：1、既婚：18（日本人：1、インドネシア人：16、その他：1）
〔子ども〕男1人女1人：5、男1人：5、女1人：3、女2人：2、男2人：1、なし：3
〔バリに初めて来た年〕1990年：3、1992年：1、1994年：4、1995年：2、1996年、1997年、1999年各1、2000年：3、2003年、2008年、2009年各1
〔バリ居住歴〕1年未満：2、1年：1、2年：3、3年、5年、6年、7年、8年各1、9年：3、10年：1、11年：1、13年：2、17年：1
〔参加のきっかけ〕知人・友人に誘われて：16、電子で知った：1、Sopaに誘われて：1、企画した側：1
〔過去1年間のつきあい〕日本人：1〜3人・1、4〜10人・8、11人以上：10、インドネシア人：1〜3人・1、4〜10人・4、11人以上・10、その他外国人：1〜3人・7、4〜10人・4、11人以上・3

10　妻タミは、死別した夫とは賠償留学生として広島大学に来ていたときに知り合い、結婚した（1965 年）。結婚と同時にインドネシア国籍を取得。夫との間に子ども 2 人（長男と長女）。夫は帰国してから国家公務員として勤務するようになり、商業省の局長にまでのぼりつめたが、1990 年に病死。この間、バリにはバリ州の商業局長に赴任した夫にともなって数年間滞在したことがある。タミは夫との死別後に 2002 年に母の看護のため広島に帰り、翌年ヤマモトと再会し、再婚。2004 年、日本での永住権を取得。

11　モリタは新聞社に勤めていたこともあって、メディアの利用には積極的であるが、とりわけ CMC (communitymedited communiction) には目がない。バリに来るやいち早くブログを立ち上げ、「ウブドむらぐらし通信」と「ウブド風聞」を送信している。ただし、いずれも登録しなければ受信できず、また自由に書きこむこともできない。前者はもっぱら日本（350 人）に発信されており、後者はバリに在住する日本人会に入っていない日本人（50 人）に発信されている。

12　サトミは経営に関して、「これまであまり traditional なものにこだわってこなかったが、これからは積極的に取り込むようにしたい」、また「日常的な感覚をたいせつにし、ちょっとしたことで得られるアイデアを大事にしたい」、さらに「日本のスピード感とインドネシアの『ゆるさ』をうまくミックスさせた経営に取り組みたい」と述べている。サトミは普段、日経流通新聞、NHK 衛星放送、そして Bali Advertize（英文紙）には欠かさず目を通し、店にはコンサルタントをつけている。

13　ちなみに、前稿では「『国策移民』、「企業移民」と「ライフスタイル移民」の境界はそれほど明確ではない。なぜなら、前者には「強制」＝「非選択」の契機だけでなく、「自発」の契機も含まれており逆に後者には「自発」＝「選択」の契機だけでなく、「強制」＝「非自発」の契機も含まれているからである。移動をまねくものが錯綜し、移動動機が多様化すればするほど、両者の境界はあいまいになるであろう。」（吉原ほか 2010: 86）と述べた。ちなみに、国際移動における「強制」と「自発」のダイナミクスを説明したものとして、小泉（2009）が有益であることを指摘しておく。

14　トランスナショナリズムについては、さしあたり佐藤編著（2009）を参照のこと。そこでの公共圏と国際移民レジームの接点的領域での立論構成がとりわけ注目されるが、トランスナショナリズムの問題領域をさぐる上で多くの示唆を与えてくれることは間違いない。なお本章の文脈でいうと、トランスナショナリズムのナショナル・アイデンティティへの回帰あるいは前者による後者の賦活といった事態が当面関心の中心を構成することになるであろう。なお、トランスナショナリズムの構造的枠組みに関する、社会理論に基礎を置く説明としては、アーリ（2006）およびアーリ（2014）が充実している。

15　「ひきこもり年金族」の急増については、インドネシア政府のリタイアメント・ビザの取得条件の緩和、旅行雑誌や旅行会社の退職後の海外居住をうながすような特集号の刊行とかセミナーの開催等が背後要因として考えられるが、インドネシアの経済成長とともにインフレがすすみ、年金の目減り／減価が急進し、

近い将来、「ひきこもり年金族」が「福祉の対象者」になる恐れは十分にある。そうなれば「棄民化」が避けられなくなるであろう。なお、筆者は「ひきこもり年金族」の叢生の背後に、現代日本における高年層の貧困化と孤立化の進展を観て取るべきである、と考えている。

文　献

藤田結子, 2008, 『文化移民』新曜社.
浜田晋, 2010, 『心をたがやす』岩波書店 (現代文庫).
小泉康一, 2009, 『グローバリゼーションと国際強制移動』勁草書房.
佐藤成基編著, 2009, 『ナショナリズムとトランスナショナリズム』法政大学出版局.
Urry, J., 2000, *Sociology beyond Societies*, Routledge.（＝ 2006, 吉原直樹監訳, 『社会を越える社会学』法政大学出版局.）
───, 2003, *Global Complexity*, Polity.（＝ 2014, 吉原直樹監訳, 『グローバルな複雑性』法政大学出版局.）
山下晋司, 2007, 『ロングステイ、あるいは暮らすように旅すること』『アジア遊学』104: 108-116.
吉田正紀, 2010, 『異文化結婚を生きる』新泉社.
吉原直樹, 2008, 『モビリティと場所』東京大学出版会.
Yoshihara, N., 2010 *Fluidity of Place*, Trans Pacific Press.

〔付記〕本研究は、2009 年度財団法人 JFE21 世紀財団アジア歴史研究助成（「海外日本人コミュニティの変遷と脱ナショナリティのゆくえ」代表・吉原）による研究成果の一部である。

第8章
情報環境の多様化と日本人向けメディアの動向
── 観光メディアの分析を通して

松本　行真

1　はじめに

　「そこ」について何も知らない場合、まず、どういったアプローチをするだろうか。以前ならば、最初に考えるのは「そこ」について知っている人であり、周りに該当者がみあたらない場合は、次善の策として、書籍やテレビなどのマス・メディアや、「そこ」に知悉するとされる専門業者に頼ることになっていた。というのは、人づてに聞いた情報の方が信頼できることを経験則的にたいていの人は自覚しており、そうした情報を入手できる人間関係（∈ネットワーク）づくりが──アクセスが容易ではない情報を入手するには──大切だとされていたのである。現在はどうだろうか。自身のネットワークに頼らなくても、信頼度にやや不安はあるものの多量に存在し、（ほぼ）オープンで、たとえば掲示板のような双方的なやりとりで形成されるインターネット上の情報にアクセスすることで、それを入手することは可能になっている。それでは、情報が入手しやすくなるとどうなるのだろうか。この場合は、「そこ」へ実際に行こうとする誘因が高まりやすくなることが考えられる[1]、こうした情報が入手できる環境の変化は、マーケティングの文脈でいう「AIDMA」のモデル[2]を持ち出すまでもなく、人びとの行動に影響を与えるものといえる。

　このことは単に情報が入手しやすくなったことを示すだけではなく、リアル／ヴァーチャルに関わらず、ある特定の「領域の内外」というボーダーの

壁が、ボーダー・フル化という可能性を含みながらも、低くなっていることをあらわしている。こうしたなかで、ナショナリティ／ローカリティなどにおけるさまざまな同質／異質さへの志向がたちあらわれる……といったことはさておくとして、裏返せば、こうした志向≒ニーズを満たすような情報とそれを担保する媒体が求められるに至るのが現在なのである[3]。

そこで本章は、吉原ら（2010）の問題意識を引き継ぎつつ、上記のことも併せて具体的に考察するために、各種メディアをめぐる情報環境が変わるなかで、日本とインドネシア・バリ島にかんする日本人向け観光メディアの分析を通じて、その背後にひそむ日本人のバリへのまなざしがどう変遷していったのかを――いわば、間接的に――明らかにする。ただし、以下で行うメディア分析が項目レベルのものであることを留意されたい。

議論にたち入る前に、いくつかの準備的な考察を行うことにする。人びとの行動に影響を与える要因は社会的、経済的、技術的など、さまざまである。そこには、イメージの表象、観光客・地元移民のニーズとの関係をどうとら

表8－1　インドネシア、日本における通信回線の普及状態

国	種別	（単位）	1999	2000	2001	2002	2003	2004	2005	2006
インドネシア	固定回線	100人当たり回線数	3.0	3.3	3.5	3.7	3.8	4.8	6.2	6.7
	モバイル	同契約者数	1.1	1.8	3.1	5.6	8.7	14.0	21.4	28.8
	インターネット	同利用者数	0.4	0.9	2.0	2.1	2.4	2.6	3.6	4.8
	ブロードバンド	同契約者数	0.0	0.0	0.0	0.0	0.0	0.0	0.1	0.1
日本	固定回線	100人当たり回線数	49.1	48.9	48.3	47.8	47.3	46.8	45.6	44.0
	モバイル	同契約者数	44.9	52.7	59.0	63.8	68.1	71.8	75.7	78.3
	インターネット	同利用者数	21.4	30.0	38.5	46.6	48.4	62.4	66.9	68.7
	ブロードバンド	同契約者数	0.2	0.7	3.0	7.4	11.7	15.4	18.3	20.7

国	種別	（単位）	2007	2008	2009	2010	2011	2012	2013
インドネシア	固定回線	100人当たり回線数	8.7	13.4	14.8	17.1	15.8	4.8	6.2
	モバイル	同契約者数	41.6	61.8	69.3	88.1	102.5	14.0	21.4
	インターネット	同利用者数	5.8	7.9	8.7	-	-	-	24.5
	ブロードバンド	同契約者数	0.4	0.4	0.7	1.0	1.1	1.2	1.3
日本	固定回線	100人当たり回線数	40.2	37.2	34.1	51.9	51.1	50.8	48.0
	モバイル	同契約者数	84.3	88.0	91.5	97.4	105.0	109.4	116.3
	インターネット	同利用者数	74.3	75.4	78.0	-	-	-	-
	ブロードバンド	同契約者数	22.2	23.7	24.9	26.9	27.6	27.9	28.9

えるかという、具体的な媒介変数を導入することにしよう。すなわち、①日本社会／①'インドネシア社会、それらに含まれる②情報環境・移動環境、といった大きく二つのマクロ的な動因である[4]。

①日本社会の変化について概観すると、90年代中盤のオウム事件、阪神淡路大震災、大企業の倒産といったリスク意識の高まりとともに長引く不況があり、2000年代以降にはIT景気がある一方で格差拡大が顕在化、9.11のテロも発生している。さらに、団塊世代の大量引退などによる就労環境(正社員とハケンとの格差問題など)の変化、それらをさらに加速させるような世界的な経済不況(リーマンショック)により、将来不安の増加と移動障壁感の低下による選択的な移住／居住者の増加も——大きな流れではないが——「YEN」の強さと相まって、たちあらわれている。①'インドネシア社会の変化であるが、スハルト政権下における開発独裁とその後の「アジアの奇跡」による経済成長、そして「危機」による通貨下落、さらには9.11以降に2度発生したバリ島でのテロによって一時的にではあるが観光客の減少をまねき、また2010年秋のJAL直行便(成田・関空～デンパサール)廃止もその要因ともいえる。

②情報環境の変化であるが、まず両国の通信回線の普及状況を確認する[5]。日本では固定電話→移動電話→インターネットといった、大きく三つの段階を経て現在に至っている。こうした情報環境の変化は日本のそれよりは、インドネシア社会の方がダイナミックなものになっている。というのも、日本においては、1960年代以降の固定電話→90年代以降の携帯電話(2000年代以降にメール、ネット機能が付加するといった多機能化のプロセス)→90年代後半以降のインターネット(アナログ回線から、ISDN、ADSL、FTTHという、通信の大容量化、高速化のプロセス)といった段階を半世紀近くかけているのにたいして、インドネシアでは90年代以降のわずか20年以内、特に20世紀末前後から、上記の三つを「急激な変化」のもとで経験している。このことはモバイルの100人当たりの契約者数は2012年に日本を追い越していることで象徴的に示されよう。

こうした情報環境の変化は従来の「紙媒体」に何らかの影響を与えている

可能性が高い。というのも、情報収集の構図が次のように考えられるからである。

　インターネット以前：テレビや新聞・雑誌といったマス・メディアや人づて
　インターネット以後：新聞・雑誌といった紙媒体は one of them となるため、「読んでもらう」ための工夫がより必要

　すなわち、メディアの役割の変化がどこかで起こっていると考えられ、具体的なレベルでは、誌面づくりなどの変化をみていけば、上記の情報環境とそれとかかわる人びとのまなざしの時系列における「節目」をみいだせるかもしれない。そこで次章では、人びとの②情報環境にかかわる『地球の歩き方』、『バリフリーク』、『アピ・マガジン』といった具体的なメディアの分析を行う。

2　各メディアの変遷

(1) 観光メディア──日本からのまなざし『地球の歩き方』

　『地球の歩き方』[6]はダイヤモンド社が刊行する海外旅行用の旅行ガイドブックであり、1979年（昭和54年）の創刊以来、世界各地について計100タイトル以上発売されており、日本では最も多く販売されている。当初では、それまでのガイドブックと比べて、バックパッカーを対象とした誌面づくりを行い、現地での滞在や移動、読者の声なども掲載され、その後、社会経済

表8－2　『地球の歩き方バリ島』

号	94-95	95-96	96-97	97-98	98-99	99-00	00-01	01-02	02-03	02-03
発行日	1993年9月	1994年9月	1995年9月	1996年8月	1997年9月	1998年10月	1999年9月	2000年10月	2001年10月	2002年10月
総頁数	416	424	424	432	464	464	464	464	464	464
調査日	93年1月～93年3月	94年5月～94年6月	95年5月～95年6月	96年4月～96年5月	97年3月～97年4月	98年5月～98年6月	99年5月～99年6月	00年5月～00年6月	01年5月～01年6月	02年5月～02年6月

号	04-05	05-06	06-07	07-08	08-09	09-10	10-11	11-12	12-13	13-14
発行日	2004年3月	2005年3月	2006年3月	2007年3月	2008年3月	2009年3月	2010年3月	2011年3月	2012年3月	2013年3月
総頁数	464	464	464	464	464	464	464	464	464	464
調査日	03年12月～04年1月	04年12月～05年1月	05年12月～06年1月	06年12月～07年1月	07年12月～08年2月	08年12月～09年2月	09年12月～10年2月	10年12月～11年2月	11年12月～12年2月	12年12月～13年2月

写真 8 − 1　『地球の歩き方バリ島』'94-95（左）と'10-11（右）（筆者撮影）

環境の変化を受けつつ、毎年改訂版が発行されている（**表 8 − 2**）[7]。

　編集部への聞き取りによれば、2002 年から 03 年にかけて、それまで通し番号であったものから、エリア・セグメントによる分類にして、インドネシアのバリ島は「91」が D26 に変更された。ちなみに A：ヨーロッパ、B：南北アメリカ、C：太平洋／インド洋の島々＆オセアニア、D：アジア、E：中近東＆アフリカとなっている。

　本誌は 1987 年 1 月 1 日発行版『地球の歩き方 29 バリとインドネシア』から、インドネシアのなかのバリ島という位置づけで扱われはじめている。1989 年 1 月 10 日改訂新版をみると、裏表紙にインドネシアのフラッグシップ・キャリアであるガルーダ・インドネシア航空の広告、続いてインドネシア全国図の裏にバリ島、ジャカルタ市の地図が掲載されている。目次は大きく「都市ガイド編」としてバリ島、ジャワ島、スマトラ島、小スンダ列島、スラウェシ島・カリマンタン島・イリアンジャヤが、「旅の準備と技術編」としてインドネシア旅行のためのノウ・ハウが 15 章構成で展開されている。

　「都市ガイド編」では、宿泊や交通手段に加えて、「バリの楽しみ方」を三つに分け、ダイビングやサーフィン（その 1）、舞踊とガムラン（その 2）、ショッピング（その 3）となっている。そのほかに「バリ絵画の歴史」、「石彫と建築」、「寺院」、バリ・ヒンドゥーの説明を加えた「いけにえの島 BALI」がある。コ

ラムに眼をやると、免許の取得方法、旅行者としてのマナー、マジック・マッシュルームへの注意などがとりあげられている。一方の「旅の準備と技術編」は、航空券、パスポートや出国・入国、安全対策、通貨などを含めたインドネシア事情、料理、そして「インドネシア百科」では歴史・政治や芸能に至るまでの豆知識が掲載されている。

バリ島だけを扱うようになったのは1993年9月1日発行の『地球の歩き方91 バリ島'94〜'95版』からである。バリ島全体の地図の左下にインドネシア全国図がある裏側に、バリ南部リゾート・エリア、ベモ主要ルート図、主要町間距離表が掲載されている。

本編は大きく二つに分けられている。まず、「島・へ・帰・る」と「バリへの誘い」において、読者のバリへの直感的な誘引を図っている。その次に目次があり、「バリを知るために」ではバリ人[8]の気質や芸術・音楽などの基礎情報を、ダイビングやサーフィンなどの「バリリゾート・アクティビティ」、「バリ・リゾート・エリア」ではクタやサヌールなど各地の見所やショッピングについて、「リゾート・エリア・ホテル・ガイド」では高級／中級〜格安の区分で地区ごとのホテルを紹介している。「バリ・エリア・ガイド」はバリの中部（デンパサール、ウブドなど）・東部（クルンクン、トゥガナンなど）・中西部（タナ・ロット寺院、タバナンなど）・北部（シガラジャ、ロビナ・ビーチ）・西部（ヌガラ、西部国立公園）で構成され、それぞれ冒頭に地区の概要を示した上で、歩き方／おもな見どころ／ショッピング／レストラン／ホテル／芸能・音楽／ギャラリー／ナイトライフなどがふれられている。もう一つは、バリの歴史・宗教・産業の概要を知ることができる「バリ百科」、出入国の方法、交通手段、宿泊施設、ショッピングなどの「旅の技術」、「旅の準備」では旅の季節や祝祭日・イベント、安全や健康管理などがある。

また、コラムはほぼバリ島に関するものになっており、バリの日本人をあつかったもの（「クタの夕陽に魅せられた日本人画家」、「三浦襄氏の墓を訪ねて」）、トラブルや異文化へふれる際の注意を喚起した「クタで起きるトラブルについて」、「寺院を訪れる際の注意」、「バリ人家庭に招かれたら」、「バリでのタブー」、ショッピングを扱った「なぞのビーチでの値段、一挙公開」、「スーパー

第8章　情報環境の多様化と日本人向けメディアの動向　261

マーケットは面白ランド」がある。当然ながら、歴史や文化に関するコラム「トゥガナンに残る村創始の伝説」、「ブサキ寺院の祭り」なども多い。

　バリ島への認知や観光客が増えるにつれ、読者のニーズも変化していると考えられ、誌面づくりにもそれが反映される。たとえば、1998年10月9日発行『1999〜2000版』にある「バリ島発ツアー」では、インドネシア各地へのエクスカーション、ジャワ島やロンボク島への案内が示され、『2000〜2001版』は「リラクゼーション」、「芸能＆アートを学ぶ」などといった、癒しや学びといった項目が独立して設けられている。

　『2001〜2002版』では構成に一部変更がみられる。巻頭特集といったかたちで、ウブドに焦点が当てられ、癒しを意識した内容になっている（「ウブドで過ごす癒しの休日」、「ウブドと周辺の芸能＆アート教室」、「ウブドで絶対見逃せない！今もっとも旬な踊り手たち」など）。続いて、「バリの食・買・観」には、土産物や食事については商品・価格などが示されるとともに、絵画や芸能・音楽に関する解説がなされている。他は「アクティビティ＆島内ツアー」、「リゾートホテル特集」、「南部リゾート・エリア」、「バリ島エリアガイド」など、ほぼ定番の内容である。

　『'02〜'03』版においては、先述したが、ナンバリングの変更が行われている。構成も前半部分にやや変更がなされ、インドネシアの人口、面積、元首、宗教、通貨、祝祭日やマナーなどを概略した「ジェネラルインフォメーション」、オダランやガベンなどのイベントや祝祭日などの「カルチャーガイド」、「のんびり楽しむ癒しの時間」、「快適なバカンスを満喫するためのリゾートホテルガイド」などとなっている。

　『'05〜'06』版から、前半部分は「ジェネラルインフォメーション」、「カルチャーガイド」、「のんびり楽しむ癒しの時間」、「快適なバカンスを満喫するためのリゾートホテルガイド」、「アクティビティ紹介」に加えて、巻頭特集、食（バリ料理）、ショッピングに集約されている。その後は若干の変更はあるものの、上記の構成で現在に至っているといえる。

　以上では『地球の歩き方』の目次項目による全体像の変遷を概観してきたが、次に独立してバリ島を扱うようになった94年版以降について、もう少

表8－3 『地球の歩き方 バリ島』目次項目の変遷

		94-95	95-96	96-97	97-98	98-99	99-00	00-01	01-02	02-03	02-03
食べる		3.8	3.8	3.7	3.6	3.9	3.7	6.4	4.4	2.9	9.0
住む・過ごす		5.1	5.1	6.1	8.3	7.9	9.9	7.7	8.9	11.4	7.7
動く		7.6	6.3	7.3	7.1	6.6	9.9	11.5	11.1	17.1	6.4
遊ぶ		10.1	12.7	13.4	10.7	15.8	16.0	12.8	17.8	34.3	16.7
育てる・つくる		0.0	0.0	0.0	0.0	0.0	0.0	0.0	0.0	0.0	0.0
買う	計	0.0	0.0	1.2	1.2	0.0	2.5	2.6	8.9	2.9	14.1
	ファッション	0.0	0.0	1.2	1.2	0.0	0.0	0.0	2.2	0.0	2.6
	エステ	0.0	0.0	0.0	0.0	0.0	0.0	0.0	1.1	0.0	6.4
	工芸品・雑貨	0.0	0.0	0.0	0.0	0.0	2.5	2.6	5.6	2.9	5.1
知る	計	54.4	53.2	50.0	50.0	46.1	42.0	44.9	34.4	22.9	29.5
	生活	22.8	22.8	20.7	20.2	17.1	14.8	17.9	13.3	0.0	16.7
	ライフヒストリー	6.3	5.1	3.5	3.6	3.9	3.7	3.8	1.1	0.0	1.3
	歴史・儀式	25.3	25.3	25.6	26.2	25.0	23.5	23.1	20.0	22.9	11.5
つきあう		1.3	1.3	1.2	1.2	3.9	2.5	2.6	2.2	0.0	2.6
働く		0.0	0.0	0.0	0.0	0.0	0.0	0.0	0.0	0.0	0.0
備える リスク		6.3	6.3	6.1	7.1	7.9	7.4	6.4	7.8	0.0	10.3
芸術・音楽		11.4	11.4	11.0	10.7	7.9	6.2	5.1	4.4	8.6	3.8
計		100.0	100.0	100.0	100.0	100.0	100.0	100.0	100.0	100.0	100.0
		04-05	05-06	06-07	07-08	08-09	09-10	10-11	11-12	12-13	13-14
食べる		12.9	11.6	11.2	13.9	15.6	7.1	9.4	16.7	12.0	14.4
住む・過ごす		6.5	8.4	6.7	8.3	9.4	10.7	9.4	4.8	2.4	4.4
動く		8.6	8.4	6.7	11.1	12.5	17.9	12.5	20.1	18.1	18.9
遊ぶ		12.9	13.7	15.7	22.2	28.1	32.1	31.3	13.1	9.6	6.7
育てる・つくる		2.2	1.1	0.0	2.8	0.0	0.0	3.1	0.0	0.0	1.1
買う	計	14.0	11.6	9.0	11.1	9.4	7.1	6.3	16.7	21.7	17.8
	ファッション	1.1	1.1	1.1	0.0	0.0	0.0	0.0	4.8	7.2	4.4
	エステ	4.3	1.1	0.0	0.0	0.0	0.0	0.0	6.0	8.4	7.8
	工芸品・雑貨	8.6	8.4	7.9	11.1	9.4	7.1	6.3	6.0	6.0	5.6
知る	計	28.0	28.4	31.5	13.9	12.5	14.3	15.6	19.0	21.7	22.2
	生活	15.1	12.6	15.7	2.8	0.0	0.0	0.0	0.0	0.0	2.2
	ライフヒストリー	1.1	1.1	1.1	0.0	0.0	0.0	0.0	0.0	0.0	0.0
	歴史・儀式	11.8	14.7	14.6	11.1	12.5	14.3	15.6	19.0	21.7	20.0
つきあう		3.2	3.2	3.4	2.8	3.1	3.6	3.1	1.2	2.4	2.2
働く		0.0	0.0	0.0	0.0	0.0	0.0	0.0	0.0	0.0	0.0
備える リスク		7.5	9.5	11.2	0.0	0.0	0.0	0.0	1.2	2.4	5.6
芸術・音楽		4.3	4.2	4.5	13.9	9.4	7.1	9.4	7.1	9.6	6.7
計		100.0	100.0	100.0	100.0	100.0	100.0	100.0	100.0	100.0	100.0

し詳細にみていくことにしよう。因みにこれ以降、『バリフリーク』や『アピ・マガジン』でも同様な分析を行っていくが、その視点を松田（1981）における生活コストの分類を参考にしており、具体的には、生活基盤系における食べる、着る、住む・過ごす、動く、生活創造系・財務系では遊ぶ、育てる・つくる、知る、つきあう、働く、備える、さらに芸術・音楽を付加し、目次における見出し項目とその内容を考慮した上で、食べるや着るなどの項目に落とし込む[9]。

目次における項目数は、コラムを含めて 60～70 程度で推移しているが、『'07～'08』（2007 年 3 月発行）版から『'10-11』（2010 年 3 月発行）版まで、目次からコラムが削除されており、見かけ上の項目数は半数近くに減少している。巻頭特集やカルチャーガイドのような定番とコラムの項目数における比率をみると、大体 3：4 程度で推移している。記事内容に関する詳細な分析による結果を待たなければならないが、見出し項目の傾向からは次のようなことがわかってくる。節目としてあらわれるのは、『'99～'00』（1998 年 10 月発行）版、『'02～'03』（エリア・セグメントの変更後：2002 年 10 月発行）版、『'07-08』（2007 年 3 月発行）の三つの時期である。一つ目はでは「住む・過ごす」や「動く」の比率が高くなっている。二つ目で増加しているのは「食べる」、「買う」の特に「工芸品・雑貨」、「備える」である。一方で減少傾向にあるのは「知る」、特に「歴史・儀式」であり、『'01～'02』（2000 年 10 月発行）版を境に若干の変動があるものの減少基調となっている。そして、三つ目の節目では「生活」が大幅に減少し、次の年からゼロになる一方で「歴史・儀式」が増加基調に転じている。

これらをどう解釈すればよいだろうか。一ついえることは、「知る」の減少については、バリ島の認知が高くなったことから、限られた誌面において、そうした項目掲載への必要性が低下していること、また、日本国内においてはインターネットの普及により、こうした一般的な知識へのアクセスが、人びとにとって容易になったことも背景として考えられる。「住む・過ごす」の扱いがやや増えた要因であるが、その『'99～'00』が出版された前年、1997 年には北海道拓殖銀行や山一証券といった大企業が破綻したこと、国

写真8-2 『バリフリーク』創刊号の表紙・目次（筆者撮影）

内総生産（GDP）が23年ぶりのマイナス成長であったことなどは、戦後からのバブルの崩壊があったものの経済が成長するものと信じていた人たちにとって、その価値観に変更を促すには十分な事件だったのではないか。加えて、消費税が3％から5％になったことも併せて、「海外で過ごす」ということも人びとの選択肢の一つに入っていったことの現れなのかもしれない[10]。ある意味でリスク回避を背景にした第一の節目があるなかで、二つ目のそれは「食べる」や「買う」といった、バリにおける「消費」の側面が強くなったものの、三つ目では「知る」に転じている。その節目以降の『'09-10』と『'10-11』では「食べる」が減少するなかで「遊ぶ」が大幅に増加している。ちなみに2008年秋のリーマンショックを契機にした世界不況の後に発行されている。いずれにせよ、先の要因による冷え込みつつある日本国内での人びとの消費を読み取り、それを海外で喚起するという試みの現れなのだろうか。

(2) 現地日本人向けメディア──バリ社会へのまなざし

①バリフリーク──現地日本人と観光客が「生活」で交差するメディア

正確には『エイチ・アイ・エスバリフリーク』[11]、PAO（パオ）というプロダクションがHISバリ支店から依頼され発行したものであり、2001年1月の創刊から2013年3月の廃刊まで毎月発行の媒体であった。創刊当初は28頁であったが、数度のリニューアルを経て34頁となった。誌面であるが、表

第8章　情報環境の多様化と日本人向けメディアの動向　265

写真8−3　『バリフリーク』臨時増刊号（筆者撮影）

紙に主な記事タイトルと広告、その裏面には広告、3頁目に目次、真ん中あたりに「イラストタウン MAP」（ヌサドゥア、サヌール、スミニャック、クタ、ウブドの5地区）を軸に、そのときどきの記事や連載、日本人向け買い物施設の広告などがあるといった構成であり、このスタイルは創刊当時から変わっていない。タイトル数は20〜30位で推移しており、新年号については2004年1月号から「特別企画」を組む関係上、10程度のタイトル数になっている[12]。

写真8−4『バリフリーク』
2003年4月号（筆者撮影）

具体的に創刊号をみていくと、巻頭特集に「ナチュラルテイストのインテリア雑貨」、インタビュー記事が「サクセスウーマン・ヒストリー林ヒロコ」、イチ押し連載では「食いだおれBALI」、「チープでやっほ〜‼ちいさなホテル」、「ヴィラで過ごす優雅な休日」、エッセイは「気まぐれ雑記帖」、「バリ島熱帯生活」、「ウブドより愛を込めて」、連載に「エステチャンプル」、「雑貨ファン」、「ドリーム・サーフィン」、「GO! GO! ダイビング」などが掲載されている。

吉原ら（2010）の聞き取り調査によれば、誌面づくりのポイントは現地に「住

んでいる」人からの情報を重視することであり、主なターゲット層を20歳代前半から30歳代前半に据えていたようだ。このバリに「住まう」人たちからの視点というのは、『地球の歩き方』でも20世紀末から今世紀初頭にかけ、いくつかとりあげていたのと同様な傾向にあるといえるが、そのまなざしはバリ人からのものである一方で、日本人はどちらかというと長く「過ごす」という消費が基底にあるフローの視座によるものといえ、バリに住み、そこでさまざまなネットワークを構築しようと／している日本人を扱っている『バリフリーク』とは異なる。

たとえば、創刊号の「食いしんぼCOZちゃんシリーズまかんの時間」では、「バリでいちばん食いしんぼな日本人女性（？！）」が日本ではみたことがない食材によるインドネシア料理や菓子の紹介を行い、「バリの●●という食材は日本では△△にあたる」ことや、食材が売っているところや価格、作り方・食べ方などの説明がなされている。

もちろん、バリ人からの視点も随所に組み込まれている。ただ、特に「ドリーム・サーフィン Part1 バリニーズドリームをかなえた男」のインタビュー記事をみると、彼らの日本における一時的な体験（≒「長く過ごす」）との交錯を起点にすえて、生活者／滞在者と日本人／バリ人という平面を読者に提示しようとしている。

こうした視点は2002年に発生した爆弾テロを受けて発行された『臨時増刊号』にあらわれているのではないだろうか。

「頑張る!!楽園BALI」においては、バリ人らによるクタ周辺の復旧作業の状況とその力強さを描き、「バリの観光エキスパート達からのお客様へのメッセージ」では、日本人観光客にたいしてバリの安全回復を現地日本人スタッフらが説明し、「WE LOVE BALI それでもボクらはバリが好き!!」はバリ人、日本人、その他外国人らのバリの可能性と魅力などに関するコメントが掲載されている。三つめの記事で着目したいのは、バリで生活している人、バリに「長く／短く」滞在している人を、それぞれとりあげていることである。日本人向け現地メディアとして、『バリフリーク』の際だった差異はここにあるのではなかろうか。

その後、2003年4月号では表紙のリニューアルが行われている。誌面づくりのコンセプトには大きな変更があまりなされていないが、連載ものが入れ替わったことと、表紙にあるタイトル数を大幅に減らして、みやすくしたことが主なポイントであるといえよう。

その次にリニューアルが行われたのは2009年7月号である。編集後記のコメントにも示されているが、全体の半数近くの連載を入れ替えたほかに、レストランやショップの位置が容易に分かるようなマップに工夫を施している。このように、2009年半ばまでに目立った変更は2回であり、それ以外にも連載を入れ替えたりするなど、読者に読みやすい誌面づくりに努めていることがわかる。

さて、日本で発行される新聞の元旦発行版をはじめとして、新年号には何らかのメッセージが含まれていることは多いが、『バリフリーク』については、特に2004年以降は「特別企画」として、あるテーマに絞った構成になっている。

2004年1月号のテーマは「食」である。「一言では語れない奥の深い料理インドネシア料理」からはじまり、「スタイルいろいろ 日本食「寿司」「お弁当・定食」「和食バー・居酒屋系」」のような日本料理、「日本人も大好きイタリア料理」のような他国料理、これらメイン・ディッシュに加えてカフェやデザートまで、バリで食べることができるさまざまな国の料理を紹介している。そして、生活者／滞在者へのまなざしを持つバリフリークならではの「バリ島在住者直撃インタビューあなたのお気に入り教えてください」もある。

2005年1月号は「癒しの島が発信する」工芸品・雑貨の特集であり、具体的なタイトルは「癒しの島が発信するモダン・オリエンタル夢見るインテリアバリ・リミックスバージョン」、「暮らしを楽しむインテリアづくり」、「見ているだけでも幸せ気分 INTERIOR BOOKS」、「ナチュラルに

写真8－5『バリフリーク』
2009年7月号（筆者撮影）

自分らしく飾る FURNITURE」、「イルミネーションワールド LIGHITING」、「ワンランク上の空間作り LIGHTING SHOPS」などであり、この年から年始の特別企画に関しては「癒し」が続くことになる。

　2006年1月号のテーマは「ホテルで遊ぶ」である。本章で設定した分類で2004年と05年とはやや異なるのは、複数の項目に当てはまっており、消費が基底にある遊びなどの過ごし方だけではなく、歴史や芸術にも視野を拡げているところにある。

　2007年1月号は「バリで元気になる！リチャージ・バリ今すぐ元気に人生を好転させる R&R トリップのおススメ」などが特集されており、「バリで癒される」ことをテーマの中心に据えている。また、「リピーターに訊く！バリで元気を作る方法」では、日本から来たリピーターをとりあげていることにもあるように、2005年から年始号に限っていえば、これら一連の特別企画は日本からの観光客を主なターゲットとして構成されていることがわかる。

　2008年1月号は「魅惑のアマン」という、癒しのリゾートが特集されている。「ビラブームに火をつけた大人の隠れ家アマンダリ」、「眩しいほどの光に抱かれるプライベートエレガントアマンキラ」、「ブルーに包まれたアクセス便利なリゾートアマヌサ」など、バリ島内各地の紹介がある。

　2009年1月は日本国内でもブームになった「おひとりさまのバリ」がテーマとなっている。この特集は単にバリ料理を味わうことや、ホテルやスパで楽しむなどの「過ごす」だけではなく、「長期滞在＊在住のおひとりさま暮らしビザ取得について」といった「住まう」までに拡げている。この年までの新年号の特別企画において一貫しているのは、寒い日本から来る日本人を対象にしていることであり、当初は食べることや買い物などの消費がその基底にあったのにたいして、「癒し」を陽表的にテーマに取り入れてから、ストーリー性を持たせるような内容になり、その一つの形として09年の「おひとりさま」に結実している[13]。ただしその後、2010年以降の新年号ではそれまでのテーマ性をもった企画ではなく、「〇〇周年」であったり、廃刊近くの2013年1月号では通常通りの誌面構成になっていた。

　さて、創刊号から最終号となった2013年3月号まで、『地球の歩き方』と

表8－4　『バリフリーク』目次項目の変遷（暦年単位）

		2001年	2002年	2003年	2004年	2005年	2006年	2007年	2008年	2009年	2010年	2011年	2012年	2013年
食べる		12.2	9.5	10.9	16.8	12.4	12.7	13.7	14.8	13.5	22.0	22.0	24.8	34.1
住む		8.5	5.1	8.9	8.7	8.1	9.0	7.0	6.2	7.4	7.9	6.7	4.5	2.4
動く		7.4	8.7	10.2	9.5	9.7	9.5	9.1	8.2	8.3	5.1	5.4	3.3	2.4
遊ぶ		10.3	14.6	6.7	3.1	10.0	11.2	9.3	10.2	12.4	6.7	9.9	8.9	4.9
育てる		0.0	0.3	0.0	0.0	0.0	0.0	0.0	0.2	0.0	0.0	0.0	0.0	0.0
買う　計		19.6	23.6	15.4	18.5	21.6	15.5	16.3	17.9	23.1	29.5	22.9	27.2	26.8
	ファッション	6.6	9.0	6.9	8.7	7.5	3.5	3.7	4.2	7.2	8.3	7.2	10.6	7.3
	エステ	3.2	4.6	3.2	3.4	3.2	4.0	3.7	4.0	3.9	7.5	4.5	4.1	7.3
	工芸品	9.8	10.0	5.2	6.4	10.8	8.0	8.8	9.7	12.1	13.8	11.2	12.6	12.2
知る　計		32.1	25.1	34.0	30.8	29.4	34.2	36.5	30.0	22.0	11.0	19.3	17.1	17.1
	生活	23.1	19.0	17.4	14.3	16.2	19.5	19.1	16.3	10.7	5.5	5.8	8.1	9.8
	ライフヒストリー	8.0	4.9	9.4	7.6	6.7	7.2	7.7	4.2	3.0	0.0	3.6	4.1	2.4
	歴史・儀式	1.1	1.3	7.2	9.0	6.5	7.5	9.8	9.5	8.3	5.5	9.9	4.9	4.9
つきあう		3.7	6.4	5.5	3.4	0.3	0.5	1.9	4.9	4.4	7.1	5.4	7.3	4.9
働く		3.2	3.1	2.7	3.1	3.0	2.7	2.6	2.2	3.0	3.1	3.1	3.7	2.4
備える		2.7	3.1	3.0	1.4	1.3	2.7	3.5	5.3	5.5	3.5	3.1	0.8	0.0
芸能・音楽		0.3	0.5	2.7	4.8	4.3	2.0	0.2	0.2	0.3	3.9	2.2	2.4	4.9
計		100.0	100.0	100.0	100.0	100.0	100.0	100.0	100.0	100.0	100.0	100.0	100.0	100.0

同様に分析を行ったのが**表8－4**である[14]。

　2001年当初で最もウェイトが大きいのは、「知る」であり、次いで「買う」、「食べる」、「遊ぶ」となっており、バリを知って、食べたり、ものを買ったりして遊ぶ、という大きなストーリーが項目だけをみても、形成されているといえる。時系列的にみていくと、『地球の歩き方』ほど、大きな変動はないことに気づく。それは誌面が限られていること、さらにはバリ在住者をも対象にしていることから、読者が誌面に求めていることはさほど変わらないこと、さらには『バリフリーク』の特徴である生活を扱ううえで、そのニーズに変動がさほど大きくないことも理由の一つにあると考えられる。そうしたことから、ある項目が増えると他が減るというトレード・オフのような関係になっており、たとえば、2004年に「食べる」が大きくとりあげられる一方で、「知る」や「遊ぶ」のウェイトが低下している。次の2005年では「食べる」が減少するなか、「遊ぶ」が「買う」が増えている。廃刊後の視点で考えたときの大きな節目は2010年（その徴候としての2009年）かもしれない。この年は「食べる」や「買う」が大幅に増加する一方で、同誌の特徴でもあった「知る」が大幅に減

少している。「知る」については 2012 年から持ち直してはいるものの、「食べる」や「買う」を上回ることはなかった。この節目が結果として、廃刊と後継誌への移行へとつながっていったといえるのではないか[15]。

②アピ・マガジン――「消費」からバリ島を語るメディア

『アピ・マガジン』は 2002 年 4 月から隔週で創刊された、主に日本人観光客をターゲットにした 60 頁前後で構成されるフリーペーパーである[16]。左開きの A5 サイズである、この雑誌の体裁や発行形態は何度か変更され、2004 年春以降に 80 頁前後への頁数の増加、誌面サイズの拡大や月刊化などのリニューアルを行い、2005 年冬に隔月刊、2007 年 1-2 月号からは誌面サイズが縮小・季刊化され、2009 年以降は右開き、2010 年 1-2 月号では再び誌面サイズが拡大されるとともに隔月刊に戻り、現在に至っている（**写真 8-6** 参照）[17]。

創刊号の構成をみてみると、「最新情報」、「快適情報」、「特選情報」、情報掲示板として「あぴ広場」の、大きく四つの構成に分けられている。「最新情報」には、「あぴカレンダー」、「音楽」、「伝統芸能」、「展覧会」、「マル得割引」など、「快適情報」は「レンタル」、「移動＆交通」、「地図」、「便利帳」であり、「特選情報」においては「泊まる」、「食べる」、「買い物」、「遊ぶ」、「磨く」、「習う」で分類されて掲載されている。これらの項目は、地域（都市）名、情報番号、メモ、料金、問い合わせ（対応言語表記あり）、交通メモなどがあり、各々の分類に一覧で表記されている。

これらの項目は何度か変更を受けており、2004 年 8 月号では「特集」、「泊

写真 8 － 6　『アピ・マガジン』2002 年 4 月 14-27 日号、04 年 8 月号、07 年 1-2 月号、09 年 7-9 月号、10 年 1-2 月号（筆者撮影）

まる」、「買う／食べる」、「その他」、「早見表／聴く・見る／バリを知る／感性を磨く／遊ぶ／学ぶ」、「地図」、「交通／便利帳」、「特集」、「波情報」、「掲示板」、「今月の topics」、「連載コラム」、「編集後記」のように細分化されたかたちになったが、2005 年 9 月号では「今月の特集」、「連載」、「クーポン」、「バリ島を知る／バリ島の音楽／交通／エリア／情報シート」、「地図」、「インドネシアの芸能／ヴィラ購入／バリ島で暮らす」、さらに 2006 年 5-6 月号では「今月の特集」、「連載」、「コラム」、「地図」、「エリア特集」と、かなり集約された構成になっている。しかしながら、2008 年 1-3 月号から、「カレンダー」、「とれたてホヤホヤ最新情報」、「ニューオープンのお店」、「編集部おすすめのお店」、「今月の特集」、「バリ島で体験する癒しのスパ！」、「世界各国の料理を楽しめるレストラン」、「バリ芸術のマエストロ」、「インドネシアン・ポップス」、「サーフィン情報」、「ヴィラ＆ホテル」、「バリ島全域 MAP」といった、やや細分化された方向へと編集方針が変わり[18]、現在に至っている。因みに2010 年 5-6 月号では、「バリ島のホットな最新情報」、「注目のイベント情報」、「巻頭特集」、「『歩くバリ島』特別編集」、「ショッピング」、「グルメ」、「スパ＆マッサージ」、「ウブド」、「コモド島」、「ホテル＆ヴィラ」、「アクティビティ」、「生活便利情報」、「バリ島＆インドネシア観光」、「お子様連れのバリ島ステイ」、「バリ島のヨガ情報」、「バリ島サーフィン情報」、「インドネシア各島情報」、「アピマガジン特製バリ島マップ」、「編集後記」である。このように項目立てに数量的な変化がみられるものの、その質的な違いはあまりないものといえよう[19]。

　誌面の内容に少し立ち入ると、先にとりあげた『バリフリーク』とは異なり、おすすめショップやスポットの紹介が大半であり、豆知識的な情報（「ガルンガンとクニンガン」、「インターネットで知る芸能情報」、「散歩しながら寄ってみよう！―ウブドのカフェ編―」など）がコラム的に挿入されているのみである。

　これらのコラムについてであるが、クライアントの紹介が挟まれる、いわば「記事広告」が多く、たとえば 2005 年 6 月号の「バリ島から行く、ジョグジャカルタ特集」ではジョグジャカルタの名所を紹介するとともに、そのサポートを「日本人が経営するバリ島現地旅行会社」が承るという誌面構成に

なっている。また、2006年1月号の「バリ島で暮らす日本人のための知恵袋」では鮭を使った「和おかず」がとりあげられているが、そこでも魚の購入先として現地日本食スーパーを指し示している。これらはいずれも、バリ島(ないしはインドネシア国内)における消費を喚起するものであるが、一方で「日本のバリ島情報」では「バリ島を感じる日本のダイニング」として、東京や大阪にあるインドネシア料理店も紹介している(2009年9-11月号)。

このような、ある意味で「ひも付き」ではないコラムも存在する。たとえば、「バリおのバリ島サマサマ倶楽部」、「バリがおしえてくれるもの」、「インドネシア・ポップス」などである。「バリおのバリ島サマサマ倶楽部」は2004年8月号から開始された連載エッセイで、第1回となる「ROUND: 001 新しいバリ島」では、ホテルやレストランなどのサービスという視点からバリ島を変化にふれ、また「ROUND: 002 やっぱり水の不思議!?」は水についての自身の考えを述べつつも文末には旅行会社をあげるなど、記事広告まではいかないが、ここでも「消費」がみえ隠れする内容になっている[20]。「バリがおしえてくれるもの」は2005年初めから連載が開始されており、日々の生活、伝統・芸能、観光地など、内容は多岐にわたっているのだが、特徴をあげるならば、「from ○○」というかたちである場所を起点にして語り、具体的にはバリ島内のウブド、シンガポール、香港、東京、長崎などで、紹介文では「世界を旅するトラベルジャーナリスト○○が、旅先のさまざまな国、地域からワールドワイドな視点でバリ島の魅力をお伝えするコラム」となっている。

収集した範囲であるが2002年から2013年までの分析を行ったのが**表8－5**である[21]。創刊当初は「知る」のなかの「イベント・コラム」が三分の一以上を占めていたが、2010年あたりから減少基調に転じており、2013年ではほぼ1割である。「食べる」についてはそれまで1割未満であったのが、2011年から1割を少し超えている。また、「動く」もそれまで1割前後で推移していたのが、2010年からは増減はあるものの2割前後で推移している。これは100号記念誌に掲載された「アピ・マガジン100号までの道のり」で2011年に「内容がより一層充実。中でも食の情報が豊富になった」という記述からも確認できる。2010年前後に何らかの変化がみられるのは、『地球の歩き

表8-5 『アピ・マガジン』目次項目の変遷（暦年単位）

		2002年	2004年	2005年	2006年	2007年	2008年	2009年	2010年	2011年	2012年	2013年
食べる		5.8	3.7	6.9	3.4	4.6	8.0	9.8	8.1	14.0	13.7	14.8
住む・泊まる		7.2	4.9	6.9	7.9	7.7	6.0	4.9	5.4	6.0	5.9	2.5
動く		11.6	13.6	9.2	16.9	9.2	12.0	9.8	20.7	15.5	19.6	23.5
遊ぶ		4.3	9.9	5.7	6.7	6.2	4.0	6.6	9.9	7.0	7.8	8.0
買う 計		13.0	4.9	13.8	9.0	15.4	12.0	16.4	14.4	19.5	17.6	4.9
	買い物・お店	8.7	3.7	11.5	5.6	12.3	8.0	8.2	8.1	9.0	5.9	3.1
	スパ・エステ	4.3	1.2	2.3	3.4	3.1	4.0	8.2	6.3	10.5	11.8	1.9
知る 計		36.2	45.7	39.1	41.6	41.5	36.0	44.3	27.0	28.5	27.5	27.2
	生活	0.0	1.2	3.4	1.1	4.6	0.0	1.6	2.7	6.5	7.8	11.1
	イベント・コラム	30.4	38.3	27.6	33.7	26.2	26.0	32.8	18.0	18.0	15.7	12.3
暦・地図		5.8	6.2	8.0	6.7	10.8	10.0	9.8	6.3	4.0	3.9	3.7
つきあう		0.0	1.2	0.0	3.4	0.0	4.0	0.0	2.7	0.0	0.0	8.0
芸術芸能		21.7	16.0	18.4	11.2	15.4	18.0	8.2	11.7	9.5	7.8	11.1
計		100.0	100.0	100.0	100.0	100.0	100.0	100.0	100.0	100.0	100.0	100.0

方』や『バリフリーク』と内容は異なるものの、同様である。リーマンショックに端を発する世界的な不況が「観光地バリ」への日本人のまなざしや行動に大きな影響を与え、それが誌面構成の変更を促したのであろうか。

ただいずれにせよ、2004年のリニューアル以降、バリエーションが増え、遊ぶ（サーフィン等）、お店、食べ物、買い物などの記事が増えたが、先述したように、これらは「消費」の視点からの記事構成になっている。このように『アピ・マガジン』は人びとの消費行動を頭に描きつつ（バリでの観光・消費のストーリーを提供するというよりは、その各「商品」のメニューを掲載している感がある）、消費を喚起するための手段としての記事を構成していて、それを実現する「エリアとしてのバリ島」ととらえているようにみえる。その一方で、『バリフリーク』は人びとの生活（その基底にあるバリ島という場所）を頭に描き（＝ストーリー化）、必要ならば、そのシーンに合わせた消費に関する情報を提供しているメディアであるといえよう[22]。

3 情報環境とまなざしの変化──インターネットは何をもたらしたか

前節では『地球の歩き方』、『バリフリーク』、『アピ・マガジン』の3誌を

とりあげ、各々の特徴を時系列で分析を確認した。そして、これらは『地球の歩き方』が有料の媒体、残りの二つはフリーペーパーというように、発行形態などに大きな違いがある上に、バリへのまなざしも三社三様であることを示した。ところで、1節で少し論じたことであるが、インターネットなどの情報環境とこれら三つのメディアはどう関わりあっているのだろうか。2節においては、情報環境の整備とその変化によって生み出される多様化による誌面構成の変化をみてきたが、具体的にはどのようになっているだろうか。

そこで以下、『地球の歩き方』、『バリフリーク』、『アピ・マガジン』を紙媒体でなく、それらのインターネットでの展開にふれつつ、両媒体の基底にある共通性／差異性をみいだすことで、情報環境の多様化がもたらす日本人向けメディアの質的変化を通して、バリへの旅行者／現地滞在・生活者の日本人ニーズを明らかにしながら、こうした情報環境と日本／バリにおけるバリ島へのまなざしとの関係を考察する[23]。

まず、『地球の歩き方』をみていこう[24]。サイトの上部には「ガイドブック」、「旅行のスタイル」、「予約・手配」、「旅行準備」、「旅行ガイド」が配置されている。「旅行ガイド」には「みんなのクチコミ」、「みんなの旅行記」、「みんなの旅行スケジュール」、「旅のQ&A掲示板」、「現地特派員ブログ」、など『地球の歩き方』本誌では難しいリアルタイムかつ双方向的なやりとりを可能にするインターネット・メディアを活用した内容としている。とりわけ、「旅のQ&A掲示板」では「エリアから探す」と「テーマから探す」で構成され、後者については「天候・気候」から「ショッピング」や「宿泊施設」まで設定されている。インドネシア・バリ島をみると、筆者が閲覧した時点（2015年12月）では1458件の投稿がある。このような「口コミ」をベースにしたやりとりは紙媒体の『地球の歩き方』がもつ差別的なポイントの一つでもあるが、ネット上でより積極的に展開しているのである。たとえばインドネシア→バリ島へ入っていくと、Q&Aの一つに「バリ島の観光」（2015年3月19日投稿）にたいして、26件もの回答が寄せられており、それらのなかには観光地や運転手＆ガイド付きの車の紹介などがあった。これらの回答は投稿から1週間以内に寄せられ、インターネット掲示板の持つ双方向性と即時性が有効に活用

されていることが確認できる[25]。「旅行ガイド」の他の項目をみると、「現地の天気」、「為替・両替レート」、「成田発着便運行情報」など日々刻々と変わる情報は本誌ではできないこのサイトならではのものである。

『バリフリーク』のトップページにある主な項目をみると、「エリア」、「泊まる」、「食べる」、「遊ぶ」、「買う」、「観る」、「癒される」、「暮らす」、「ツアー」、そして「バックナンバー」、「新着情報」、「クチコミレーティング」などがあり、また分単位でバリの天気・気候と為替レートが表示されている。このサイトを概観した印象では、どちらかというと日本（バリ島・インドネシア国外）での閲覧を意識しているのか、生活者や滞在者といった視点よりは「消費」にやや傾いている感があり、「食べる」の「かんたんレシピ」、「暮らす」での「生活の小窓」という項目をみても、生活／滞在の手段としての「消費」がサイトづくりの基底にあるようで、紙媒体とはやや異なった編集方針になっていることがうかがえる。

『アピ・マガジン』のサイトには、上段に「アピ編集部発信！インドネシア最新情報」、「バリ島の情報満載 VIDEO！」、「豪華賞品が当たる！アピログ・コンテスト」、「クチコミがいっぱい！アピログ・全員集合」（リンク無）、「在住者にアピログに質問聞こう！＆コミュニティ」（リンク無）、「マル得！セール＆プロモーション」（リンク無）、「インドネシア・バリ島のお仕事＆求人情報」（リンク無）があり、下段に「マル得情報」、「イベント」、「映画・音楽・本」、「芸能＆アート」、「癒し」、「買う」、「飲食」、「遊ぶ」、「サーフィン＆ダイブ」、「泊まる」、「観光情報」、「エコ＆ロハス」、「学ぶ」、「生活情報」、「壁紙」、「通販」で主に構成されており、インターネットといったメディアの特性を活かした「動画」による紹介はあるものの、全体の方向性は紙媒体とほぼ同じものと考えられる。

『地球の歩き方』、『バリフリーク』、『アピ・マガジン』のサイトを概観してきた。紙とインターネットなどによる複数の媒体を用いた展開方法はメディア・ミックスと呼ばれるが、『地球の歩き方』はその本誌の発行頻度が1年に1回[26]という事情もあるのか、サイトでの情報発信・共有の仕組みとその多様さは際だっている。一方で、『バリフリーク』や『アピ・マガジン』ではネッ

トの持つ双方向性や即時性といった特性を活かしきれていないようだ[27]。

これまで日本人向けのメディアを分析することを通じて、その背景にある読者のニーズを見出し、そこからバリへのまなざしとその変化を浮き彫りにするための一次的な考察をすすめてきた。もちろん、三つのメディアだけで日本人によるバリへの照射すべてを説明することはできないが、『地球の歩き方』が旅行者向けとしては草分け的な存在であり、『バリフリーク』や『アピ・マガジン』は——吉原ら（2010）の調査結果でも明らかにしたように——バリにいる日本人の多くが読んでいるフリーペーパーであることをふまえると、現時点の予備的な考察の段階では、おおよそ次のような姿を垣間みることができるのではないだろうか（表8－6）。

日本にいる人がバリをみる、バリにいる人がバリを、またにバリに住む日本人をみることで日本をみるといったまなざしの境界を、越境または共有する空間としてのウェブ、といった三つの視点でこれらのメディアをとらえると、『地球の歩き方』では「知る」がウェブに組み込まれる「消費」が誌面の中心へと変化するなかで、バリ現地メディアにおいて、こうした大きな変化はあらわれない。『バリフリーク』廃刊前の分析では、『バリフリーク』と『アピ・マガジン』の棲み分けが行われているという結論になろうが、日本国内に比べて、バリ島内に「住む」人びと／バリ島へ「来た」人びとのニーズが変化していない、細分化されていないことになろうか。というのも、筆者が以前実施した「移動と観光」に関する調査によれば、——日本国内限定である

表8－6 属性×各誌によるバリへのまなざしとその変化

まなざしの方向		地球の歩き方	バリフリーク	アピ・マガジン
日本→バリ		「知る」→「遊ぶ」「食べる」「買う」バリでの「消費」へのシフト	「知る」バリでの「生活」を知る	「遊ぶ」「食べる」「買う」「消費」する場所の一つとしての「バリ」
ウェブ空間		「知る」（一方向／双方向的な情報）	「遊ぶ」、「食べる」、「買う」（一方向的な情報）	
バリ在住日本人→	バリ・日本	—	「知る」バリで「生活」する日本人を知る	—

が——「地方」に住んでいる人が「地方」へのイメージを強く期待して移動するのにたいして、大都市に居住する人ほど「地方」へのイメージへの期待を（相対的に）持たずに移動しているからであり[28]、こうしたイメージとそれによるニーズ分化が日本にはある一方で、バリの現地メディアには顕在化していないともいえそうだからである。もう少しいえば、バリ島内における日本人の（情報も含めた）ネットワークが複雑化してない、それに伴う中心と周縁／上層と下層でみたときの「ハブ」の存在（≒「統合型」）、ないしは水平的なつながり（≒「橋渡型」）、といったものが、まだ人びとに強く認識されていないことも考えられる。

　今後、バリ島が日本人にとってより身近なものになる（たとえば、バリにおける日本人在住者数が多くなることや長期化する人たちが増えるなど）と、こうしたネットワークが形成、強化されるようになり、上記のようなイメージやニーズの分化があらわれ、その裏返しといったかたちで誌面づくりにも変化が生じてくるであろう。そして、人びとによって形成されるネットワークだけではなく、急速に進むハードの面での情報環境の整備も忘れてはならないだろう。日本国内ではiPhoneのようなスマートフォンの利用が2011年春の東日本大震災以降、フィーチャーフォン（いわゆるガラケー）を上回る[29]とともに、Wi-Fi環境の整備も日本だけでなくバリ島でも大幅に進むことで、これまでよりも安価でかつどこでも（国内・国際）電話やインターネットへのアクセスが容易になっている。こうしたメディア環境の変容により、メディアへの接触方法をも含めたコミュニケーション、それらの総体によっても形成されるネットワークに大きな変化が生じるならば、人びとのまなざしも分化／再統合されていくことも想定され、本章でとりあげてきた観光（や生活）情報を扱うメディアの位置づけも問われることになるといえよう[30]。

注

1　当然、ネガティブな情報を入手した場合は、逆の結果になる可能性が高い。
2　消費者がある商品を知って購入に至るまでには、Attention（注意）→ Interest（関心）→ Desire（欲求）→ Memory（記憶）→ Action（行動）といった段階があるというモデルである。こうしたマーケティング領域の考え方を観光へ適用した議論は、

たとえば、ラムズドン（1997＝2004）を参照のこと。
3 こうした流動化が高度に達したなかで、アパデュライ（1997＝2004）の「グローバルな文化のフロー」における五つの視点の一つである「メディアスケープ」が本章の議論の中心になっていく。ところで、情報の入手方法が多様化している現在だからこそ、マス・メディアが流布する情報を「権威あるもの」として鵜呑みにすることで、逆にメディアによる流行が強化されるという側面も否定できない（たとえば、在京キー局の情報番組と健康食品に関する捏造の問題など）。しかしながら、読者の（潜在的なものも含めて）まったく異なったニーズが誌面に掲載されることは——同人誌的な媒体でない限り——難しいのではないか。つまり、こうしたメディアをみていくことによって、たとえば、山下（2007）がいうような、自分の意志で国境を越え住み分けるフットワークの軽い「ライフスタイル移民」を、人びとが顕在的／潜在的に求めているのかを、間接的に浮き彫りにすることが可能になると考える。
4 人の消費と観光についてのとらえ方として、たとえばアーリ（1995＝2003）は「商品やサービスの消費と場所の消費との間には複雑な相互依存関係」のなかに、消費タイプ・意識とツーリズムとには関係があることを示している。また、山口（2007）では時系列的な社会経済の変動におけるメディアと観光地のイメージ形成との関わりを論じている。「第4章　値札と忘却」では、グアムにおける観光開発には「三つの波」があるとして、その視点を日本人訪問者、波を起こした原動力、主な観光者の属性、主な旅行形態、連動したガイドブックとその判型に据えている。
5 出所：ITU統計（http://www.itu.int/ITU-D/ICTEYE/Indicators/Indicators.aspx）。厳密にいえば、バリ島を対象にした、かつ普及率または契約・回線数などの指標を揃える必要がある。
6 『地球の歩き方』ウェブサイト（http://www.arukikata.co.jp/）。
7 表8－2にも示したが、分析対象としたのは『バリ島』'94-95から13-14までである。
8 バリ島に住むインドネシア人を以下、「バリ人」とする。
9 これらの項目はタイトルとの関連で集計している。その際の具体的なタイトルは次の通り（なお、一つのタイトルに二つ以上の項目がつく場合もある）。食べる：「ウブドの旬を味わい尽くすモデルプラン」、「バリ島オリジナル料理を楽しもう！」、「ウブド周辺の屋台料理」、「地元グルメのおすすめスポット」など。住む・過ごす：「スミニャックのレンタルハウス」、「ウブドで過ごす癒しの休日」、「グループで長期間滞在するならレンタルハウス」など。動く：「観光スポット＆エリアガイダンス」、「色彩を巡るバリの旅」、「町の歩き方」、「大自然を満喫するグリーンツアー」など。遊ぶ：「エコ・アドベンチャー」、「バトゥール登山のススメ」など。育てる・つくる：「バリのテキスタイル教室」、「ワークショップで自分だけのおみやげ作り」など。ファッション：「デンパサールのウィンドウショッピング」、「人気のファッション・タトゥー」など。エステ：「バリのエステプログラム」、「格安＆極楽エステのススメ」など。工芸品：「クロボカンで大型家具を手に入れる」、「クロボカン家具ショップを巡る」、「バリ陶磁器を買う

ならジェンガラ工房へ」など。生活：「バリ人の家を訪れる」、「バリでのタブー」など。ライフヒストリー：「クタの夕陽に魅せられた日本人画家」など。歴史・儀式：「バリの文化」、「カルチャーガイド」など。つきあう：「憧れのバリ島ウェディング」など。備える：「バリのジゴロ問題」、「バリ島のトラブル・パターン」など。芸能・音楽：「バリ芸能＆アートを学ぶ」、「バリ・アート・フェスティバル情報」、「バリで聴くインドネシアン・ポップス」など。

10　付言すれば2014年4月に8％になっている。
11　『バリフリーク』ウェブサイト（http://www.his-balifreak.com/）。
12　分析対象は2001年1月号（創刊号）から2013年3月号までであるが、2010年2月・7月・10月号、2011年2月・3月・4月・5月、2012年6月・7月、2013年2月号は未収集のため対象外となっている。
13　2010年12月30日にバリフリークの編集者に聞き取り調査を行い、その概要は次の通りである。誌面づくりの起点となる企画立案のプロセスについては、たとえば、前年度に「食」（レストラン、ワロン）を特集した場合は違う企画を考えたり、また各自、好きなことを考えさせて、それを企画→記事にしている。作り手側のマンネリ化を避けるという意味もこめて、マイナーチェンジを行っている。そのタイミングは、他旅行業者のガイドブック作成依頼業務が一段落する6月以降であり、7月にスタッフが各々、企画を提案する。ちなみに連載モノの変更もこの時期に行うことが多い。記事などの評価は読者の反応も取り入れており、対象者は地元在住者が多く、スタッフの友達や人づて、またはHISの人経由で聞くこともあり、在住者の（「役に立ったよ」などという）口コミが入る仕組みになっている。また、「バリフリークならでは」のポイントを問うたところ、①初心者の人たちにもみられる。トライアルのきっかけになる記事、②スポンサーあってのフリーペーパーなのだが、記事広告にならないように気をつけている、とのことだった。こうした考えのもと、2011年には11年目に突入したのだが、その間にあった大きな節目を聞いたところ、2003年4月ということだった。それまでは若い人をターゲットに、「〜だよねぇ」といった文体が多かったものから、年配層までを想定した読者層を意識した誌面づくりへと変えていった。この背景には、HISからの「ターゲットを若者から年配まで幅広く対応したい」という意向もあったようだ。というのも、このリニューアルにはバリフリークを始めたHISバリ支店長（現・統括支店長）が関わっており、編集スタッフとのミーティングも参加しており、ある一定の方向性を指し示した感がある。このときの変更のポイントは、「ロゴ」と「記事」の二つである。前者はシンプルで大人っぽく、後者は行間や字間などの余裕を持たせて、読みやすくして、また、文章自体も子どもっぽい表現をしないようにした。変更のさいに、日本の雑誌も参考にし、「クレア」（CREA：文藝春秋が発行する月刊誌）のシンプルさ、みやすさ、写真を多く使うなどの部分を参考にした。これらの変更のかいがあったのか、年配の読者から、「間」をとる誌面づくりも含め、読みやすくなったという評判が多かったようだ。ちなみに今後の誌面づくりについては、やはり6〜7月のタイミングでまた考えていくことになるとして、また、ヨガ好きな新しい

スタッフ（女性）が入ったので、バリフリークならではのヨガのみせ方を考えさせる企画を考えていくとのことであった。

14　『地球の歩き方』と同様な関連づけをしている。食べる：「食いだおれBALI」、「一言では語れない奥の深い料理インドネシア料理」、「おやつの時間」、「バリ島グルメ．コム」など。住む・過ごす：「バリ島暮らしの手帖」、「在住者＆長期滞在者のための生活の小窓」、「長期滞在＊在住のおひとりさま暮らしビザ取得について」など。動く：「H.I.S.旅の情報センター通信」、「室井佑月のIslandMagic「家族で行くバリ旅行」」、「おひとりさまの旅」、「ウブドで逢いましょう」など。遊ぶ：「GO!GO! ダイビング」、「今夜もナイト・クラビング」など。育てる・つくる：「バリ島犬まみれ」。ファッション・着る：「ファッションジャンク」、「やっぱり気になる南国テイスト・ウェアもーど de どーも」、「もう悩まない！夜のパーフェクトファッション」、「旅先で気分も一新チェンジ！ザ・ヘアスタイル」など。エステ：「エステチャンプル」、「エステ・マニス」、「自然天然楽園エステ」など。工芸品：「ナチュラルテイストのインテリア雑貨」、「雑貨ファン」、「バリ島暮らしの手帖スペシャル BALI発お役立ち生活良品」など。生活：「バリ島熱帯生活」、「ウブドより愛を込めて」など。ライフヒストリー：「サクセスウーマン・ヒストリー」など。歴史・儀式：「道端の神々」、「オダラン＆ウバチャラ情報」など。つきあう：「ビーチっち」、「今月のクバヤ美人」など。働く：「バリ島お仕事図鑑」、「癒しの島の仕事人達」。備える：「健康への一歩今月のJAMU」、「いんどねしあごをはなそう」。芸能・音楽：「フリーク・ギャラリー」、「癒しのバリフォトなにがあっても Sing Ken Ken」、「お散歩しながらモダンアート巡りアットサンギンガン」など。

15　『バリフリーク』の廃刊前後の事情については、注30で論じる。

16　『アピ・マガジン』ウェブサイト（http://www.api-magazine.com/）。

17　『アピ・マガジン』も全号の収集ができておらず、以下が分析対象となっている。また、号数と発行日の表現が統一されていないことも留意されたい。2002年は1号・14号・15号・17号、2004年は35号・38号～40号、2005年は47号・48号・51号・52号、2006年は1月10日号・57号・59号・60号、2007年は61号・65号・66号、2008年は67号・71号・72号、2009年は76号～78号、2010年は79号～83号、2011年は85号～92号・94号、2012年は95号・96号、2013年は97号～102号である。

18　視覚的には「特集」と「定番」で判別できるように工夫がされている。

19　ただ、変化をあげるとすれば、それは「アジア編集部」の存在だろうか。確認できる範囲では2011年に発行された87号から同コーナーが立ち上がっている。2012年冬に行った編集部への聞き取りによれば「ゆる～いアライアンス」のもと、東南アジアでの活動している人や互いの紹介をする目的でつくられたものである。この詳細については各国の編集部へのヒアリング等をふまえ、別稿で論じる予定である。ちなみに『アピ・マガジン』編集部へのヒアリングは2012年12月28日、2013年8月26日、2014年8月20日に実施している。

20　「ROUND: 010 くだもの天国バリ島」では、果物という消費カテゴリーを対象にしているが、直接的には店舗に言及はしておらず、「ROUND: 011 ナンにも予定

のない日」も同様であるが、ディナーのレストラン予約を促す記述はある。2007年11月号-2008年1月号まで連載された。

21　他誌と同様に関連づけの具体的なタイトルについては以下の通りである。食べる：「KUTAで食べる」「グルメ」など。住む・泊まる：「ホテル＆ヴィラセレクション」「タイプ別南国リゾートの過ごし方」など。動く：「スラウェシへいらっしゃーい」「バリ島＆インドネシア観光」など。遊ぶ：「バリ島サーフィン情報」「バリ島アクティビティ特集」など。買い物・お店：「ショッピング」「キャッチ・ザ・バリ・スタイルバリ島goodsに夢中」など。スパ・エステ：「スパ体験リポート」「ビューティ＆ヒーリング」など。生活：「バリ舞踊言語、各種資格、工芸、料理」「バリ島のクラフト」など（他誌での「知る」に相当）。イベント・コラム：「みんなの情報掲示板」「ジャカルタ情報」など。暦・地図：「バリ島マップ」「バリ島の動きと月の動きカレンダー」など。つきあう：「ウェディング」「バリ島で暮らす日本人のための知恵袋」など。芸術芸能：「バリ島のヨガ情報」「バリ島の文化・芸能」など。このように誌面構成などの関係により、項目立てが先の二誌と少し変更を加えている部分がある。

22　編集方針は同誌発行元社長への聞き取り（編集部と同時に実施）で「どこでマネタイズしているかという視点（が必要）」に象徴的にあらわれている。

23　『バリフリーク』については廃刊前のサイトであることをお断りしたい。

24　2015年12月現在の構成である。

25　http://bbs.arukikata.co.jp/bbs/tree.php/id/439011/-/parent_contribution_id/439011/。

26　一定規模以上の出版社というHP構築に必要な資金的な裏付けもあることはいうまでもない。

27　『アピ・マガジン』はFacebook（https://ja-jp.facebook.com/Api.Magazine.com.jp）、『アピ編集部』としてTwitter（https://twitter.com/apimag）でも展開している。閲覧した限りでは即時の情報発信には寄与しているものの、読者らとの双方向のやりとりはあまり活発ではないようだ。

28　こうしたことがバリ島の都市部／郊外部もしくはネットワークの中心と周縁またはそれらから外れた人たちを対象に起こりうると考えられるからである。この調査についてもう少し考察をすすめると、都市居住者はグローバル化によるさまざまな側面からの力（情報の量と質、ネットワークの拡大でもよい）により、何らかのあらたな「かたち」を模索する必然性が生じているために、自分たちで「空間や時間をつむぐ≒文脈化」（脱領域化から再領域化か？）への志向が高まっているのであり、その一側面で消費における「先端性」や、そうした結果としての移動・観光意識における「発見」、それを皆に伝えるという「顕示的」な旅行を求めるという意識をあらわしている。一方、地方においては、アンチ・グローバル化に対するローカル化への志向が強い（「おらが村」を守らんが）ために、行動の範囲／空間性、時間の範域はあまり変わらないということになろうか。こうした関係をどうとらえなおせばよいのだろうか。仮説的ではあるが、「大都市ほど、移動・観光先の結果（何らかの地域性にふれる／を味わう）を異なった移動（手段とプロセス）によりすでに獲得・経験している（可能性が高い）」背景に

は、アーリが指摘する現行の自動車移動システムにおける非線形性だけに留まらずに、移動全般において、A→Bへの移動、Bでの獲得・経験という直線的、線形的な関係が崩れていると考えられる。これは、大都市居住者ほど、情報収集のためのネットワークが多く、それによる（仮想を含む）体験を済ませていることは（少なくとも情報収集とネットワークについては）調査結果からもうかがえる。輸送手段の発達により、地方のモノ・コトがどこでも容易に入手可能になったことも要因であると考えられるが、それだけではないだろう。というのも、地方で行われる旅・観光がモノの購入から他の活動や体験へシフトしたとしても、それらの活動等が、インターネットといった（広義の）移動手段の発達によって物理的な距離を経た空間移動をせずに実現可能になったら、モノの購入と同様なことが起こりうるからである。いずれにせよ、移動手段の発達により、都市型が違うもの／ことを求め、同じもの／ことを求めるのが地方型、というように収斂していくのだろうかという疑問が残される。こうした文脈で考えると、『アピ・マガジン』は日本における大都市居住者を対象にした誌面づくりであることがわかる。

29　MM総研「ニュースリリース2015年度上期国内携帯電話出荷概況」（http://www.m2ri.jp/newsreleases/main.php?id=010120151029500）。

30　こうした情報環境の変容をみすえていくなかで、それまでバリの日本人社会で果たしていた『バリフリーク』の存在意義を考えると、その廃刊は惜しまれるところである。『バリフリーク』の後継誌として『Mai・Mai』が2013年4-9月号として発刊されている。2013年8月26日に行った担当者への聞き取りによれば、「HISのお客さまに対する情報発信からずれてしまった」誌面を「仕切り直しというかたちで（HIS主導により）『Mai・Mai』への移行」を目指すものとして創刊されたものである。創刊号の構成をみると、「コンテンツ」、「支店紹介」、「グルメ」、「ウブド」、「ショッピング」、「オプショナルツアー」、「厳選50スパ」、「エリア別バリ島マップ」、「出入国カードと税関申告＆出入国手順」、「ゼネラルインフォメーション」となっている（**写真 8 − 6**）。

　また、『バリフリーク』を辞めたスタッフが地域限定のフリーペーパー『あっ！とウブド』を2013年7月に創刊し、毎月発行している。

　中心人物のN氏への聞き取り（2013年12月30日実施）では2人体制で編集し、ウブドで泊まりその周辺を散策する人をターゲットとして、地図メインで日本人以外にも活用してもらうことを目標にするとのことである。誌面構成としては、たとえばVol.4（2013年10月発行）では「毎月更新！ウブドが10倍楽しくなるUbudMap」、「@ UBUDだからの裏道ピックアップ Part Ⅱ Go Go! Jl. ゴータマ」、「ウブド便り」（漫画）、「クチコミ！バリ芸能」、「@ UBUDが読者特典をミンタする！Minta! クーポン」、「編集後記」と広告である。また、ウブド・ラジオを展開しており、N氏によればラジオの発展系（「活字にしたい」）としてのこの誌面があるとのことで、バリに来てみたい人やウブドが好きな人をターゲットにして話しており、こうしたメディア・ミックスの展開も含めて今後の活動が期待される。

第8章　情報環境の多様化と日本人向けメディアの動向　283

写真8-6 『Mai・Mai』創刊号
（筆者撮影）

写真8-7 『あっ！とウブド』
2013年10月号（筆者撮影）

文　献

Appadurai, A., 1997, *Modernity at Large: Cultural Dimensions of Globalization*, Univ of Minnesota Pr.（= 2004, 門田健一訳, 『さまよえる近代——グローバル化の文化研究』平凡社．）

Featherstone, M., Thrift, N. and Urry, J., 2005, *Automobilities*, SAGE Publications.（= 2010, 近森高明訳, 『自動車と移動の社会学』法政大学出版局．）

Lumsdon, L., 1997, *Tourism Marketing*, International Thomson Business Press.（= 2004, 奥本勝彦訳, 『観光のマーケティング』多賀出版．）

松田義幸, 1981, 『現代余暇の社会学——第二文化の基礎としてのレジャー』誠文堂新光社．

Urry, J., 1995, *Consuming Places*, Routlege（= 2003, 吉原・大澤監訳『場所を消費する』法政大学出版局．）

――――, 2007, *Mobilities*, Polity.

山口誠, 2007, 『グアムと日本人——戦争を埋め立てた楽園』岩波新書．

山下晋司, 2007, 「ロングステイ、あるいは暮らすように旅すること」『アジア遊学』104, 108-116.

吉原直樹、松本行真、イ・マデ・ブディアナ, 2010, 「バリにおける日本人社会と多重化する情報環境——予備的分析」『東北大学文学研究科研究年報』vol.59, 2010.

〔付記〕本章は「バリにおける日本人向けメディアの動向——予備的考察」『ヘスティアとクリオ』No.10、2011をその後の動向をふまえて、松本が加筆・修正したものである。

なお本章の素材となるデータは、2009年～2015年に実施した現地調査によって得られたものである。いずれの調査にも松本、吉原、ブディが参加したが、本章は三者の協議を経て松本が執筆したものである。また、各誌の準備的な整理を行ったのは安藤直樹（福島工業高等専門学校コミュニケーション情報学科5年：当時）であるが、その分析結果と解釈の内容については松本が全面的に責を負うものである。なお、これらの調査はJFE21財団2009年度・アジア歴史研究助成「海外日本人コミュニティの変遷と脱ナショナリティのゆくえ」（研究代表者吉原直樹：2009～2010年度）などに基づくものである。

第9章
国際結婚と日本人社会
―― 「ライフスタイル移民」をめぐって

ニ・ヌンガー・スアルティニ

1 はじめに

　本章は、バリ島に移住する日本人女性について、彼女たちが選んだライフスタイルにおける、理想と現実の葛藤について描き出す。彼女たちは観光のために、何度もバリ島を訪れるうちに、現地の人と国際結婚をし、バリ島で暮らすようになったケースが多い。日本人女性の国際結婚はよくハイパガミー志向[1]、つまり上昇志向結婚であることが指摘される。結婚相手は欧米人であり、オリエンタリズム的バイアスも含め、経済や社会的地位の上昇を目指すための手段として国際結婚は理解されている。しかし、バリ島における日本人女性の国際結婚は上昇志向やオリエンタリズム的バイアス[2]でもない。彼女たちは経済や社会の上昇志向をもって、結婚するわけではない。彼女たちはバリ島のライフスタイルに惹かれて、バリ島で結婚して、暮らすことを選んだ。だが、彼女たちはバリ島で暮らすために在留資格という課題に直面した。彼女たちは煩雑な在留資格を更新する時の手続きから解放されるために、現地で結婚し、国籍をインドネシアに変更したのである。換言すれば、国際結婚にともなう国籍の変更は移住のための戦略であると考えられる。これは1990年代以前にバリ島で結婚した人に良く見られる。しかし、2000年代に入ってから、国際結婚しても日本国籍を維持するケースが多くなってきた。彼女たちは毎年煩雑な在留資格を更新しなければならないにもかかわらず、日本国籍を維持している。彼女たちのバリ島での暮らしは、彼女たちが

望むライフスタイルの実現でもある。しかし、バリ島でのライフスタイルを気に入っているが、日本に捨てられない部分もある。それは、たとえば日本の福祉や医療などである。また、日本国籍を維持することで、日本への帰国を含め、他国に移動する時に有利である。日本のパスポートは、国際移動において便利である。しかし、インドネシアパスポートなら、彼女たちは日本への帰国でもビザの手続きが必要である。

2 ハイパガミー志向型からライフスタイル志向型の国際結婚

(1) 日本人女性における国際結婚

　本章における「国際結婚」という言葉の含意について説明しておきたい。「国際結婚」という言葉は明治時代に使われ始めた造語である。もともとは、国が異なる者同士による結婚を強調するために用いられた言葉であった（嘉本2008a）。日本人の国際結婚における配偶者選択メカニズムを説明する時、これまでの研究では、交換理論を適用し、前述のようにハイパガミーとして説明するケースがほとんどであった（大西 2007）。交換理論では、国際結婚において女性は男性に経済力を求めることを前提とする。欧米人男性と日本人女性の結婚の場合、経済力だけでなく、白人男性を社会・経済・文化的に上位に位置付けるオリエンタリズム的バイアスを背景とした社会的地位の上昇も求めている（Kelsky 2001）と考えられる。日本人の国際結婚に関する既存の研究は、そもそも欧米人男性との組み合わせをとりあげることが多かった。たとえば、「戦争花嫁」（小林 2005; 嘉本 2008a; 竹下 2000b; 島田 2009）、「ワーホリブライド」（杉本 2000; 嘉本 2008b; サンダース宮松 2010）などである。「戦争花嫁」は第二次世界大戦後、日本に進駐していた軍兵士と国際結婚した日本人女性を、「ワーホリブライド」はワーキングホリデー花嫁のことで、ワーキングホリデービザで欧米圏に移り住み、現地の男性と国際結婚をする日本人女性を、それぞれ指す。これらは、いずれもハイパガミー志向として説明できる。

　これらの先行研究は日本人女性の国際結婚のメカニズムを説明することを目的とするものだが、そのほかに、国際結婚をした日本人女性の実態に関す

る先行研究もある。それらは、言語使用・選択と異文化適応という、二つの観点からの研究に大別することができる。前者の観点からは、国際結婚では言語を資源として捉えられ、夫と妻それぞれの言語の使用に際して生じるメリット・デメリットやその他の要因を考慮しながら、より経済的に有利な言語を選択することが指摘されてきた（河原 2009; 岡戸 2009; 柿原 2009）。後者の観点からは、国際結婚を異文化結婚生活として捉え、夫婦がお互いの文化をどのように受け入れ、相違を乗り越えているかが、配偶者の出身国、居住地によって異なることが明らかにされてきた（竹下 2000; 吉田 2006; 岩崎 2007）。しかし、こうした国際結婚の実態に関する議論は、いずれも日本人女性と結婚相手の経済格差が前提となっているものである。

このように先行研究では、日本人女性と欧米人男性とのあいだのハイパガミーが前提となって分析が進められてきた。しかし、こうした先行研究が当てはまらないのが、インドネシア・バリ島における日本人女性の国際結婚である。こうした国際結婚がなぜ成立するのかについて、花嫁となる日本人女性のバリ島への移住の動機から分析することが、本章の課題である。結論を先取りして言えば、新たな移民の形態の登場がこうした国際結婚の成立の背景となっている。その新たな移民の形態とは、後述するライフスタイル移民である。

(2) バリ島における日本人女性の国際結婚

インドネシア・バリ島では、国際結婚は 1980 年代に行われた観光開発から多く見られるようになった現象である。初期は、夫が外国人、特に白人男性と、妻がインドネシア・バリ人という組み合わせが一般的だった。しかし、1990 年代以降は日本におけるバリ島観光ブームと同時に、日本人女性との国際結婚が現れてきた。それまでのバリ島における国際結婚とは逆に、夫がインドネシア・バリ人、妻が外国人という組み合わせが登場してきたのである。この場合、結婚相手となる現地人男性は日本人女性と比較すると学歴や収入が相対的に低いことが特徴的である。バブル経済下の 1990 年代までの日本では、女性にとっての理想的な結婚相手の条件は、いわゆる「3 高（高学

歴、高収入、高身長)」だった。これはバブル崩壊後には「3C」に変わる。3C とは、Comfortable（快適）、Communicative（理解し合える）、Cooperative（協力的）のことである（小倉 2003）。しかし「3 高」も「3C」も、いずれにしろハイパガミーを表すという点では共通している。「3 高」の「高収入」も、「3C」の「Comfortable（快適は安定した生活水準、充分な収入の確保を表す）」も、結婚相手に求める経済的条件を意味しているからである。1990 年代以降登場してきたインドネシア・バリ島における日本人女性の国際結婚は、こうしたハイパガミー志向とは逆の志向性を示すものである。

では、インドネシア・バリ島における日本人女性の国際結婚の背景はどのように説明することができるのだろうか。この点の解明が本章の課題である。

本章で用いるデータは、バリ島で国際結婚している日本人女性を対象に、2010 年 8 月から 2015 年 8 月にわたって行った聞き取り調査に基づく。調査対象者は 10 人で、記録法を用いている。具体的には、筆者がバリ島で観光の仕事していた際の同僚であったり、その同僚の知人であったり、現地日本人会の会員であったり、会員の知人であったことからアクセスが可能となった。聞き取りの方法は半構造化インタビューを用いた。聞き取り調査の内容は、基本属性、バリ島で暮らす前の日本での生活、バリ島を訪れた時の印象、国籍を変更した理由や国籍を維持する理由などである。本章では、その聞き取り調査の記録から部分的に引用を行う。

バリ人男性と日本人女性という組み合わせは 1990 年代のバリ島の観光開発の成功と同時に登場してきた。日本のマスコミによって、バリ島で地元の男性と結婚することが一種のブームとしてとりざたされたこともあり[3]、バリ島で国際結婚している日本人女性は、他の外国人と比べて多い。日本人女性はなぜバリ人男性と国際結婚するのか。彼女らに直接話を聞いたり、バリ島における国際結婚の自伝やエッセイ[4]を読んだりするなかで得られる答えは、多くの場合、単純に「彼が好きだから」、あるいは「たまたま好きな人はバリ人だから」といったものなどに留まっている。しかし、筆者は聴き取り調査を重ねるなかで、「好きだから」という言葉でふだんは隠されてしまうが、国際結婚する日本人女性には、日本社会からインドネシア・バリ島に新しい

ライフスタイルを求めて居住してきた側面があることを発見した。次項以降、聞き取り調査の結果を詳しく見ていくことにしたい。

(3) ライフスタイル志向型の国際結婚

　バリ島における日本人女性の国際結婚は上昇志向というより、ライフスタイル志向型である。具体的には、彼女たちは日本での暮らしに不満を抱き、バリ島のライフスタイルに惹かれて、リピーターになって、やがて現地の男性と結婚に至ったというパターンである。彼女たちは短期旅行の際、現地の人の暮らしから離れてリゾート地にある高級ホテルに泊まっていた。しかし、リピーターになり長期滞在するようになると、民宿に泊まり、現地の人との交流を楽しみながら、一緒に暮らしているかのように滞在期間を過ごすようになった。

　彼女たちがバリ島での暮らしを選んだ背景には、バリ島の暮らしへの憧れと日本の暮らしへの不満がある。Aさんにとって、バリ島の素朴な暮らしや自然の豊かさは日本で感じられなかったことであった。Aさんが感じた日本での暮らしは、「みな時間に追いかけられ、せかせか過ごしている」と感じていた。Aさんにとっては、日本は学歴社会で、競争社会であるが、バリ島では人びとは学歴を問わずに自分のままでいられる。「バリでの暮らしは、余計なものは要らず、みな考えかたがシンプルですから、自然のなかで心ゆとりをもって過ごしています。バリと日本の暮らしで、もっとも違うところが日本に解放感がないことです。バリ島の素朴な暮らしのなかでは余計なものは要らず、昔ながらの生活の知恵で暮らせるのである。Dさんは日本社会の価値観にたいして、不満を感じていた。「日本は物質的な考えが強く、それよりももっと大事なことがあるのではない、と感じていました。幸せはお金しだいではなく、お金がなくても幸せを感じることができるはずです」との証言のとおり、日本の消費社会に不満を感じており、脱物質主義的な志向性を示している。

　Bさんは、日本にいる時、周りで暮らしている人たちは、みな仕事で追われて日々を過ごしていると感じていた。バリ島を訪れると日本と違って、周

りはのんびりと日々を過ごしている。そういう環境にいるとBさんの気持ちも自然と落ち着けることに気付いた。Gさんは日本での暮らしについて、精神的に窮屈に感じていた。バリ島の暮らしに「フレキシブルな」考えがあるから、Gさんにとって、心地よく暮らせる。「日本で学校に行ったり、仕事に入ったり、ketat sekali（とても厳しい）でしょう。それが私には窮屈で、できるけど、ずっとそれを続けると、jadi sakit jiwa saya pikir（私は気が狂うかもしれない）。日本に住んでいると pasti saya jadi sakit（体調を崩してしまうに違いない）。Gila jadinya rasanya（気が狂ってしまいそう）。Seperti ditutup, diikat（まるで閉じ込められて、縛られているような状態になった）。窮屈でしたね」。Gさんは日本の生活のなかで、厳しさを感じた。「日本は、そのベースが『harus（〜しなければならない）』（要求水準が）すごく tinggi（高い）と感じた。生活のレベルとかも、これが標準で、harus di atas ini（この標準より上にならなければならない）みたい、そういうプレッシャー」。Gさんが感じる日本の暮らしは、さまざまなことが暗黙裡に決まっており、周りの様子を気にしながら暮らすことがプレッシャーなのだと言う。彼女たちはバリ島で暮らすことで、日本で感じている窮屈感や世間体から解放され、ゆとりのある暮らし、自分のありのままでの暮らしを実現できると考えたのである。

　Fさんは日本で一生懸命に仕事して、休日通勤や残業も多く、プライベートの時間がなかった。給料をもらっても、時間がないから結局プライベートを楽しんで、お金を使う時間もない。「お金があっても、お金を使う時間がない。自分の好きなことをやることができない」。Fさんは経済的に安定しても、精神的に不満を抱いていた。バリ島を訪れてから、日本にいる時と異なって、解放感を感じて、落ち着いた気持ちになった。Jさんは、日本での暮らしに関して、不満を感じていないにもかかわらず、もっと自分のやりたいことを楽しみたいという気持ちからバリ島で暮らすことを決心した。Jさんは、バリの伝統芸能、バリ舞踊やバリ伝統楽器に関心がある。バリ島で暮らすと仕事しても同時に趣味も楽しめる。彼女たちの証言からは、バリ島での暮らしは日本での暮らしよりも肯定的に捉えており、さらに、経済的に満足というよりは精神的な満足感を優先することがわかる。時間にゆとりがあ

り、精神的に余裕がある暮らしを送ることが彼女たちにとって価値があるだと考えられる。彼女たちはある程度学歴があり、観光業に従事することができるため、安定した収入によって経済的に自立することができていた。そのため、彼女たちは結婚に経済的・社会的安定を求める必要性はなかったのである。彼女たちは自らが憧れるライフスタイルを追求するという動機から、精神的に満足できる職業に就き、安定した収入を得て、バリ島で理想のライフスタイルを実現していたことが、これらの彼女たちの国際結婚の背景にはあるといえよう。

　ここまでとりあげてきた日本人女性たちがライフスタイル移民であることを説明する前に、まず、ライフスタイル移民という定義や概念について述べておきたい。ライフスタイル移民とは「雇用機会、経済的要因より、生活質を向上させるライフスタイルを選択する移民」である (Hall and Fountain 2002: 164)。ライフスタイル移民は経済的に困らない人による移動であり、さまざまな動機をもち、年齢や移住先の滞在期間と関係なく、移住先での生活質の向上を目指すためである (Benson and O'Reilly 2009: 2)。ライフスタイル移民の定義から、移動の動機は雇用機会やキャリア形成という経済的・社会的上昇を目指すために移動するではなく、生活質の向上を目指すためである。ライフスタイル移民は従来の移民と異なる、新しい移民の形態である。従来の移民は、人種的・思想的な迫害などによって自国を逃れる「政治移民」と、雇用機会や経済向上を他国に求める「経済移民」とに分けられていた (Koser 2007)。しかし、先進国における情報通信技術の進歩、経済の発展、交通手段の多様化・格安化で、近年移民の形態が多様化してきた。経済的に困窮していない人びとによる自らが憧れるライフスタイルを追求するための移動は、そうした移民の多様化を生み出す一つの要因である。こうした移動から生まれる移民にはたとえば、文化移民 (藤田 2008) やライフスタイル移民 (Sato 2001; Hall and Fountain 2002; O'Reilly and Benson 2009; Nagatomo 2007; 吉原 2008) 退職者によるロングステイ (山下 2007；小野 2012) というタイプがあげられる。

　このなかでも、ライフスタイル移民は経済的向上より生活質を向上させるライフスタイルを求めて移動する移民を指す。この場合の生活水準を向上さ

せるライフスタイルとは、スローライフや豊かな自然、素朴な暮らし、平穏な生活といったものを表す。この新たな移民の形態では、社会・経済的立場の上昇はさほど問題とならないことが特徴であり、先進国で広く見られている現象である。

本章でとりあげた事例でも、彼女たちはバリ島に移住する際に思い描いていた暮らし、また現在のバリ島での暮らしについて、「余計なものが要らない」、「解放感」、「精神的にリラックス」、「ゆったり」、「趣味を楽しむ」、「のんびり」、「心にゆとり」といった言葉で表現しており、これらはライフスタイル移民らしい考えである。彼女たちは経済的余裕より精神的余裕のある暮らしを重視したことからバリ島移住を決意しており、まさしくライフスタイル移民といえる。

しかし、彼女たちは日本の窮屈感から逃れ、辿り着いたバリ島で、在留資格という新たな問題に直面することとなる。では、彼女たちは現地の男性と結婚し、バリ島で暮らしているため、彼女たちの国籍がどうなっているか、次節に詳しくとりあげる。

3 国際結婚にともなう国籍の選択をめぐって

本節は、インドネシア・バリ島で国際結婚した日本人女性が、結婚後バリ島での暮らしに直面した在留資格と課題について議論する。1990年代前半までに国際結婚した日本人女性は、国籍をインドネシアに変更することが多い。しかし、1990年代後半から、日本国籍を維持し続けるケースが増えてくる。なぜ彼女たちは現地の人と結婚して、バリ島で暮らすにもかかわらず、日本国籍を維持し続けるかその理由を明らかにする。その理由の一つは、彼女たちは日本国籍を維持することで帰国を含む国際移動の利便性が重視されるからである。それは今日における情報通信技術の進歩や交通機関の発達、格安航空者の参入で90年代後半よりは両国を容易に行き来することができると考えられる。また、日本にいる家族、特に親とのつながりの重要さを考慮して、日本国籍を維持する意義がある。

(1) 国際結婚と国籍

　国際結婚とは国籍が異なる者同士の結婚である。結婚後の居住国や、その国の経済や政治的事情によって国籍を維持するか配偶者の国籍に変更するか決める。先行研究は国際結婚に関するさまざまな問題を提起してきた。そのなかの一つをとりあげると、国籍選択が迫られることである。自分の国籍を放棄して、夫の国の国籍に変更するか、変更しないで自分の国籍を維持するかという選択がある。日本も、インドネシアも、「国籍唯一の原則」(単一国籍)であるから二重国籍を許していない。したがって、夫の国籍に変更するかしないかは結婚の際に考えなければならない選択である。インドネシア国籍に変更したら、日本国籍を放棄しなければならない。日本国籍を維持しながら、インドネシアで暮らす場合、定期的に在留資格の更新手続きをする必要がある。現地の人と結婚しても、外国籍を維持すると在留資格の手続きが楽になるとは限らない。仕事するなら、現地の人との婚姻と関係なく就労ビザが必要となる。配偶者ビザの場合、就労は不可能だが、補助的な意味で夫の仕事をサポートすることに限っている。

　国際結婚は異なる国籍の婚姻によって特に女性の国籍に影響を与える。国際結婚における国籍の政策は、夫婦国籍同一主義と夫婦国籍独立主義に大別される。前者は、夫婦間の異なる国籍は認めないため、妻は夫の国の国籍に変更する必要がある。夫婦間で国籍が異なると忠誠義務の衝突等、不都合が生じるからである。女性は国際結婚すると、元の国籍を喪失して、配偶者の国籍に変更する。後者は、国際結婚が、国籍に影響を及ぼさない、国籍非強制の原則であり、個人の自由意思に基づき、国籍の得喪を認めるものである。

　日本における、国際結婚した日本人女性の国籍の扱いは実時代ごとに実施される国籍法によって異なる。明治32年(1899年)に国際結婚した日本人女性は日本国籍を失い、配偶者の国籍に変更しなければならなかった。国際結婚は日本国籍の喪失であった。しかし、昭和25年(1950年)に憲法改正以降、国際結婚した日本人女性は国籍を選択することができるようになった。国籍は個人の自由意思によるものである。つまり、憲法改正以前は日本では夫婦

国籍同一主義だったが、改正後は夫婦国籍独立主義に変わった。しかし、国際結婚に生まれた子どもは父系血統主義であった。1985年の国籍法改正で、日本人女性から生まれた子どもも日本国籍を取得することができるようになった。さらに、2008年の改正で、婚姻の条件がなくなり、認知のみによって日本国籍を取得することができる（森木 2012）。

　国籍とは、「個人を特定の国家に結びつける法律的きずなである」（山田鐐一 1986:11）。換言すれば、人が特定の国家の構成員である資格を意味する。国籍は単なる、国家の構成員である資格だけではなく、人権に関わる重要な権利義務の前提となっている。その国で家族ができて、ずっと居住するにもかかわらず、現地の国籍をもっていない場合には、参政権や公職に就くことなどが制限される。

　国籍制度に関しては生地主義と血統主義がある。生地主義は、生まれた国による国籍の取得である。つまり、両親はその国の国籍をもたなくても、その国で生まれた子どもはその国の国籍を取得することができる。生地主義を採用する国はたとえば、アメリカやカナダである。他方、血統主義は親の国籍から取得する国籍である。血統主義は父系優先血統主義と父母両系血統主義がある。前者は、子どもは父親の国籍のみ取得することができる。父系血統主義を採用する国はたとえば、アラブ首長国連邦である。2006年以前、インドネシアは父系優先血統主義だった。後者は、父または母のいずれかその国の国籍であれば、子どももその国の国籍を取得することができる。父母両系血統主義を採用する国はたとえば、日本や韓国である。インドネシアは2006年以降、父母両系血統主義を採用することになった。詳しくは次のページにて述べる。

　現在の日本は、インドネシアと同じく国際結婚において、夫婦国籍独立主義である。国際結婚によって、相手の国籍に変更するか否かは自由である。しかしながら、2006年以前は、国際結婚で生まれた子どもが受け継ぐ国籍の規定が現在と異なり、多くの問題を生んだ。インドネシア人の父親と外国籍の母親から生まれた子どもはインドネシア国籍だけを取得した。しかし、外国籍の父親とインドネシア人母親から生まれた子どもの国籍は母親が保有

するインドネシア国籍ではなく、父親の国籍であった。国際結婚したインドネシア人女性の子どもは、生まれも育ちもインドネシアであるにもかかわらず、国籍を保有できず、父親の国籍のみ受け継ぎ、外国籍の扱いされたのである。子どもは母親の国で暮らすために在留資格の手続きをしなければならず、また結婚が破綻した時、母親は親権を与えられなかった。このように国際結婚したインドネシア人の母親は制度上不利な状況に置かれた。そのために、国籍制度の見直しがいくどとなく求められ、映像メディアや印刷メディアによってしばしば報道された。やがて、2006年8月に新しいインドネシア国籍制度が決定された[5]。新たな国籍に関する法律が定まったことによって、国際結婚で生まれた子どもたちは母親の国籍も持てるようになった。

2006年8月の法律が定まったことでインドネシアは日本と同じく、国際結婚で生まれた子どもは父母の国籍を保有するようになった。しかし、それは有限二重国籍である。インドネシアは日本と同じく、二重国籍を認めず、単独国籍だけを認めている。インドネシアの場合、子どもは18歳になってから、また18歳未満でも既婚の場合、国籍を選択しなければならない。一方、日本の場合は有限二重国籍は二十歳までである。いずれも、国際結婚で生まれた子どもの有限二重国籍は、子どもがものごとを判断できる適齢期になるまで保有できるものである。

(2) バリ島における日本人女性の国際結婚と国籍について
①日本国籍からインドネシア国籍への変更

バリ島における日本人女性の国際結婚では、1990年代前半までに結婚した人はインドネシア国籍に変更する傾向にあった。当初は、国際移住の戦略としてのインドネシア国籍への変更であったが、彼女たちは実際に生活をしていくなかで、インドネシア国籍の有利な点に気付くようになった。一つ目は、移住にともなう制度的なこと、つまり煩雑な在留資格の手続きから開放され、就業の制限からも自由になることを指す。二つ目は、移住先で新たに築いた関係、つまり血縁関係と地縁関係である。本節でとりあげられる事例に基づき、彼女たちは日本国籍からインドネシア国籍に変更した理由および

結婚後のバリ島での暮らしについて明らかにする。

　まずは、制度的なことである。前述のとおり外国籍者はバリ島で暮らす場合、毎年在留資格を更新しなければならず、時間的にも金銭的にも負担となる。手続き中にパスポートも預けることも精神的な負担となる。また、仕事をする時、いくつもの制限がともなう。なぜなら、外国籍者を雇うとコストが高いからである。雇う側は外国籍者を雇うとその人の在留資格の更新にかかわるすべての費用を負担しなければならず、給料もおのずとインドネシア人よりも高くする必要がある。しかし、インドネシア国籍を保有する外国人なら、在留資格の諸々の手続きにかかわる費用を負担する必要もなく、給料も外国籍者より安いのが雇う側にとって有利だと考えられる。

　パイオニアとして70年代に国際結婚したAさんは、バリ島で仕事しながら暮らせるように入国管理の担当者に結婚を進められた経験があった。70年代前半のバリ島は、今のように世界有数の観光地ではなく、外国人もあまりいなかった。バリ島で、民間会社で働く外国人はまだ珍しく、就労ビザの手続きも知られていなかった。当然、入国管理の担当者は、Aさんにバリ島で仕事しながら暮らすことを希望するならインドネシア人と結婚して、インドネシア国籍を取得することを提案した。Aさんはたまたまバリ人男性と交際していたため、入国管理の担当者の提案を機に結婚することに決めた。

　Aさんの事例から20年経ったが、他の事例から見るとインドネシア国籍に変更した理由は具体的に次のようである。Dさんは結婚する前に、1990年からすでにバリ島で暮らして、バリ島のガムランや伝統舞踊をやりながら和食の店を経営していた。1996年に結婚を機にずっとバリ島で暮らし続ける覚悟をし、インドネシア国籍に変更した。Bさんは1993年に結婚して、6年後にインドネシア国籍に変更した。結婚から国籍変更までに、時間を要した理由は、変更のためには5年間インドネシアで暮らし続けなければならないという条件があったからである。インドネシア国籍に変更する前には、毎年、在留資格を更新しなければならなかった。在留資格を更新する度に夫と喧嘩した。その原因は、複雑な更新手続きを夫と一緒に行ったからである。当時は、代行サービスで更新を行ってくれるエージェントがいなかった。そ

のために、時間的にも金銭的にも、精神的にも疲弊した。Bさんはインドネシア国籍に変更したことで、在留資格の更新から解放され、パスポートの有効期限も気にせずにバリ島で暮らすことができるようになった。「インドネシア国籍の方が楽だから住みやすく、苦しまずに、バリ島に住めるために日本国籍よりインドネシア国籍を選んだ」。Bmさんは結婚してから5年間日本国籍で暮らし、さまざまな不利な点を感じた。毎年、在留資格を更新するために、お金だけではなく、時間もかかった。「ビザ更新、何回もね。シンガポールに出かけたとか。それから更新の費用もありますね。バリ島で生活して、私自身そんなに経済的にね。あの、たくさんお金を日本から持って来たわけないので、これではすぐになくなって、ビザの更新とか、こちらで仕事するといっても、あの給料のレベルはね。日本のレベルとこちら（バリ島）は違いますから。でもそれはしかたがないでしょうね。あのどっちがいいというわけじゃなくて、あの、その時の自分の生活レベルでは、これで、破産してしまうので、なるべくなら、早めにインドネシア国籍に変えて、自由に仕事を選べるようになりたいと考えました」。

　次は、バリ島で新たに築いた血縁関係や地縁関係に関する理由である。Aさんがインドネシア国籍に変更した理由は移住の戦略でもあるが、さらにバリ島で築いた家族関係のことでもある。当時、インドネシアの国籍制度では国際結婚で生まれた子どもは父親の国籍だけを受け継ぐことになっていた。Aさんが国籍を変更したのは親子の国籍が異なることはよくないという理由も大きい。Cさんの場合は、「客」としてではなく、嫁ぎ先の家族の一員でありたいからインドネシア国籍に変更した。

　彼女たちはインドネシア国籍に変更したことについて、日本にいる親や家族に反対されたことはない。彼女たちはインドネシア国籍に変更したことで、在留資格の更新から解放された。しかし、その反面彼女たちが感じた不利な点もある。たとえば、インドネシア国籍に変更してから、勤務先の待遇が変わったことである。彼女たちは外国籍のスタッフから現地スタッフに切り替わり、現地スタッフと同じように扱われた。特に給料が現地スタッフとあまり変わらないため経済的に苦労した（Aさん、Cさん）。外国籍者の給料は

現地スタッフの給料より少なくとも3倍ぐらい多く、またドル建ての場合もある。日本に帰国する時、入国審査を受けるために他の外国人と一緒に並ぶ。そして、入国管理官に聞かれた時、「元日本人」という言葉をいう寂しさもある（Bさん）。

Aさんの場合、結婚を機に、直ちに国籍を変更することは法律的に可能であったからである。しかし、1990年代に入ってから法律が変わった。5年間のインドネシア滞在ののち、国籍が変更可能になった。たとえば、Bさんは結婚後、直ちにインドネシア国籍に変更することができなかった。インドネシアではあらゆる手続きのやり方が頻繁に変わるため、在留資格の更新の手続きから解放されたことは、彼女たちにとって重要なことである。日本国籍からインドネシアに変更することで、彼女たちは日本へ帰国する際、手続きをしなければならなくなった。また医療関係の不安も増えた。しかし、彼女たちにとって、そういう不便さは問題ではなかった。彼女たちにとってはバリの暮らしが基本である。バリ人と同じ暮らしをして、バリ島の習慣や価値観を尊重する。医療も最新のものが受けられないと心配するのではなく、現地の生活の知恵を活かして自然にあるものを利用すれば良いと考えるのである。

②日本国籍の維持

一方、1990年代後半以降、バリ島で国際結婚した日本人女性は日本国籍を維持する傾向がある。彼女たちが日本国籍を維持する主の理由は、海外への移動が容易だからである。

Fさんは国際結婚する前にすでにバリ島で暮らしており、日本よりバリ島での暮らしの方が気に入ったが、日本国籍を維持することに決めた。「インドネシアのパスポートは日本のように便利であれば、インドネシア国籍に変更するかもしれない」。インドネシア国籍に変更すると、パスポートもインドネシアのパスポートになる。そうすると日本への帰国を含めて、他国を訪れる時ビザの手続きが必要という不便なところがある。インドネシアのパスポートは日本のパスポートよりビザが免除になる国が圧倒的に少ない[6]。J

さんも国際結婚する前からすでにバリ島で暮らしているが、結婚してからもインドネシア国籍に変更することは考えなかった。これからもバリ島で暮らし続けるが、日本国籍を維持するつもりである。その理由は日本にある社会福祉、保険や年金制度のことである。「将来もらえるかどうか分からないけど、とりあえず、二十歳の頃からずっと払い続けているから、それはインドネシア国籍になっちゃうと、まるきりパーになってしまうのでそれはとりあえず避けたいな。国民年金と厚生年金、健康保険も払っているので病気になった時とか大切」。福祉制度や医療の側面から見ると、日本はインドネシアより遥かに進んでいる。それは日本国籍を維持するメリットである。インドネシアでは年金制度を一般的に公務員や国が管理する会社に限っている。健康保険もあるが、日本ほど充実していない。Jさんは、医療体制の不安から国籍を変更しなかった。「インドネシア国籍になったら、こっち（バリ島）で、こっち（バリ島）の病院に行かなくちゃいけないけど、それはあえて、やりたくない。病院には行きたくない。もしも本当に大きな大変な病気になったらもう日本へ帰って、日本の病院で決めているんで、それも多分、日本国籍だからもうすぐにチケット（航空券）が取れて、すぐに帰れるけれども、インドネシア国籍だったら、ビザを取らなくちゃいけないとか、という手続きのうちに、コローン（倒れて）と亡くなったりとか嫌だ」。Jさんは現地の病院をあまり使わない。しかし、受診が必要な時、地域診療所へ行くが、現地の医者がすぐ注射を打とうとするのが、いやなのだという。Jさんは注射を避けて、錠剤や抗生物質をもらって、治す。体調を崩した時ほとんどインドネシアの薬を飲む。日本から持ってきた薬はあまり効かないからである。Jさんは自分自身のことだけではなく、日本にいる親のことも考えて日本国籍を維持している。「両親もまだ日本に住んでいてね。もう歳なので万が一、何かあった時にすぐに、やっぱりねチケット（航空券）を取って、すぐに行けるけど、もしインドネシア国籍だったら、まずは手続き、インドネシアを出るための、日本へ行くためのビザを取らなくちゃいけないというので、一週間とかやっぱりね、かかるから。それで万が一、両親がというのもね、怖いですからね、ちょっと。今は日本国籍のままでいたいですね！」。Jさんにとって、親の

存在も日本国籍を維持する理由でもある。Hさんも同じく、親のことを考えて、バリ島で結婚し暮らしていても日本国籍を維持している。日本にいる親はまだ元気だが、もし何かあったら、日本国籍ならしばらく日本にいられるからである。Iさんも、日本にいる母の介護を考えて、日本国籍を維持している。母の介護が必要になると、Iさんのバリ島で得る収入では金銭的にサポートできないため、日本で母を介護するしかないと考えている。Iさんは日本で母を介護する時期が来たら、母を介護する合間にバリ舞踊の教室を開くことを考えている。また、二人の子どもは有限二重国籍で、日本語も流暢だから将来日本の学校に進学して、日本で暮らすかもしれない。Iさんはそのように将来のことを考えて、日本国籍を維持している。Iさんは毎年さまざまなバリ島と日本の交流活動にかかわり、何度も日本へ帰国している。日本の国籍を維持してから日本へ出張する時、ビザの手続きせずに済んでいる。また、医療や福祉制度の側面でも、日本の方を信頼している。たとえば、日本の歯医者は虫歯を簡単に抜かず、丁寧に治療するが、バリ島では、虫歯になるとすぐ抜く。日本では保険制度も充実している。万が一シングルマザーになったとしても、日本なら生活を保障してくれる。Iさんは、さまざまな社会福祉の充実、今の仕事や将来、母親の介護、そして子どものことを総合的に考え、日本国籍を維持することを選択した。Eさんの場合、娘が日本で暮らしていることと日本の福祉制度が日本国籍を維持する理由となっている。Eさんの娘は体調がすぐれないことから、小学生から日本で祖父母と一緒に暮らしている。Eさんはバリ島で暮らしているが、国民年金や国民健康保険を払い続けている。「日本国籍を変えると日本の生命保険に入れないし、国民健康保険だとか、やはり、医療とかなった場合に日本にやっぱり帰らないと」。日本国籍を維持すると将来の生活が保障されると考えているのである。

　バリ島で暮らしながら、日本国籍を維持すると、毎年在留資格を更新しなければならない。Jさんは日本人が経営しているホテルで働いているから、全ての在留資格の更新にかかる諸々の費用、そのなかに1,200ドルの就労税を含み、勤務先が負担してくれる。在留資格を更新する手続きも代行サービスが行ってくれる。しかし、その手続きにパスポートが必要なので、ずっと

パスポートを預けたままになって不安になることも多々ある。なかには、在留資格の有効期限が切れる日付までにパスポートが手元に戻ってこないケースもある。Hさんは在留資格の手続きを自分でやっている。Hさんは配偶者ビザで、毎年在留資格を更新している。更新に必要な手数料、警察署に証明書を発行するための手数料を含めて、100万ルピア（2015年現在の平均為替、1円=110ルピア、9,090円ぐらい）かかる。Hさんは長期滞在の時から代行サービスを使わずに自身で手続きをしてきた。最近、在留資格を更新する時の手続きが変更になり、以前より簡単になった。今は賄賂[7]もなくなって、手数料もはっきり書いてあって、その金額どおり払う。また、パスポートの有効期限が切れたら、領事館でも手続きができて、新しいパスポートを発行することができるから、わざわざ日本へ一時帰国する必要もない。Hさんにとって、インドネシア国籍に変更しなくても、難なく暮らせるようになった。一方、Fさんは自営業者なので自己負担で、就労ビザにかかる就労税は毎年1,200ドルを自分で支払わなければならないから払うことは痛感する。現地で国際結婚して、子どもを養うから在留資格や就労ビザにかかる税金を考慮してほしい。現地で家族を養う就労ビザとそうしない就労ビザを区別するべきである。Fさんは外国籍でも、現地の人と国際結婚して、家族を養うから独身で就労する外国籍と同じ扱われることは不公平であると感じた。

　彼女たちはバリ島で暮らしながら複雑な在留資格の更新にもかかわらず、日本国籍を維持している。日本国籍を維持することで、日本への帰国を含め、国際移動が容易になる。また、日本の社会福祉の保障や医療受診という将来の自身にかかわるもののためでもあり、日本にいる親の介護のためでもある。

4　むすびにかえて

　日本人女性における国際結婚は、これまでハイパガミー志向型およびオリエンタリズム的バイアスであることを多くとりあげられた。ハイパガミー志向は上方婚ともいえ、結婚は手段として経済的・社会的上昇を目指す。しかし、バリ島における日本人女性の国際結婚はハイパガミー志向やオリエンタリズ

ム的バイアスでもない。本章でとりあげた事例をとおして、彼女たちは脱ハイパガミー国際結婚の契機の一つとしてライフスタイル志向であることが明らかになった。この背景には、先進国における女性の社会進出が進み、経済的自立が達成されることによって、女性にとって結婚がもつ経済的・社会的メリットが低下してきたことがあるといえよう。ただし、観光業で盛んなバリ島であるからこそ、日本人女性たちは観光業に就く機会を得て、経済的に自立することができて、ハイパガミー志向ではない国際結婚の実現が可能となったという面があることは付記しておかなければならない。

　彼女たちは日本で暮らした時の不満から逃れ、解放されたが、結婚後、国籍や在留資格という新たな問題に直面した。1990年代前半までに国際結婚した女性は、日本国籍からインドネシアに変更したことが多い。彼女たちにとって、インドネシア国籍に変更することで、制度的に煩雑な在留資格の延長手続きに開放され、就業の制度からも自由になったことを指す。このように、国際結婚にともなう国籍の変更は移住のための戦略でもあると考えられる。また、国籍を変更することで、新たに築いた関係、血縁関係および地縁関係、帰属性が強まる。一方、1990年代後半からバリ島で国際結婚した日本人女性は日本国籍を維持する人が多い。彼女たちは、外国籍者としてバリ島で暮らすから、定期的に在留資格の更新をしなければならず、そのために時間的に金銭的にもかかる。しかし、それにも関わらず、彼女たちは日本国籍を維持することに意義がある。彼女たちはバリ島のライフスタイルを気に入ったが、日本国籍であるメリット、国際移動に容易であることや日本の社会福祉の保障や医療という将来の自身にかかわるものや、日本で暮らす親の介護に備えるためでもある。情報技術の進歩や格安航空者の普及で日本とバリ島の間に行き来することが容易になってきたのもその要因である。彼女たちにとって、日本国籍を維持することは、新たに求めることになるライフスタイルを実現するための手段となるのである。そこには、生涯にわたり、常に自分にとって望ましいライフスタイルを求めて、移住先を選択し、戦略的にそれを実現しようとする、ライフスタイル移民の主体的、積極的な生き方がみてとれる。

第9章　国際結婚と日本人社会　303

　以上本章でとりあげた事例に基づき、日本人女性におけるハイパガミー志向ではない国際結婚を選択した女性の背景にはライフスタイル移民が登場したことが明らかになった。また、国際結婚にともなう、彼女たちが選択した国籍の変更および国籍の維持の理由について明らかになった。彼女たちは結婚後、配偶者より収入が安定したことから、主たるの稼ぎ手となる。彼女たちは現地で働いて、どういう問題に直面するか、どのように乗り越えるか、彼女たちの経済的活動を明らかにすることが次の課題である。

注

1　ハイパガミーは、女性を中心とした概念であり、結婚相手を選択する際、自分や自分の父親と同等か若干上の社会階層に属する男性と結婚することである（嘉本 2008b）結婚の相手によって生活が変わるため、結婚後のより良い生活などを期待して、結婚相手を選択する。日本人女性の結婚も、今の自分の社会や経済的地位が上昇する相手を選択することが一般的であり（山田昌弘 1999; 嘉本 2008b）、「玉の輿」や「シンデレラコンプレックス」という表現が知られている。国際結婚におけるハイパガミー志向はグローバル・ハイパガミーと名付けられた（Constable 2005）。特にアジア人女性と欧米人男性の国際結婚を指す。

2　日本人女性は日本人男性より欧米人男性を経済・社会的に上位に位置付けること（Kelsky 2001）。オリエンタリズムは、西洋と東洋の差異を強調し、優劣をつけ、前者が後者を支配するかたちをとる（Said, 1978 ([1993]2000)）。オリエンタリズム的な原理は、西洋人男性にも働きかけ、国際結婚を促す原因となる。

3　『AERA』週刊誌 1994 年 8 月 19 日「花嫁は神々の島を目指す」、1995 年 9 月 7 日「バリ島の妻となった日本人女性二百人の生活」、1996 年 6 月 17 日「恋が芽生える魔法の島——楽園の幻想にはまる日本人バリ島」を参照。日本におけるリゾート地で過ごす海外旅行ブームにともない、特に 80 年代から 90 年代にかけて、「リゾートラバー」（略してリゾラバ）、「ロマンス・ツーリズム」という言葉が流行っていた。観光客が海外旅行先で、主にリゾート地で異性と滞在期間中のみ恋愛することを意味する。

4　これについてはアジア風俗研究会 1996『バリ島恋愛読本』; 松村章子 1998『バリ結婚物語』; 片寄美恵子 2005『バリに嫁いで』; 金沢泰子 2005『ダーリンは、バリ人』を参照。

5　Undang-undang Republik Indonesia Nomor 12 Tahun 2006 tentang Kewarganegaran Republik Indonesia（インドネシア共和国国籍に関する法律 2006 年 12 号）インドネシア大統領によって、2006 年 8 月 1 日に決定された。加えてこの法律の実施に当たって、Peraturan Mentri Hukum dan Hak Asasi Manusia Republik Indonesia Nomor M.01-HL.03.01 Tahun 2006（インドネシア共和国法務人権大臣令 2006　M.01-HL.03.01 号）、法務人権大臣によって 2006 年 9 月 26 日に決定された。これはイ

ンドネシア共和国国籍に関する法律 2006 年 12 号第 41 条および第 42 条に基づくインドネシア共和国国籍の取得および再取得のための届出方法について定めたものである。
6　2014 年 12 月 1 日からインドネシアパスポート保有者は観光の目的で日本を訪れる場合、二週間の滞在でビザが免除されている。しかし、現時点で IC パスポートに限っている。IC パスポート以外は観光の目的でも普段通りビザを申請しなければならない。手数料は 330,000 ルピア（2015 年現在の平均レートで 1 円＝110 ルピア、3,000 円ぐらい）が必要である。申請からビザが発行されるまで一週間ぐらいかかる。
7　手続きをする人は窓口の担当者にお金を欲求されて、手続きをスムーズにする。

文献

Benson, M. and K. O'Reilly, 2009, *Lifestyle Migration : Expectations, Aspirations and Experiences*, Ashgate.
Constable, N., 2005, *Cross-Border Marriages: Gender and Mobility in Transnational Asia*, University of Pennsylvania Press.
藤田結子，2008，『文化移民』新曜社．
Hall, C. M. and J. Fountain, 2002, 'The Impact of Lifestyle Migration on Rural Communities:A Case Study of Akaroa, New Zealand ,' C. M. Hall and A. M. Williams, eds., *Tourism and Migration :New Relationship between Production and Consumption*, Kluwer Academic Publisher, 153-168.
Hall, C. M. and A. M. Williams, 2002, *Tourism and Migration: New Relationships between Production and Consumption*, Kluwer Academic Publisher.
市野澤潤平，［2011］2013，「ジェンダーと観光」安村克己・堀野正人・遠藤英樹・寺岡伸吾編著『よくわかる観光社会学』ミネルヴァ書房，88-89．
小林かおり，2005，『私は戦争花嫁です』北國新聞社．
柿原武史，2009，「南米出身者と日本人の国際結婚夫婦とその家族の言語使用状況」『国際結婚――多言語化する家族とアイデンティティ』明石書店，245-275．
Kelsky, K., 2001, *Women on the Verge: Japanese Women, Western Dreams*, Duke University Press.
嘉本伊都子，2008a，『国際結婚論 !?【歴史編】』法律文化社．
―――，2008b，『国際結婚論 !?【現代編】』法律文化社．
河原俊昭，2009，『国際結婚――多言語化する家族とアイデンティティ』明石書店．
Koser, K., 2007, *International Migration*, Oxford University Press.
小倉千加子，2003，『結婚の条件』朝日新聞社．
森木和美，2012，「国籍とジェンダー：国民の範囲をめぐる考察」『越境とアイデンティフィケーション――国籍・パスポート・ID カード』新曜社．
Nagatomo, J., 2006, "Japanse Lifstyle Migration to Australia, New Migrants in the Era of Transnationalism, "『九州人類学会報』33, 35-48.
岡戸浩子，2009，「国際結婚と言語意識」『国際結婚――多言語化する家族とアイデ

ンティティ』明石書店, 245-275.
奥田安弘, 1996, 『家族と国籍——国際化の進むなかで』有斐閣.
小野真由美, 2012, 「日本人高齢者のケアを求めた国際移動—マレーシアにおける国際退職者移住とメディカルツーリズムの動向から」『アジア太平洋討究』18, 253-267.
大西裕子, 2007, 「国際結婚の理論モデル構築に向けて——先行研究論の再検討と研究課題の提示」『立命館国際関係論』第7号, 71-92.
Said, E. W., 1978, *Orientalism*, Georges Borchardt Inc. (= [1993] 2000, 今沢紀子, 『オリエンタリズム上』平凡社.)
サンダース宮松敬子, 2010,『日本人の国際結婚——カナダからの報告』彩流社.
Sato, M., 2001, *Farewell to Nippon: Japanese Lifestyle Migrants in Australia*, Trans Pasific Press.
島田紀子, 2009, 『写真花嫁・戦争花嫁のたどった道——女性移民史の発掘』.
杉本良夫, 2000, 『オーストラリア——多文化社会の選択』岩波新書.
宿谷京子, 1988, 『アジアから来た花嫁——迎える側の理論』明石書店.
竹下修子, 2000, 『国際結婚の社会学』学文社.
HIMPUNAN PERATURAN PERUNDANG-UNDANGAN KEWARGANEGARAAN REPUBLIK INDONESIA, UNDANG-UNDANG NOMOR 12 TAHUN 2006, FOKUSMEDIA.
山田昌弘, 1999, 『パラサイトシングルの時代』筑摩書房.
山田鐐一・土屋文昭, 1986, 『わかりやすい新国籍法』, 有斐閣リブレ.
山下晋司, 2007, 『バリ観光人類学のレッスン』東京大学出版会.
吉原直樹, 2008, 『モビリティと場所』東京大学出版会.

〔付記〕本章は, 平成26年度日本学術振興会特別研究員（DC2）研究奨励費交付による研究成果の一部である.

第Ⅲ部
まなざしのなかの日本人社会

第 10 章　バリの大学生からみた日本人／日本人社会
　　　　　　　　　　　　　　　　　　イ・マデ・ブディアナ、松本行真

第 11 章　バリ島のゲーテッド・コミュニティと日本人
　　　　　　　　　　　　　　　　　　　　　　　　菱山　宏輔

第 12 章　交錯する「まなざし」と複層化する社会観
　　　　　　　　　　　　　　　　　　　　　　　　松本　行真

第10章
バリの大学生からみた日本人／日本人社会

イ・マデ・ブディアナ、松本行真

1 はじめに

　インドネシアをめぐる情報環境が変化し、経済も伸長基調にある。一方で日本は世界における経済的な地位が低下（例：中国のGDPが2位に）するとともに、日本軽視の傾向も見られる。そうした状況で日本語を専攻するインドネシア人大学生は日本をどう見ているのか、彼ら／彼女らが抱く日本イメージと日本そのもののギャップはあるのか。また、なぜ日本（語）を選んだのか。その理由を探ることで日本イメージとの関連性を見いだすことができるのではないだろうか。イメージ形成を個人・家族的な経験・体験（とその時系列の変化とその蓄積としての文化資本）だけに求めるのは一面的である。そのために、諸個人がもつ人づきあい（ネットワーク）をとらえることにより、イメージ形成の構造をより立体的に捉えることができないだろうか。こうした問題意識をふまえて、日本イメージに関する既存研究の検討を行うこととする。

　中国にある日本語専攻大学生の「日本」イメージについて論じたのは見城(2007)である。中国湖南大学、上海師範大学、華東理工大学の日本語専攻大学生を対象に、「日本」にたいしてどのようなイメージを有しているのか、また「日本」について学びたいものは何かを明らかにし、日本に来日した中国人留学生の教育指導の基礎資料とすることを目的としている。そこで得られた日本イメージは「自然環境」「現代日本社会」「現代日本文化」「国民性」「歴史認識」「伝統文化」「食文化」「日中関係」「現代政治」「地名など」であった。

上記研究をふまえつつ日本語専攻生、日本語学習生、日本語非学習生の比較を行ったのが見城・三村 (2010) である。調査対象者を日本語専攻生から拡大し、2006年調査の比較を行っている。アンケート調査の結果をうけてインタビュー調査を実施し、「日本語を学ぶ過程で、日本イメージに何らかの変化があったのか否か」を把握し、上記三つのセグメントを比較することを通じて現代中国の大学生による「日本イメージ」を捉えている。主な知見として、日本語を通じて、「日本」に関するさまざまな知識・関心が高まり、日本語学習以前とは別の角度から「日本」を見つめるようになったことが挙げられる[1]。同様に張 (2013) では、中国人日本語学習者を対象にしたアンケート調査を行い、学年が上がるにつれて否定的対日態度と中立的対日態度が増加するといった、日本イメージにおけるディバイドが生じていることを示している。

　上記は大学の修業年限内で形成されるイメージに関する研究であったが、小学生から大学生に至るまでの日本イメージの形成過程についてとりあげているのが加賀美・朴ら (2010) である。そこでは韓国在住の小学生〜大学生を対象に、これらのどの発達段階でどのような内容の日本イメージが形成されているのか、また日本に対する関心度や日本に関する知識がどのようなものかを質問紙調査を通して分析し、それらの関連を検討している。主な結果としては、学年が上がるほどに日本に積極的に接近し、日本や国際社会問題に関心を持つ傾向があること、関心度と日本イメージの関連について、日本との積極的接触や日本文化に関心がある人ほど親和的イメージが形成される傾向にあるということ、更には知識と日本イメージの関連は、日本に対する知識が一般的なものであれば、集団主義的・先進的で強いイメージを抱きやすく、親和性を抱きにくいことが挙げられる。

　一方で社会環境が与えるイメージ形成の影響について論じているのが、守谷らの一連の研究、守谷ら (2009)、同 (2011) である。とりわけ後者では台湾出身で東京近郊在住の20〜30代の若い世代を対象に、家庭環境や日本の大衆文化との接触及び学校教育を中心とした歴史教育の影響が対象者の日本イメージ形成にどのように関与しているのかを質的に検討している。主な知見

として一つあげれば、日本の大衆文化とイメージ形成において日本の大衆文化が日本関連情報の獲得や友人との関係性の形成・維持、また家族間で共有される嗜好・娯楽のための媒介手段として機能し、それにより対象者自身の日本イメージが形成されることである。

　もう少し焦点をメディア環境に絞った研究としては松下（2008）がある。戦後、台湾における変容する「日本イメージ」について、特にケーブルテレビの普及による日本のメディア・コンテンツの流入を一つのポイントとして考察しており、そこで90年代以降のメディア規制の解放、日本大衆文化解禁後に登場した世代がテレビドラマを中心としたメディアに登場する「日本」から「日本イメージ」を形成していったことを示している。

　このように日本イメージをめぐる研究として、対象者を日本語専攻・学習大学生、一般の小〜大学生、日本への留学生等としたり、時間軸で言えば二時点間比較や学年間比較による考察もある。これらから日本イメージの形成要因として、主に三つの視点「個人、家族」、「メディア環境の変化」、「教育（日本語学習、歴史教育）」が挙げられ、これらの環境要因と経時的な要因により、日本イメージにおけるディバイドが発生したものと考えられるだろう。

　こうした既存研究をふまえつつ、本章では大学生の各学年を対象に、各々の日本への接触状況とそれによって形成されるイメージとその変化を学年間の比較を通じて検討することを目的とする。本章の構成は以下の通りである。2節では調査対象となるウダヤナ大学文学部日本語学科の歴史やカリキュラムについて言及する。3節では2013年夏に同学科学生を対象に実施したアンケート調査結果を検討し、そしてこれらアンケート調査結果をふまえて2015年夏に実施したインタビュー調査の結果を用い、とりわけ後者の調査では同一人物を対象に学年進行による変化を見すえつつ、日本イメージの変容とディバイドの要因について考察する。

2　日本語学科の概要

　ウダヤナ大学は1962年に設立されたインドネシア国内にある国立大学の

一つであり、文学部内に設置された学科である。同大学文学部日本語学科のウェブサイトをまとめると以下のようになる。

(1) 設立経緯

バリ島が観光地として世界的に有名になり、とりわけ日本からも多くの観光客が来訪するような環境で (2004 年ではバリ来訪者の一位)、ウダヤナ大学の歴史ある看板学部に七つある学科の一つとして日本語学科を 2005 年 10 月に設置した。この学科では日本語習得のみならず、日本にある科学技術を摂取できるようなスキルを身につけ、バリやインドネシアと日本等の異文化交流ができる人材を育成することが目的である。

(2) ビジョンとミッション

ビジョンは「日本語学プログラムを優れた (superior)、自由な (independent)、教養のある (cultured) ものにする」ことにある。ここで言う "superior" とは教育プログラムを通じて科学的知識を涵養するとともに地域・国・国際レベルの社会事業を遂行できる人材を輩出することである。次の "independent" は、既存の枠組みにとらわれない教育プログラムのもとで、国富を生み出すような強い個性を持った学生を輩出することである。"cultured" とは、理性的かつ情熱的な知性をバランスよく併せ持ったローカルな文化的価値へのまなざしを持つ人材育成を意味する。

こうしたビジョンのもとに設定されたミッションは以下の通りである。
・優れた ICT によりサポートされた日本語学・日本文学学習システムの構築
・優れた日本語学・日本文学研究の推進
・さまざまな社会事業における多様な活動の遂行

(3) カリキュラム

(1) や (2) をふまえて構築されたのが表 10－1 で示すカリキュラムである。

表10-1　日本語学科カリキュラム（2013/2014年）

セメスター	科目名	単位	セメスター	科目名	単位
1	宗教	2	4	調査手法	3
	建国五原則	2		日本文学入門	2
	インドネシア語	2		日本言語学入門	2
	英語	2		中上級文法	4
	基礎科学	2		中上級会話	2
	初級文法	2		中上級聴き取り	2
	初級会話	2		中上級表記	2
	初級聴き取り	2		中上級作文	2
	初級表記	2		現代歴史	2
	日本事情	2		中級読解	2
2	シチズンシップ	2	5	形態論	2
	社会科学と文化的基礎	2		日本散文の分析	2
	哲学基礎	2		日本史と劇の分析	2
	現代思想の歴史	2		中上級読解	4
	インドネシアの社会と文化	2		上級作文	2
	インドネシアの文化史	2		上級会話	2
	初中級文法	4		翻訳	2
	初中級会話	2		意味論	2
	初中級聴き取り	2		統語論	2
	初中級表記	2		日本語と文学研究の手法	2
	初中級作文	2	6	上級読解	4
	日本文化	2		ビジネス作文	2
3	日本社会	2		ビジネス会話	2
	異文化	2		通訳	2
	バリの文化	2		観光日本語	2
	中級文法	2		セミナー	4
	中級会話	2		応用言語学	2
	中級聴き取り	2		村での研修	3
	中級表記	2	7	卒業論文	6
	文学研究入門	2	合計		144
	一般言語学入門	2			
	古代歴史	2			

　以上、紹介したようなビジョンやカリキュラムのもとでどのような卒業生を輩出しているのだろうか。ウダヤナ大学日本語学科のスタッフが2011年に実施したアンケート調査によれば、以下のようになっている[2]。
　「日本語の教師」（9名、36%）、「旅行会社」（6名、24%）、「ホテルやヴィラ」（3名、12%）、「両替所」（2名、8%）、「大学院」（2名、8%）、「レストラン」（1名、4%）、「スパ」（1名、4%）、「銀行」（1名、4%）、「郵便局」（1名、4%）、「自営業」（1名、4%）。
　このような体制のもとで、在籍する学生たちはどのような考えを持って入

学し、学生生活を過ごし、今後のことを考えているのだろうか。次節以降、アンケート調査とヒアリング調査の両面から検討することとする。

3　日本語学科学生の実態

(1) アンケート調査結果

①調査概要

本調査は外国人学生が日本への関心・関与を通じて、日本そのものに抱くイメージがどのようなものか、そしてどのように変化しているのかを把握する目的で実施したものである。実査時期は2013年9月[3]、執筆者の一人であるブディがウダヤナ大学文学部日本語学科に在籍する1～4年生に配布した。回収結果は次の通りである（括弧内は構成比）。有効回収数は176名、男性31名（17.6%）、女性140名（79.5%）、不明5名（2.9%）であり、学年別では1年生54名（30.7%）、2年生42名（23.9%）、3年生38名（21.6%）、4年生42名（23.9%）という結果であった。

次項以下では全体の数字を確認したうえで、性別や学年別に集計した結果もふまえ、検討を進めることにする。

②日本に対する関心のきっかけ

興味を持った時期　日本に興味を持った時期について確認しよう（**表10−2**）。一番多いのは「高校」(56.8)（以下％表記は省略する）であり、「中学校」(17.6)や「小学校」(17.0)は同程度である。

性別で見ると、男性の方で「小学校入学以前」(22.6)と女性よりも際立って多く、逆に「高校」では女性の方が20pt近く多く、比較的男性の方が早い時期に日本への興味を持ったことがうかがえる[4]。

日本に興味を持ったきっかけ　日本語学科の学生が日本に興味を持ったきっかけについて確認しよう（**表10−3**）。上位に来るのは「映画・ドラマ・アニメ等を見聞きしてきたから」(70.5)、「学校の授業で日本のことを学んだから」(56.8)、「学校の先生が日本のことを話していたから」(42.6)、「インター

表10-2 日本に興味を持った時期

		調査数	小学校入学以前	小学校	中学校	高校
	合計	176	8.5	17.0	17.6	56.8
性別	男性	31	▲ 22.6	12.9	22.6	↓ 41.9
	女性	140	5.7	17.9	16.4	60.0

表10-3 日本に興味を持ったきっかけ

		調査数	映画・ドラマ・アニメ・音楽を見聞きした	学校の授業で日本のことを学んだ	学校の先生が日本のことを話していた	インターネットで知った	テレビや新聞で報道された	日本食を食べた
	合計	176	70.5	56.8	42.6	41.5	34.1	23.9
性別	男性	31	77.4	∴ 45.2	41.9	∴ 54.8	38.7	29.0
	女性	140	68.6	60.0	44.3	38.6	33.6	21.4
認知時期	小学校入学以前	15	80.0	53.3	↓ 20.0	53.3	▲ 66.7	20.0
	小学校	30	△ 90.0	63.3	50.0	40.0	40.0	23.3
	中学校	31	67.7	48.4	35.5	41.9	25.8	29.0
	高校	100	∴ 64.0	58.0	46.0	40.0	30.0	23.0

		調査数	友人・知人が日本のことを話していた	日本人観光客と知り合いになった	家族・親戚が日本のことを話していた	日本人留学生が身近にいる	日本のスポーツに関心を持った
	合計	176	20.5	16.5	14.8	3.4	1.1
性別	男性	31	△ 35.5	22.6	19.4	3.2	-
	女性	140	17.9	15.0	13.6	3.6	0.7
認知時期	小学校入学以前	15	26.7	13.3	▲ 40.0	-	-
	小学校	30	16.7	16.7	10.0	6.7	3.3
	中学校	31	△ 35.5	22.6	22.6	↑ 9.7	-
	高校	100	16.0	15.0	∴ 10.0	∴ 1.0	1.0

ネットで知ったから」(41.5) 等である。

　性別で見ると、男性の方でとりわけ高いのは「インターネットで知った」(54.8) や「友人・知人が日本のことを話していた」(35.5) であり、女性の方は「学校の授業で日本のことを学んだ」(60.0) となっており、男性の方が能動的な意識により興味を持ったともうかがえる。

　興味を持った時期ごとでは、小学校入学以前で多いのが「テレビや新聞で

表10－4　日本語学科に進学した理由

		調査数	日本語を学びたかった	日本文化・社会に関心があった	バリで日本に関わる仕事をしたい	映画・ドラマなどを日本語で楽しみたい	日本で仕事をしたい
	合計	176	80.1	72.2	53.4	51.1	43.2
性別	男性	31	80.6	74.2	↓38.7	61.3	32.3
	女性	140	80.0	72.1	57.1	47.9	45.7
認知時期	小学校入学以前	15	86.7	86.7	∴33.3	↑73.3	46.7
	小学校	30	83.3	63.3	↑70.0	△70.0	53.3
	中学校	31	87.1	74.2	45.2	41.9	38.7
	高校	100	76.0	72.0	54.0	45.0	41.0

		調査数	日本人と仲良くなりたい	日本の大学に進学・留学したい	日本に住みたい	日本食に関心があった	家族・親戚（友人・知人）に勧められた
	合計	176	40.3	36.4	28.4	25.0	5.7
性別	男性	31	38.7	35.5	32.3	29.0	6.5
	女性	140	40.7	36.4	27.9	23.6	5.7
認知時期	小学校入学以前	15	∴60.0	∴53.3	△53.3	∴40.0	6.7
	小学校	30	∴53.3	46.7	↑43.3	26.7	-
	中学校	31	35.5	32.3	32.3	22.6	3.2
	高校	100	35.0	32.0	▽19.0	23.0	8.0

報道されていた」(66.7)、「家族・親戚が日本のことを話していた」(40.0) であり、小学校では「映画・ドラマ・アニメ等を見聞きした」(90.0)、中学校では「友人・知人が日本のことを話していた」(35.5) というように、歳を経るにつれて家庭環境から自身が選択するメディア、そして友人・知人という家庭外の環境がきっかけで興味・関心を抱いたといえる。

日本語学科に進学した理由　次に日本語学科に進学した理由について確認する（表10－4）。多い理由をみていくと、「日本語を学びたかった」(80.1)、「日本文化・社会に関心があった」(72.2)、「バリで日本に関わる仕事をしたい」(53.4)、「映画・ドラマ等を日本語で楽しみたい」(51.1) という結果であった。

進学した理由で性差があるのは、男性では「映画・ドラマ等を日本語で楽しみたい」(61.3) が多く、女性では「バリで日本にかかわり仕事をしたい」

(57.1)、「日本で仕事をしたい」(45.7)と、日本という対象をアニメなどのコンテンツに注視する男性と、日本社会「そのもの」をみる女性というかたちで大きく異なることがわかる。

　興味を持った時期で見ると、小学校入学以前では「映画・ドラマ等を日本語で楽しみたい」(73.3)と「日本に住みたい」(53.3)が多く、小学校では「映画・ドラマ等を日本語で楽しみたい」(70.0)という結果であり、幼少期における日本のコンテンツへの接触が強い影響を与えたといえるのだろう。

　日本語学科進学に対する周囲の反応　こうした本人の進学意思にたいして周囲はどう思っていたのだろうか。日本語学科進学に「賛成」した人を見ると（**表10－5**）、「母」(90.3)や「父」(89.2)というくくりでみるとほとんどの親が賛成しているといえる。

　性別でみると、男性で「兄・姉」(51.6)、「弟・妹」(48.4)、「友人・知人」(61.3)というように親以外の要素も大きいことがわかる。

　時期についてみると、中学校の段階で関心を持った学生では「父」、「母」、「兄・姉」による賛成がいずれも平均よりも有意に低い。これは何を意味しているのだろうか。

　「反対」した人は全体的に低いが（**表10－6**）、カテゴリーごとに有意な差があるのは興味を持った時期であり、小学校入学以前では「母」(20.0)や「弟・妹」(6.7)、小学校では「その他」(16.7)、中学校では「父」(16.1)という結果になっている。これはそれぞれの段階で興味を持ったきっかけがアニメ等のコンテ

表10－5　日本語学科進学に賛成した人

		調査数	母	父	友人・知人	兄・姉	弟・妹
合　計		176	90.3	89.2	52.3	42.0	39.2
性別	男性	31	96.8	93.5	61.3	51.6	48.4
	女性	140	88.6	87.9	50.0	40.0	36.4
認知時期	小学校入学以前	15	86.7	86.7	66.7	40.0	53.3
	小学校	30	90.0	90.0	↑70.0	36.7	36.7
	中学校	31	▽77.4	▽77.4	↓35.5	▽22.6	38.7
	高校	100	∴95.0	93.0	50.0	∴50.0	38.0

表10−6　日本語学科進学に反対した人

		調査数	母	父	友人・知人	兄・姉	弟・妹
	合計	176	6.3	5.1	4.0	3.4	1.1
性別	男性	31	6.5	3.2	∴9.7	-	3.2
	女性	140	6.4	5.7	2.9	4.3	-
認知時期	小学校入学以前	15	△20.0	∴13.3	6.7	6.7	△6.7
	小学校	30	6.7	3.3	3.3	3.3	-
	中学校	31	∴12.9	▲16.1	3.2	↑9.7	-
	高校	100	↓2.0	↓1.0	4.0	∴1.0	1.0

ンツや話題の一つという意味で「軽い」理由で進路を選択することへの反対なのだろうか。

③日本への接触状況

次にふだんの生活における日本へのかかわりについて確認する。

接触メディア　まずは日本について見たり聴いたりするメディアであるが(**表10−7**)、多い順に「インターネット」(89.2)、「テレビ」(69.3)、「ラジオ」(29.0)、「新聞」(18.8)となっており、ネットとテレビが圧倒的である。

ここでは性差による接触状況の違いは見られず、学年別で4年生が「テレビ」(90.5)や「新聞」(40.5)が多く、とりわけ新聞が多いのは日本語学科で学んだ年数分だけ日本語の読解力が高まったからといえるのではないか。

興味を持った時期別で見ると、小学校入学以前で「テレビ」(93.3)、小学校で「ラジオ」(50.0)が多い。こうした結果については推察でしか過ぎないが、最初に日本に接触したメディアに依存するのではなかろうか。

つきあいのある人　バリ島在住の日本人との交際数について確認する(**表10−8**)。全体の平均は2.2人であるが、男性が2.8人と女性よりも多く、学年別では2年生(2.4人)と4年生(2.5人)が多い。また、興味を持った時期で見ると「小学校」(3.2人)と「中学校」(3.0人)が「高校」(1.6人)よりも明らかに多い。これは関心を持った時期が(小学校以前は除く)早ければ早いほど交際数が多いことを示しているといえる。

つきあい方　それではつきあい方はどうなっているだろうか(**表10−9**)。

表10-7　日本について見たり聴いたりするメディア

		調査数	インターネット	テレビ	ラジオ	新聞	その他
合 計		176	89.2	69.3	29.0	18.8	4.5
性別	男性	31	87.1	71.0	32.3	25.8	6.5
	女性	140	90.7	68.6	28.6	17.1	4.3
学年	1年生	54	↓ 81.5	63.0	35.2	14.8	1.9
	2年生	42	88.1	▽ 54.8	23.8	↓ 7.1	2.4
	3年生	38	∴ 97.4	71.1	↑ 42.1	13.2	▲ 15.8
	4年生	42	92.9	▲ 90.5	▽ 14.3	▲ 40.5	-
認知時期	小学校入学以前	15	93.3	△ 93.3	33.3	26.7	▲ 20.0
	小学校	30	86.7	80.0	△ 50.0	23.3	3.3
	中学校	31	83.9	64.5	22.6	∴ 9.7	3.2
	高校	100	91.0	64.0	24.0	19.0	3.0

表10-8　バリ島在住の日本人との交際数

		調査数	平　均
合 計		102	2.23
性別	男性	16	2.75
	女性	83	2.17
学年	1年生	28	1.89
	2年生	23	2.39
	3年生	22	2.14
	4年生	29	2.48
認知時期	小学校入学以前	11	2.18
	小学校	24	↑ 3.21
	中学校	14	3.00
	高校	53	↓ 1.58

多い順に「学校」(30.1)、「インターネット」(27.7)、「近隣」(22.9)、「家族ぐるみ」(20.5)となっている。「学校」というのは学校関係または学校を通じて知り合った人と推察され、それはやや男性に多いことがわかる。

学年別では3年生が「近隣」(47.4)、4年生が「家族ぐるみ」(40.7)で多い。

日本について知っていること　日本への認知について確認すると（表10-10）、多いのは「文化」(77.8)、「日本食」(67.6)、「音楽」(64.2)、「アニメ」(63.6)、「映画」(63.1)、「着物」(61.9)等となっており、いわゆる「クール・ジャパン」に関わることが上位を占めている一方で、2011年の東日本大震災を連想させる「原発事故」(11.9)や「地震・津波」(25.0)はいずれも少数であり、学生の関心が社

表10－9　バリ島在住の日本人とのつきあい方

		調査数	学校	インターネット	近隣	家族ぐるみ
	合計	83	30.1	27.7	22.9	20.5
性別	男性	11	36.4	27.3	27.3	18.2
	女性	70	28.6	28.6	22.9	20.0
学年	1年生	18	33.3	33.3	↓ 5.6	11.1
	2年生	19	26.3	↓ 10.5	∴ 36.8	10.5
	3年生	19	26.3	26.3	△ 47.4	10.5
	4年生	27	33.3	37.0	↓ 7.4	▲ 40.7

		調査数	アルバイト先などの職場	趣味のサークルなど	その他
	合計	83	12.0	9.6	13.3
性別	男性	11	9.1	9.1	－
	女性	70	12.9	10.0	15.7
学年	1年生	18	∴ 22.2	16.7	11.1
	2年生	19	5.3	－	↑ 26.3
	3年生	19	10.5	10.5	15.8
	4年生	27	11.1	11.1	∴ 3.7

会よりも文化にあることをうかがわせる結果となっている。

　性別で見ると、男性で多いのは「アニメ」(83.9)、「日本食」(80.6)、「東京」(38.7)、「富士山」(38.7)であり、女性では「着物」(66.4)や「ファッション」(48.6)である。

　次に学年別の認知を見てみよう。3年生は「四季」(76.3)、4年生は「文化」(92.9)、「音楽」(81.0)、「東京タワー」(57.1)、「スカイツリー」(28.6)であり、学年が上になるにつれてやや日本への認知に拡がりや深まりがあるともいえる。

　日本についての興味・関心　知っていることのなかで興味・関心のあるものについて確認する（表10－11）。上位に来るのは「文化」(22.2)、「アニメ」「漫画」(14.8)、「音楽」(13.1)、「映画」「日本食」(11.4)等である。

　興味・関心についての性差は確認できず。学年別では4年生がたとえば「日本食」(28.6)、「音楽」(26.2)、「ファッション」(19.0)をはじめとしてさまざまな項目について全体平均よりも高くなっており、日本語学科の学習を通じて興味・関心が高まっていることをうかがわせる。

　以上の結果をカテゴリー別の特徴でまとめたのが以下の表である（表10－12）。

第 10 章　バリの大学生からみた日本人／日本人社会　321

表10－10　日本への認知

		調査数	文化	日本食	音楽	アニメ	映画	着物	漫画	四季
合　計		176	77.8	67.6	64.2	63.6	63.1	61.9	56.8	56.8
性別	男性	31	71.0	∴80.6	71.0	△83.9	67.7	↓45.2	58.1	54.8
	女性	140	80.0	65.0	63.6	58.6	62.9	66.4	56.4	57.9
学年	1年生	54	75.9	64.8	▼46.3	64.8	63.0	63.0	61.1	59.3
	2年生	42	▽61.9	64.3	71.4	54.8	66.7	59.5	52.4	∴45.2
	3年生	38	81.6	63.2	63.2	∴73.7	60.5	57.9	50.0	△76.3
	4年生	42	△92.9	∴78.6	△81.0	61.9	61.9	66.7	61.9	47.6

		調査数	東京	ファッション	東京タワー	アイドル・歌手	温泉	富士山	車	地震・津波
合　計		176	48.9	44.3	38.6	33.0	32.4	29.5	25.0	25.0
性別	男性	31	58.1	▽25.8	35.5	41.9	32.3	38.7	32.3	16.1
	女性	140	47.1	48.6	39.3	31.4	32.1	27.9	22.9	27.1
学年	1年生	54	50.0	42.6	∴29.6	33.3	33.3	33.3	24.1	18.5
	2年生	42	∴38.1	38.1	∴28.6	31.0	∴21.4	26.2	▼7.1	31.0
	3年生	38	47.4	52.6	42.1	31.6	28.9	36.8	31.6	31.6
	4年生	42	∴59.5	45.2	△57.1	35.7	↑45.2	21.4	↑38.1	21.4

		調査数	京都	侍	スポーツ	スカイツリー	化粧	原発事故	浅草
合　計		176	23.9	23.3	16.5	15.9	13.1	11.9	9.7
性別	男性	31	29.0	16.1	19.4	∴25.8	∴3.2	12.9	9.7
	女性	140	22.9	24.3	15.0	13.6	13.6	11.4	9.3
学年	1年生	54	20.4	24.1	13.0	11.1	13.0	11.1	11.1
	2年生	42	16.7	16.7	∴7.1	▽2.4	11.9	9.5	4.8
	3年生	38	28.9	28.9	21.1	∴23.7	7.9	15.8	5.3
	4年生	42	31.0	23.8	↑26.2	△28.6	19.0	11.9	∴16.7

④「日本」イメージの変容

本項では日本に対するイメージを日本人、日本社会の視点から確認する。

日本人のイメージ　人に関するイメージで多いのは（**表10－13**）、「よく働く」（90.9）、「親切である」（68.2）、「ささいなことにこだわる」（67.0）、「真面目である」（54.5）となっている。

性別では男性の方で「仲間を大切にする」（38.7）、「あまり主張しない」（19.4）、「浪費家である」（12.9）が高くなっていて、人に関しては女性よりも印象が強いのだろうか。

学年別で見ると、4年生で「金持ちである」（61.9）、「おしゃれである」（59.5）、「職業や肩書きで判断する」（50.0）、「仲間を大切にする」（38.1）等が高い。こ

表 10 − 11 日本について興味・関心があること

		調査数	文化	アニメ	漫画	音楽	映画	日本食	ファッション	四季
	合計	176	22.2	14.8	14.8	13.1	11.4	11.4	9.7	6.8
性別	男性	31	16.1	22.6	12.9	16.1	12.9	6.5	3.2	6.5
	女性	140	23.6	12.9	15.0	12.1	10.7	12.1	10.7	6.4
学年	1年生	54	20.4	16.7	11.1	11.1	13.0	7.4	5.6	3.7
	2年生	42	14.3	11.9	16.7	∴ 4.8	9.5	∴ 4.8	7.1	2.4
	3年生	38	26.3	13.2	7.9	10.5	5.3	5.3	7.9	10.5
	4年生	42	28.6	16.7	↑ 23.8	△ 26.2	16.7	▲ 28.6	△ 19.0	∴ 11.9

		調査数	着物	アイドル・歌手	東京	東京タワー	侍	京都	スカイツリー	車
	合計	176	6.3	5.7	4.5	4.5	3.4	3.4	2.8	2.3
性別	男性	31	3.2	9.7	6.5	6.5	-	3.2	3.2	-
	女性	140	6.4	4.3	3.6	3.6	4.3	2.9	2.1	2.1
学年	1年生	54	5.6	5.6	-	1.9	-	-	-	-
	2年生	42	4.8	7.1	-	2.4	4.8	-	-	-
	3年生	38	5.3	5.3	5.3	∴ -	-	2.6	2.6	-
	4年生	42	9.5	4.8	▲ 14.3	▲ 14.3	∴ 7.1	▲ 11.9	▲ 11.9	▲ 9.5

		調査数	富士山	温泉	原発事故	浅草	化粧	スポーツ	地震・津波
	合計	176	2.3	1.7	1.7	1.7	1.1	0.6	0.6
性別	男性	31	-	3.2	-	-	-	-	-
	女性	140	2.1	0.7	1.4	1.4	1.4	0.7	0.7
学年	1年生	54	-	-	-	-	-	-	-
	2年生	42	-	-	-	-	-	-	-
	3年生	38	2.6	-	-	-	-	-	-
	4年生	42	△ 7.1	▲ 7.1	▲ 7.1	▲ 7.1	△ 4.8	∴ 2.4	∴ 2.4

れを学年間の比較から見ると様相が変わってくる。たとえば、「社交的である」は1年生(37.0)から4年生(19.0)へと減少の一途である。逆に「金持ち」「職業や肩書きで判断」「浪費家」といった項目は増加基調にある。学年が進行して日本への知識増加に伴う理解により、日本人は「お金」や「ステータス」という鍵語だけでくくられてしまっているのだろうか。

日本社会のイメージ 同様に日本社会のイメージについて確認しよう(**表10 − 14**)。「清潔である」(89.2)、「物価が高い」(63.6)、「長寿国である」(50.6)、「治安がよい」(46.6)等が上位である。

性別で見ると、今度は女性の方で「治安がよい」(47.9)や「豊かである」(38.6)が高い。

表10－12　日本語学科学生による日本接触状況のまとめ

	性別		学年				認知時期			
	男性	女性	1年	2年	3年	4年	就学前	小学校	中学校	高校
興味を持ったきっかけ	友人・知人、ネット	学校の授業					テレビ・新聞、家族・親族	映画・ドラマ等	友人・知人	
日本語学科進学理由	映画等を日本語で楽しむ	バリで日本の仕事、日本で仕事					日本に住む	映画等を日本語で楽しむ		
進学に賛成	兄・姉・弟・妹、友人・知人									
進学に反対							母、弟・妹		父	
接触メディア					その他	テレビ、新聞	テレビ、その他	ラジオ		
つきあい方					近隣	家族ぐるみ				
日本認知	アニメ、日本食、東京、富士山	着物、ファッション				四季	文化、音楽、東京タワー、スカイツリー			
日本興味・関心						日本食、音楽、ファッション等				

　学年別では3年生で「物価が高い」(94.7)、4年生で「物価が高い」(97.6)、「豊かである」(83.3)、「災害が多い」(78.6)、「治安がよい」(73.6)となり、ここでもお金の面が中心となっているようだ。学年間の比較では「物価が高い」「豊かである」「災害が多い」「治安がよい」「個人より集団を大切にする」といった項目が上級学年になるにつれて多くなっている。

　日本イメージのディバイド　以上のように、学年が進むにつれて日本に対するイメージがかたまりつつあるように見えるが、それはすべてポジティブな評価だけでなく、学年が進むにつれてネガティブな印象を抱く学生も存在する。それを示したのが以下の表である（**表10－15**）。

　これは日本語学科入学後の「日本人」イメージの変化について

表 10 − 13　日本人のイメージ

		調査数	よく働く	親切である	ささいなことにこだわる	真面目である	社交的である	金持ちである
合　計		176	90.9	68.2	67.0	54.5	29.5	23.3
性別	男性	31	87.1	74.2	64.5	54.8	32.3	19.4
	女性	140	92.9	67.1	67.1	55.0	30.0	23.6
学年	1年生	54	92.6	68.5	64.8	61.1	37.0	▼3.7
	2年生	42	88.1	∴78.6	↓54.8	47.6	33.3	▼4.8
	3年生	38	94.7	▽50.0	71.1	60.5	26.3	28.9
	4年生	42	88.1	73.8	∴78.6	47.6	∴19.0	▲61.9

		調査数	おしゃれである	職業や肩書きで判断する	仲間を大切にする	あまり主張しない	浪費家である
合　計		176	21.6	18.2	17.6	8.0	5.1
性別	男性	31	22.6	22.6	▲38.7	△19.4	△12.9
	女性	140	20.0	16.4	↓12.1	5.7	3.6
学年	1年生	54	▽9.3	▽7.4	18.5	5.6	1.9
	2年生	42	∴11.9	▽4.8	∴9.5	-	4.8
	3年生	38	▽7.9	13.2	▽2.6	7.9	2.6
	4年生	42	▲59.5	▲50.0	▲38.1	▲19.0	△11.9

表 10 − 14　日本社会のイメージ

		調査数	清潔である	物価が高い	長寿国である	治安が良い	災害が多い
合　計		176	89.2	63.6	50.6	46.6	39.2
性別	男性	31	87.1	61.3	54.8	35.5	41.9
	女性	140	90.0	64.3	50.0	47.9	37.9
学年	1年生	54	92.6	▼20.4	51.9	∴37.0	▼20.4
	2年生	42	↓81.0	57.1	▼28.6	▽31.0	▼14.3
	3年生	38	94.7	▲94.7	∴63.2	47.4	∴50.0
	4年生	42	88.1	▲97.6	59.5	▲73.8	▲78.6

		調査数	個人より集団を大切にする	豊かである	集団より個人を大切にする	安全ではない
合　計		176	37.5	36.4	11.9	4.0
性別	男性	31	38.7	25.8	19.4	∴9.7
	女性	140	36.4	38.6	10.7	2.1
学年	1年生	54	31.5	▼14.8	11.1	1.9
	2年生	42	35.7	▼16.7	7.1	-
	3年生	38	34.2	36.8	10.5	-
	4年生	42	↑50.0	▲83.3	∴19.0	▲14.3

第10章　バリの大学生からみた日本人／日本人社会　325

表10 - 15　4年生における日本人イメージのディバイド

	調査数	よく働く	金持ちである	あまり主張しない	真面目である	親切である	ささいなことにこだわる
より思うようになった	176	10.8	4.5	3.4	8.5	17.0	5.1
4年生	42	▲31.0	▲19.0	▲11.9	∴14.3	△31.0	▲16.7
あまり思わなくなった	176	9.7	1.7	-	10.8	13.6	6.3
4年生	42	7.1	▲7.1	0.0	7.1	↑23.8	9.5
差（思う−思わない）		23.9	11.9	11.9	7.2	7.2	7.2

	調査数	社交的である	職業や肩書きで判断する	浪費家である	仲間を大切にする	おしゃれである
より思うようになった	176	4.5	2.8	1.7	2.8	1.1
4年生	42	△11.9	▲11.9	▲7.1	▲9.5	△4.8
あまり思わなくなった	176	2.8	2.3	1.1	1.7	2.8
4年生	42	4.8	4.8	2.4	▲7.1	▲9.5
差（思う−思わない）		7.1	7.1	4.7	2.4	-4.7

表10 - 16　4年生における日本社会イメージのディバイド

	調査数	豊かである	物価が高い	災害が多い	治安が良い	個人より集団を大切にする
より思うようになった	176	8.0	8.0	5.1	5.1	5.1
4年生	42	▲28.6	▲33.3	▲21.4	▲16.7	▲19.0
あまり思わなくなった	176	4.0	8.0	3.4	5.1	5.7
4年生	42	↑9.5	△16.7	▲11.9	∴9.5	△14.3
差（思う−思わない）		19.1	16.6	9.5	7.2	4.7

	調査数	長寿国である	清潔である	集団より個人を大切にする	安全ではない
より思うようになった	176	2.8	5.7	1.1	1.1
4年生	42	▲11.9	9.5	△4.8	△4.8
あまり思わなくなった	176	5.1	15.3	2.8	2.8
4年生	42	∴9.5	9.5	▲9.5	▲11.9
差（思う−思わない）		2.4	0.0	-4.7	-7.1

「より思うようになった」と「あまり思わなくなった」を比較したものである。たとえば、「親切である」と「思うようになった」が多いのは4年生であるが、「あまり思わなくなった」は学年が上になるにつれて大きくなっている。他の「仲間を大切にする」「おしゃれである」「金持ちである」もほぼ同様な傾向を示している。

同様な視点で「日本社会」についてまとめたのが以下の表である（**表10 - 16**）。これによれば4年生において「個人より集団を大切にする」、「集団より

個人を大切にする」、「安全ではない」、「物価が高い」、「災害が多い」の項目に評価が分かれていることがわかる。

あくまでも推察に過ぎないのだが、日本語学科に進学する前はある意味で「ステレオタイプ化」された日本人・日本社会イメージを持っていたのだが、日本語学科で学んだり、在バリ等の日本人と接することで、イメージがポジティブ／ネガティブに分かれていった（ディバイド）のではなかろうか。それではディバイドの要因は何なのか。次項の聞き取り調査を通じて明らかにしたい。

⑤今後について

最後に在籍する学生達が日本語学科卒業後に何をしたいのかを見てみよう（表10－17）。多い順に挙げると「バリで日本に関わる仕事をしたい」(65.3)、「日本で仕事をしたい」(52.3)、「日本に留学したい」(38.6)、「日本に住みたい」(31.3)となっており、何らかのかたちで日本に関わりたいと考える学生が多いようである。

表10－17　卒業後の希望

		調査数	バリで日本に関わる仕事をしたい	日本で仕事をしたい	日本に留学したい	日本に住みたい	バリ以外の大学院に進みたい
合	計	176	65.3	52.3	38.6	31.3	15.9
性別	男性	31	54.8	48.4	29.0	38.7	12.9
	女性	140	69.3	52.9	40.7	30.0	15.7
学年	1年生	54	68.5	△ 66.7	↑ 50.0	∴ 40.7	13.0
	2年生	42	∴ 76.2	∵ 40.5	35.7	23.8	11.9
	3年生	38	68.4	42.1	36.8	28.9	21.1
	4年生	42	▽ 47.6	54.8	∵ 28.6	28.6	19.0

		調査数	バリにある大学院に進みたい	日本人と結婚したい	まだ具体的に決めていない	バリで日本にこだわらず仕事をしたい
合	計	176	13.1	12.5	10.2	6.3
性別	男性	31	△ 25.8	19.4	12.9	△ 16.1
	女性	140	10.7	11.4	9.3	4.3
学年	1年生	54	∵ 5.6	↑ 20.4	5.6	3.7
	2年生	42	9.5	11.9	14.3	2.4
	3年生	38	15.8	10.5	△ 21.1	5.3
	4年生	42	△ 23.8	∵ 4.8	↓ 2.4	△ 14.3

性別で見ると、男性では「バリにある大学院に進みたい」(25.8)、「バリで日本にこだわらず仕事をしたい」(16.1)と進路に関しては日本への関心が低い一方で、女性は「バリで日本に関わる仕事をしたい」(69.3)や「日本に留学したい」(40.7)と積極的であり、ここでも日本に対する態度のディバイドが存在することをうかがわせる。

学年別ではどうだろうか。1年生は「日本で仕事をしたい」(66.7)、3年生で「まだ具体的に決めていない」(21.1)、4年生で「バリにある大学院に進みたい」(23.8)、「バリで日本にこだわらず仕事をしたい」(14.3)となっている。また、学年間の比較では「日本に留学したい」が1年(50.0)から4年(28.6)、「日本人と結婚したい」が1年(20.4)から4年(4.8)と減少する一方で、「バリにある大学院に進みたい」が1年(5.6)から4年(23.8)、「バリで日本にこだわらず仕事をしたい」が1年(3.7)から4年(14.3)と増加基調にある。

このようにイメージの変容が卒業後の進路にも大きく影響を及ぼしていることがうかがえる。換言すれば、日本をバリで学べば学ぶほど(知識等が増えるほど)、日本の実像に関する輪郭が明確になり、自分たちが住んでいるバリ島(ないしはインドネシア)との共通性・差異性を客観的に認識するようになり、結果として日本への意識に関するディバイドが生じ、それが進路選択・希望につながっているものと考えられる。

(2) ヒアリング調査結果

前項では2013年夏にウダヤナ大学文学部日本語学科に在籍する学生を対象に実施したアンケート調査を概観した。本項では2015年8月と同年11月に同学科学生を対象としたヒアリング調査から、日本イメージ変容を探ることにする。その前に各対象者のヒアリング結果をふりかえることにする[5]。

①ヒアリング概要

1年生

　　1 A氏(男性、20歳)[6]

1) プロフィール

京都府長岡京市で生まれた。母が日本人で大学生の時にアルバイトをして

バリ島へ行ったら今の父と知り合ったようだ。父はバリ島出身。日本の自動車メーカーで働いていたが、休暇の時にバリ島に戻ったときに知り合った。幼稚園まで京都で過ごしたが、父が家を継ぐために帰国した。はじめてバリに来た印象であるが「とても暗い」。電気の明るさが違いすぎて、怖くて泣いていたとのことである。3人兄弟の長男。妹と弟がいる。2014年9月に日本語学科に入学した。今は両親と3人兄弟の5人で暮らしている。

2) 日本を知ったきっかけ

中学校である。本と漫画がきっかけ。本は漫才師のフルーツポンチで、売れなかったときや相方との出会い、いじめられながらも頑張っていくというストーリーである。漫画はドラゴンボールである。日本の言葉の意味が深く、「日本はすごいなぁ」と日本にひきよせられた。小さい頃から日本のことを教えてもらっていた。

3) 日本語学科入学前

日本語学科を知ったのは高校3年の時である。試験が終わって大学を受けるときに、ウダヤナ大学に日本語学科があることを知って、受験した（1回目は落ちた）。選んだ理由は母から習っていた言葉をもっと知りたいと思ったからである。両親に相談しただけだった。そのときには「自分の将来は自分で決めてよい」と言われた。将来はバリ島で日本文化を教えたいと考えている。漢字は苦手だが。

4) 日本語学科入学後の変化

好きな科目は作文である。先生がテーマを決めて縦書きの原稿用紙を使って書いている。苦手な科目は漢字であり、書き順とか難しい。高校での日本語の勉強は簡単すぎたのだが、大学に入っていきなり難しくなった。というのも、会話は家で両親とやっているので大丈夫なのだが、書いたり、インドネシア語に翻訳するのが難しいからである。バリは観光地であり、日本人がいっぱい来るので男子学生がいっぱいいるのかとおもったのだが、同級生で男子は7人だけである。LINEのニュースが情報源で、それによれば日本の殺人事件が多く、物騒、こっちにいる方が安心かもと思うようになった。日本語学科のイベントであるが、1年生は手伝いに回される。昨年度は先輩か

ら「おばけ、やらない？」と誘われ、お化け屋敷でおばけをやっていた。今後は大学教員か翻訳・通訳など、バリ島で日本に関わる仕事をしたい。というのも、家族の事情でバリ島を離れられないからである。

5）日本との接触状況

小学校4年から空手をやっていて、バリ人が通う小学校（の部活）にて週2回空手指導のアルバイトをしている。別の学校でも自閉症者を対象に空手を教えている。また、祖父からCDなどに日本のドラマなどを送ってくれている。家族・親戚（日本の叔父、祖母）以外に日本人との関わりはない。ネットで日本の情報を検索したり、LINEのニュースでみるくらいである。

1 B氏（男性、20歳）[7]

1）プロフィール

デンパサールで生まれた。父はジャカルタ、母はリャオ出身。2人兄弟で弟がいる。2013年9月に入学した。今は両親と兄弟の4人で暮らしている。

2）日本を知ったきっかけ

高校生の時にネットの漫画（エアーギア：戦闘もの）がきっかけで、だんだん気に入ってアニメやラノベ（ライトノベル）をみるうちに、「日本に行きたい」という気持ちが高まった。

3）日本語学科入学前

高校の先生から成績がよかったので経済学部をすすめられたこともあり、受験の時は第一志望を経済学部、第二志望を日本語学科にした。先生にはすすめられたのだが、自分は日本語学科の方がよかった。というのも、日本で働きたいのと、趣味の絵（漫画）を描きたかったからである。経済学部に入学したのだが、学費の関係や日本語が好きだったこともあり、両親と相談し「自分と決めてよい」となり、文学部へ転部した。もう1年間、1年をやることになった。経済学部を選んだ理由として、自分の店（日本関係のホビーショップ）を持ちたいと思っていて、そのためのマネジメントを学びたかったこともある。

4) 日本語学科入学後の変化

得意・好きな科目はリスニングである。苦手なのは漢字であるが、嫌いではない。ちなみに転部する前に、先生（日本語学科長）から「君が思っているようなところと違うよ」「移って日本語を学ぶ覚悟があるか」と言われた。日本に対するイメージであるが、物価が高すぎると思うようになった。特に生活費である。日本語学科のイベントは設備の用意などの雑用係だった。2年生から自分から選ぶことができるようだ。将来は日本に行って、翻訳・通訳の仕事か日本の漫画を描きたい。

5) 日本との接触状況

通販（FB）や友達と一緒にフィギュアを購入している。バイトはやっていない。大学以外では漫画家の先生（T先生、バリ在住。40歳くらい）に毎週日曜日に絵を教えてもらっている。T先生から「日本人会でこんなのあるよ」とは言われているが、参加したことはない。

ＩＣ氏（男性、19歳）[8]

1) プロフィール

デンパサールで生まれた。2人兄弟の弟である。同い年の兄がいる。一緒に住んでいる人は父母、祖父母、母の妹と姉であり、10人ほどである。デンパサールの小中高校を出た。

2) 日本を知ったきっかけ

中1の時にはじめて知った。ポケモン、ナルト、ワンピースなどのテレビアニメからである。

3) 日本語学科入学前

日本語学科があることを高校の時に大学のパンフレットで知った。受けることを決めたのは3年生の夏頃である。日本語の発音が面白くて好きになったからである。母に相談したら「任せる。自分の好きなように」と言われた。

4) 日本語学科入学後の変化

好きな科目は文法。勉強すればするほど身につくからである。嫌いな科目は漢字。難しい。神社のようなきれいなところなどに関心があり、勉強すれ

ばするほどより日本のことが好きになった。日本に行ってみたいと思う。旅行で行きたい。日本の文化のことを勉強して、バリ人に日本の文化を教えて、バリの文化を日本人に教えたい。バリでこうした仕事をしたい。

5) 日本との接触状況

学校以外ではネットで日本のアニメなどをみることくらい。日本人の友達はいない。

ＩＤ氏 (男性、20歳) [9]

1) プロフィール

ジャワ島のサラティガ生まれである。姉が二人、自分は末っ子である。現在、ひとり暮らしである。サラティガの小中高を出た。

2) 日本を知ったきっかけ

中2の時にテレビでガンダムをはじめてみた。その後、ガンプラがあることをネットカフェで知った。

3) 日本語学科入学前

2013年に高校を卒業後、1年間ジャワで働いていたのだが、その間に友達から日本語学科があることを聞いたのがきっかけである。バリに行きたいということ、ガンダムや武士道などサムライの文化を通じて日本が面白いと思ったのが理由である。親に相談したら「任せる」と言われた。

4) 日本語学科入学後の変化

好きな科目は日本事情。アパートでの生活、スーパーやコンビニなど日本のことを色々と学べるからである。嫌いな科目は漢字。難しいから。（日本語学科に入学してから日本にたいして）より興味を持つようになった。日本のゲーム技術に関心を持った。日本に留学して修士課程に進みたい。そこでコンピューター関連（プログラム）を学び、日本で就職したいと考えている。

5) 日本との接触状況

高3の頃からオンラインゲームのガンダムで対戦していて、その相手に本名は知らないが日本人はいる。これは毎日やっていて、その時は日本語でやりとりしている。

② 2 年生
　　　2 A 氏（女性、20 歳）[10]
1) プロフィール

デンパサールで生まれ、現在はジャワ島に住んでいる。年齢は 20 歳。父親は 51 歳、母親は 48 歳、さらに妹と弟 2 人がおり、妹は 18 歳、弟は 15 歳と 11 歳である。

2) 日本を知ったきっかけ

日本に最初に関心を持ったのは小学生のとき、「今日からマ王」というアニメをテレビで見たことである。また、中学生のときにケーブルテレビでミュージックステーションに出演していた嵐を見て、さらに日本に興味を持った。ちなみに日本に行ったことはない。

3) 日本語学科入学前

日本語学科を選んだ理由として、英語が得意だったので他の語学を勉強したいと思い、日本語を学ぼうと決意した。しかし親は医者なので、「医学部に行け」と言われたが説得した。ウダヤナの日本語学科に入学することになったのは、他大学の国際系学部が不合格となり、父の提案でこの学科に行くことに決めたのである。

4) 日本語学科入学後の変化

主に習っているのは文法、会話、漢字、歴史である。会話の授業で日本語をたくさん話す。1 年の時の好きな科目は歴史や聴解。2 年での好きな科目は聴解で、映像を見るのが好きだから。リスニングは得意だと思う。嫌いな科目は漢字。難しい。大学に通ってから、日本のことがもっと好きになった。昔から思っていたが、日本人は真面目で約束も守る。将来は日本に関わる仕事をしたい。

5) 日本との接触状況

日常で日本に接触しているものはインターネットや、テレビである。テレビは主にわくわくチャンネルやNHKである。NHKニュースは難しいので「紅白」や「いないいないばあ」とかをみている。

日本人とは鳥取大 1 年生（デンパサールでやっている日本語塾にボランティアとしてバリ島に来た）と LINE でほぼ毎日やりとりしている。最近では学校のこと、最近の学祭のことである。また、比治山大の学生とかもやりとりしている。

2 B氏（女性、20歳）[11]
1) プロフィール

デンパサールで生まれ、現在も実家に住んでいる。年齢はもう少しで 21 歳である。父親は 59 歳、母親は 52 歳、31 歳の兄はバリでガイドをしており、姉は 28 歳で看護師をしている。

2) 日本を知ったきっかけ

日本に最初に関心を持ったのは小学生のとき、日本語の授業があり、日本語を学んだことである。その際、テストが 0 点ばかりで悔しい思いをしたので勉強しようと思った。また、中学生のときだけ日本語の授業がなく、独学で勉強していた。

3) 日本語学科入学前

日本語学科に入った理由は、日本語が得意になったのでより深く学ぼうと思ったからである。小学生のときに悔しい思いをして、必死に勉強したため得意になった。ウダヤナ大学に入るのを決めたのは高校生のときで、相談相手は親だった。親は「自由にしろ」と受諾してくれた。日本に行ったことはない。

4) 日本語学科入学後の変化

1 年の時に好きだった科目は会話。日本のドラマが好きなので、発音をマネすることができるから。嫌いなのは漢字。書き順とかが難しい。2 年のときで好きな科目は聴解で、ドラマよりも（スピードが）遅いからである。嫌いなのは漢字。将来は日本にかかわる仕事をしたい。日本に行って日本人にインドネシア語を教えたいと思っている。

5) 日本との接触状況

日常での日本の接触はインターネットや雑誌で、雑誌は特に MYOJO を読んでいる。ボランティアでバリ島に来た鳥取大の 1 年生（男性）と LINE で、忙しくなければ毎日、宿題などで出る日本語を教えてもらったりしている。

2 C氏（女性、20歳）[12]

1) プロフィール

デンパサールで生まれた。バドゥ県にある小中高を出た。三人きょうだいの2番目（姉、自分、弟）であり、このきょうだいと父母と祖母で暮らしている。

2) 日本を知ったきっかけ

高1から日本語を学ぶようになったが、それまで日本のことは知らなかった。高校では簡単な漢字をやった。そこで日本語は難しいが、日本文化を色々と知ることができるので面白いと感じた。

3) 日本語学科入学前

日本語が好きだから日本語学科進学を選んだ。誰にも相談せずに一人で決めた。

4) 日本語学科入学後の変化

1年の時に好きだった科目は文法。新しい言葉がたくさん学べるからである。嫌いな科目は漢字。難しく、覚えにくいから。2年で好きな科目は読解。文章の内容が面白いから。他には会話が好きである。嫌いな科目は聴解。聞きにくく、難しいから。日本についての印象はあまりかわっていないと思う。

5) 日本との接触状況

日本人の知り合いはいる。日本に住んでいる友達もいる。バリに来たときに友達になった（大妻女子大の学生）。メールやLINEでやりとりをしている。難しい科目があるときに、そのYさんに教えてもらっている。比治山大学、神戸女子大といった協定校の知人がいる。日本語のサイトは見ない。

2 D氏（女性、20歳）[13]

1) プロフィール

スンブンに実家があり、二人きょうだいの二番目（姉、自分）である。父母と祖母、姉と自分の5人で暮らしている。2Cさんと高校が同じである。

2) 日本を知ったきっかけ

村に日本語の塾（Mさんが所有し、先生はインドネシア人の日本語学科に在籍す

る短大生）があり、小6から中2まで日本語を学んだ。中2で辞めたのは日本語の先生が日本に行ってしまったからである。その後、高校から日本語の学習をふたたび始めた。

3) 日本語学科入学前

将来、バリで日本語の先生になりたいのと、日本にも行きたいから進学を決めた。家族と塾の先生に相談したところ、反対はなかった。

4) 日本語学科入学後の変化

1年で好きだった科目は文法。新しい文型を勉強することが出来た。また教え方もよかった。嫌いな科目は聴解。難しい。2年で好きな科目は日本の文化。もっと日本の文化を知りたいと思ったことから、より学んで好きになった。嫌いな科目は漢字。漢字はその数がたくさんあるのと音読み、訓読みと多く、覚えにくい。日本語学科に入学してから、もっと日本の生活や文化を学びたいと思うようになった。日本の生活はよいと思っていたのだが、今は厳しいと感じている。塾の先生から、仕事をするときには時間をちゃんと守らねばならないなどを聞いたから。

5) 日本との接触状況

小学生対象のクラスに教えに行っている日本語塾を監督する人（日本に住んでいる）とはFacebookで月1回程度のやりとりをしている。また、バリに来たときに教える内容や塾の生徒に関する話をする。日本語のサイトは見ない。

2 E氏（女性、21歳）[14]

1) プロフィール

ケデワタン村（ウブド郊外）の小学校を出て、ウブドの中高を出た。自分は下宿（元々は寮にいた）しており、ウブドの実家には兄、父母と祖父が暮らしている。

2) 日本を知ったきっかけ

高校に入学して日本語を学びはじめた。それまで日本のことは知らなかった。学んで楽しいと感じて好きになったので、ウブドにある塾（現在の日本語学科長のお母さんがやっている）で日本語を学んだ。日本語は勉強すればする

ほど面白くなると思った。

3) 日本語学科入学前

日本語の先生になりたい、日本語塾をつくりたいから日本語学科を選んだ。両親と高校の先生と相談したら賛成してくれた。

4) 日本語学科入学後の変化

1年で好きだった科目は漢字や聴解、面白いから。嫌いな科目はない。2年で好きだった漢字や聴解は難しくなって嫌いになった。一方で好きな科目は文法である。難しいが頑張りたいと思ったから。入学して1年生の時から今までずっと日本はすばらしい国だと思っている。というのも、日本人は時間や規則を守る、真面目だから、また技術もすばらしいからである。

5) 日本との接触状況

ウダヤナ大との連携校で知り合いになった日本人がいる。他には高3の時、弁論大会で日本に行ったことがあって、ホームステイ先の人もいる。この人達とはFacebookで時々連絡を取っている。また、日本語塾に(生徒として)通っていた時、見学してくれた日本人と友達になり、この人ともFacebookで時々連絡をとっている。日本語のサイトをみるのはコトバンクで調べたりしている程度である。

③ 3年生

　　　3A氏(女性、20歳) [15]

1) プロフィール

ジャカルタで生まれた。長女で弟が2人いる。家族と一緒に5人でデンパサールに住んでいる(父の勤め先がデンパサールである)。小中高とデンパサールの学校に通っていた。

2) 日本を知ったきっかけ

小6の時、テレビアニメのナルトをはじめてみたのがきっかけ。

3) 日本語学科入学前

高校3年生の時に日本語学科のことを高校の先生から聞いて知った。高1から日本語を学んでいたが、その時は経済学部に関心があった。その後、ア

ニメやマンガなどから日本語が好きになり、日本語学科を選んだ。両親に相談したら、自分が日本のことが好きなことを知っていたので賛成してくれた。

4) 日本語学科入学後の変化

1年で好きだった科目は日本事情。日本のことをもっと知りたかったから。嫌いな科目は作文。作文はつくりにくいし、やりにくいから。2年で好きだった科目は現代思想の歴史。日本の歴史、特に戦国時代が好きだから。嫌いな科目は作文。作文はやはり難しく、いつもBをもらう。3年で好きな科目は形態論・統語論・意味論である。日本語で勉強する／学ぶといった類義語が面白いと思ったため。嫌いな科目は日本語と文学研究、日本史と劇の分析である。日本史が難しいことと、漢字も難しいから。

（日本語学科入学後、日本に対するイメージで）変わった点として、日本語をはじめて勉強すると面白いが、進めていくと難しくなる。特に文法。一方で、（日本人は）真面目、時間を守る、他の人を助けることであり、これは今でも変わらない。

5) 日本との接触状況

比治山大との交流で日本にいる友達が出来た。比治山大には2015年1月に一度、1週間ほど行ったことがある。他にはTwitterやLINEでの日本人の友達がいる。千葉、大阪や京都で、大阪や京都の人から関西弁を勉強している。1週間に4～5回くらいやりとりしている。他には父の日本人の友達（バリ在住の女性でバリ人と結婚した）がいる。日本語のネットサイトもみる。山梨県とか、各県のサイトを観光地のことを調べるためにみている。漢字が難しいので辞書を使ってみている。

3 B氏（女性、20歳）[16]

1) プロフィール

デンパサールで生まれた。自分は長女で弟と妹が一人ずついる。家族と一緒に住んでいる。小学校はダルマサヴァ、中学校はアビャンスマル、高校はメグイにあった学校にそれぞれ通った。

2) 日本を知ったきっかけ

中2の時、テレビアニメでナルト、ブリーチ、ドラえもんをはじめてみたのがきっかけ。

3) 日本語学科入学前

日本語学科を知ったのは高3である。高1の時はじめて日本語を勉強した。その時から日本語を勉強したいと思っていた。自分でネットで調べてウダヤナ大学を探して、そこから日本語学科を選んだ。

4) 日本語学科入学後の変化

1年の時に好きだった科目は日本事情。色々な日本の生活を知ることができるから。嫌いな科目は聴解。あまり聞こえないから。2年で好きだった科目は日本文化。色々と知ることができるから。嫌いな科目は聴解と漢字。聴解はあまり聞こえない、漢字は書き順など覚えにくいから。3年時で好きな科目は日本史と劇の分析である。いろんな日本のドラマや歌舞伎とかの表現をみることができるから。嫌いな科目は読解。本文の量が多い。

(日本のイメージで)変わった点として、日本は問題があまりないと思っていたが、今では色々な問題(晩婚化、高齢化、ひきこもり)があると感じていることで、ネガティブなイメージが増えた。変わらないのは経済発展や技術である。

5) 日本との接触状況

Facebookで自分の友達の友達である日本人(日本在住でインドネシア語もできる)と1回だけネットで話したことがある。ウダヤナ大学でインドネシア語を学ぶ日本人の知り合いもいる。他に日本に関するサイトでアマゾンやPixiv(日本人の書いた同人誌があり、これで漢字の勉強もできる)をみている。

3 B氏(男性、22歳) [17]

1) プロフィール

デンパサールで生まれた。実家はスカワティ村で祖父母が住んでいる。現在はシンガパドゥの家で両親と弟の4人暮らしである。小学校はデンパサール、中学校は家の近くのシンガパドゥ、高校はすぐ近所のスカワティで過ごした。2回、日本に行ったことがある(富山大、日本財団)。卒業する前に文部

省のファンドで1年間留学する予定である。

2) 日本を知ったきっかけ

小3ではじめて日本語を勉強して4年間続けたが、あまりまじめにやらなかったので印象に残らなかった。高1の時に日本語の授業があり、一生懸命勉強するようになった。日本に行きたい夢があったこと、日本の文化を知りたいと思ったからである。バリの文化と日本の文化を組み合わせてみたいと考えている。

3) 日本語学科入学前

高3の頃、先生から日本語学科のことを聞いて「行きたい」と思った。両親と相談したら賛成してくれた。英語の他に外国語を習得するとよい仕事が見つけられると考えていたからである。

4) 日本語学科入学後の変化

1年で好きだった科目は文法と会話。文法ができないと会話ができないからであり、また会話は何よりも大事だと思ったから。嫌いな科目は聞き取りである。テープが何を言っているのかわからなかった。2年で好きだった科目は作文。新しい言葉を直接書いて、覚えられて、勉強になる。言葉だけでなく、漢字や文法の練習になるから。嫌いな科目は現代思想の歴史。江戸時代の歴史が特にわからなかった。「士農工商」や「切り捨て御免」といった難しい言葉を覚えるのが大変だった。3年で好きな科目は会話。嫌いな科目は読解。教科書に書いてある文が一つ一つ長すぎてわかりにくい。長い文章を読むのがあまり好きではないから。日本語検定試験でも読解は苦手である。

（日本に対するイメージとして）入学時、日本に行く前であるが、きれいな町で高層ビルがたくさん建っていて、何でも高いなど、言葉では言い切れないほどポジティブなイメージを持っていた。日本はますます経済発展すると思っていた。その後は、日本人といえば礼儀正しい、いつも手伝ってくれる、皮膚も白いというイメージが加わった。出来れば将来、日本人と結婚したいと思っている。

大学を卒業したら就職か、大学院へ進学するか迷っている。両親は進学を勧めている。奨学金があれば日本へ留学したいと考えているが、その後はバ

リで就職したい。

5) 日本との接触状況

ウブドに住んでいる日本人（60代以上の年配者）とのやりとりが多い。SiSi に行って日本人と知り合いになったのがきっかけ。先週も行って、日本人を対象にしたアンケート調査をやった。1週間に2〜3回ほど、ウブドにある日本人の家に行って勉強をしている。NさんやMさんも知っている。家の近くに住んでいる日本人が多い。隣の家は夫がバリ人、奥さんが日本人である。

他に三重に住んでいて真珠養殖をやっている50代の人（男性）とは、2年前に日本に行ったときに知り合いになった。その人は5年前にバリに来たことがあったようで、知り合いになった後は自分の家に6回ほど来ている。主にFacebookでやりとりしている。先月、富山に行ったとき（10月11日〜25日の2週間）、ジャケットや食べ物を、わざわざ送ってくれた。

④ 4年生

4 A氏（女性）[18]

1) プロフィール

バドゥンに生まれで、実家にずっと住んでいる。兄弟は2人。自分は長女で弟がいる。弟は大学2年生。父は村の銀行員で50歳、母は48歳である。祖父母も一緒に住んでいる。

2) 日本を知ったきっかけ

日本について関心を持ったのは16歳の頃で、文化や漫画についておもしろさを感じた。バリと日本の文化はほとんど同じような感じであるのと茶の湯に関心を持った。また、漫画はナルトやブリーチからである。ナルトは神の名前で興味を持った。日本について話す友達は週に1回程度。日本語を教えてくれた先生と高校の友達であり、高校ではバドゥン県の（MENGWUI）高校で（選択科目で）日本語を学んでいたから。

3) 日本語学科入学前

ウダヤナ大学の日本語学科を選んだ理由は、高校の時に日本が好きになり、日本の色々なことを学びたくなったからである。就職について意識はしてい

なかった。進学は両親と相談して、賛成してくれた。ちなみに高校での得意科目は日本語、化学であり、不得意科目は数学と物理であった。日本には行ったことがない。

　4）日本語学科入学後の変化

　1年生の時、漢字を難しく感じた。漢字は高校の時には学ばなかった（ひらがなやカタカナがわかっている前提で進めている）。英語はおもしろく感じた。日本語学科の学生として関与する行事として「日本文化祭」に参加した。これには日本領事館が紹介してくれたバリ在住日本人も数多く参加している。オープンキャンパスのようで1～4年生が参加する。このイベントは漫画大会、かな大会（かなコンテスト：書き順とか、バリ全体の高校生が対象となる）、他にはコスプレ、アニソンである。

　2年生の時は日本の歴史に興味を持った。日本の戦い、特に太平洋戦争の頃である。また、この学年の時に日本語学科学生会の（活動）メンバーになった（ちなみに高校の頃に生徒会とかに関与していた）。この組織は1～4年生のほとんどが入会して、実際に活動するのは40人くらいである。部門が四つあり、「教育」（かなコンテストの担当）、「イベントの裏方」（Desa長、地元の警察等への調整を行う）、「スポーツ、コスプレ、文化祭等の企画運営」、「バザール・イベントからの収益確保」である。

　3年生の時も歴史に関心を持った。4年での卒論テーマは「ブリーチにおける死神」であった。

　4年間学んだ感想として、日本の文化とバリの文化がほとんど同じであることを再認識したこと、漢字の読み方・書き方は難しいことであった。また、日本語でのプレゼンテーション（発音や漢字）が難しく、英語の方がよいと思った（英語は4歳のころからやっていて、叔父がデンパサールにある私立大学の先生で英語を教えてくれた）。これらのこともあり、日本については逆におもしろく感じなくなった。

　今夏の卒業後、11月からオーストラリアに料理の勉強に1年間行って来る予定である。そこに自分のいとこがいて、そこへ行く。日本にはオーストラリアから戻ってから2年ほど、3年後に観光で行きたい。

5）日本との接触状況

広島にある大学（ウダヤナ大学と連携協定を結んでいる）学生のAさんとLINEでやりとりをするくらいである。最近は日本やバリの料理のことをやりとりした。日本のウェブサイトは見ない。というのも、漢字が難しくわからないからである。

4 B氏（男性、22歳）[19]

1）プロフィール

小中高ずっとデンパサールで過ごした。三人きょうだいで自分は長男で、下に妹と弟がいる。

2）日本を知ったきっかけ

カリキュラム上、小学校3年のころから日本語（と英語）を勉強していた。食、マンガ・アニメなどの文化を高校の頃から興味を持ち始めた。テレビで知ったポケモン（一番大好き）やナルトはネットでみていた。

3）日本語学科入学前

日本語学科は高校に置いてあったパンフレットで知った。日本で働きたいと思ったので志望したのは高2の頃である。ただ、どんな仕事にしたいかは決めていない。両親と相談したら賛成してくれた。ちなみに出身地では毎年日本へ2年契約で働きに行かせている制度があった（以前、いとこが申し込んだが落ちたこともあった）。

4）日本語学科入学後の変化

1年の時に好きだった科目は文法。文をつくるのが好きで、話せるようになるから。嫌いな科目は表記（漢字）。漢字は覚えにくい、難しい。2年で好きだった科目は作文。自分の家族や旅の経験とかたくさん書くのが好きだから。嫌いな科目は表記（漢字）、難しい。他には歴史。あまり使わない、教えてくれない昔の漢字が表記されているから。3年になって好きな科目は作文、会話。嫌いな科目は読解。たくさん宿題が出る。多すぎるから。

（日本に対するイメージの変化として）1年の時、（勉強をする人が少ないという意味で）日本語学科の評判がよいので誇りに思っていた。2年になって日本語

に関心を持っている人が多いことを知って自慢できなくなった。日本のイメージは昔からあまり変わらない。日本の技術は発展しているし、日本の教育もよいと思う。これらがとてもよいから日本で働きたいと思っている。変わったこととして、入学前は日本人の生活は安定している(いじめなどがない)と思っていたのだが、入学後は日本では学校でいじめが多いと聞いたことである。

5) 日本との接触状況

日本人と結婚している女性がバリにいるときに週1回くらい会っている。他はネットでみるくらいである。お茶の飲み方などの日本の文化など、卒論の研究と関連することをネットで調べている。

4 C氏(男性、21歳)[20]

1) プロフィール

スカワティで小中高まで過ごした。兄、姉、自分で三人きょうだいの末っ子である。

2) 日本を知ったきっかけ

高1の時、日本語の授業があったのがきっかけである。やってみて難しく感じなかった。ちなみに中学校で日本語塾はあったが、参加していなかった。日本語は難しいと思っていたからである。アニメでは吹き替えしてあったので、子どもの頃からみていたのが実は日本のものだとは知らなかった。

3) 日本語学科入学前

日本語学科は高校3年のとき、ウダヤナ大学をネットで知った。その前に高校の先生から日本語学科があることを聞いていた。高校の時に漢字が面白く文字が好きだったことから志望した。両親に相談したら「行ってもよい」と言われたが、兄には言語だけの専門では就職が難しいと反対された。

4) 日本語学科入学後の変化

1年の時に好きだった科目は文法。文をつくれるから。嫌いな科目はない。表記も1年の時はまだ好きだった……。2年で好きだった科目は文法で色々な文をつくれるからであり、作文は色々な物語をつくれるから。嫌いな科目

は漢字で書き順とかがたくさんあるので難しい。他には歴史で各時代のことを覚えることや漢字が難しいから。3年になって好きな科目は作文や読解。少し難しく感じたが興味があったから。嫌いな科目は応用言語学。言語（学）そのものは好きなのだが、応用は嫌い。社会（とかの要素）が入るため難しい。

（日本に対するイメージは）大学に入っても変わらない。『竹と日本人』という本で日本人はきれい好きで掃除をすることを知り、清潔できれいな国だと思っていた。将来はバリ島で日本語ガイドになりたいと思っている。

5）日本との接触状況

大学だけである。大学でわからないことがあったらネットで調べている。たとえば辞書にないもので「振り袖」などとか。

(3) どのように日本を感じ、変わっていったのか

ここでは(2)で記したヒアリング結果にふれつつ、どのように日本に対するイメージが変わっていたのかを考察する。

①日本を知ったきっかけ

アンケート結果からも推察できるように、対象者のほとんどがアニメや漫画によって日本を知ったようである（1A、1B、1C、1D、2A、3A、3B、4A）。同様に日本語の面白さや難解さをきっかけに日本文化への関心を持ったり（2B、2C、2E、3C、4B、4C）、日本語の塾に通った（2D）という学生もいる。

②日本語学科入学前

アンケート結果で日本語学科進学理由は「日本語を学びたかった」、「日本文化・社会に関心があった」、「バリで日本に関わる仕事をしたい」、「アニメや映画等を日本語で楽しみたい」等であった。

ヒアリング結果もほぼ同様であり、「母から習っていた言葉（日本語）をもっと知りたいと思った」(1A)、「経済学部に入学したのだが、学費の関係や日本語が好きだったこともあり、（中略）文学部へ転部した」(1B)、「日本語の発音が面白くて好きになった」(1C)、「ガンダムや武士道などサムライの文化を通

じて日本が面白いと思った」(1D)、「英語が簡単で得意だったので、他の語学を勉強したいと思い、日本語を学ぼうと決意した」(2A)、「漢字が面白くて好きだった」(4C) という結果である。こうした基本的な日本語を習得することから更に分け入って、「日本語が得意になったのでより深く学ぼうと思った」(2B)、「高校の時に日本が好きになり、日本の色々なことを学びたくなった」(4A) という、日本を理解したいという学生も存在する。他には進路的な要因として、「バリで日本語の先生になりたいのと、日本にも行きたい」(2D)、「二音語の先生になりたい、日本語塾をつくりたいから」(2E)、先の他言語習得とのかかわりで「(両親が) 英語の他に外国語を習得するとよい仕事が見つけられる」(3C)、「日本で働きたい」(4B) があげられる。

③日本語学科入学後の変化

　ここでは日本語学科での学習状況について確認する (**表10－18**)。これは学年進行により各自が感じる印象は異なるといえるが、共通していえるのは「漢字の難しさ」が日本への心理的な障壁を高くさせているようである。具体的には、「苦手な科目は漢字であり、書き順とか難しい」(1A、3B)、「苦手なのは漢字であるが、嫌いではない」(1B)、「嫌いな科目は漢字で、難しいから」(1C、1D、2B、2C、4A、4B) である。たとえ嫌いにならなくても2年次になって「好きだった漢字や聴解は難しくなって嫌いになった」(2E、他に2年次から嫌いになったのは2A、2D、3B、4C) となり、3年次になると漢字で構成される文章を対象とした日本史 (3A)、読解 (3B、3C) へと変化していることがわかる。4年生になり卒業目前であっても「4年間学んだ感想として、(中略) 漢字の読み方・書き方が難しいことであった」(4A) となり、漢字習得の難しさとそれにともなって応用科目の修得が難しくなりがちな学生像がうかがえる。

　一方で好き・関心のある科目として挙げていたのは、1年次では「作文」(1A)、「リスニング、聴解」(1B、2A、2E)、「文法」(1C、2C、2D、3C、4B)、「会話」(2B、3C) や「日本事情」(1D、3A、3B) などがあげられる。とりわけ日本事情は「日本のことが色々学べる」(1D) といった要因が大きい。2年次になると、「聴解」(2A、2B) があげられるが、聴解を嫌い・苦手という人もいる (2C、3B)。これ

表 10 − 18　各学年でみた好き・得意／嫌い・苦手科目の推移[21]

氏名	好き／嫌い	1年 科目名	理由	2年 科目名	理由	3年 科目名	理由
1A	好き・得意	作文					
1A	嫌い・苦手	漢字	書き順とか難しい				
1B	好き・得意	リスニング					
1B	嫌い・苦手	漢字					
1C	好き・得意	文法	勉強すれば身につく				
1C	嫌い・苦手	漢字	難しい				
1D	好き・得意	日本事情	日本のことを色々と学べる				
1D	嫌い・苦手	漢字	難しい				
2A	好き・得意	歴史、聴解		聴解	映像を見るのが好き		
2A	嫌い・苦手			漢字	難しい		
2B	好き・得意	会話	発音をマネすることができる	聴解	ドラマよりも遅い		
2B	嫌い・苦手	漢字	書き順とかが難しい	漢字			
2C	好き・得意	文法	新しい言葉がたくさん学べる	読解	文章の内容が面白い		
2C	嫌い・苦手	漢字	難しく、覚えにくい	聴解	聞きにくく、難しい		
2D	好き・得意	文法	新しい文型を勉強することが出来た	日本の文化	もっと日本の文化を知りたいと思った		
2D	嫌い・苦手	聴解	難しい	漢字	覚えにくい		
2E	好き・得意	漢字、聴解	面白い	文法	難しいが頑張りたいと思った		
2E	嫌い・苦手			漢字、聴解	難しくなった		
3A	好き・得意	日本事情	日本のことをもっと知りたかった	現代思想の歴史	日本の歴史が好き	形態・統語・意味論	類義語が面白いと思った
3A	嫌い・苦手	作文	つくりにくいし、やりにくいから	作文	難しい	日本史と劇の分析等	漢字も難しい
3B	好き・得意	日本事情	日本の生活を知ることが出来る	日本文化	色々と知ることが出来る	日本史と劇の分析	いろんな表現をみることが出来る
3B	嫌い・苦手	聴解	あまり聞こえない	聴解、漢字	あまり聞こえない、覚えにくい	読解	本文の量が多い
3C	好き・得意	文法、会話	会話は何よりも大事	作文	漢字や文法の練習になる	会話	
3C	嫌い・苦手	聞き取り	何を言っているのかわからない	現代思想の歴史	難しい言葉を覚えるのが大変	読解	文が一つ一つ長すぎてわかりにくい
4A	好き・得意	英語	面白い	日本の歴史		歴史	
4A	嫌い・苦手	漢字	読み方・書き方は難しい。日本語でのプレゼンテーション（発音や漢字）が難しく、英語の方がよいと思った				
4B	好き・得意	文法	文をつくるのが好き	作文	たくさん書くのが好き	作文、会話	
4B	嫌い・苦手	表記(漢字)	覚えにくい、難しい	漢字、歴史	難しい、昔の漢字が表記されている	読解	たくさん宿題が出る
4C	好き・得意	文法、表記	文をつくれる	文法、作文	色々な物語をつくれる	作文、読解	興味があった
4C	嫌い・苦手			漢字、歴史	書き順とかがたくさんある	応用言語学	応用は嫌い

は「映像を見るのが好き」(2A) や「ドラマよりも（スピード）が遅い」(2B) といった、日本語習得に向けた興味・関心の有無に左右されているとも考えられる。同様な傾向は「作文」も見うけられる。また、日本事情が好き・得意とした学生で2年次で好き・得意科目に「現代思想の歴史」(3A) や「日本文化」(3B) をあげているのは、聞き取りや書き取りはさておいても、日本の歴史・文化により興味を持つようになったことのあらわれかもしれない。他には2年と3年時に「日本の歴史に興味を持った」(4A) という、ある程度の日本語を習得する過程において日本社会や歴史に興味を持つようになった学生もいる。歴史についてはとりわけ、「歴史はかっこいいから好き」(2A) や「日本の戦い、特に太平洋戦争の頃」(4A) は興味深い。更に日本社会を象徴する「サラリーマンの1日というのが特に印象深く、面白かった」(2B) とあり、学生達が日本社会の全体像をどこまで捉えているかは不明であるが、少なくとも映画やアニメといったコンテンツだけの理解から広く、深くなりつつあることはうかがえよう。

④日本（人）との接触状況

今までに記した文章もそうであるが、ひらがなカタカナの他に漢字があり、それも相当数の割合を占めることから、その心理的障壁は高いと考えられる。ただ、もともとの入り口であったマンガ・アニメや映画などのコンテンツを視聴するための会話やリスニングに関しては好きだったり、関心を持っている。それが学校外での日本とのかかわりにどう影響しているだろうか。

ふだん、フェイス・トゥ・フェイスで日本人に関わっているのは「バリ人が通う小学校にて週2回空手指導のアルバイトをしている」(1A)、「（バリ在住日本人）漫画家の先生に毎週日曜日に絵を教えてもらっている」(1B)、「ウブドに住んでいる日本人とのやりとりが多い」(3C) くらいであり、他は「アニメをみることくらい」(1C)、「毎日、オンラインで対戦」(1D)、「インターネットやテレビ」(2A)、「インターネットや雑誌」(2B) や「（日本人の）大学生とLINEでやりとり」(2C、3A、4A)、「Facebookでやりとり」(2D、2E) というように、インターネットが中心なのはバリ島の学生でも同じようである。

もう一つ、日本とのかかわりを挙げるとすれば、日本語学科主催のイベント(「日本文化祭」)である。このイベントには原則、所属する学生が関与するものであり、学年により役割が異なる。「1年生は手伝いに回される」(1A)、「設備の用意などの雑用係だった。2年生から自分で選ぶことができるようだ」(1B)。

⑤イメージの変容

それでは学生達は日本にたいしてどのようなイメージを抱き、それが変わっていったのだろうか。各人のイメージに関する発言を抽出してみる(**表10－19**)。

入学前に日本にたいして抱いていたイメージとしては、「真面目」(2A、2E、3A)、「きれい、清潔」(2B、3C、4C)、「技術」(2E、3B、4B)、「経済発展」(3B、3C)のように、いずれもポジティブなイメージであることが確認できる。日本語学科入学後でのイメージはどう変わっていったのだろうか。ポジティブな変化を見ていくと、「日本のことが好きになった」(1C、2A)、「より興味を持つようになった」(1D)、「礼儀正しい、皮膚も白い」(3C)、「バリの文化と同じである」(4A)となっている。一方でネガティブな方向に変わっていったのは「日本にも社会問題がある」(2B、3B、4B)といった学ぶほどバリやインドネシアとの類似性に気づいたこと、「日本の生活はよいと思っていたのだが、今は厳しいと感じている」(2D)のようにバリとは違う(時間を守らねばならないという意味で)生活を知ったこと、更には「日本語をはじめて勉強すると面白いが、進めていくと難しくなる」(3A)といった日本語学習の難しさもイメージをネガティブにさせているともいえる。

もう少し立ち入った聞き取りが必要であるといえるが、今回のヒアリング調査の対象者に関していえば、イメージ変化として「安全ではない」、「物価が高い」、「問題がある」といったネガティブな方向にふれるのは、日本語学科での学びを通じて「日本＝映画やアニメ等のコンテンツ」という単一なイメージから拡がりや深まりが生まれつつあるといえるのではないか。これは張(2013)によるアンケート調査による結果とも同じ傾向にある。

表10－19　日本に対するイメージ変化[22]

氏名	好き／嫌い	調査時学年での好き・嫌い		抱いていたイメージ	イメージ変化	
		科目名	理由		ポジティブ	ネガティブ
1A	好き・得意	作文				日本の殺人事件が多く、物騒、こっちにいる方が安心かもと思うようになった
	嫌い・苦手	漢字	書き順とか難しい			
1B	好き・得意	リスニング				物価が高すぎると思うようになった。特に生活費
	嫌い・苦手	漢字				
1C	好き・得意	文法	勉強すれば身につく		勉強すればするほどより日本のことが好きになった	
	嫌い・苦手	漢字	難しい			
1D	好き・得意	日本事情	日本のことを色々と学べる		（日本に）より興味を持つようになった	
	嫌い・苦手	漢字	難しい			
2A	好き・得意	聴解	映像を見るのが好き	真面目で約束も守る	日本のことがもっと好きになった	
	嫌い・苦手	漢字	難しい			
2B	好き・得意	聴解	ドラマよりも遅い	「いいなぁ」「問題がない」「きれいなところ」と思っていた		最近、「日本社会」を学んだとき、日本にも社会問題があることを知った
	嫌い・苦手	漢字				
2C	好き・得意	読解	文章の内容が面白い			
	嫌い・苦手	聴解	聞きにくく、難しい			
2D	好き・得意	日本の文化	もっと日本の文化を知りたいと思った			日本の生活はよいと思っていたのだが、今は厳しいと感じている
	嫌い・苦手	漢字	覚えにくい			
2E	好き・得意	文法	難しいが頑張りたいと思った	時間や規則を守る、真面目だから、また技術もすばらしい		
	嫌い・苦手	漢字、聴解	難しくなった			
3A	好き・得意	形態・統語・意味論	類義語が面白いと思った	真面目、時間を守る、他の人を助ける		日本語をはじめて勉強すると面白いが、進めていくと難しくなる
	嫌い・苦手	日本史と劇の分析等	漢字も難しい			
3B	好き・得意	日本史と劇の分析	いろんな表現をみることが出来る	経済発展や技術		日本は問題があまりないと思っていたが、今では色々な問題があると感じている
	嫌い・苦手	読解	本文の量が多い			
3C	好き・得意	会話		きれいな町で高層ビルがたくさん建っていて、何でも高い、ますます経済発展する	日本人といえば礼儀正しい、いつも手伝ってくれる、皮膚も白いというイメージが加わった	
	嫌い・苦手	読解	文が一つ一つ長すぎてわかりにくい			
4A	好き・得意	歴史			日本の文化とバリの文化がほとんど同じであることを再認識した	
	嫌い・苦手	漢字	読み方・書き方は難しい。			
4B	好き・得意	作文、会話		技術は発展しているし、教育もよい		日本では学校でいじめが多いと聞いた
	嫌い・苦手	読解	たくさん宿題が出る			
4C	好き・得意	作文、読解	興味があった	清潔できれいな国		
	嫌い・苦手	応用言語学	応用は嫌い			

4　むすびにかえて——ディバイドの要因は何か

　これまでウダヤナ大学に在籍する日本語学科学生を対象にして2013年夏に実施したアンケート調査と、2015年の夏と秋に実施したインタビュー調査の結果から、入学前後の日本イメージ変容とそれに関連する項目を検討してきた。張（2013）でも言及されていた、学年の上昇により日本に関する情報が質・量ともに増大したことにより、いわゆる対日態度にディバイドが生じたことが、同様に本調査でも確認することが出来た。それでは「ディバイド」の要因は何だろうか。先の張（同）によれば、①日本語の教育過程において低学年では技能中心の授業であり高学年で日本文化に関する内容が増えてくること、また②高学年になって教室外での日本人との接触が増加することなどを要因として推察している。

　これらの議論を本論での結果に引き寄せれば、まず①については表10−1にもあるように1年次に「日本事情」（1セメ）や「日本文化」（2セメ）と低学年から日本の社会や文化を学ぶ授業が設定されていることから、要因としてはやや弱いといえる。②ではどうだろうか。日本（人）との接触状況と併せて検討しても、日本人との接触状況（リアル／ヴァーチャルの別も含めて）との関係も、現時点での調査ではさほど影響を与えていないものと考えられる。日本を知ったきっかけである、マンガ・アニメといったコンテンツ、日本語授業というのも同様ともいえる。15名のインタビュー調査の結果だけでは断定できないものの、一つ考えられるのは「漢字」（1A、1B、2B、2D）やそれに関連する「読解」（3B、4B）への取り組みがディバイドの要因の一つと考えられないだろうか。この科目をどう取り組むかでその後の日本語習得の格差が生じ、それに伴い日本へのイメージがかなり変わっていくというのが現時点での帰結である。

注

1　大学1年生から4年生までの中国人の日本語学習者を調査した夏（2010）によれ

ば、「勤勉性」は学年による変化がみられず、変化があったのは「開放性」と「先進性」が否定的になったとしている。因みに岩﨑 (2013) は「母語文化でもなく目標文化でもない自分の第3の場を構築し、社会的に行動する複文化複言語使用者」(同：175) を対象に、アジア圏外のロンドン大学で日本語専攻学生の留学前後の日本観・日本語観について、インタビュー調査をベースにまとめている。
2 　52名に配布し、27名の回答があった。
3 　調査票は大妻女子大学吉原ゼミに所属する学生が主に作成し、吉原・松本が加筆修正を施し、ブディが必要に応じてインドネシア語に翻訳して作成したものである。
4 　分析は集計ソフト Assum for windows で行い、全体との有意差を示す記号を▲▼：1%、△▽：5%、↑↓：10%、∴∵：20%　とする。
5 　8月の聞き取りは主に吉原ゼミの3年生を中心に行われた。11月ではブディと松本が実施した。対象者であるが2015年夏時点での学年で1年生4名、2年生5名、3年生3名、4年生3名である。メモ作成については2Aと2Bをゼミ生、それ以外は松本が作成し、ゼミ生が作成したものについては松本が加筆・修正を施した。
6 　2015年8月22日に実施した。以下、年齢はすべて夏時点のものである。
7 　2015年8月22日に実施した。
8 　2015年11月17日に実施した。
9 　2015年11月17日に実施した。
10 　2015年8月18日、11月17日に実施した。
11 　2015年8月18日、11月17日に実施した。
12 　2015年11月17日に実施した。
13 　2015年11月17日に実施した。
14 　2015年11月17日に実施した。
15 　2015年11月17日に実施した。
16 　2015年11月18日に実施した。
17 　2015年11月18日に実施した。
18 　2015年8月18日に実施した。
19 　2015年11月18日に実施した。
20 　2015年11月18日に実施した。
21 　各学生への聞き取りから筆者作成。科目の表記が統一されていないのは聞き取りの表現をそのまま使ったためである。また、4年次は卒論が中心であるため割愛。
22 　筆者作成。

文　献
岩﨑典子，2013，「留学前後の日本語学習者の日本観・日本語感――複文化複言語使用者として」『比較日本学教育研究センター研究年報』第9号，175-182.
加賀美常美代・朴志仙・守谷智美・岩井朝乃，2010，「韓国における小学生・中学生・高校生・大学生の日本イメージの形成過程――日本への関心度と知識の関連か

ら」『言語文化と日本語教育』39号, 41-49.
夏素彦, 2010, 「中国における日本語専攻学習者の日本イメージ――日本語学習動機との関連を中心に」『言語文化と日本語教育』39号, 112-121.
見城悌治, 2007, 「現代中国における日本語専攻大学生の『日本』イメージ」『国際教育』第1号, 1-20.
─────・三村達哉, 2010, 「現代中国における大学生の『日本』イメージ――日本語専攻生, 日本語学習生, 日本語非学習生の比較」『国際教育』第3号, 1-38.
張勇, 2013, 「日本語学習者の異文化態度に関する意識調査――日本語専攻の中国人大学生を対象に」『日本語教育』154号, 100-114.
松下慶太, 2008, 「台湾における日本メディア文化の普及と『日本イメージ』の形成」『目白大学人文学研究』第4号, 121-134.
守谷智美・楊孟勲・加賀美常美代, 2009, 「台湾における日本イメージ形成の背景要因――「日本語」の位置づけに着目して」『お茶の水女子大学人文科学研究』第5巻, 197-209.
守谷智美・加賀美常美代・楊孟勲, 2011, 「台湾における日本イメージ形成――家庭環境、大衆文化及び歴史教育を焦点として」『お茶の水女子大学人文科学研究』第7巻, 73-85.

第 11 章
バリ島のゲーテッド・コミュニティと日本人

菱山　宏輔

1　はじめに

　バリ島における人の量的移動は、観光をめぐって最も顕著に生じている。観光客数は 2008 年に年間およそ 300 万人、2012 年には 600 万人をこえる規模となった。それとともに、就労目的の労働移民も増加してきた。州都デンパサール市の人口は 1995 年に約 36 万人、2005 年に約 46 万人、2010 年に約 79 万人となり、環境問題や都市インフラ、犯罪の増加などが問題となっている。これにたいしてデンパサール市では、独自のインフラ確保、環境汚染からの退避、犯罪被害防止の観点から、さらにはナショナリズムを背景として強まるサンクションからの中産層の退避先として、ゲーテッド・コミュニティの建設が活況を呈している（菱山 2012）。

　従来のゲーテッド・コミュニティ研究においては、住民の居住の動機として余暇・威信・安全があげられ（Blakely and Snyder 1997 ＝ 2004）、特に、安全は先進国・途上国、郊外・中心部、社会階層における上層・下層を問わずあらゆるゲーテッド・コミュニティに共通する要素とされる[1]。近年では、移民を避けるようにしてゲーテッド・コミュニティ内に住居をもとめる動きもみられる（Tedong, Grant et al. 2015）。このようなゲーテッド・コミュニティ像は、まさに、モビリティを押しとどめ、管理し、不動のセキュリティの特権的空間を構成するもののように見える。そのため、ゲーテッド・コミュニティは、人の移動の対極にあり、人の移動を分化し、固定化するものとして論じられ

てきたといえよう。

　しかしながら同時に、ゲーテッド・コミュニティは、転居という人の移動の結果あるいは過程として生じ、さらにそれが他の移動に影響を与えるインフラとして機能する[2]。さらに、バリ島におけるゲーテッド・コミュニティがいっそう流動的な特徴をもつ点において、改めてモビリティ研究の観点からとりあげるに値するものである。その特徴は次の3点に要約できる。

　バリ島南部の伝統的な家屋敷において、門と壁は宗教的・慣習的な意味世界を持つものであり、ゲーテッド・コミュニティにおいても現代的な（流動的）「ゲート空間」として、一定の公共性を担保する可能性があるという点である（菱山 2012）。第二に、観光向けの宿泊施設において、ゲート、壁、セキュリティを備えるものが多く存在するという点である。特に、複数の戸建てバンガローが並び敷地全体が壁で囲まれたリゾートホテルや、寝室・リビング・ダイニングからなる戸建てに近いようなプール付きヴィラ等であれば、その物的特徴と外見はゲーテッド・コミュニティと遜色がないものとなる。第三に、居住者の特徴からいえば、国境をこえ長期に滞在し住居を求める人びと（ライフスタイル移民[3]）の一部が、ゲーテッド・コミュニティ内での生活を選択しはじめているということをあげることができる[4]。

　以上のような背景をもつ本章の目的は、このようなバリ島のゲート内に住居をもつ日本人ライフスタイル移民を対象として、ロングインタビューによりその生活様式を明らかにすること、そこで明らかとなる生活様式をモビリティの観点から分析し、ゲーテッド・コミュニティについての従来の議論に新たな事例を提示することである。そのため本章は、ゲーテッド・コミュニティ研究とライフスタイル移民研究とをモビリティ論によって架橋する融合領域的研究に位置づけられる。

　ライフスタイル移民は、企業を通して日本社会の社会経済的構造に護られている駐在員とは異なり、ナショナルな文脈から比較的自由であるがゆえに自ら社会経済的な安全を獲得しなければならないと仮定すれば、居住の動機としてセキュリティを想定することができる。同様に、ライフスタイルにおける余暇的志向性、現地社会における再ナショナル化のなかでのヘゲモニー

構築と威信獲得という点からも、従来のゲーテッド・コミュニティ研究の延長に位置する事例のようにもみえる。さらに、ゲートと壁が象徴する物的・社会的隔絶は、「外こもり」[5]との親和性があると考えることもできる。

　しかしながら本章はそこからさらに一歩すすみ、次のような観点を重視する。ライフスタイル移民の特徴として現地との交流や親和性がみられる場合があり、その生活様式には先進諸国における個人化や私化とは異なる特徴がみられるのではないか。ゲーテッド・コミュニティの物的構造においても、上述したバリ島の伝統的意匠の意味的世界のように、先進諸国における排他的な安全確保とは異なる要素を持ち合わせていることから、ライフスタイル移民の居住形態にも異なる特徴が生じている可能性がある。

　そのため、インタビュー内容の記述の重心を種々の「モビリティ」におきたい。具体的には、ゲーテッド・コミュニティを、モビリティを調整するための不動のインフラとして捉える（菱山 2012, 2015）ことによって、「モビリティ・ストラテジー」（Kesselring 2006: 270）に即した「移動のエスノグラフィ」（Sheller and Urry 2006: 217-218）の手法を取り入れたい。そのことによって、行為主体・居住空間双方において流動性を含むような、バリ島のゲーテッド・コミュニティにおけるライフスタイル移民の生活様式をいっそう明確に捉えることができるのではないか。

　移動のエスノグラフィにおいて、ケッセルリンク（Kesselring 2006）は、中心と方向性をもつ近代的モビリティ、中心と明確な始点・終点をもたない新たなモビリティ、ヴァーチャルなモビリティを類型化している。ヴァーチャルなモビリティはインターネットのインフラに高度に依存しているが、残る二つのモビリティのうち、近代的モビリティはより地域に根ざし、住居を中心としてモビリティを展開・管理している。このとき、住環境や近隣はモビリティを調整するインフラの一つとなる。新たなモビリティにおいては、より個人的な移動可能性（モーティリティ）[6]に依拠したモビリティが展開・管理されている。ここから、本章の事例において、バリ島のゲーテッド・コミュニティの住環境の特性と、行為主体本人のモーティリティに着目することができよう。

2 調査概要

本章に関連する現地調査として、2013年9月・2014年3月・12月・2015年9月に、デンパサール市内3カ所のゲーテッド・コミュニティと、南部観光地区に隣接する2カ所のゲーテッド・コミュニティにおいて、インタビュー調査および資料収集を行った。1回のインタビューはおよそ2時間から3時間であり、キーとなる対象者については2回以上のインタビューを行っている。サンプリング手法としては、バリ島のゲーテッド・コミュニティ内に居住する日本人という限定された調査対象であることを踏まえ、スノーボール・サンプリングを用いた。最終的に、デンパサール市内のゲーテッド・コミュニティおよび南部観光地区のゲーテッド・コミュニティそれぞれ4人ずつ、計8人の事例をとりあげた（**表11－1**）。**写真11－1**、**写真11－2**はデンパサール市内および観光地区に隣接するゲーテッド・コミュニティの例である。

表11－1　インタビュー対象者一覧

地区	名前	性別	生年	職業	婚姻
デンパサール西部	Kさん	女	1967	専門職	既婚（夫はインドネシア人）
	Mさん	女	1971	事務職	既婚（夫はインドネシア人）
	Aさん	女	1970年代	飲食店経営	既婚（夫はインドネシア人）
	SBさん	女	1970	主婦	死別（元夫はインドネシア人）
南部観光地区	Jさん	女	1960年代	退職	既婚（夫は日本人）
	Nさん	男	1952	退職	離婚（元妻は日本人）
	Oさん	女	1967	部屋賃貸	既婚（夫はインドネシア人）
	Fさん	女	1962	自営	既婚（夫はインドネシア人）

出所：筆者が作成。

第11章　バリ島のゲーテッド・コミュニティと日本人　357

写真11－1　デンパサール市内のゲーテッド・コミュニティの例
注1：区画名が記載されているレリーフ等については黒塗りしてある。
　2：プライバシー保護の観点から、インタビュー対象者が居住している区画とは異なるものを掲載している。
出所：筆者が撮影。

写真11－2　観光地区に隣接するゲーテッド・コミュニティの例
注1：区画名が記載されているレリーフ等については黒塗りしてある。
　2：プライバシー保護の観点から、インタビュー対象者が居住している区画とは異なるものを掲載している。
出所：筆者が撮影。

3 デンパサール市内のゲーテッド・コミュニティの事例

(1) Ｋさんの場合：自律した職業生活とバリの宗教性

　Ｋさんは1967年生まれ、スポーツ関連の洋服の商業デザイナー（設計士）である。Ｋさんはものごころついたときから洋服に興味があり、母の服をバラバラにしたりしていた。母は「プロのギャンブラー」であり、洋服の量はすごかったという。父は自宅にて装飾金物、鋳物の工場を営み、毎日研究に明け暮れる日々だった。そうした両親の影響もあってか、Ｋさんはこもって熱中するタイプであり、中学２年生で洋服の「デザイナー」ではなく「設計士」になりたいと考えていた。母はＫさんの望みを聞き、ミシンなど全部そろえてくれたという。Ｋさんはその当時から、すでに「セレブなおばさま達」の服のオーダーをうけ製作していた。

①服飾の道へ

　高校卒業後、服飾系の専門学校へと進学したが、Ｋさんにとってその授業内容はばかばかしく、「目をつぶってもできる」ようなものであった。Ｋさんは男性向けの洋服を勉強したいと考えた。そこで素晴らしい先生と出会い、「ここで教えていることは実社会では役に立たないと言われ、そうですよね！と同感した」という。Ｋさんは先生から、良い洋服を買ってそれをバラバラにしてみなさい、自分のノウハウをみつけなさいという教えをうけた。

　Ｋさんは22歳で就職したが、企業のなかでは自分の意見がとおらなかった。そこでは同じ事の繰り返し、一つのことをアレンジするだけであり、新鮮み、刺激がなくなっていくだけであった。しかし、仕事をとおして素晴らしい先輩に出会い、すべてバランスが重要という「バランス学」をこんこんと教えられたという。その人のつくる服はよく売れ、格好よかった。良い物をたくさん見て、分析して、悪いもの見てはいけないと言われた。また、洋服をどんと出されて、それらが平均してどの数値に近いのかについて統計を出し、統計学を学べとも言われたという。

　旅行ではハワイや中国に行っていたが、バリでは「人間がすごく良く、カ

ルチャーショックがあった」ため、帰って2週間もたたないうちに、もういちどいきたいと思うくらいであった。しかしKさんによれば、当時から今まで、ものづくりとバリに住むということは連動していないという。「どこに響いたのかわからない。でも今、こういう生活してて、日本で生活というのはできない。時間の流れが違う。もちろん子ども達は無理だし」。

　Kさんは27歳で独立し事務所を経営した。最初の仕事はスポーツ服ブランドF社の仕事の依頼であった。そこでは、本物のデザイナーに認められないといけなかった。デザイナーは自らのデザインをもとに10社に商業設計を依頼し、そこからあがってきたサンプルをみてチョイスする。Kさんはその過程を経て契約をとり、150種類の洋服のイメージを統一させる仕事に携わるなど、職業経験を積んだ。

②結婚と転居

　その当時から、別の仕事の依頼をうけ技術生産指示のために日本とバリを行ったり来たりするようになった。毎回同じホテルに泊まっており、そこで知り合ったタバナン県出身のルームボーイが現在のご主人である。その後32歳で結婚し、そのままバリに住みたかったそうだが、借金返済のために事務所をたたみ、日本で生活することになった。その後、10年間は服飾関係の仕事を続けたが、借金もあったので商売ではなく会社員として働く一方、たくさんの外注に対応する日々であった。

　Kさんはその10年間も時々バリに来ていた。しかし仕事はせず、あくまでご主人の里帰りであり、その際にはご主人の実家に滞在した。Kさんによれば、「そここそ、カルチャーショックだった。夕方の闘鶏とか、犬は可愛がらないとか。にわとりは本当に綺麗」。他方で、観光地クタ周辺で買い物をすることもあったが、そこに魅力は感じなかった。

　上の子ども(10歳・男)を出産するときは、教育面、医療面が気になってまだバリに住居を移そうとは考えなかったという。しかし、4歳になるとき、インドネシアの幼稚園にいれないと小学校についていけないと思い、2008年、おもいきってバリに居住することにした。バリに来た当初、ご主人は仕

事がなく、2年間無職だった。生活もしんどく、水浴びでのシャワーがきつかった。子どもの生活や教育も、日本と同じようにすると費用がかかった。

　現住居に住み始めてすぐ、ご主人の父親が亡くなった。「火葬式にびっくり。人間を焼くときの臭いは一週間消えない。そこにはオブラートに包んでいるようなことがない。リアルすぎる。しかし、ここで死ねるのか？というのはすごい選択。自分の場合、今はまだ日本でお葬式あげてほしい。なじめない部分、ここにきて、自分のなかに日本人らしい日本人をみつけたなとつよく思う」。その後、ご主人は3年間電気配線関係、そして溶接関係の仕事についた。Kさんは、やっと今生活が定着したと感じるという。

　子どもはインターナショナル・スクールに通っている。Kさんは、子どもに日本語を話して欲しいと考えており、家では日本語を使うようにさせ、日本のテレビ番組のDVDを見せたりもしている。しかし「母語はどうしてもインドネシア語。その次が英語と日本語」であるという。さらに最近は英語の本も読む。楽しそうなのは英語の映画、反発する文句も英語になってきた。「ちょっと寂しい。まあ良いんですけどね。将来日本で暮らす予定はないから」。

　Kさんが現在の住居を購入したのは2001年であった。そのときはご主人の兄から情報があり、将来は便利になるだろうとのことで購入した。家屋は一年後に完成したが、上述の状況から8年間は住まなかった。現在、区画が拡張されており、外国人用のアパートが建造中である。

　区画内での近所のコミュニケーションは薄い。Kさんによれば、村であれば近所の子どもの行き来があるがここではないという。安全面についていえば、ガードマンは警察関連のセキュリティ会社からきており、警察とつながっているので安心、物売りも絶対入れず、野良犬にたいしてもセンシティブとのことであった。

　Kさん曰く、「村には絶対住まない。仕事がない、仕事をできる環境がない」。Kさんは結婚するときに条件を出したという。それは、家を買ってくれるなら良い、日本でできるような生活をできるなら良いということであった。「それでここの場所。家は大事。仕事は他の場所でもできるけど、住む場所はここがあっている」。Kさんは続けて、「でも、いつかはウブドに住んでみたい。

すごく良い。なんて表現したらよいか、とにかく良い。すてき」だと言う。「最近のウブドは渋滞もあるけれど慣れた。しかたない。いらいらしてもしょうがない」。Kさんによれば、バリ人は何でも知らない、知らないというが、「そのことにも慣れた、いらいらしてもしょうがない」という。「今は自分で探す、あえて聞かないし、質問もしなければ腹もたたない」。

③子どもの教育と日本人

　それでもKさんは、バリの教育の良さを評価する。何度も帰りたいと思うことはあったが仕事と教育を考えて踏みとどまった。Kさんは何かの調査で子どもがいちばんストレスをかんじないのはインドネシアだと聞いたことがあるという。「その一方で、インドネシアはつめこみ教育。すごい。ついていけない。暗記する能力はすごい。しかし応用力にはかける。アレンジするのは難しい」。Kさんは、そのようなことが影響して、バリ人の文化をつくる能力のすごさがあらわれていると考えている。それはまねできないことであり、お供え物、身につけるものの素晴らしさとなってあらわれているという。

　その素晴らしさの要素として、Kさんは、ヒンドゥー教が他の宗教に比べて明るく楽しいということをあげる。「結婚の決め手は、はじめて田舎で、お祭りに参加して、こんなに綺麗、花を使って、綺麗な服を着て、宗教じみてない、気分が明るくなる。この宗教なら私もいける！と」。結婚式も楽しかったしおもしろかったという。Aさんは、事務所を経営しているときに、ジョグジャカルタに住んでいたこともあった。しかし「辛気くさくて居てられなかった」。料理もおいしくなく、8キロやせてしまった。バリに帰ってきたときに、やっぱりあうなと思ったという。Kさんは、母に、あなたにぴったりな国ねと言われた。「私には時間にルーズなところがあって、いいかげんなところもあって、皆ストレスになるが私はそこまでではない」。

　日本人が経営している店で、ときどき子どもお断りのところがあるという。インドネシア人の店は、子どもが走り回っても良い。一緒になって遊んでくれる。「何で怒らないの？と聞くと、子どもは静かにできないよと。すばらしい！子どもはストレス無い」。とくに父親が子どものことを大事にすると

いう。「子どもにたいする愛情がすごい。日本よりすごい。子どもは父親すごい好き。主人は成人しているのに、田舎に帰ると父親の膝で寝ている。甘えている。それが普通。それみて、家族の絆がすごいと思う。もちろん母親のことも大切。これが結婚の決め手だった」。ただしお手伝いさんはいないほうが良いという。なんでも子どもの言うことを聞くと、子どもは偉そうになってしまうとのことである。

　日本人との関わりについては、子どもをとおしての行き来があるという。「日本語補習校の同じクラスのお母さん。家をいったりきたり、食事をしたり、それくらいだと3人くらい。年代は同じくらい」。日本人会に登録しており、イベントにてお手伝いをしているとともに、いろんな情報がきて安心できる。

　他方で、仕事上でつながっている人はおらず、リタイアの人たちとのつきあいもない。もっとも、リタイアの人たちについていえば、老後はこちらで過ごすということも良いという。Kさんの母も年一回ほど滞在し、やっぱりあったかくて良い、住みたいと言っているとのことである。

　バリ人の友達としては、プライベートで縫製、服をつくってくれるところ（ジャワ人）があり、そこに来る人とのつきあいがある。家族内で問題が起きたときの相談や、日本人に相談してもわからないことを話すことが多く、より情報が的確であるという。

④自律した職業生活
　Kさんは、自らの生活における仕事関連の技術の存在を高く評価している。「技術は重要、どこでも食べていける。技術をもつことができて本当によかった。技術があって、デスクとパソコンがあれば場所はどこでも良い。これがものすごく大事」。他方で、ここでは、インターネットの電波が悪くデータを送ることができない、さらに停電もあるという点で仕事のストレスがあるという。

　「仕事は日本がやっぱりすごい。中国やベトナムにデータを送る。型紙は使わない。裁断台とコンピュータがつながっていて、ボタン一つで自動裁断される」。そのような環境と比較して、インドネシアは型紙を用いて裁断し

ており、原始的であるという。「ここは値段が高いわりに技術があってない。プロが少ない。バリ人の Ibu（家庭をもつ女性）は器用だが、良いものを見る機会が少ない。勉強・研究材料が少ない」。そのような環境のなかで、K さんは、下の子に、なぜこの服が売れるのか、どうして良く見えるのか分析しなさいと教えている。

外国人が多いブティックに行ってみると、デザインが良くても、縫っているのはインドネシア人であり品質が悪かったという。同様に、友達が、バリで買った洋服を直して欲しいと言ってくることもあり、それに対応するなかでも、やはり日本人の技術はすごいと感じることがあるという。

「仕事をもってるおかげで基本があるから、いろんな人がいて、それはそれと、批判することもなく、自分を見失うこともなく。自分が正しいと思っていることは正しいと言える」。K さんは、ご主人との関係がうまくいっていないときでも、仕事に携わることでうまく気分をコントロールできるようになったという。「自分の身内は日本にしかいないし、仕事がすべて」。そのため、K さんは、バリ島で日本人女性が稼ぎ、バリ人男性は何もしないという生活様式に否定的である。「収入を支えているのは日本人女性というパターンは多いが、それは嫌だった。私の意識付けで、男なんだから稼げと言ってる。私も収入在るけど、今月いくらあるのとかは聞かれない。日本人女性が稼いでいて、実家から母親が来てそういう姿をみて泣いていたなんていう人がいて、そういう人には意識付けで言ってごらんと口出ししてしまう」。

K さんは仕事を最大限に評価する。「朝まで仕事していることもある。苦痛にならない。一日 48 時間ほしい。ずっと考えてしまうこともあるし、執念がある。夜中にぱっとひらめく、やるとうまくいくこともある」。同時に、仕事のための環境の重要性について語る。「CAD は素晴らしいソフト、素晴らしい、これがないと生きていけない。中国の工場にいる日本人にデータおくるとき、分からないといけないから、CAD にデータをプラスして、手書きの絵つきの指示書も。スキル、パソコン、ソフト（200 万円）、インターネット。10 年前くらいには、この一連のシステムで仕事をはじめていた」。

K さんによれば、このシステムで細かいことでもいくらでもできるように

なったとのことである。しかしそれをやりすぎると商売にならないため、いかに短縮できるかが必要であり、そのためにバランス学であると再認識したという。同時に、改めて両親からの教育の影響を感じたという。「両親から性格的に悪いところは直さなくてよい。それがわからないくらい良いところを伸ばせと。何か一つ、誰にも負けないことをもてと。勉強苦手、嫌い。いやだったら一流の仕事しろと。みんながいやがっているものでも一流に。中途半端はだめ。だけど、一つだけ、迷惑かけるなと」。

⑤バリとの共通点

　Kさんは住まいや生活に対して仕事を中心とした志向をもっているものの、バリという場所の必然性については、自らの宗教性・精神性の面に見出だせるという。最近、土地の投資をしないかという話しがあるが、もうかるとしてもそういうことはしたくないという。「土と水をさわるとき、命取りになる。水商売と、土に触ることは運がわるくなる。生まれた年によって自分のなかに水と土が多すぎるので、自分のなかに少ない物をやると運気があがると小さいときから母に言われている」。Kさんによれば、あってないことをした人は失敗しており、たとえば、陽と土の人が一緒にやるとうまくいかないが、陽と水の人がビジネスをやると良いという。「父は土、私は水、相性が良いうまれ」。他にも「この家は自分で持ってはいけない。もし離婚しても全部主人にあげる」。「おかねに興味はない。もしもうかっても子どもが病気になったりするはず」というように、Kさんは自分にあっていることといないことについて、明確な考えを持っている。

　Kさんの二つ下の妹が占いをやっており、「バリにくる前に気をつけないとダメよと、そういう星だよ」と言われた。Kさんは、「私には暑いところがあっていない。だからこれ以上運気を下げてはいけない」ということを常に感じているという。

　さらに「もとは私のほうが勘が良かった。ひいばあちゃんがいたこさんをやっていた。私は20歳くらいになんでも見えてしまって、母に言ったらそれはやめたほうが良い、意識しなければ薄れていくと言われた」という。「バ

リとはそういう部分でつながっているかもしれない。守られているという安心感があるので、チャナン（お供え物）も朝だけはやるし、マンク（地元の祈祷師）のところには定期的に行っている」そうである。

(2) Mさんの場合：安全性・利便性とトロピカルなバリ

　Mさんは1971年生まれ、K県の出身である。子どもの頃から、思ったらやらないと気がすまない、怖いよりも好奇心が先に立つ性格であった。父親は会社を経営しており、自分でなんでもやる人であった。そのため、どんどん行きなさいとおしまず出してくれたり、財産をつくれと言われたこともあるという。中学から、受験は家が殺伐とした雰囲気になって嫌だという母親の方針で私立へと進学した。

　Mさんは昔から海にいることが好きだった。高校のとき、夏休みに海の家で働いた。「あの海辺の夏みたいな雰囲気が一年中どこかにないかな」と考えていた。父親はプロパンガスを海の家に卸していた。Mさんが海で仕事したいと父親に相談すると、自動車会社が出資していた海の家を紹介してくれた。そこは会社の保養所のような場所であり、大手広告代理店に依頼してつくられたものであった。Mさんの父親は「修行」として無給という条件のもとでMさんが働くことを許可してくれた。しかしながら、父親がMさんに給料を払っていた。父は怖い人だったため、当時17歳のMさんにたいして、みんな早く家に帰さないといけないと気を使っていた。Mさんとしては、早く大人になってみんなともっと一緒にいたかったという。Mさんはその後、大学まで私立のエスカレーターで進学した。女3兄弟の真ん中で、姉はフランス留学、Mさんは東南アジアとオーストラリア、妹はモロッコや中国の山奥・未開の地、というような雰囲気のなかで育った。

　Mさんは19歳で初めてバリを訪れた。知名度があまりなく寒くないところということでバリ島に遊びにきた。Mさんは寒さが苦手であり、今でも寒いときには海外に滞在することにしているという。その後、ワーキングホリデーのためにオーストラリアに2年間滞在、そのときもバリに遊びにきていた。一度日本に戻り、ツアーガイド、ホテルの従業員としてタイ（バンコク）

で2年間働いていた。ホテルの一室が家だった。「バンコクには無いものは無い。なんでもある。しかし自然っぽいところがない。バリは、ちゃんとするべき所、ビーチみたいな所、ビーチサンダルで過ごせる所、30分圏内とかにあって自分で選べる」。それがバリの魅力であった。2001年くらいからバリのホテルで3年間働いた。「働いてみたらしょうにあっていた。あわない人はほんとあわないが、(自分には)全てがしっくりいく。日本にたまに帰ってもバリが良いと思う」という。Mさんは半年に一回3週間ほど日本に帰るが、温泉くらいで十分ということであった。

①バリでの就労

2002年の1回目の爆弾テロのとき、Mさんはたまたま日本に帰っていたが、バリにもどるとホテルの稼働率が悪くなり、どうするかと考えた。バリでも仕事が変わりだして、土地をもっている人が売り出したりという状況となっていた。2003年にいちど日本に帰り1年ほど派遣の仕事に携わったが、バリの外からみると、バリがまた良く見えて戻りたくなった。しかしホテルは嫌だった。人づてでバリにいる日本人から、現在の事務職としての仕事の募集があると聞き、2004年から働くことができた。地に足をつけて経験をつみたいと考えた。Mさんには特に事務職としてのバックグラウンドがあったわけではなかったので、一緒に勉強させてもらおうという感覚だったという。Mさんは元来勉強好きであり、オーストラリア人のボスに会ってみると、役に立ちそう、これから必要、飽きなそうと思えたという。

Mさんは、ホテルで働いていたときはホテルが持っているスミニャックの4軒の家の一つに住んでいた。他3軒も全て外国人が住んでいた。家はバンガロータイプであり、1階はオープンスペースとダイニング、2階がベッドルームだった。交通は会社にレンタルしてもらったバイクを使用していた。このときはまだ長くバリにいるつもりではなく、スミニャックに住んでいるときも退屈だなと思い、クタに遊びに行っていたという。

仕事や生活をとおして知り合いがふえ、できることが増えたという。「こつがわかるようになった。ちっちゃな問題が多い」。バリでは、自分でがん

ばらないといけない。できないと誰かに頼まないといけない。そこに問題が生じるという。「お金払ったんだからやってくれるはず、とか、うける側のままではだめ。個人のがんばりが必要。何かあるとだまそうとする人もいる。この仕事を通して、ほんとにうっかりできない国だと実感する」。Mさんはバリに住みはじめてからも何でも自分でするようになり、誰かに聞く事はなくなったという。旅行で来たときに嫌な事があっても、頑張るだけの魅力があった。「そこで頑張るか、嫌だとなるか。自分でやってみてわかる。痛い目見て、ようやく40代になって慎重になった」。

②ゲーテッド・コミュニティへ

2011年の東日本大震災後、Mさんは今のゲーテッド・コミュニティ内の家に引っ越した。仕事のボスから、震災に対応して日本から両親を呼べる家にしたらどうかと話があり、それも踏まえてのことであった。Mさん自身の選択は、会社に近く、プライベートな行動範囲、子どもの学校にも近く、渋滞がない、それらを加味してのことであった。安全面では、大家さんがもってるコンプレックスのようなところで周りがバリ人だと、人の眼やつながりがあるのでむしろ泥棒がおらず、もっと安全だという。今のところはガードマンがおり、お手伝いさんは住み込みである。ドライバーさんも人づてで信頼できる。それらの点で安全ではあるが、「でも、誰も信じていない」。そのため、Mさんは現金や貴重品は置かないようにしているという。

ホテルで働いていたときの家と比べると、以前のほうが広く、オープンエアで庭も広かったという。「しかし今のところのほうが現代的だしそっちのほうがよい」と評価する。現在の職場で働き出してから、自動車での移動が増えたが、週末はバイクを使うという。

Mさんは、「バリという土地のなかで自分が好きな生活をしたい。だから不便は嫌だ」という。たとえば、シャワーの水圧、インターネットなどの細かな点を一つずつ満足できるものにしてきた。それでいて、「一歩出たらトロピカルなバリ。すごい自然というんじゃない。だから田舎には行きたくない。だから家は守られる感じにしたい。中でくつろげる場所」。そのような

場所として、今のゲーテッド・コミュニティ内の居住を評価しているという。「今まで住んでところも充足してた。それがあって継続してきた。ここで我慢しないで壁や柱をつくろうとか、クーラーかければ良いとか。我慢しない方法。日本だとすぐ壁をつくったりできない。このタイルは嫌だからすぐ変えるとか、勝手に思ったこと、気軽にできる」。

(3) Aさんの場合：ナチュラル・コロニアル・ハイブリッド

　「見てくれました？　私の家、全体を白をベースにしているんですよ。この店も白いでしょ。コロニアルなスタイルが好きなんです。ナチュラルで、清々しくて」。Aさんは東京都出身、1970年代前半生まれの女性、現在はデンパサール西部のゲーテッド・コミュニティ区画内に居を構え、その区画の近隣に小さなレストランを営んでいる。兄は「頭が良く家で本を読んでいる」タイプ、母は専業主婦、20年前に他界した父はいつも応援してくれる人だった。

　Aさんは、子どもの頃から活発で、嫌なこと、良いことについての考えがはっきりしていたという。外で遊んでいていつまでも帰ってこなかったり、デパートでも夢中になって遊んでしまい、店員と仲良くなって、迷子の放送が流れて、店員から「これあなたのことじゃないの？」と言われたり、というようなことがしょっちゅうであった。Aさんは興味があったらどうにかしてみないと気が済まない気質だった。同時に、子どものころから「ナチュラルが好き」だった。木の実をつぶしたりして色を使って遊んでいた。同じは嫌だったということもあり、友達がキャラクターものの靴を履いていても欲しくなかった。それでも、リカちゃんのドレッサーは宝物だった。「やっぱり洋服が好き」だった。

①バリ島との出会い

　そうした趣向性が継続し、Aさんは服飾系の専門学校に入学した。その頃からバリ島には何度も遊びに行くようになっていた。そのとき、「ここでどうやっていくか、あの人の生き様に教えてもらった」というバリ島の「ママ」

に出会った。ママは40年前に日本から出てきて、スミニャックにヴィラをたて、サーファーに解放していた。Aさんのお兄さんの誘いでヴィラに遊びに行ったことをきっかけとして、Aさんもサーファーとしてホームステイするようになっていた。ママは厳しく、「ビーチボーイなんかと一緒にいようものなら怒られた」という。ママは2000年くらいにウブドに移り、数年前に日本に帰った、現在74歳のはず、今でもそのヴィラは旦那さんが経営しているかもしれないという。

　Aさんの「ナチュラルなもの」への志向は、サーフィンにおいても適合するものであった。「サーフィンは自然を感じるもの。今でも当時からやっている50代の男性たちは考え方がすごい。ただ波と戯れたいからやっていて、どう見えるのかは関係ない。サーファーが行くところは意味がある。人気になる。サーファーがその場所を開く。ダイビングは嫌い。機械をつけて生き長らえている。サーフィンは何度も波にのまれてるけど、もし浮かばなければ死ぬだけ」。Aさんは同様に、ヨガもやっているという。「でも、みんなで何々先生とかいってやっているのは嫌い。メディタシ（瞑想）は自分でひとりでするもの」。

　専門学校を卒業後、1990年、Aさんは大手アパレルメーカーにデザイナーとして入社、ヨーロッパに研修のため渡航するようにもなった。その後1998年に独立し、東京に小さな店はじめた。「給料デザイナーはおもしろくなかった。給料デザイナーだと、売ることに集中してつくれなくなる。画家は商売できないという感じかな」。現在、店はほかの人にまかせているものの、当時から服、バッグ、家具などMade in Baliのものを扱っていた。

　Aさんは、デンパサールで生地を買ったり、材料を買ったりすることで、2、3ヶ月の間隔で日本とバリをいったりきたりするようになった。その後、流行がわかる、それでいて静かで田んぼもあるということから、8年間、断続的にではあるがスミニャックに長期滞在するようになった。そうしたなか、現在の連れ合いのバリ人男性と知り合い、2007年から一年間は一緒にスミニャックで過ごし、その後結婚した。

②ゲーテッド・コミュニティとワルン

　ご主人もまた同じようなデザインの仕事であり、13年間イタリアにいたこともあった。また、Ａさんと同様、アジアとヨーロッパが融合した「コロニアルなデザイン」が好きだった。ご主人はプライバシーを重んじ、「ベッタリは嫌な性格」だった。そのため、現在居住しているゲーテッド・コミュニティであれば、「何かについて隣から訪問客があったりしない。何かあったらガードマンに言えば良い」。ご主人の実家はデンパサール周辺部にあるが、分家みたいに外に出ており、もちろん実家の祭礼には参加するが、ご主人の配慮によりＡさんがそのことで悩まされることがないように対応してくれているという。そのぶんお金を払ったりはするが、それも強制ではない。

　現在居住するゲーテッド・コミュニティには2008年に移り住んだ。さらに、2011年に同じゲーテッド・コミュニティ内で家を移った。入居当初は、近隣に住んでいた地主とのコミュニケーションがあったことも良い点であった。区画内の住民とは、「あえば挨拶はするし何か騒ぎがあればどうしたのという話をするくらい」である。ここは新興住宅地なのでコミュニティはない。「言い方は悪いけど、それなりの仕事をもっているインドネシア人が住んでいる」。ミーティングも3ヶ月に1回あり、「安全のためにはそれなりに払っている。セキュリティを買っている」。家に鍵をかけなかったり、安心ボケできるくらいであるという。

　居住地から数百メートルの場所に、Ａさんが2012年から経営するワルン（レストラン）がある。店を開いたきっかけは、Ａさんがケミカルアレルギーだったこと、調理師免許をもち東京でオーガニックのカフェをやっていたこと、他方で、バリでは食が難しかったことであった。Ａさんにとって、今までバリでは化学調味料をたっぷり入れるため、食べられる店が無く、バリにきたときは必ず自分でつくっていた。買い物も難しく、何でも買えるわけではなかった。食べにいくときも必ず材料を聞いていた。スミニャックに行くと高い値段のオーガニックの料理はあるが、ちょうどよい値段のものがなかった。そのため、「自分が食べるのも含めて、私が困ってるんだから困ってる人はいるはず」と考えた。最終的には、「何でもやってみたくて、つくったり、洗っ

たり、店員と一緒にやっている。普通、オーナーは椅子にすわっているだけ。だから日本人!?とびっくりされる」。

　Aさんは、店も住居もヨーロッパとアジアのミックスのデザインにした。「ナチュラルで爽やか、コロニアルなデザイン」。ヨーロッパに社員旅行を含めて何回も行っていること、「やっぱり日本人だからそういう感覚なのと、自分の経験もあわせて、デザインのバックボーンになっている」。同様の観点から、Aさんはバリの正装が好きだという。「どう考えても和洋折衷みたい。男性は上はジャケット、下は巻物。コロニアルがずっと残っている」。Aさんはこのようなバリの文化をさして「ハイブリッドなバリ」と呼んでいる。

　改めて食事へのこだわりについて考えたAさんは、次のように語った。「この店の材料はここの人の手によるもの。だからここの人に助けてもらっていることになる。それをつくった人がいる、人の手でつくったものだから、ものを大事にする」。このような考え方について、Aさんは、母の教育による考えだという。「母は既製品を食べさせず、外食は特別な日だけだった。食べ物は絶対に無駄にしなかった。母はいつも、この米は誰がつくったの？お百姓さんだねと言っていた」。そのため、Aさんは、「作物は手で植えて、手でつくったもの、ナチュラルなもの、身体もナチュラルだから、ナチュラルなものを食べるべき」であり、「そうした前提があって、ナチュラルなものを、かたちにして考えにするのは私の頭」であると考えている。この点において、バリでの生活は、東京で服や料理をつくったり、店をやったりすることの延長にあるという。結果的に、Aさんはワルン経営の許可と物をつくる製造の許可、二種類のKITAS（長期滞在許可）を取得することとなった。

③ライフスタイルと世代

　Aさんが今願っていることは、ここに骨をうずめたいということである。どのようなライフスタイルかは、自分の年に応じて変わり、これからも変わっていく。しかし、ここに住んでいる限り、ここの人の考え、文化、気持ちを知っていきたいし、ここにきていること、ここに来て自分ができることを探していきたいという。そのため、Aさんにとって、伝統や自然を継承してい

くことは大事なことである。とはいえ、それらの活動についても「仕事を休まなければならないというほどいちいちしてたらダメ。今日商談があるなら今日やるべき」という考えでもある。そこで、Aさん自身は「やっぱり自分。自分勝手じゃなくて、自分が生きる」という意識が大事であるという。「スタッフもみんな生活があって働いている、自分が生きるため。私はたまたま場所をもった。貢献できる、働く場所。当然TAXも払う。だから、仕事もなくてふらふらしている人については疑問に感じる」。

バリ島の日本人の「世代」からみると、Aさんは中途半端だという。「自分より上だと急に50歳代になってしまう。少し前まで同世代がいたが、みんな離婚して日本に帰ってしまった。みんな主婦だった。だから40歳代がいない。世代のちょうどかぶっているギリギリの世代。デジタルとアナログも」。しかし、そうした世代からみてその影響をうけるよりも、「やっぱり自分で動かないと」いけない。そのため、あまり日本人同士でつるみたくないという意識がある。外国に来ているのだから、それぞれに、それぞれが動いたほうがよい。日本人会にも入っていない。「ママトモはしょうがないけど、ここの人たちと助け合ったってよい。区別する必要は無い」。

「あそこ（ゲーテッド・コミュニティ）があって、これ（レストラン）がある。これがあって、あれがある」。最近では、将来設計のために別途土地を購入し、不動産会社のお世話になることもあるという。「確立したライフスタイルだったらバリには住めない。あたまが柔軟じゃないと」。

(4) SBさんの場合：ゲーテッド・コミュニティで距離感を学ぶ

SBさんは1970年生まれ、S県出身の女性である。現在、ゲーテッド・コミュニティの区画内、ゲートからほどない場所に自宅をもつ。SBさんは3姉妹の次女であり、日本では祖父、祖母も一緒に生活していた。実家は50年以上続く和食料理店を営んでおり、両親は日曜日も休めなかったため、いつもご飯は姉妹や祖父母と一緒に食べていた。しかし店が休みのとき、両親は精一杯面倒をみてくれたという。夏休み、冬休みに沖縄、熊本をめぐったり、池袋サンシャインにエリマキトカゲがきたときは真っ先に連れて行ってくれ

たそうである。SBさんの父は「元祖日本の父親みたいに頑固」だったが、「娘三人、子煩悩」でもあった。現在、家業は職人さんに任せているものの、SBさんの父親が小さいときには、祖父の身体が弱かったため、父は小学校を終わる頃には和食の道へと入ったという。父は外に出る人で、あちこち出歩いて、母が店を守るかたちであった。姉はカナダ人と結婚、妹は職人さんを養子としてもらい、お店をついだ。

①花・服飾・調理へと幅広い興味関心

家ではお誕生日にお花を贈り合う習慣があった。SBさんは小学生の時から姉妹でお花を選んでブーケにしてもらったり、リボンをつけてと頼んだりしていた。母も花が好きで、花を生けて店にかざっていた。祖父は盆栽がすきだった。「母の影響は大きい。身近にお花があったから。バリのお花も身近にある」。同時に、SBさんの実家が和食料理店であり、母が着物を着ていたことから、和服への関心があった。SBさん曰く、自分は気が多く、高校で短大を決めるときは、インテリア、装飾系などやりたいことがいっぱいあった。SBさんは、インテリアや調理は自分でもできるかもしれないが、服飾については、コーディネートはできるが、つくるのは自分ではできないと考え、服飾系の短大に進学することとなった。

花、服飾への興味のほかに、お菓子づくりについても関心があった。以前日本で働いていたエスニックバーではデザート調理を担当したり、バリの職場だったヴィラM（仮称）では、レストランのデザート指導をしていた。お菓子造りは小学校3年生くらいから興味があり、誕生日にオーブンを買ってもらったほどであった。そのきっかけは、団地の専業主婦をしていた「憧れの大阪のおばちゃん（父の姉）」の存在だった。おばちゃんはお菓子づくりが上手だった。その影響でSBさんの将来の夢は専業主婦となり、小学校の文集にも世界一のお母さんになると書いたほどだった。

②バリとの出会いからより深いバリへ

SBさんは服飾系の短大に在学中、一ヶ月間ヨーロッパでの研修旅行があ

り、初めての海外経験としてスペイン、イタリア、フランスをまわった。呉服問屋で働いていたときは、有給をつかってフランス、ギリシアなどヨーロッパを中心にまわった。SBさんは、ヨーロッパの花やショーウィンドウの商品の見せ方に興味がわいた。その一方で、当時のバリ島のイメージは、サーフィンをやっている友人がバリに行っていたことを介してのものだった。その友人はガラムのタバコのにおいがして、「軽い感じの人」であり、バリもそのイメージでしかなかった。そのため、バリの一番最初のイメージは、海、ガラム、サーファーだけだった。

短大卒業後、呉服の会社（呉服問屋）に5年間勤めた後、退職して手に職をもちたいと、花の学校に通いながら生花店で働いた。その後、個人で自分の家で花の仕事をするようになった。ある時、友人に誘われ、「ウブドっぽいかんじのエスニック料理店」でご飯をたべた。そこに、バリの人びとを写した写真集があり、さまざまなお花をお参りに使ったり、男性も頭や耳に花をつけたりしている写真があった。SBさんはバリ島の人びとのお花の使い方に興味がわいた。その店のマスターに話しを聞いたところ、バリは自然からできたものを薬などに使うということで、SBさんはバリ島に興味をもった。ちょうどその2ヶ月後に店のマスターがバリに行くということだったので、SBさんは急遽同行することにした。

SBさんは1998年に初めてバリを訪れた。花が目にとまると、その使い方の違いが気になった。日本はプレゼント用にしか見ないが、バリではおじさんが身につけていたり、道路にはチャナン（お供えもの）があった。言葉の勉強もはじめて、覚えた言葉を使うとバリではみんなほめてくれた。人もフレンドリーだった。この滞在がきっかけとなり、1年に1回、一週間くらいバリに滞在するようになった。また、店のマスターとの縁から、夜はエスニック料理店で働くようになった。昼は花屋・フローリストとして活動した。この6年間、アジアへの興味から、ベトナム、カンボジア、タイにも滞在した。2000年頃、ジェゴグを演奏するバリ島のS楽団（仮称）のコンサートの手伝いをするとともに、バリ舞踊を習い始めた。

2004年春、エスニック料理店が閉店することになった。SBさんは、これ

をきっかけに長く休もうと考え、ウブドにソシアルビザで滞在し、ジャワ、ロンボクにもでかけ、S楽団の団長の奥さんで日本人のKさんの家（デンパサール）にもホームステイした。あるとき、SBさんはKさんに誘われ、一緒にお祈りに出かけた。目的地であるお寺で、SBさんはヴィラMのオーナーに出会うこととなった。ヴィラMのオーナーと仲良くなり、2004年11月末の帰国前、ヴィラMのオーナーと一緒に、スミニャックでヨガを習ったり食事をすることがあった。ジェゴグの楽団長の妻Kさんとのつきあいのなかでは濃い伝統的なものに触れることができたが、ヴィラMのオーナーと一緒にみたスミニャックには「今」があった。SBさんは、それもバリの特徴だと感じることができたという。

③就労・結婚・ご主人の他界とゲーテッド・コミュニティでの生活

　2005年、スミニャックのヴィラMのオーナーのつながりから、ゲストリレーションで1年間仕事をすることとなった。そこで、同様に働いていたご主人と出会った。SBさんは、2年目に体をこわしてしまい、契約を延長することはしなかった。その後人づてで、ブーケや誕生日の花の製作など、花関係の仕事をはじめた。2008年に結婚し、日本からのゲストだけを扱うクタのE社に2年半つとめた。同時に、ご主人はガイド業をはじめた。しかし2011年末、ご主人の悪性腫瘍が判明した。2013年6月まで日本で一緒に闘病生活を送った。ご主人は2013年5月まで元気だったが同年6月に急激に悪化したためバリに戻り、2ヶ月間過ごし2013年8月末に他界した。

　バリに住んでみて、ウブドは大好きだと改めて思ったが、そこにある昔からの日本人社会は独特だということがわかったという。バリに来てまで人付き合いはわずらわしい。そのため、SBさんは、結婚して家に住むときにはウブドではなくクロボカンが良いと考えた。「クロボカン」という音の響きも好きで、スミニャックにも近いということも良い点であった。スミニャックは、日本人以外の外国人が住んでおりおしゃれ、家具屋が多く、田んぼもある点が良かった。

　2005年にスミニャックのヴィラMで働きはじめたときには、スミニャッ

クのコス(貸部屋)で生活した。その後、近くのレンタルハウスに2年間の契約で居住し、2009年に現在の住宅に入居した。他と比べてここが良かった理由は、中をみることができたこと、以前住んでいたレンタルハウスから2分もかからず同じ道路のため、土地勘があったこと、大通りに出やすく小道に入らなくてもすむこと、安全面では家がゲートに近くガードマンの目が常にあること、家の前の道幅が広いことだった。通りの騒音が心配だったが実際にはそれほどでもなかった。

今の住居はご主人の名前で所有権がある。住みはじめてから、ご主人は区画の会合に出たり共用プールを使ったりしていたが、SBさんは出た事も使ったこともなかった。ご主人が亡くなってから犬の散歩をするようになった。その前は奥の区画に行く必要はなかったので、他の住民と会うことはなかった。犬の散歩のおかげで奥まで行ったり区画内を周りはじめた。そうするとますます住みやすく、「自分の家というかんじ」になってきた。

義理の家族はシガラジャやギャニャルなのですぐに来ることはできないため、外国人にとっては住区のガードマンがたよりになる。レンタルハウスのときはガードマンがいなかった。「ここではガードマンがみんなやさしい。もっと奥の区画に住んでいたら、ひとりで不安になるだろうけれど、ここはゲートに近く、困ったことがあったら何でも言ってと面倒を見てくれ、安心できる」。

ガードマンは、SBさんがどこか行くときには「いってらっしゃい」、「おかえり」と言ってくれるという。「前は主人が話をしていたが、ひとりになってから付き合いが違う。お酒を飲んで帰ってきてもダメとか言わなくてほっといてくれる。鍵を渡せばガレージを開けて自動車の誘導をしてくれたり。小鳥を飼っていて、前は主人が面倒見ていたが、今はガードマンに言えば餌を買ってきてくれたり」。

クタやトゥバンには友だちが多いが、地元から見られているかんじがある。ここは干渉されない。みんな顔は知っているが、長話になったりしない。密になりすぎず、かといってよそよそしい雰囲気でもない。「こういう住宅なんか、ほんとは観光客からしたらバリっぽくなくて羨ましくもなんともない。

ウブドの伝統的な生活の方が羨ましいかも。しかし実際、毎日は大変だと思う」。たとえば、ご主人が亡くなってから、SBさんは、一ヶ月ほどご主人の実家の家族と一緒に住んでいたという。はじめは大丈夫だったが、「だんだんきつくなってきた」。義理のお母さんが朝ご飯つくってくれていたが、「バリ料理は好きだけど野菜が欲しくなってきた」。SBさんは昼寝をしないが、バリ人は昼寝をする。夜もお義母さんは8時くらいに寝てしまう。そのため「適度な距離感が大切」と感じたという。

　お手伝いさんについても同様である。この区画でも、他の家庭ではお手伝いさんを雇っている。働いている人は良いが、SBさんは家にいるので、もし毎日一緒だと関係が難しくなるかもしれないと思い雇っていないという。朝、掃除をしていると、道で乳母車を押してるお手伝いさんから、「何で自分で掃除してるの？」と言われることがある。しかしSBさんによれば、「たぶんお手伝いさんがおらず、自分一人だからみんな助けてくれるのかもしれない」という。「電気が切れているとき、暗いとブラックマジックにかかりやすいから他の電気はつけてねとか、電気買いに行くよとか、自分で個人的にお願いしているわけでもないのに助けてくれる」。

　見た目は最近の住宅地だが、わずかな御礼はしているものの、特にガードマンの人たちが業務外のことをしてくれている点が特徴的であるという。以前、SBさんがシンガポールに出たときも、ガードマンの人に空港まで送ってもらったり、迎えにもきてくれたりしたという。

④変わるバリと変わらない人間関係

　SBさんによれば、バリはタイなどと異なり欧米人が多く、「伝統のくどさ」と同時に、外国人がいるので過ごしやすさがある。サーフィンが好きな人や、いろんな年代、男女問わずいろいろな人がいる。そのため、「バリだから住める」。同時に、「小さな島なのに奥が深い。音楽、絵も」という点も重要である。ご主人が亡くなってからいったん日本に帰ってリセットしようということも考えたというが、「だんだん時間がたって数ヶ月たつ今、やっぱりバリが好きだと思う」。

それでも、最近はウブドの変化を強く感じるという。昔は在住の日本人のみだった店にローカルの人がたくさん来るようになっている。以前は外国人が集まる場所は分かれていたが、隔たりが無くなっている。「ウブドはウブドのまま残ってほしい。やるなら南部エリアで固めてやってほしい。どこも同じになってしまう」。SB さんは、最初にバリにきたときはウブドが生活の中心だったため、ウブドの変わり様を強く感じている。「南部エリアっぽくなってきている。ファッションもジャカルタみたいにおしゃれに、短いスカートとか。寂しい。奥ゆかしいかんじのバリ人が好きだから。ロングヘアーの黒髪がよい」。

　SB さんによれば、街が栄えて、国が大きくなったといってもバンジャールは変わらない。ご主人の死亡届に関しても、義理のお父さんは村で声が大きく、「ひと言でびゅーっと進んだ」という。「いくら正当な手続きでも事が進まない、いくら妻だといってもダメ。田舎の手続きでこういう書類がほしいといってもダメ。外国人が入る隙間は無い。ひととのつながり、コミュニケーションでお願いすることが重要」。

　変わらないバリ、宗教、そのなかでは「一歩間違えるとソンボン（失礼・粗野・わかっていない）になってしまう」。ご主人が一緒のときは、周囲と仲良くしすぎないように気をつけていた。しかし主人から、そんなことしてたらダメだよ、いざとなったとき良くないよと言われたという。以前、親戚が突然来たりしていた。SB さんとしては電話をしてほしかった。しかしご主人から、そんなこと（電話）したりするのはソンボンだし、逆に SB さんもご主人の実家に帰ったら自由にご飯食べたりして良いんだよと言われた。コミュニケーションをしっかりすることで、いざというときに助けてもらえると。

　SB さんは、外国人だとお金払えばそれで OK と考えてしまうところがあるし、バリの側でも外国人にそのように接しているところがあるという。たとえば、この区画の中でもそうだし、日本とかわらないように生活することもできる。しかしそれだけでは無理な部分が多くある。日本では近所を知らなくても良いけれど、ここでは違う。SB さんはこれまで、外国人だから良いだろうと考えていたところがあった。バリのことは旦那さんにと勝手に

思って、距離を無理に空けていた。「それは思い違いだった」。SB さんは今、あらためてコミュニケーションの距離感について勉強しているという。「お供え物をがんばるとほめてくれたり、近づいていく」。

⑤バリから学ぶちょうど良い「距離感」
　SB さんは、自分を「けっこう不器用でどっちかしかできない」性格だという。子どものときから変にきまじめ、へんなこだわりを持っていて、興味をもつと一つのことにだけ目を奪われやすい。それがストレスになり、身体に変調が出る。そのため、SB さんは「いろんな意味で、ほどよい距離感をバリで勉強したい」と考えるようになった。
　産まれたときから老舗の和食料理店の娘、自分の名前を呼ばれるよりも、「どこどこの娘さん」と呼ばれることが多かった。それがいやで飛び出したかったが、外れたことをするのも勇気がいる。「子どもながらにしんどかったのかもしれない。制服のままどこかに行っちゃいけないとか、友達のとこに泊まりにいってはいけないとか、いっぱい規制があった」。いざ自分でいろんなことをしようとしたとき、そういう習慣が身に付いていたり、失敗がこわかった。日本で花屋になりたかったが、やるならひといちばいやりたいと考えた。その準備はできたが変なこだわりがあってなかなかできなかった。バリでは「どこどこの娘さん」じゃないし、何かできるのではないかと感じた。バリで見つめ直すことができる気がした。たとえば、結婚前は、ヴィラ M での経験も活かして日本でもう一度、というように考えてもいた。
　SB さんは、バリでも周りの人との関係において失敗しないようにしていたという。しかし、こっちの人は「えっ」というほど入ってくる。「それを、え、え、と遠慮するのではなく、いちど受け止めるべきなのかもしれない」。バリではビザにしても、何かの手続きにしても自分が思うように進むとは限らない。やり方は聞く人によって違ったり、仕事でも、先手をうってやらないといけない。「三日後と言われたら一週間かなとか、計算しておいて前もって言う必要がある。そういう中からも学んでいるかもしれない」。
　ご主人といっしょに生活していたときは、自分の役割へのこだわりがあり、

バリのことはご主人にまかせ、自分はあえて、あまり出ていかなようにしていた。しかしご主人は、それでは無理だと言っていた。特に、一緒に商売をやろうと思っていたので、なおさらそのように言われるようになっていた。SBさんは今、一人になったぶん、ご主人のやっていたこともやる必要がでてきて、「ちょうどよい距離感をみつける必要がある」と感じている。先日、新年の行事としてプールのまわりでバーベキューをやるという手紙を区画の管理者からもらった。良い機会だなと思ったが、あえてそこまでは行かないという。「拒否するというわけではなくて、意識的に、全部はまだという感じ。近所の人だからこそ。何か聞かれた適当にごまかせない性格だし、ひとりというのもあるから、もう少しちょうどよい距離感を学びたい」。

この住宅地区は奥の方は静かで良いという面もあるけれど、自分の家はゲートに近いところにあるから生きていける。「門の中だけど、門の外にも近い」。田舎もたまに行くから良い。「たまにお手伝いして、えらいねとか言われるくらいがよい」。

4　南部観光地区に隣接したゲーテッド・コミュニティの事例

以上の事例は、デンパサール近郊のゲーテッド・コミュニティについてのものであった。次に、スノーボール・サンプリングにおいて対象となった、南部観光地区に隣接したゲーテッド・コミュニティを事例として、その中で生活する日本人の特徴について論じたい。

(1) Jさんの場合：ここはバリじゃないみたい、ただ暑いだけ

Jさんは夫と供に移り住んで5年になる。結婚して15年、その後は夫婦で一緒に東南アジアをまわり、引退したらどこかに住みたいねと話していた。日本での生活は物価が高いので、旅行をしつつも将来のことも考えながら、マレーシア、タイに4、5年通っていた。その間、日本では東南アジアブームなのか、いろんなところで講習会があった。住んでいる人の話は聞けたが、印象として「バリにちょこっと住んで、お金をおとして帰りましょう」

というかんじでしかなかった。マレーシア、オーストラリア、フィリピンについてのものがあったが、判断材料にはならなかった。

その後、たまたまバリに日本人村みたいなものがあると聞き、1ヶ月バリに滞在した際、友達ができたことをきっかけに、「もう住んでしまおう」ということになった。バリでは日本語が使え、英語もインドネシア語も必要ない点がよかった。その他にも、日本を離れたいのに日本人が多すぎるというのは本末転倒なのでという点も、バリを選んだ理由かもしれない。マレーシアは日本人が多すぎる。とはいえ、もしかしたら他の場所もあり得るという考えは常にもっており、実際に住み始めてみても特に感動はなかったという。

現在住んでいる場所については、よく行っていたレストランのオーナーさんと、ここの大家さんが知り合いで紹介してもらった。バリに来る人になぜバリを選んだのかと聞くと「バリが好きだから!」という話はよくある。しかし、自分たちにはそういう感覚はない。温度差がなく、居心地は良い。日本の家を売ってしまい、帰るところがないので、ここに居るしかないということもある。「けがをしたりつらいことがあったら、後をたっていないと帰っちゃう。慣れてくれば知り合いができたりして、今は日本に帰りたくなくなった」。

Jさんはなるべく知り合いをつくらないようにしているという。日本で「社会」にかかわってきたのに、こっちにきてまでしがらみに関わってもしょうがない。「寄り集まってやるのはやめとこうね」と考えている。その点では、こっちの人のほうが一線をおける。あの人はこういう人だから、こう付き合おうというかんじがある。大家さんがそういう人で、自分たちが住み始めたときも、「welcome! とかどうしたの!? とか、なにかやってあげる! とかじゃなくて、聞いたことをやってくれるからむしろ冷たいかんじ」とも言える。こっちの人は昔の日本の田舎というかんじがある。しかしその「いなかっぽさはべったりしていない」。べったりしてたらトラブルがあったときに引っ越したりできない。そのかわり情報、うわさは氾濫している。それが抑止力になる。

Jさんによれば、安全面は重要である。それは、たとえば、「一軒家の場合まわりとのごたごたがあったり、周りから寄付をよこせとか言われるが、こ

こはそういうこと無い」という点での平穏があるという点でゲーテッド・コミュニティを評価している。さらに、「区画内の住民は仕事をしている人だから、悪いことをするような人はいない。従業員も悪さしない」点、「ほとんどこのへんは知り合い、みんな見てる。田舎みたい。みんな、トントンとノックしてガッとあけてくるような」住民の属性、付き合い方も安全面の評価につながっている。

　Jさんの行動範囲、行く場所はほぼ決まっているという。Jさんは日常的にはタクシーを使っており、バリをいろいろと回るというわけでもなく、あくまでタクシーで行ける場所に行っている。人と時間で待ち合わせるような予定もほとんど組まないという。むしろ、レストランを7時に予約しても6時半に行っても良いとか、何人でもどうぞというようなゆるい部分がバリ島の良い面である。

　Jさんは日本で楽器の習い事の知り合いが多いという。しかし、べたべたした関係ではなく、みんな自分のことで忙しかった。みんな地域に入っており、海外で生活するという人はだいたい奥さんが反対していた。しかし自分は友達がいなかったのですぐ来ることができたという。「ここもいつかいなくなるし、カリカリしたり、べたべたしてもしょうがない」。

　ここの条件として、オーナーが日本人、広さ、ワンゲート、買い物の近さが重要だった。日本にいたときも、便利さと安全は大事だった。ここに住み始めたときは、ゲートの外側の店にナシゴレンを買いに行っていたが、最近は自分でつくるか、日本食を食べにいったりつくったりしている。そのため、ほとんど日本と変わらない生活である。「テレビ、ごはん、喫茶店、それをたまたまバリでやってる」。最近よくつくるものは、かぼちゃの煮物、ひじき、コンビニがないのでツナサンドもつくる。そのように生活していると、「ここにいるとき、バリだって忘れる。しかし、みんなで集まってここでご飯食べるときにはバリだなって思う。不満はいろいろあるけど」。

　Jさんにとって、バリはインターナショナルであるという。区画内で、家の斜め向かいは中国人、前はオランダ人が生活している。Jさんが「聖しこの夜」を演奏していたところ、中国人がそれにあわせて歌ったり、オランダ

人がろうそくもってきてベランダで聞いていたりした。それは「バリだから、というより、単に観光地だからかもしれない。自分たちも、住んでない、仮住まい、地に根を張ってない。病気でもしていられなくなったら日本に帰る」。

バリの文化に接する機会は、オゴオゴをみるくらいであるという。「その他はとくに無い。お祭り見たりもしないし、結婚式やお葬式にも行かない。サーフィンするでも無く、何するでもなく、根付いてない。一歩出ると外人ばかりだし。自分の生活はほんとに何もかわらない。ただ暑いだけ」。

(2) Nさんの場合：シンプルにして、求めればそこにある

　Nさんは1952年生まれ、日本と往復しつつバリに長期滞在して7年目である。例年、9月のあたまから4月までバリ、5月から8月は日本に帰っている。「バリも好きだけど地元が好きなので」。Nさんは子どものころはひっこみじあんであったが、高校に入って世の中のことが解ってきて、反抗心や抵抗したい態度が出てきたという。そのかわり人と関わっていくことの大事さに気づき、そのことが後の仕事での役割意識へとつながっている。

　仕事としては、地元市役所職員として、民生、水道、市営住宅、国民健康保険、生活保護などの分野において「現場」「人とのかかわり」に携わってきた。困っている人にたいして、杓子定規の対応をするのではなく、抜け道を探すことがNさんの仕事であった。

　49歳のとき、テレビのイメージで即決し、初めての海外旅行でバリに滞在した。「その当時は早期退職なんて考えてなかった」。退職後はこういうところでのんびりしたいねとは話していたという。

　Nさんは50歳台前半で離婚することとなった。家のローンも終わっており、子どもたちは就職して子育ても終わり、「親としての任務が終わってぽーっとしちゃった」という。そこから少しずつ道が分かれ、ひとりの生活をどうするかということが実際問題として浮上した。当時、Nさんは市役所職員としては係長クラスであったため、上からも下からもプレッシャーがあった。「心のバランスを崩しちゃいけない。このままいくとヤバイかなと。そこで方向を変えようと」。何をするかとふと考えたとき、バリがうかび、

インターネットでバリも含めた長期滞在を調べはじめた。

　バリの物価、ビザ、生活環境に加え、年金、退職金、預金を鑑み、働かなくて大丈夫か、働かないでビザの条件はどうかなどを調べた。その過程において、Nさんは50歳台で中途退職、数年間は無収入（年金なし）の生活を送ることとなった。それは、仕事が嫌になったということではなく、あくまで、Nさんにとってやってみたい世界、のぞいてみたい世界をみつけた、下準備が終わったという段階を表すものであった。そこから、Nさんは食べものなど、健康にも気をつけるようにシフトしていった。さらに「一番は気持ち、ひとりで海外へということを明るく楽しく前向きに、積極的に。それがあるかどうか、3年間試してみた。やる気が本当にあるのか！？自問自答」。そのなかで気持ちを改めつつ、途中で一回バリを訪れ、家をどこにするか、マーケットはどこにあるかなどを探した。

　離婚する前は子ども達とは疎遠だったが、離婚し、バリに行くということになって子どもが応援してくれたという。「父さんすごく明るくなった。輝いてる。にこにこしてるねと今でも言ってくれる。それが今でも支え」。Nさんは仕事をがんばって家に帰ってからニコニコするようにしていたが、子ども達は「つくり笑いでしょ！」とわかっていたという。バリでの住居を探しているときには既にクタのイメージがあり、なかばクタに決めていた。華やか、繁華街があって少し離れるとローカルがある、そんなイメージ、頭のなかはバリといったらクタというかんじだったという。

　ここはひとりものが住むにしては家賃が高いが、セキュリティは大事であり、いろんな人が住んでいるという点も気に入っている。同時に、ここにいると日本語を話せる、日本の情報も入る、オーナーは日本人的発想である点、ご主人はバリ人で何かあったときに頼りになるだろうという点、オーストラリア人、ヨーロッパ人もいて、もっとやろうと思えば積極性を出せばそこに国際性がある点、インドネシア人もそこにいるという点が重要であり、求めるものがすぐそこにあるという環境が重要であるという。「なかには日本人とだけ生活している人もいるけど、海外なんだからコミュニケーションしたい」。さらに、食器をそろえておいてくれている点、日本的にお茶碗があっ

たり、低いテーブルがあったり、寝室とバスルームが別れている点、ある程度の広さなど、現在の住居はそれらが全て充足しているという。

　Nさんはさみしくなったり落ち込んだりしても、持ち越さないという。「明るく楽しく前向きにと言い聞かせている。ここはバリ、何しにきてるんだ、ここは海外だ、日本じゃないと」。同時に、「壁の外は一般の人たちだけど、そんなにざわつきとかない。好きな空間。ただし一日中だとしんどいから、変化としてショッピングモール、繁華街を求めている」。ここはゲート一つ出るとすぐローカルであり、髪を切るのも野菜を買うのもローカルで、完全に隔離されてはいない点、宗教にしても文化、言葉、食べ物、環境、いろんなものが混じりあっているという点も気に入っているという。「手を伸ばせば求めるものはすぐそこにある」。それらにいつでも手を伸ばすことができるようにと、Nさんは普段から自分で買ったバイクで動いている。

　この区画の中以外の日本人との付き合いは無いが、Nさんは自分から積極的に日本人と知り合おうといこうとは考えてない。「来るのはウェルカム」だが、自分から行くのであればインドネシア人やオーストラリア人にいくという。「定年になったら、趣味をもてとか、地域活動、料理とか、すぐにできるわけないけど、何でも好きにやればよい」。しかし、もっと積極的にやらないとできないことも多いという。むしろ、地域はオープンであり、メニューはある、そろっている。「あとは自分でいくかどうか」。これまでに何も地域活動をしていなくても、踏み出せばある。ごみひろいからだってある。「ここもそう。そう考えられるか。だから来る者は拒まず、さる人もそれでよい。オープンにしとく。欲しいもの、いきたい場所はそこにある」。

　普段、子どもからメールや連絡はないという。自分からもほとんどしない。そのようにして「削ぎ落とし、シンプルになっていく」ことが重要だという。Nさんは福祉関連の仕事に携わるなかで、抱え込むひとたちの様子を見たり聞いたりし、その問題を感じてきた。そのため、Nさん自身は、子どもとの関係もシンプルに、友達との関係、地域との関係も削ぎ落としていくということを意識しているという。それは、どこまで削ぎ落として、自分がどこまで耐えられるか、友人がどこまで許してくれるかとのバランスを感じること

でもあるという。「バリにきて、日本のこと気になって、子ども気になってじゃ意味が無い。インターネットはやめてる。パソコンも持って来てない。ここはバリだよ、メールだので日本のこと調べてるなら、こっちの人と話したほうが良い。でも帰ったらちゃんとつきあいがある。ここにいるのにそんなに抱えてたってしょうがないだろと。削ぎ落としていく。そして自分の気持ちがすごく安定してきた。本当に楽しめる」。

　Nさんにとって、バリの生活は豪華な食事やショッピングではなく、ぼーっとすること、心地よい時間を感じることが大事であり、そのために、この場所の環境、セキュリティも含めて必要である。さらに、Nさんは日本とバリを行き来することによって年に2回、頭が切り替わるという。「バリと日本。これも好き。1年間いるとしがらみもできてしまう。濃密なものができてしまう。4ヶ月いなければ、再会するとわだかまりも薄まってる」。

　将来、もしバリで他の場所に移るとしたら財政的な問題がある。ここは部屋もオーナーも人間関係も気に入っている。どこに住むのかについては、65歳は最後の判断、70歳だときつい。日本に帰りたくないけど75歳を過ぎたら帰らざるをえなくなるかもしれない。健康、体力、判断力などの問題は常に意識しないといけない。

(3) Oさんの場合：半径2km圏に地元も観光も何でもある

　Oさんは1967年生まれ、C県出身である。18歳まで地元で生活し、その後は自宅で小中学生を対象に英数塾を経営していた。「東京でせこせこ働くよりも、のんびりしつつ、自分の時間がある。お金に余裕があって、東京にも日帰りでいけた」。そうした生活のなか、「エネルギーの注入」として、年に2回海外旅行をしていた。アメリカ、ニューヨーク、フロリダなど、18歳から20歳までは英語を話したいという理由からアメリカに留学していた。当時は白黒はっきりしたい性格だったという。「ニューヨークでさっそうと歩道を横断しているというイメージが好きだった」。

　Oさんが27歳のとき、日本で知り合ったアメリカ人の友人からバリを勧められた。94年、コンチネンタル航空でバリに渡り、10日間クタに泊まった。

夜は暗く、バイクが走っているし言葉もちがうということが印象的であったが、「こんな所にひとりでいちゃいけない、次の日帰ろう」と考えていたという。しかし次の日の朝、ビーチに行くとヨーロッパからの男性二人とたまたま話をするなかで、バリ人は人懐っこいだけだよと言われた。それをきっかけとして、楽しく買い物したり、ねぎったりするのも楽しくなり、結果的に楽しく帰ることができたという。

その頃、円高をうけて個人輸入がはやっていた。Oさんは、アメリカから輸入したり、そういう仕事をしたいと考えた。次の年にまたバリに滞在したとき、たまたま日本の業者さんと出会い、間に入ってほしいと頼まれた。買い付け代行などの仕事が主であり、それをきっかけとしてドイツ人やアメリカ人とも知り合った。しかし最終的には日本人と一緒に仕事をはじめることとなった。それから約3年間は9ヶ月バリ、3ヶ月（6から8月）は日本という生活となった。はじめはクタ・レギャンの安いホテルを1年半ほど利用した。その後、空港周辺の地区で、一緒に仕事をしていた日本人家族の隣の家を3年間ほど借りて生活していた。

その頃、現在のご主人と出会い、2000年に結婚し、2004年まで日本で生活した。結婚と同時に、現在の家を知り合いから紹介され、もともと空港の近くに住んでいたこと、ご主人の兄弟がスミニャックに住んでいたことなどを踏まえて家を購入した。もっとも、実際に引っ越してきたのは子どもが産まれてから、2004年12月30日であった。同時に、部屋を貸して収入を得るようになった。

生活する上でOさんが嫌なことは、車を停めて、門をあけて、車を入れて、門を閉じることだという。しかしここでは、田舎と同じように車を停めてすぐ家に入ることができる。この区画内では家どうしに壁がなく、庭もどこまでも庭と考えることもできる。いちばん怖いのは、一軒家だと隣が何になるか、誰になるかわからないことであるという。たとえば、隣が倉庫になったりしたらうるさいが、この区画内ではそのようなことは絶対になく、「静かで、家同士の間には壁がないし、全部住居だし、奇麗。とたん屋根もない」。

以前Oさんが住んでいた家では、Oさんの夫が儀式等のために実家に帰っ

て家を空けているとき、Oさん独りになるため、安全のために窓と玄関に鉄格子つけていたという。「今のところは鍵をしめたことがないくらい」。出かけているときにお客さんがきても、「どこどこにありますよと言って見てもらうことができるし、犬もいるし」。子どもが小さい頃は区画内の近所に小さい子もいて一緒に遊んでいた。何があってもみんな知っているので安心だという。

Oさんは普段の移動においては、自ら車を運転している。ご主人は渋滞が面倒くさいとのことでバイクである。Oさんは、結婚する1、2年前には既に車に乗っていた。それ以前はバイクであったが、それでもレンタカーで運転はしていた。はじめは運転手をつけたりもしていたが、その次には、運転手に横に乗ってもらい、道を教えてもらいながら運転していたという。

Oさんは現在の家に10年住み、ここはバランスがよく、プライバシーがあるということを感じているという。住人はお互いに他の人に関心がない。めんどうくさいつきあいがない。しかしいつも人がいて寂しくない。ブーゲンビリアがあってリゾート気分もあるし、観光地っぽさもある。

地区の立地としては、子どもの送り迎えが遠いだけであり、それがなければ、半径2kmで生活でき便利だという。さらに、半径4kmになると日本食材店やデパートがある。日本に帰ろうと思えばすぐ空港がある。スーパーも六つ、ショッピングモールも4km圏にある。バイパスも近い。それにもかかわらず、ここは一本中に入っている場所なので、ワルンもあるし、「何でもぱっと買える」。生活圏なのでスーパーや地元の市場もある。子ども関係で出歩く範囲は広くはなるが、自分自身は半径2km無くても良いくらいであるという。

Oさんは観光地が近いという点はここに短期で滞在している人にとっても便利であり、住んでるという感じも味わうことができる点を評価している。地元もあるし、サンセットも見ることができる。地元の生活と観光地が近く、両方が共存していることが特徴であるという。

(4) Fさんの場合：バリの原風景は「静かで何も無い」

Fさんは1962年生まれ大都市出身である。17歳のころ、日本でサーフィンがはやっていた。実家の近くにサーフショップがあった。店の人たちは良い波を追って、いろいろなところに行くという雰囲気だった。Fさんは高校3年ではじめてバリにきて、とても気に入ったという。高校の通学の満員電車が嫌で、将来、満員電車に乗るような仕事はしたくないと考えていたため、のんびりしたバリの雰囲気に引き寄せられた。アルバイトでお金をためて一度バリに来た後は、インドネシア料理のレストランでアルバイトをして言葉も覚えた。

高校卒業後、専門学校に在学中の2年間、Fさんはバリに8回来た。そのうちバリで仕事をして生活したいと考えるようになった。しかし、学校ではバリに就職斡旋なんてできませんよと言われ、それでは自分で仕事を探しますと20歳のときに単身でバリに来てしまったという。そのとき最初に住んだ場所がクタであった。

20歳の後半には地元のライフガードと結婚し、デンパサールに住むこととなった。子どもが産まれ、お義父さん、お義母さんとともに民家で生活し、水は井戸から、お湯も無い、当時の移動手段はスズキの50ccのバイクとベモという生活だった。そのあと2年後にもうひとり子どもが産まれた。

その頃、仕事をするためにクタに洋服の小売店を出し、店は10年以上続けることとなった。その間、クタに土地を買って家をたて、デンパサールから引っ越したものの離婚し、少しの間、空港の近くに家を借りて生活した。それから2年後、バリ人と再婚し、ヌサドゥアの新興住宅地（ゲーテッド・コミュニティ）のなかで土地を買って家をたて、8年ほど住んだ。買ってすぐ住めること、手頃な値段であったことが選んだ理由であった。そこで3人目の子どもが生まれ、子どもが6歳になるくらいまで住んでいた。その住宅地には50軒ほどの家があり、どれもまだ建てたばかりだった。その住宅地では、お母さんたちがあつまってアリサン（頼母子講）をやったり、子どもたちが一緒に遊んだりしていた。スクールバスも来ていた。全体として、お手伝いさんを雇っているような、お父さんお母さんは仕事というような人たちが集まる住宅地であり、普通のバリ人住宅よりも日本的であったのではないかとの

ことである。

　しかしその住宅地は、Fさんの店との行き帰りがたいへんだった。そのため、現在の住宅地に家を買った。店は契約更新のごたごたの中で一度閉め、2000 年に他の場所を借り新たな名前ではじめた。しかし爆弾テロがあり、バリ全体として観光の落ち込みがあるなかで暇になってしまった。今の家を3 年ローンで買っていたので、何かしなければいけないと考え、サーフィンのガイドをしつつ、家の 2 階をホームステイとして貸すために住みやすいように家を立て替えた。

　最初は家を借りる予定であったが、毎年の賃料を考えると高くなるため買ってしまうことに決めた。しかし、家を一からたてるのはもう嫌だった。「こっちの人をつかって材料見てとか 2 回やった。クタとヌサドゥア。3 回目は建て売りが良いと。しかし手を抜いたところは嫌だ、ここだったら良い。プールもあってガードマンしっかりしてて」。住んだ当初、区画全体の半分以上に家が建っていたが、ほとんど誰も住んでいなかった。「全体がお化け屋敷みたいで静かだった。最初はお金持ちの別荘みたいだった。4、5 年たってからようやく貸すのがブームみたいになって、空いてもすぐに誰か入るという感じに。でも静かで安全」。

　改めて、バリにきた最初のきっかけを考えると、「渋滞や満員電車が嫌で、何も無いのが良かった」。離婚して再婚してからも、ちょっと静かにしてようかなと考え、静かな住宅地（ヌサドゥアのゲーテッド・コミュニティ）に居を構えた。当時はまだ渋滞はなかったが、それでも静かさを求めていた。現在の住宅地もまだ静かだった。バリは今、巨大で賑やかだが、Fさんにとってのバリの原風景は「静かで何も無い」。「マクド、スタバで安心してることもあるし、あったらあったで便利だけど、今、正月なんかは日本のほうが静か。こっちは花火がすごい」。

　現在の住宅地は場所が有名であるため、ホームステイする人もインターネットをみてエアポートから来ることができるが、普通の民家では無理だという。「プライバシーはあるけどわかりやすい」。住所もしっかりしており、日本からものを送ってもらいたいという日本人が住所をかしてほしいという

時に、対応することもあるという。この中では近所付き合いが濃いわけではない。オープンにしやすいが、田舎のオープンとはちょっと違う。たとえば、SNSの使い方にも、アカウントとっているだけ、見るだけ、発信するという人がいて、その方法も様々である。「ここもうまい使い方をしやすい。田舎のほうではバンジャールのおばちゃんが家に来たりするけど」。

　現在、Fさんは朝、自宅にてヨガを教えている。その点でも、住宅地の名前を出せば受講者はすぐ来ることができるし、他方で、言わなければ誰がくるわけでもない。「この場所は便利かな。静か、空港に近い、変な渋滞がないしで、何か無ければ移らない」と考えているという。

5　総　括

　以上のロングインタビューおよびライフヒストリーを改めて総括したい。Kさんは自らの専門技能を基盤とした職能生活に重きをおいていた。そのため、それらを適切に遂行できる物理的環境としての道具を最大限評価するものの、居住地へのこだわりについてはほとんど語られることはなかった。本章冒頭にて言及したケッセルリンクの新たなモビリティ、個人のモーティリティを基盤として方向性と目標地点をもたないモビリティに近い事例といえる。さらに、仕事上でのインターネットの利用方法からは、一つ目の類型すなわちヴァーチャルなモビリティも展開されているといえる。しかしながら、ケッセルリンクの類型と異なる点として、Kさんはバリ島がもつ宗教性と自らの宗教性とを結びつけ、バリ島において仕事をすることの必然性を引き出していることをあげることができる。

　他方で、Aさんは、自らの住居と経営する飲食店の関係性を把握し、自らの趣味・志向性を応用できることをゲーテッド・コミュニティの利点としていた。この点では、Mさんにも同様の傾向がみられた。自らが欲しいバリの要素だけを選択的に取り入れることができる環境がゲーテッド・コミュニティである。そのなかを自由に改装できるという点も、重要な要素であった。両者は、先進諸国のゲーテッド・コミュニティにおける私化・個人化の事例

に近いものであるといえよう。それぞれ重視されている要素として、Aさんの場合、好きなバリ島の文化「ハイブリッドなバリ」にライフスタイルを結びつけている点が特徴である。Mさんの場合は、ゲートの外のトロピカルなバリを楽しむために、ゲートのなかでは「守られる感じ、くつろげる場所、不便は嫌だ」という点が重視され、ゲートの外部との分業が生じているといえよう。

SBさんは、当初、ゲーテッド・コミュニティのなかで、地元との関わりをそれほどもたなくて良いことに一定の居心地の良さを感じていた。しかしながら、ご主人との死別をきっかけとして、自らの役割や立場が大きく揺るがされることになった。その過程において、ゲーテッド・コミュニティは、少しずつ外部や内部に眼を向け、感触を確かめて行くような新たな空間にうまれかわった。

南部観光地区においては、Jさんはゲーテッド・コミュニティをまさに閉じこもるための、誰にも邪魔されず、あたかも日本にいる状況と変わらないような空間として利用していた。それは、バリかどうかもわからないというほどの隔絶された環境であった。他方でNさんは、単身の身軽さをもち、動き回り、何にでも触れることができる環境としてゲーテッド・コミュニティを評価していた。それは、内部の安全という点を最小限度評価しながらも、むしろ区画の立地の良さを評価するものであった。同様の傾向はOさんにも見ることが出来た。区画内部の安全性を重視しつつ、区画から僅かの範囲のなかに多くの場所が存在することを評価していた。これらの事例は、モビリティやコミュニケーションの強弱はあれ、「外こもり」のライフスタイルに近似するものであるといえよう。

Fさんは、家族との行き来が便利かつ静かな場所をもとめて転居してきた。それは、自らが若かりし頃に見いだしたバリの静けさ、何も無い環境を、むしろゲーテッド・コミュニティ内に見いだすことにつながった。さらに、ゲーテッド・コミュニティの名称と場所がはっきりしており、インターネットにおいて検索できることから、自宅での自営業のサービスを目的として外部から訪れる人の目印になるという点を評価していた。これは、ゲーテッド・コ

ミュニティの閉鎖性・不可視性よりも、固有の名前と空間としての可視性を評価する視点である。Fさんは自宅での活動をインターネット（SNS）上に投稿している。それを見た人びとはコメントを残し、さらに実際に足を運ぶ人もいる。この点で、ゲーテッド・コミュニティ内の自宅はヴァーチャルなモビリティの中継点であり、現実のモビリティへの橋渡しを可能とする場所となる。とはいえ、それは、固有の「場所」というよりも、「座標空間」として価値づけされているようにもみえる。ゲーテッド・コミュニティのそのような「非場所性」が、プライバシーと可視性の両立、モビリティのコントロールを可能としているといえよう。

同時に、Fさんにはもう一つの「非場所性」が見出された。それは、ゲートの中の「何もなく静かな場所」としての認識である。ここでは、そのような「非場所性」の特徴が、「本当の」バリとして見いだされ、外部の現代的な喧噪はそこからの隔たりとして捉えられている。この場合の「非場所性」は、操作可能性を担保する「座標空間」に縮減されるのではなく、むしろ広大な記憶の空間を結び合わせる働きをする越境的な場でさえあるといえよう。

最後にSBさんの事例について、改めて確認したい。SBさんは、ゲーテッド・コミュニティ内での生活のなかで、夫との死別により大きな危機に直面し、その対応としてゲーテッド・コミュニティが新たな装いのもとに見直されることになった。このとき、ゲーテッド・コミュニティ内の奥ではなく、ゲート近くに自宅が位置することを最大限に利用している。ゲートの奥方向にたいしては、犬の散歩に行くことで、犬の面倒をみており自分のことばかりではないという自己表出を行うとともに、犬がいることによってコミュニケーションを調整できるということから社会的な「距離の調整」を行っている。ゲートの近くという点では、ゲートの外へと向かう他の家のお手伝いさんにたいして、家の前でひとり掃除をしているという自己表出を行うとともに、社会的な「距離の調整」を行っている。ゲートの外にたいしては、ガードマンを活用しながら行ったり来たりしている様子がわかる。それらは、バリ島社会との付き合い方のための、ちょうどよい距離感の学習にもなっている。

これらの点から、SBさんの住居は区画内奥部と外部、両空間の狭間にあり、

内部に対する位置づけを確認することで外部にも再度向き合っていこうとするような、社会的距離を調整可能とするような場所であるといえよう。ゲート内奥部に向け歩き自己を表出すること、通り過ぎる人びとから見られ会話をすること、ゲートの外にガードマンとともに歩き出すこと、SBさんにとってはこれらが、ご主人との死別後の新たな自己存在のためのモビリティ・ストラテジーであるといえよう。この点において、すでに実証研究を行ってきた「ゲート空間」(菱山 2012) 概念に近似した状況を見いだすことができる。

6　むすびにかえて

　以上、デンパサール市内のゲーテッド・コミュニティにおいては、比較的欧米型のゲーテッド・コミュニティに近い、個人化・私化の傾向がみられた。他方で、観光地区に隣接したゲーテッド・コミュニティにおいては、ライフスタイル移民の「外こもり」とゲーテッド・コミュニティの隔絶した環境との親和性が明らかとなった。これらのなかで、前者においてはSBさん、後者においてはFさんの生活様式から、新たな視点を得ることができた。Fさんについては、ゲーテッド・コミュニティの空間構成が、一方で操作的な座標、他方で記憶につながる越境的な場という、いわば二重の非場所性となっていることが明らかとなった。SBさんにおいては、ゲート内外の日々のモビリティにおいて、自らを再社会化するためのモビリティ・ストラテジーが明らかとなった。

　もっとも、これらの事例はゲーテッド・コミュニティを社会的に開放したり、再配分を促すようなものではない。換言すれば、いまだゲーテッド・コミュニティがもつ社会経済的ディバイドは存在する。関連して、本章では、「ゲート空間」がもち得る公共性 (菱山 2012) について十分言及することができなかった。ゲーテッド・コミュニティの空間的ゆらぎは、諸個人において新たなモビリティをうんでいるものの、それらが新たな関係を生み出し、政治的社会化や社会福祉的機能を可能とするまでには至っていないように見える。しかしながら、そのゆらぎがさらに振幅を増すとき、同時に、諸個人

のモーティリティがいっそう高まるとき、本章においてみられた新たな空間の生産がより普遍性を帯びる可能性もあるのではないか。

注

1 中産層むけの郊外型居住区画とは異なる事例として、ブレークリーとスナイダー（1997=2004）は米国のインナーシティの事例、テドンら（Tedong et al. 2014）はマレーシアにおけるローカルなゲーテッド・コミュニティ化の事例をあげている。

2 駅・ホテル・高速道路・空港・道路脇の公園等の場所は、移動の回廊を構築する場所となる（Lassen 1995）。その一方で、「ゲート」や様々な「境界」は、移動を制限し限定する（Sheller & Urry 2006: 212）。もっとも、アクセスの観点から、それらが逆転する可能性もある。アクセスがもつネットワーキングの能力と社会的排除については Cass, Shove and Urry（2005）を参照。

3 ライフスタイル移民については本書各章を参照のこと。ここで概略的に論じておくと、非日常的な旅行よりも日常的な生活が重視され、完全に現地に生活の拠点を移すのではなく、日本との行き来を可能とするような生活の源を保っておくということが特徴となる。両タイプの生活様式において、島村（2007）、山下（2007）、吉原（2008）は、「ライフスタイル移民」あるいは「ライフスタイル移住」という用語によってその特徴を描写している。具体的には職縁・企業移民ではなく自己都合・趣味・自腹（島村 2007）、閉鎖的で同質的・ハイアラーキカルな日本人社会ではなく、不定形で流動的・脱統合（吉原 2008）、常態的な余暇生活・もう一つの日常・観光と移住の曖昧さ（山下 2007）などがあげられる。

4 東南アジアにおいては、一つのゲーテッド・コミュニティ内でエスニシティごとのディバイドが生じている事例が報告されている（Leisch 2002, Tedong et al. 2014）。これに加え現在では、ゲーテッド・コミュニティのローカルなヴァリエーション（菱山 2012, Tedong et al. 2015）や、グローバル資本主義の影響力、都市開発における様々な行為者間のガバナンスとその結果としてのゲーテッド・コミュニティの生成（Winarso, Hudalah and Firman 2015, Zhu, Simarmata 2015）等、先進諸国の事例では手薄であった議論が東南アジアをベースに展開されている。

5 国境をこえて海外に渡りながらも、「旅の要素がスポッと抜け落ち、暮らすためだけの快適さ」（下川 2007: 101）のために、現地の滞在先からほとんど外に出ないか、最小限の生活圏内で活動するような「外こもり」と呼ばれる人びとが増加している。いわゆる駐在員もまた、ナショナルな経済社会と文化の庇護のなかで生活し、その枠組みの選択可能性に乏しい点において似た特徴をもつといえるかもしれない。両者は、物理的には数千キロを移動するにもかかわらず、社会・文化的な流動性には至らないという点で近似する。

6 移動可能性（モーティリティ）とは、実際の移動（モビリティ）のための潜在性・可能性のことである。カウフマン（Kaufmann 2002）によれば、モーティリティは移動主体がもつ移動のためのスキル、移動のための環境へのアクセス可能性、

諸個人の価値観や評価に従って移動をどのように配分するのかという諸要素からなる。

文献

Blakely, E. J. and M. G. Snyder, 1997, *Fortress America: gated communities in the United States*, Washington, D.C.: Brookings Institution Press.（＝ 2004，竹井隆人訳，『ゲーテッド・コミュニティ：米国の要塞都市』集文社.）

Cass, N., E. Shove and J. Urry, 2005, "Social exclusion, mobility and access", *The Sociological Review*, 53(3), 539-555.

菱山宏輔，2012，「ゲートを超えるバリ島のゲーテッド・コミュニティ」大西仁・吉原直樹監修、李善姫・中村文子・菱山宏輔編著『移動の時代を生きる――人・権力・コミュニティ』東信堂，209-247.

―――，2015，「モビリティとセキュリティの空間」吉原直樹・堀田泉編『交響する空間と場所』法政大学出版局，165-204.

Kaufmann, V., 2002, *Re-Thinking Mobility: Contemporary Sociology*, Farnham: Ashgate.

Kesselring, S., 2006, "Pioneering Mobilities: New Patterns of Movement and Motility in a Mobile World" *Environmental and Planning A*, 38, 269-279.

Lassen C., 1995, "Aeromobility and work", *Environment and Plannning A*, 38, 301-312.

Leish, H., 2002, 'Gated communities in Indonesia,' *Cities*, 19(5), 341-350.

Sheller, M. and J. Urry, 2006, "The new mobilities paradigm" *Environmental and Planning A*, 38, 207-226.

島村麻里，2007，「アジアへ向かう女たち日本からの観光」『アジア遊学』104号，勉誠出版.

下川裕治，2007，『日本を降りる若者たち』講談社現代新書.

Tedong, P. A., J. L. Grant, W. N. Azriyati, W. A. Aziz, F. Ahmad and N. R. Hanif, 2014, "Guarding the Neighbourhood: The New Land scape of Control in Malaysia", *Housing Studies,* 29(8), 1005-1027.

Tedong, P. A., J. L.Grant, W. A. Aziz, W. N. Azriyati, 2015, "Governing Enclosure: The Role of Governance in Producing Gated Communities and Guarded Neighborhoods in Malaysia" *International Journal of Urban and Regional Research*, 39 (1), 112-128.

Winarso, H., D. Hudalah and T. Firman, 2015, "Peri-urban transformation in the Jakarta metropolitan area", *Habitat International*, 49, 221-229.

山下晋司，1998，『バリ――観光人類学のレッスン』東京大学出版会.

―――，2007，「ロングステイ、あるいは暮らすように旅すること」『アジア遊学』104.

吉原直樹，2008，『モビリティと場所――21世紀都市空間の転回』東京大学出版会.

Zhu, J., and H. A. Simarmata, 2015, "Formal land rights versus informal land rights: Governance for sustainable urbanization in the Jakarta metropolitan region, Indonesia" *Land Use Policy*, 43, 63-73.

第 12 章
交錯する「まなざし」と複層化する社会観

松本　行真

1　はじめに

　20世紀中盤からはじまった航空機などの交通手段の発達は人びとの距離に対する心理的障壁を低下させたが、前世紀末からの情報通信技術の発展がそれを更に加速させたのは誰もが知るとことである。とりわけ、今世紀に入ってからは通信速度上昇や端末の高度化により、形式的な意味での「時間−空間の圧縮」(ハーヴェイ 1989=1999) が達せられた。具体的にいうと、インターネットがつながっている環境であれば、Skype のようなツールを用いて何時でも何処でも低コストでほぼフェイス・トゥ・フェイスのやりとりが可能になった。こうしたことは (少なくとも情報環境が整備されている国や地域においてであるが)「遠い異国の地で望郷の念に駆られる」ような感情をわれわれの視野の外へ追いやったといえるのではないだろうか。

　「たまたま、バリ島にいるだけ」は、筆者らのこれまでのバリ島での聞き取り調査からでもしばしば確認されたことである。バリ島にも、インドネシアにも、もっといえば東南アジアにもさほどこだわりはない人たちは、「そこに仕事 (ビジネス・チャンス) があるから」といった理由でバリ島に住んでいて、やはりそうした人たちは同じような理由で他の国へ行ってしまうのである。こうした活動を支えているのが先の情報通信技術 (メール等) であり、高速回線等の情報インフラの存在であろう。事実、インドネシアでも猛烈な勢いで基盤整備が進み、モバイルやインターネットもそれに伴い普及している

のである[1]。

　ビジネスの世界では上記のように $A_1, A_2, ……$ という場所は B という位置から等距離に近い状況になりつつある[2]といえるが、「観光」を考えたときはどうだろうか。アーリ（Urry 2007=2015）の移動に関する議論を敷衍すると、移動全般において $A→B$ への移動や B での獲得・経験という直線的、線形的な関係が崩れていると考えられる。一例をあげれば、観光地での体験がネット上のバーチャルないしは近隣の疑似体験施設[3]であらかた可能になっているからである。

　このような環境（ここでは情報環境とする）の変化は、観光地（もっといえば自分の「行き先」）への考え方やイメージを大きく変容させるものと考えられる。8章では主に観光客を対象にした日本人向けメディアの動向を論じたが、これは読者（観光客）のニーズを投影したもの≒誌面構成ととらえ、読者のニーズ、もっといえばバリに対するまなざしを確認することを目的としたものである。具体的にはまなざしの方向として、「日本→バリ」、「バリ在住日本人→バリ・日本」、そしてそれらを架橋するウェブ空間に分けて、各々のメディア（『地球の歩き方』、『バリフリーク』、『アピ・マガジン』）がとらえるバリへのまなざしとその変化を論じた[4]。このように、章全体での基調をなすのはメディアで取りあげられた項目の分析であったり、各誌編集部への聞き取りという、あくまでも「提供側」を起点とした議論であった。そこで本章では「受け取る側」へと視点を移し、主に日本を拠点にしながらも定期的にバリ島の現地人の家族と一緒に暮らす A さんの事例をとりあげることにより、日本／バリそれぞれの視点からのバリ／日本への「まなざし」、それを通して形成される社会観をみていくとともに、先の「提供側」の視点も併せて検討することとする。

2　日本／バリ双方からみたバリ社会における日本人・バリ人[5]

(1) バリ島とのかかわり

　A さん（女性）のプロフィール

1975（昭和50）年12月にB市で生まれた。地元の公立小学校、中学校を経て、C市にある高校へ進学・卒業後、D大学の教員養成課程に進学。B市から3歳のときに引っ越して、今はE町という所に両親と一緒に住んでいる（未婚）。父は60代後半。B市の職員だった。母は同じ60代後半でパートとかをチョコチョコはやっていたが、ほとんど専業主婦である。

大学を卒業後、地元の会社（建設コンサルタント）に就職し、そこに6〜7年ほど勤めた。その後、B市にある今の会社（建築系のサービスの会社）に勤務している。

仕事以外の社会的な活動もやっている。バリ舞踊をしていることから、その先生から小学校とか、幼稚園とか、保育園とかで何か呼ばれたときには「手伝って」っていわれて、行ったりするのはある。10年以上はやっていると思う。

バリ島を知ったきっかけ

D大学にガムランがあったのがバリを知ったきっかけである。2年生のときに楽器があるっていうことが分かって、それでガムランの講座を受講して、そこからバリに興味を持った。最初に聴いたとき、何ていうか、割と気持ちがいい。小さい頃から大きい音がすごく恐怖っていうか、怖いほうなんだけど、あれ、結構、大きい音なのに怖いっていう感じじゃないなっていうのが不思議だった。音がいつまでも消えないような、振動が気持ちいい感じ。

バリ島にはじめて行ったのは2004年の9月。最初は3人[6]で（個人旅行で）行き、10日近く滞在したと思う。サヌールにあるロスメンに泊まった。サヌールの印象は落ち着いていて、ひとり歩きしてもそんなに怖くなさそうだ、そのときは怖かったけど。なんかひとりでも歩けそうだなっていう感じがした。

サヌールを拠点にして、ウブドとか、いろんな所に行った。ウブドでは王宮のなかで踊りをみた。あとヌガラヘスアールアグンの演奏を聞きに行った。あれは素晴らしかった。日本でも聞いたけれど、やっぱり全然、違った。迫力がある。音がドーンっていう感じで。あと外で聞けるので。バリだと全然違う。

その後のバリ島とのかかわり

　その後、8回行った。連休に有休を足して行ったり、一番短いときで滞在期間3日ぐらいのときもあった。最初は踊りを習いたいと思って行き始めたけれど、あとは行ってリラックス。とにかく行くことに意義があるみたいにだんだんなってきたっていうか、気分転換なのだろうか。友達に会ったりするのも楽しいので、友達に会いに行っていた。あと、お坊さんの家に泊めてもらっていたときは、朝に寺の掃除、お寺の掃除をしてとか、そういうのも楽しかった。9回行ったが、毎回が発見だった。

(2) 日本、バリへの／からのまなざし

バリ人家族とのかかわり

　最近はバリ人の友達Gさん[7]の家に行くことが多いが、バリ島にいる間はずっと生活を共にしている。お祈りとかも一緒にしたり、儀式も見学させてもらったり、あとチャナンとかをつくるのも手伝ったりとかしている。その友達の家はH県にある。ところが友達のうちの一人であるGさんが亡くなってしまった。30代の初めだったと思う。(亡くなったのは)震災の年(2011年)の3月の末だった。震災があって電話もよく通じなかったり、交通もうまくいかなかったりしている間に亡くなってしまったと聞いて。でもその後も、その人の家に行っている。

　その(亡くなった)Gさんが、「もし今度、バリに来るなら、兄さん(Iさん、40歳くらい)の電話教えるから、そこに電話しなさいね」っていっていたことがあった。ちょっとその意味がよく(分からなかった)、そのとき、私はインドネシア語もよくできないし、彼の日本語は私のインドネシア語よりはいいけれど、でも、お互いに疎通がよく分からなくて、不思議だなって聞いていたけれど、「あっ」て思いだして。別な友達Jさん[8]の結婚式に、バリに行ったときに電話をかけてみた。そうしたら友達のお兄さん(Iさん)と話がつながって、「今度、死んだGのお葬式をやるからね」と。そうしたら、「決まったら連絡してあげるから」っていわれた。電話をしたら(Iさんが)会いに来てくれたのでそこで話をして、何で死んだかとかの話をしてくれていたのだ

けれども、何かよく分からなかった。

バリの日本人、日本人社会

　大学の時、ガムラン講座の先生がこういっていた。「他の外国人は何かあったら助け合ったりするが、日本人は海外で何かあっても友達にはならない」。(その理由は)日本人である程度お金がある人は個人プレイ、お金で何とかできる、頼れるという安心感を持っているからだと思う。お金に頼れない人は、友達がダメだったら友達の友達に助けてもらおうかと考えているのではないだろうか。日本人はそういうところがなくなっているのかもしれない。でも人とはつながっていたいから、つながりだけは残したいと思っている。

　私自身は、(バリ)日本人会と関わりはないけれども、バリのウブドにお嫁に行ったJさんの話からすると、そういう日本人会とかが結構、昔。昔はというか、あるらしいということ。でも、Jさんはあんまり、何だろう、絶対、行かないっていうわけじゃないけど、やりたい人がやればいいと考えているようだ。「自分はあんまり断るっていうほどではないけど、やらないよね」っていう話は聞いた。

　バリにお嫁に行った友達にも、生活をフォローしてくれる人は、以前から(バリ島に)住んでいる日本人の友達Kさん[9]のように、結構いるけど、やっぱりその小さいグループのつながりというか、そういうのがあるのだと。今は結構、SNSとかも発達しているので、やっぱり気の合う人たちとか、割と近くに住んでいるとか、そういう地元でつながっているみたいなのがあるような気がする。さっき話したJさんの結婚式に呼ばれたので行ったときも(着付けなどの)手伝いに来てくれる日本人がいて、その人の働いているホテルの上司も日本人で、悩み事を聞いてくれたりと結構、仲良くしている。みんなと仲良くっていうよりは、気の合う人と仲良く……っていう雰囲気はすごくある。せっかく自分が行きたいと思って行ったのに、わざわざ、日本人同士で固まる必要はないんじゃないのっていう開けた人は多いような感じがする。

　日本とは直接つながれるので、そんなに現地の人とつながる必要がないのかもしれない。日本人会に入ると拘束されてしまうといったマイナスの面が

気になる。

日本人を媒介にみたバリの社会

　現地のバリの男性と結婚している日本人が、結構、多い。結婚した女性も働いている。家族のことはやっぱり大切にしたいって、根底では思っているから。バンジャールで何かあるときには家から手伝いに、手伝いというか、ンガヤー（社会奉仕）に行かねばならないときに自分も行ってみるっていう気持ちはある。だけどそこにずっといるのは、まるっきり真面目にそれを手伝うっていうか、やるっていう、100パーセントやるっていうのも、きついから、ちょっとたまに「抜けたい」っていって抜けてくるとか。あとは仕事があるからとか、そういう息抜きは上手。上手っていうか、しているけど、根本的にはやるよっていう。ただ、結婚しても日本人の場合は外国人である。ほどほどが、精いっぱいじゃないか。きちんとやろうと思ったら、気が狂うほど大変だと思う。親切だけれども、向こうの人は。

バリ人家族のなかから日本人がみたバリの社会

　（質問：イベントがあるときはそこら辺りの分からない人がいっぱい来ると負担になるのではないか。だけど、結構、和気あいあいと訳の分からない、にぎわいみたいなのがある）そう。それが楽しいところだと思う。何だろう。人が来ても、お客さんは何もしないっていう、日本だとお客さんに何かさせると失礼ってなるけど、そういうのはあんまりないのでは。親戚とか、そういう近しい人が来たときは、その人たちがみんなやってくれるので。私は結構、イベントのときに行くので人がいっぱいいるけれど、誰が誰だか、全然、分からないような人が多い。でも、その人たちも仕事はいっぱいしている。

　（質問：日本でいうと居候がいっぱいいることはある）そう。親戚が来るのではなくて、小さい子を預かってっていうのはみたことがある。お手伝いをする代わりに学校に行くとか、そういうのでその家に住み込んでいる子だよって。踊りの先生の家に行ったときに2人ぐらい、そういう子がいた。小さい子。小さい子っていっても、お手伝いはできる子。赤ちゃんのお世話とか、そう

いうのができる子が 2 人ぐらい、女の子がいた。

　たとえば赤ちゃんがいても、お母さんは仕事があるとそちらへいってしまう。家の中にはいるのだけれど。それでその赤ちゃんを誰かに「はい」って渡すと、その赤ちゃんを誰かがあやしていて、またワーって泣かれそうなると誰かに「はい」っていって。だんだん赤ちゃんが移動していって、最後にもうどうしようもなくなるとお母さんの所に戻ってくるとか、そういう感じ。気がついたら、みんな、誰か、困っている人がいたら助けるとか、あんまり 1 人で勤勉にやらなきゃないっていうのがない。(良い意味で)いいかげん。

　私がいつもお世話になっている (G さんの) 家は、結構、男性は働く。でも、口はあんまり出さない。奥さんに怒られる。「えーっ」てなる。でも、自分は自分の仕事を取りあえずやるっていう感じ。テリトリーが分かれているから、お互いにあんまり口出しはしない。台所のこととかは全然、何もいわないけれども、「何か買ってきて」っていわれたら、「はい」っていって買ってくるとか。「ガスがない」っていわれたら、「ガスを買ってくる」とか。そういうのはやるっていうのはある。

　G さん家族の子どもも大きくなるし[10]、また来年 (2016 年) あたり行きたい。「来年には巡礼のときに一緒に行こうか」っていわれたりするから、ぜひ行きたいと。住んでみたいとは思うけれども、仕事ができるかっていうと、ちょっと。

日本人とバリ人のコミュニケーション
　日本では忙しそうな人がいたら手伝えそうだったら手伝うし、そうでなかったら邪魔をしない。でも、バリでは手伝おうとしても邪魔をしている雰囲気なのに、「これは○○をやるんだよ」とか「次に○○をやってね」とか、手を止めて親切に教えてくれる。根をつめて、眉間にしわを寄せてやっている感じではない。

　言葉がわからない場合は身振り、手振りで話をすると手を止めて話を聞いてくれる。人の気持ちを汲んでくれる、感じようと努力してくれる。たとえば、日本人が来ると「日本人は (みんな) 温かいお湯を浴びる」と思いこんでいて、

自分は水でよいのだけれど……。「こういうことを聞いたんだけど、本当？」と聞いてくる。確かめることを楽しんでいる。気を遣ってくれるけど、ギリギリしていないところ、「こういうのをやったら喜んでくれるかな」を楽しむ感じ。

こうしたことに自分は最初、「どうだろう？」と感じていた。「日本と違うな、もっとこうやればいいのに」と考えたりもしていた。サヌールに泊まったとき[11]に、Ｆさんが店番を任されたりしても、何てことない感じで。「ゆるゆるだけど、うまくいく」。地域の力があるから、おかしい人がいたらみんなが気をつけるのだと思う。

（はじめてバリ島へ行ってから）5〜6回目くらいになったとき、神様にお任せするような感じなのか、こうしたことを自然に受け入れられるようになった。「この人達は悪いようにはしない」、感覚で理解した。肩の力抜けた感じ、「キラキラ」でいいのだと。

バリからみたバリ人社会と日本人社会の相違

もうちょっと、何というのか、時間の使い方というか、日本は時間に追われているから、もうちょっと家の人とゆっくり話をするとか、そういう時間がないというか、何か作業をする時間とか。仕事をする時間はぎゅうぎゅう詰めにそれをやらねばいけない、というのがあって。バリでもやらねばならないことがいっぱいあるのだけれども、その仕事の間が緩いというか、しゃべりながら一緒に作業をするとかでコミュニケーションを図れるというのがあると思う。

私なんか、（インドネシア語を）しゃべれないから、あまりしゃべらない。でも一生懸命、見よう見まねで同じことをすると一員になったっていう感じがするというか、みんなも混ぜてくれるし、そういうのが好きというか、ありがたいというか。

バリでの結婚、日本での子育て

子どもで「日本がいい」っていう子がいるというのは、2回ぐらい聞いた。

「うちの子は日本のほうがよいっていうから」っていう話で、それでおじいちゃん、おばあちゃんに預けていると。だから、定期的に何かあると帰るっていうことを聞いた。

　(質問：国際結婚はある意味で命懸けみたいなところがあるわけだけども、結構、そういうふうなことは感じない、もうダメだったら離婚すればよいのだと)私はそう思う。私の友達(ウブドに嫁いだKさん)も今年(2015年)は帰ってこないみたいだけれども、1年に1回は帰ってくる。旦那さんと一緒に来たりすることもある。(日本に)来られるだけ稼いでいるってすごいなと思っている。

バリ人からみた日本人へのまなざし

　私がお世話になっているGさん家族のお母さんが、友達が日本人と結婚しようとしたら、ちょっと難色を示したとのこと。要するに歩き方とかがもう違う。何というか、デンパサールは割とフラットじゃない。バリは結構、坂とかも多く、道も舗装されておらず、歩くのが大変である。これは物を持たせられないっていうことで、階段とかも、結構、ガタガタの階段とか上がらねばならない。やっぱり、日本人は下半身を使わないので、ペンギンみたいにピョコピョコ歩くから、みているだけで転びそうみたいな。そういうのもあって、とても「自分が耐えられそうにない」っていっていた。

　(質問：家族の意見って大きいんですかね。家族とか、親族の意見って)大きいと思う。やっぱり、お父さん、お母さんが許さないと。絶対ダメっていうわけじゃないけれども、ちょっとかなりショックっていうか、ふみきれるかどうかは、本人次第だと。

(3) 日本のなかのバリ

家族のなかのバリ

　(質問：もうこれまで9回ぐらい行っておられて、そのときのご両親の反応はどうだったか)最初のときは、すごく反対された。特に父親。今は帰ってくれば何でもいい。というか、帰ってこなくてもいいんじゃないかなと。(父母とは一緒に)行きたいのだけれども、ちょっとタイミングがないというのと、父

は腰が悪くて座っていられない。いつか、母を連れて行きたいなと思っている。

日常のなかのバリ

（質問：Ａさんは今、バリ舞踊をやっているが、そういうものを通してバリの方々と知り合うことは多いだろうか）バリ舞踊を通してバリ人と会うかというと、あまり会わない。バリ舞踊とガムランのグループとか、イベントがあると先生のお友達というか、学友の人とかとは会ったりもする。あと、バリから来る先生、バリ人の先生を呼んだときはバリの人とも接点はあるけれども。バリの人と直接ってあまりない。バリ舞踊の練習はひと月に３回あればいいほうである。３〜４人（すべて女性）くらいが参加している。発表会は１年に１回あるかないかくらい。

（質問：そういう小学校とか、幼稚園とか、そういう、要するに出前みたいな形で、あるいは招かれて行くかたちなのか）そうだ。

（質問：あっちこっちでガムランの会とか、そういう交流はしているのだろうか）先生経由ではある。何かイベントをするときに足りないから、東京のほうから来てもらうとかはある。（Ｌまつりの舞台に）何回か、ずっとやっていたけれども、ただ最近の（まつりに）は出ていない。去年、一昨年ぐらいから出ていない。

変わるバリ

私、なんでそんなに頻繁にバリに行きたいって思うのかと考えたら、消えていってしまいそうだから。私、田舎も好きだし、昔の生活っていうのか、人がいっぱいいて、なんだかよく分からないけれども、ワアワアしているっていうのが好きなので。（バリに行くと）Ｇさん家族のお世話になっているけれども、そうしたものがどんどん開発されて変わっていって、なくなってしまう。携帯電話を持っている子どももいっぱいいる。自分だけの時間っていうのを過ごしていたりするのだけれど、そうやって、だんだんなくなっていってしまいそうだから、余計行きたくなるのかなと、今、思った。だから、どんどん変わっていくのだろうけど、その伝統を大事にしてもらいたいと思っ

ている。Gさんの家族には「すごいことだよ」って。一方でチャナンとか、サヌールでやっているようにホチキスをいまだに使わないで串でつくっている。植物が生えていないとできないし、それを見る目や採ってくることもできないとダメで、一連の作業のなかでどれかが一つ欠けていても成り立たない。そういう「昔からのものが残っているって、すごいことだよね」っていうようにしている。

　その家の子たちに「これは外国人が来て興味を持ってみるようなものなんだよ」っていうのをみていてほしい。そうするとその子たちも、多分、覚えていてくれると思うから。その家の子どもはまだチャナンをつくることができる、昔のやり方で。でも、その子の子どもってなったら、きっと廃れていると思う。

バリ社会と日本社会の相違

　何となくしか分からないのだけれども、日本って、すごく個人戦。何でも個人でできる自由って、いろいろある。反面、人を集めるってなると大変だと思う。向こうは取りあえず、人は集まるっていうか、人はいっぱい、いるよなっていう。それって、結構、幸せなことかなと。ただ、それは違うと思う。何か家族の行事をするっていったときに仕事だから行けないとか、それは断れる、日本だと。でも、向こう（バリ）だと最後のほうだけ、ちょびっと来るとか、とにかく誰かは来るっていう。だから、何かあると親戚がブワーっているのだけれども、そういうのって断らないで都合して来てくれる。お葬式のときなんて違う島からも来ていた。

　（質問：通過儀礼があるときに、いとこのいとことか何とか、そういう人たちが集まってきて、100人ぐらい集まる。あれ、何だと感じているか）いとこのいとことか、全然もう訳が分からないと私は思うのだけれども、いとこのいとこはもう知っている人なのだと。親戚がすごく多い。お父さんの方の親戚とお母さんの方の親戚とか。だから、お父さんのきょうだいの何とかかんとかでとかって。そういう大きい家族を大切にしているという、日本は家族が小さいから。

3 「まなざし」と社会観

　日本、バリそれぞれの視座による「まなざし」とそれを通して形成される社会観はどうなっているだろうか。前節の聞き取り調査の結果を検討する前に、それぞれの「まなざし」の方向を次のように整理する（図12-1）。

日本→バリ（①バリの日本人、日本人社会、②バリのバリ人、バリ人社会）
　これは日本からみたバリを示し、バリにおける日本人や日本人社会を日本からどうみているのか（①）、同様に日本からみたバリ人とバリ社会のことである。
バリ→日本（③バリ人からみた日本人、日本人社会、④バリにかかわる日本人からみた日本人、日本人社会）

　今度はバリからみた日本についてであり、具体的にはバリ島に住まうバリ人からみた日本人と日本人社会（③）、バリ島にかかわる日本人からみた日本人、日本人社会（④）である。これらは日本とバリの対比から検討する（xとx'という表現にする）。

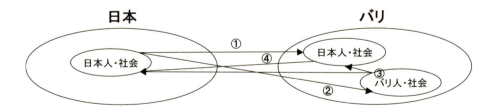

図 12-1　「まなざし」の類型

第12章　交錯する「まなざし」と複層化する社会観

　これらの方向を規定したうえで、聞き取り調査の内容に立ち返りつつ、「まなざし」から形成される日本／バリ人・社会観をみてみよう。以下、これまでの発言内容からの抜粋だが、文意が変わらない程度に縮約している。

日本→バリ
①バリの日本人、日本人社会
1) 絶対、（日本人会の会合に）行かないっていうわけじゃないけど、やりたい人がやればいいと考えているようだ。「自分はあんまり断るっていうほどではないけど、やらないよね」。
2) SNSも発達しているので、気の合う人たちとか、近くに住んでいるとか、地元でつながっているみたいなのがあるような気がする。みんなと仲良くっていうよりは、気の合う人と仲良く……っていう雰囲気はすごくある。せっかく自分が行きたいと思って行ったのに、わざわざ、日本人同士で固まる必要はないんじゃないのっていう人は多いような感じがする。
3) 日本とは直接つながれるので、そんなに現地の人とつながる必要がないのかもしれない。日本人会に入ると拘束されてしまうといったマイナスの面が気になる。

　バリ島における日本人はいわゆる「選択縁」（上野千鶴子）を志向し、仲良し・気の合う者同士でネットワークが形成される社会であるといえる。そうした人間関係、社会を可能にしたのがSNSといった情報通信技術の進展により担保されたネットワークの存在といえるのだろう。日本人会について付言すると、2章と3章でも言及されているように、バリの日本人会は同じインドネシア国内のジャワやスラバヤの日本人会のような「企業社会」の相似形ではなく、「選べる移動」と「ライフスタイル移民」を志向する人びとによって形成された緩やかなネットワークであるといえる。それにもかかわらず、「わざわざ、日本人同士で固まる必要はない……人は多いような感じがする」と言及されるのは、バリにおける日本人はより先端的な「選択縁」を求めているのかもしれない。

②バリのバリ人、バリ人社会

4) バンジャールで何かあるときには家からンガヤー（社会奉仕）に行かねばならないときに、真面目にそれを手伝う、100パーセントやるっていうのもきついから、「抜けたい」っていって抜けてくるとか、そういう息抜きは上手。「しているけど、根本的にはやるよ」っていう。

5) 誰か、困っている人がいたら助けるとか、あんまり1人で勤勉にやらなきゃないっていうのがない。（良い意味で）いいかげん。

6) 取りあえず、人は集まる。バリだと最後のほうだけ、ちょびっと来るとか、とにかく誰かは来る。だから、何かあると親戚がブワーっているのだけれども、そういうのって断らないで都合して来てくれる。

7) (はじめてバリ島へ行ってから) 5～6回目くらいになったとき、神様にお任せするような感じなのか、自然に受け入れられるようになった。「この人達は悪いようにはしない」、感覚で理解した。肩の力抜けた感じ、「キラキラ」でいいのだと。

日本人からみたバリ人、バリ社会はどうなのか。端的にいえば「断らない」が（「適切な」という意味で）「適当にこなす」人が多いことから、何かをやり遂げるためにはとにかくたくさんの人による参加が必要という、いわば民衆知（ギアーツ）から出来した行動様式であるとも考えられる。日本では考えられない不合理な行動であっても、バリ社会では合理的なのである。これらのギャップは④でも明らかになる。

バリ→日本

③バリ人からみた日本人、日本人社会

8) 人の気持ちを汲んでくれる、感じようと努力してくれる。「こういうことを聞いたんだけど、本当？」と聞いてくる。確かめることを楽しんでいる。気を遣ってくれるけど、ギリギリしていないところ、「こういうのをやったら喜んでくれるかな」を楽しむ感じ。

8') 8)のようなことに自分は最初、「どうだろう？」と感じていた。「日本と違うな、もっとこうやればいいのに」と考えたりもしていた。

9) 友達が日本人と結婚しようとしたら、（そのお母さんが）ちょっと難色を示したとのこと。歩き方とかがもう違う。バリは結構、坂とかも多く、道も舗装されておらず、歩くのが大変である。これは物を持たせられないっていうことで。日本人は下半身を使わないので、みているだけで転びそうみたいな。

9') 結婚しても日本人の場合は外国人である。ほどほどが、精いっぱいじゃないか。きちんとやろうと思ったら、気が狂うほど大変だと思う。

8) と対になる8') の発言から判断するに、バリ人は日本人にたいして（他の外国人にも同様なのかもしれないが）、「先回りして大ざっぱに理解して、それを人に確認する」という見方のようだ。日本人ならばこれを「偏見」とみなし、ポジティブな印象にはならない。そのためにAさんも「どうだろう？」と感じたのではないか。9) と9') の「結婚する→家族になる」という問題について、夫となる母による「歩くのが大変」という発言はあくまでも比喩といえないか。つまるところ、先に述べたバリ人の「断らないが適当にこなす」ことが「困難である」という評価を意味しているのであり、それが9') の「結婚しても日本人の場合は外国人である」という発言につながっているのではないだろうか。

④バリにかかわる日本人からみた日本人、日本人社会

10) 日本人である程度お金がある人は個人プレイ、お金で何とかできる、頼れるという安心感を持っているからだと思う。日本人は助け合うところがなくなっているのかもしれない。でも人とはつながっていたいから、つながりだけは残したいと思っている。

10') お金に頼れない人は、友達がダメだったら友達の友達に助けてもらおうかと考えているのではないだろうか。

11) 日本では忙しそうな人がいたら手伝えそうだったら手伝うし、そうでなかったら邪魔をしない。

11') バリでは手伝おうとしても邪魔をしている雰囲気なのに、「これは○○をやるんだよ」とか「次に○○をやってね」とか、手を止めて親切

に教えてくれる。根をつめて、眉間ににしわを寄せてやっている感じではない。

12) 日本は時間に追われているから、もうちょっと家の人とゆっくり話をするとか、そういう時間がないというか、何か作業をする時間とか。仕事をする時間はぎゅうぎゅう詰めにそれをやらねばいけない。

12') バリでもやらねばならないことがいっぱいあるのだけれども、その仕事の間が緩いというか、しゃべりながら一緒に作業をするとかでコミュニケーションを図れるというのがあると思う。

10)と10')を端的に表現すれば、日本人は「金により個人で解決」であり、(バリ人を含むであろう)他の外国人は「金がないから皆で協力して解決」という対比になる。これらはある意味で「境界を明確に引く」のが日本人であり、バリ人は逆であるから、11)と11')の「そうでなかったら邪魔をしない」(日本人)と「邪魔をしている雰囲気」(だけれど手伝っている)(バリ人)という違いとしてあらわれるのではないか。これらの基底にあるのは恐らく両者の時間感覚の差異にあるというのが12)と12')の発言といえ、「ぎゅうぎゅう詰め」の日本と「間がゆるい」バリが象徴的に示している。

これらをまとめたのが表12-1である。特に③と④の両矢印の右側(「偏見」、「境界を引く」)は日本にいる日本人による感覚を対比的に表現している。そこでこの「受け取る側」の結果を8章で示した表8-6の「提供側」と併せてみるとどうだろうか。日本→バリにおいては消費という「選択」が『地球の歩き方』

表12-1 「まなざし」と社会観

「まなざし」の方向		社会観
日本→バリ	日本①	SNSも可能にする選択縁
	バリ②	断らないが、適当にこなす
バリ→日本	日本③	大ざっぱな予断⇔偏見
	バリ④	曖昧のまま⇔境界を引く

第12章　交錯する「まなざし」と複層化する社会観

または『アピ・マガジン』の誌面で展開されている。廃刊までほぼ一貫して「知る」を中心とした誌面構成であった『バリフリーク』であるが、バリ島を知ってもらうがための（バリ流の）「大ざっぱな予断」と「曖昧なまま」なコンセプトがスポンサー（日本）側からは「偏見」とみなされたとも考えられる。

これまでの聞き取りから日本→バリ／バリ→日本という一方向であらわれる軸だけでなく、それらをクロスする軸も見え隠れする[12]という意味での交錯する「まなざし」にかんする単純な4分類からも、それら社会観の複層性の存在をうかがいすることができよう。もう少しいえば、表12-1における①から④のまなざしにより形成された社会観の組み合わせが、より広いないしはマクロレベルにおける日本やバリのイメージとして表出されるのであり、その一方でそうしたイメージがこれら社会観に影響を及ぼし、「まなざし」そのものへのとらえ返しに至り（「アナウンス効果」ともいえよう）、それらの相互作用による時系列の蓄積（の一部）が、われわれが確認できるイメージとか社会観であると考えられる。

注

1　8章の表8-1を参照。
2　各地の風俗や文化などの要素はここでは考えない。
3　大手組織小売業によるショッピングセンター内での農産・水産物直売所の展開など。
4　8章の表8-6を参照。
5　この聞き取り調査はB市内で2015年12月12日、2016年2月3日に各2時間程度、実施した。ちなみに括弧内はAさんの聞き取りをもとに、筆者の判断により意味が通るように付記したものである。
6　バリ舞踊の仲間で当時はみんなB市に住んでいた。自分が一番年下だった。現在、ひとり（Eさん）はB市周辺に住んでいて、もうひとり（Fさん）は6～7年前にマレーシア人と結婚して、マレーシアで暮らしている。
7　男性。最初に会ったときは20代後半。兄（Iさん）は自分と同い年くらい。最初に3人（自分、Eさん、Fさん）で行ったときに女友達のFさんが紹介してくれた。
8　女性。自分より少し年上でバリ舞踊を一緒に習っていたB市に住んでいた人。震災の2年後くらいにバリ人と結婚し、結婚前から住んでいたウブドで暮らしている。
9　ウブド周辺に住んでいる。自分より年上。以前はメール、フェイスブックやLINEでやりとりしていたが、最近はあまりない。

10　一番上が中 3、下がこの前に生まれた。昨年 (2015 年) の 10 月に 6 ヶ月目の誕生日を祝いに行った。
11　マレーシアに嫁いだ F さんの友達の家。
12　「見え隠れする」と表現したのは、厳密にはバリ人への聞き取り、もっといえば対象者を日本在住のバリ人に拡げる必要性からである。筆者の課題として別の機会で論じたい。

文　献

Harvey, D., 1989, *The condition of postmodernity*, Oxford (= 1999, 吉原直樹監訳, 『ポストモダニティの条件』青木書店.)
Urry, J., 2007, *Mobilities*, Polity. (= 2015, 吉原直樹監訳, 『モビリティーズ——移動の社会学』作品社.)

資　料

バリ日本人会調査

日本語学科学生が抱く日本イメージ調査

資 料 417

バリ日本人会調査

2009/5/1

- ■調査期日　2009 年 2 月
- ■調査手法　質問紙調査
- ■調査対象　日本人会に加入する全世帯（世帯主または世帯主に準ずる日本人）
　　　　　　有効回収数：55s

		回収数	サンプル構成比
合計		55	100.0%
男女別	男性	21	38.2%
	女性	34	61.8%

		回収数	サンプル構成比
合計		55	100.0%
年代別	20 代	4	7.3%
	30 代	14	25.5%
	40 代	29	52.7%
	50 代	4	7.3%
	60 代以上	3	5.5%

※ Q1～Q4 は省略。

●あなたがバリに来られた理由についておうかがいします。

Q5 あなたがバリを知ったのは何年くらい前ですか。（一つだけ）

全体ベース　N=55

1	1年以内	0.0
2	1年～2年前	0.0
3	3年～5年前	5.5
4	6年～10年前	20.0
5	11年～20年前	45.5
6	21年～30年前	21.8
7	30年以上前	5.5
8	覚えていない	1.8

Q6 バリを何から知りましたか。（いくつでも）

認知時期把握ベース　N=54

1	親兄弟、従兄弟などの親戚	13.0
2	同性の友人・知人	31.5
3	異性の友人・知人	11.1
4	職場（パートやアルバイトなど）の同僚、先輩、上司	11.1
5	取引先など仕事関係でのつきあい	7.4
6	隣近所の人たち（町内会やマンションの管理組合など）	0.0
7	PTAなど子どもを通じたつきあい	0.0
8	飲食店などで出会う人たち（飲み仲間など）	1.9
9	クラブやサークルの仲間	1.9
10	語学など習い事の仲間	1.9
11	メール友達（メールのやり取りが中心の人）	0.0
12	特定のホームページや掲示板に集まる人	0.0
13	新聞、雑誌の記事・広告	13.0
14	テレビやラジオの報道・広告	11.1
15	政府観光局や旅行代理店のホームページ	5.6
16	日本インドネシア協会、ロングステイ財団など団体	0.0
17	書籍	7.4
18	その他	11.1

Q7 バリを初めて知ったとき、バリについてどんな印象を抱きましたか。(いくつでも)

認知時期把握ベース　N=54

1　観光で行ってみようと思った	35.2
2　住んでみたいと思った	3.7
3　人が生き生きしていると思った	11.1
4　優しい人たちがいると思った	13.0
5　色々な人たちが集まっている社会だと思った	5.6
6　宗教色(バリ・ヒンドゥー)が濃い社会だと思った	14.8
7　いつも変化がある社会だと思った	0.0
8　懐かしい田園風景があると思った	24.1
9　日本とは違う何かがあると思った	20.4
10　政情が不安定だと思った	3.7
11　あまり印象に残らなかった	16.7
12　その他	14.8
13　一つもない	1.9

Q8 バリを初めて知ってから移住する前まで、どのくらいバリに訪れましたか。(一つだけ)

全体ベース　N=54

1　1回	18.5
2　2～3回	14.8
3　4～5回	31.5
4　6～10回	11.1
5　11回以上	16.7
6　訪れたことはない	7.4

Q9 (Q8で1～5とお答えの方に)バリに初めて訪れたとき、誰と一緒に来ましたか。(いくつでも)

訪れたことがある人ベース　N=50

1　親兄弟、従兄弟などの親戚	14.0
2　同性の友人・知人	30.0
3　異性の友人・知人	10.0
4　職場(パートやアルバイトなど)の同僚、先輩、上司	6.0
5　取引先など仕事関係でのつきあい	6.0
6　隣近所の人たち(町内会やマンションの管理組合など)	0.0
7　PTAなど子どもを通じたつきあい	0.0
8　飲食店などで出会う人たち(飲み仲間等)	0.0

9	クラブやサークルの仲間	2.0
10	語学など習い事の仲間	2.0
11	メール友達（メールのやり取りが中心の人）	0.0
12	特定のホームページや掲示板に集まる人	0.0
13	その他	8.0
14	ひとりで来た	24.0
		8.0

Q10 （Q8で1～5とお答えの方に）バリに訪れてから、バリの印象はどう変わりましたか。（いくつでも）

訪れたことがある人ベース　N＝50

1	また観光で行ってみたいと思うようになった	32.0
2	住んでみたいと思うようになった	42.0
3	人が生き生きしていると思うようになった	12.0
4	優しい人たちがいると思うようになった	12.0
5	色々な人たちが集まっている社会だと思うようになった	10.0
6	宗教色（バリ・ヒンドゥー）が濃い社会だと思うようになった	24.0
7	いつも変化がある社会だと思うようになった	2.0
8	懐かしい田園風景があると思うようになった	22.0
9	日本とは違う何かがあると思うようになった	30.0
10	政情が不安定だと思うようになった	2.0
11	印象に残らないと思うようになった	0.0
12	その他	10.0
13	一つもない	0.0
		8.0

Q11　あなたがバリに住むことになった理由は何ですか。（いくつでも）

全体ベース　N＝55

1	以前に旅行で行ったことがあるから	7.3
2	バリに住む人たちの生活にあこがれたから	1.8
3	日本での生活に疲れたから	5.5
4	日本以外の国に住んでみたかったから	18.2
5	今までの人生をリセットしたかったから	9.1
6	バリで新しいことにチャレンジしたいと思ったから	10.9
7	自分自身の転勤・転職があったから	32.7
8	バリの現地人と結婚したから	34.5
9	配偶者等家族の転勤・転職・転居があった	0.0
10	友人・知人に誘われたから	1.8
11	その他	9.1
12	なんとなく	7.3
		1.8

Q12 バリに住む前に日本で準備したことは何ですか。（いくつでも）

全体ベース　N＝55

1	貯金や借金などをして資金の工面を行った	23.6
2	日本にある資産・財産をすべて処理した	5.5
3	家族や友人・知人にバリ移住の理由を説明した	56.4
4	会社の上司・同僚にバリ移住の理由を説明した	23.6
5	バリに行ったことのある家族や友人・知人などにバリ事情について説明を受けた	14.5
6	バリに住んでいる家族や友人・知人などにバリ事情について説明を受けた	12.7
7	バリの住居や税金・保険などについて、自分で調べたり、他の人から説明を受けた	10.9
8	インドネシアやバリの文化について学んだ	21.8
9	バリで展開するビジネスについて計画を立てた	14.5
10	その他	10.9
11	何もしなかった	18.2

Q13 バリに来られた後でも、日本に住んでいる人でやりとりをしているのはどんな人たちですか。（いくつでも）

全体ベース　N＝55

1	親兄弟、従兄弟などの親戚	85.5
2	同性の友人・知人	90.9
3	異性の友人・知人	50.9
4	職場（パートやアルバイトなど）の同僚、先輩、上司	34.5
5	取引先など仕事関係でのつきあい	36.4
6	隣近所の人たち（町内会やマンションの管理組合など）	5.5
7	PTAなど子どもを通じたつきあい	1.8
8	飲食店などで出会う人たち（飲み仲間等）	5.5
9	クラブやサークルの仲間	9.1
10	語学など習い事の仲間	10.9
11	メール友達（メールのやり取りが中心の人）	16.4
12	特定のホームページや掲示板に集まる人	1.8
13	その他	1.8
14	一つもない	0.0

●バリでのあなたの人づきあいについておうかがいします。

Q14　バリでふだんつきあいがあるのはどんな人たちですか。（いくつでも）

全体ベース　N＝55

1　バリ日本人会に所属する日本人	89.1
2　バリ日本人会を通じて知り合った日本人	61.8
3　バリ日本人会を通じて知り合った現地人（バリ、インドネシア人）	18.2
4　バリ日本人会を通じて知り合った現地人以外の外国人	3.6
5　日本人会以外の団体で知り合った日本人（具体的な団体名　　　　　）	32.7
6　日本人会以外の団体で知り合った現地人（具体的な団体名　　　　　）	30.9
7　日本人会以外の団体で知り合った現地人以外の外国人（団体名　　　　　）	16.4
8　一つもない	3.6

●日本人会に所属する日本人とのおつきあいについておうかがいします。

Q15　(Q14で1とお答えの方に) お知り合いはどのくらいの人数ですか。（一つだけ）

日本人会に所属する人とつきあいのある人ベース　N＝49

1　1～3人程度	4.1
2　4～10人程度	26.5
3　11人以上	69.4

Q16　(Q14で1とお答えの方に) 主にどんなことを話しますか。（いくつでも）

日本人会に所属する人とつきあいのある人ベース　N＝49

1　ふだんの生活全般について	87.8
2　自分の配偶者について	32.7
3　自分の子どもについて	46.9
4　仕事やビジネスについて	59.2
5　日本人会について	38.8
6　日本人会以外のネットワークについて	20.4
7　バリやインドネシアについて	55.1
8　その他日本のことについて	44.9
9　その他	4.1
10　一つもない	0.0

4.1

●日本人会を通じて知り合った日本人とのおつきあいについておうかがいします。

Q17 (Q14で2とお答えの方に) お知り合いはどのくらいの人数ですか。(一つだけ)
日本人会を通じて知り合った人とつきあいのある人ベース　N＝34

1　1～3人程度	11.8
2　4～10人程度	38.2
3　11人以上	50.0

Q18 (Q14で2とお答えの方に) 主にどんなことを話しますか。(いくつでも)
日本人会を通じて知り合った人とつきあいのある人ベース　N＝34

1　ふだんの生活全般について	88.2
2　自分の配偶者について	32.4
3　自分の子どもについて	41.2
4　仕事やビジネスについて	73.5
5　日本人会について	32.4
6　日本人会以外のネットワークについて	17.6
7　バリやインドネシアについて	52.9
8　その他日本のことについて	35.3
9　その他	8.8
10　一つもない	0.0

●日本人会を通じて知り合った現地人(バリ、インドネシア人)とのおつきあいについておうかがいします。

Q19 (Q14で3とお答えの方に) お知り合いはどのくらいの人数ですか。(一つだけ)
日本人会を通じて知り合った現地人とつきあいのある人ベース　N＝10

1　1～3人程度	20.0
2　4～10人程度	30.0
3　11人以上	40.0
	10.0

Q20 (Q14で3とお答えの方に) 主にどんなことを話しますか。(いくつでも)
日本人会を通じて知り合った現地人とつきあいのある人ベース　N＝10

1　ふだんの生活全般について	60.0
2　自分の配偶者について	10.0
3　自分の子どもについて	30.0
4　仕事やビジネスについて	70.0
5　日本人会について	30.0
6　日本人会以外のネットワークについて	20.0
7　バリやインドネシアについて	50.0

8	その他日本のことについて	10.0
9	その他	0.0
10	一つもない	0.0

●バリ日本人会を通じて知り合った現地人以外の外国人とのおつきあいについておうかがいします。

Q21 （Q14で4とお答えの方に）お知り合いはどのくらいの人数ですか。（一つだけ）
日本人会を通じて知り合った外国人とつきあいのある人ベース　N＝2

1	1～3人程度	0.0
2	4～10人程度	0.0
3	11人以上	100.0

Q22 （Q14で4とお答えの方に）主にどんなことを話しますか。（いくつでも）
日本人会を通じて知り合った外国人とつきあいのある人ベース　N＝2

1	ふだんの生活全般について	50.0
2	自分の配偶者について	50.0
3	自分の子どもについて	0.0
4	仕事やビジネスについて	100.0
5	日本人会について	50.0
6	日本人会以外のネットワークについて	50.0
7	バリやインドネシアについて	100.0
8	その他日本のことについて	0.0
9	その他	
10	一つもない	0.0

●日本人会以外の団体で知り合った日本人とのおつきあいについておうかがいします。

Q23 （Q14で5とお答えの方に）お知り合いはどのくらいの人数ですか。（一つだけ）
日本人会以外の団体を通じて知り合った日本人とつきあいのある人ベース　N＝18

1	1～3人程度	11.1
2	4～10人程度	22.2
3	11人以上	61.1

5.6

Q24 （Q14で5とお答えの方に）主にどんなことを話しますか。（いくつでも）
日本人会以外の団体を通じて知り合った日本人とつきあいのある人ベース　N＝18

1	ふだんの生活全般について	88.9
2	自分の配偶者について	11.1
3	自分の子どもについて	27.8

4 仕事やビジネスについて	50.0
5 日本人会について	11.1
6 日本人会以外のネットワークについて	22.2
7 バリやインドネシアについて	61.1
8 その他日本のことについて	33.3
9 その他	5.6
10 一つもない	0.0
	5.6

●日本人会以外の団体で知り合った現地人とのおつきあいについておうかがいします。

Q25 (Q14で6とお答えの方に) お知り合いはどのくらいの人数ですか。(一つだけ)
日本人会以外の団体を通じて知り合った現地人とつきあいのある人ベース　N=17

1 1〜3人程度	0.0
2 4〜10人程度	29.4
3 11人以上	64.7
	5.9

Q26 (Q14で6とお答えの方に) 主にどんなことを話しますか。(いくつでも)
日本人会以外の団体を通じて知り合った現地人とつきあいのある人ベース　N=17

1 ふだんの生活全般について	70.6
2 自分の配偶者について	23.5
3 自分の子どもについて	23.5
4 仕事やビジネスについて	52.9
5 日本人会について	11.8
6 日本人会以外のネットワークについて	23.5
7 バリやインドネシアについて	58.8
8 その他日本のことについて	5.9
9 その他	5.9
10 一つもない	0.0
	5.9

●日本人会以外の団体で知り合った外国人とのおつきあいについておうかがいします。

Q27 (Q14で7とお答えの方に) お知り合いはどのくらいの人数ですか。(一つだけ)
日本人会以外の団体を通じて知り合った外国人とつきあいのある人ベース　N=9

1 1〜3人程度	11.1
2 4〜10人程度	44.4
3 11人以上	44.4

Q28 （Q14で7とお答えの方に）主にどんなことを話しますか。（いくつでも）
日本人会以外の団体を通じて知り合った外国人とつきあいのある人ベース　N＝9

1　ふだんの生活全般について	77.8
2　自分の配偶者について	33.3
3　自分の子どもについて	33.3
4　仕事やビジネスについて	44.4
5　日本人会について	22.2
6　日本人会以外のネットワークについて	33.3
7　バリやインドネシアについて	33.3
8　その他日本のことについて	11.1
9　その他	22.2
10　一つもない	0.0

●バリ日本人会についておうかがいします。

Q29　以下にバリ日本人会の活動をあげています。あなたが昨年度に参加した活動はどれですか。（いくつでも）

全体ベース　N＝55

1　盆踊り	65.5
2　運動会	40.0
3　三都市親善スポーツ大会	25.5
4　忘年会	10.9
5　『楽園通信・ケチャック瓦版』への記事などの投稿	9.1
6　文化部、スポーツ振興部の活動	21.8
7　その他	7.3
8　一つもない	14.5

5.5

Q30　今後、あなたは日本人会の活動にどう関与していきたいと思いますか。
　　（一つだけ）

全体ベース　N＝55

1　積極的に参加したい	16.4
2　まあ積極的に参加したい	56.4
3　あまり積極的に参加したくない	18.2
4　積極的に参加したくない	3.6

5.5

Q31 （Q30で1〜2とお答えの方に）その理由は何ですか。（いくつでも）

参加したいと思う人ベース　N = 40

1　日本人とのつきあいが他にないから	10.0
2　日本人同士の方がつきあいやすいから	27.5
3　日本人以外の人とつきあいたくないから	2.5
4　活動に関与すると人間関係が拡がると思うから	60.0
5　有益な情報が得られるから	45.0
6　子どものためになるから	42.5
7　他にやることがないから	0.0
8　日本人会の発展に貢献したいから	30.0
9　その他	20.0

2.5

Q32　（Q30で3〜4とお答えの方に）その理由は何ですか。（いくつでも）

参加したくないと思う人ベース　N = 12

1　日本人会以外の方がつきあいやすいから	0.0
2　日本人同士はつきあいにくいから	0.0
3　日本人同士ばかりでつきあいたくないから	33.3
4　人間関係が狭くなると思うから	16.7
5　有益な情報が得られないから	0.0
6　子どものためにならないから	0.0
7　自分の時間を大切にしたいから	41.7
8　日本人会にはあまり関心がないから	41.7
9　その他	16.7

●バリでのあなたの生活全般についておうかがいします。

Q33　バリの生活についてあなたはどう思いますか。（一つだけ）

全体ベース　N = 55

1　非常に満足している	21.8
2　まあ満足している	67.3
3　あまり満足していない	7.3
4　まったく満足していない	0.0

3.6

Q34 (Q33で1～2とお答えの方に) その理由は何ですか。(いくつでも)

満足している人ベース　N=49

1	バリにいる日本人とうまくいっているから	38.8
2	現地人とうまくいっているから	30.6
3	わずらわしい人間関係がないから	16.3
4	自分らしさが実感できるから	34.7
5	自由に色々なことができるから	53.1
6	仕事がうまくいっているから	26.5
7	行事の参加を通じて現地にとけ込めているから	14.3
8	その他	12.2
		2.0

Q35 (Q33で3～4とお答えの方に) その理由は何ですか。(いくつでも)

満足していない人ベース　N=4

1	バリにいる日本人とうまくいっていないから	0.0
2	現地人とうまくいっていないから	0.0
3	わずらわしい人間関係があるから	0.0
4	自分らしさが実感できないから	75.0
5	自由に色々なことができないから	0.0
6	仕事がうまくいっていないから	0.0
7	行事が多くわずらわしいから	25.0
8	その他	25.0

●バリでのあなたの今後についておうかがいします。

Q36 今後、あなたがやっていきたいことは何ですか。(いくつでも)

全体ベース　N=55

1	日本人会の活動	27.3
2	現地人との交流	23.6
3	現地のコミュニティへの参加	7.3
4	日本にいる家族や親戚との交流	45.5
5	日本にいる友人・知人との交流	54.5
6	現在、展開している仕事の事業規模拡大(手伝いも含む)	50.9
7	新たなビジネスの展開(手伝いも含む)	45.5
8	収入などの経済基盤の安定	61.8
9	子どもの教育	52.7
10	帰国を含めた転職・転居	7.3
11	その他(　　　　)	5.5
12	一つもない→Q40へ	0.0

Q37 (Q36でお選びの中で)特にやりたいことは何ですか。(三つまで)

全体ベース　N=55

1	日本人会の活動	3.6
2	現地人との交流	12.7
3	現地のコミュニティへの参加	3.6
4	日本にいる家族や親戚との交流	12.7
5	日本にいる友人・知人との交流	5.5
6	現在、展開している仕事の事業規模拡大(手伝いも含む)	30.9
7	新たなビジネスの展開(手伝いも含む)	34.5
8	収入などの経済基盤の安定	23.6
9	子どもの教育	43.6
10	帰国を含めた転職・転居	3.6
11	その他(　　　　　)	3.6
12	一つもない→Q 40 へ	0.0
		7.3

Q38 今後のバリの生活で不安を感じることがありますか。(一つだけ)

全体ベース　N=55

1	ある	85.5
2	ない→Q 40 へ	14.5

Q39 (Q38で1とお答えの方に)では、どのような不安を感じますか。(いくつでも)

不安を感じる人ベース　N=47

1	地震などの自然災害	48.9
2	バリやインドネシアの政情不安	42.6
3	自分の国籍	17.0
4	治安の悪化	25.5
5	バリの社会にとけ込んでいけるか	6.4
6	景気の悪化	46.8
7	社会保障制度があてにならない	40.4
8	税金や保険料などの負担増加	12.8
9	自分や家族の失業	14.9
10	収入が変動して生活が不安定になること	40.4
11	自分の将来が見えない	14.9
12	自分がどんどん年をとっていく	14.9
13	日本の変化に取り残されること	2.1
14	自分や家族の老後の健康	34.0

15	子どもや孫の将来	31.9
16	努力しても報われないこと	4.3
17	その他	19.1
18	一つもない	0.0

Q40　あなたの性別と年齢を教えてください。

全体ベース　N=55

1	男	38.2
2	女	61.8

回答者ベースN= 54　41.8歳

Q41　あなたご自身は、以下の1～8のどの立場にあてはまりますか。（ひとつだけ）

全体ベース　N=55

1	学校を卒業し、就職または習い事や家事手伝いをしている独身者→Q43へ	20.0
2	既婚で現在子どもがいない→Q43へ	9.1
3	末子（一人の場合はその子）が小学校入学以前の親	29.1
4	末子が小学生の親	20.0
5	末子が中学・高校・大学などの学生の親	9.1
6	すべての子どもが学校を卒業して就職・または結婚した親	5.5

7.3

Q43　いま現在、あなたと同居しているご家族の人数はあなたを含めて何人ですか。（一つだけ）

全体ベース　N=55

1	1人（自分だけ）	29.1
2	2人	9.1
3	3人	20.0
4	4人	18.2
5	5人	10.9
6	6人以上	9.1

3.6

Q44 （Q43で1以外にお答えの方に）一緒に住んでいるご家族を教えてください。
（いくつでも）

同居者が2人以上者ベース　N=37

1 配偶者	78.4
2 子ども	73.0
3 自分の親	0.0
4 配偶者の親	5.4
5 自分の祖父母	0.0
6 配偶者の祖父母	0.0
7 孫・曾孫	0.0
8 友人・知人	5.4
9 その他	18.9
	8.1

Q45 いまのあなたのお住まいは以下のどれにあてはまりますか。（一つだけ）

全体ベース　N=55

1 持ち家一戸建て	40.0
2 持ち家集合住宅	10.9
3 借家一戸建て	25.5
4 賃貸集合住宅	14.5
5 社宅・寮	3.6
6 その他	1.8
	3.6

Q47 あなたの日本での出身地はどこですか。

全体ベース　N=55

1 北海道	1.8
2 青森県	0.0
3 岩手県	0.0
4 宮城県	1.8
5 秋田県	0.0
6 山形県	1.8
7 福島県	1.8
8 茨城県	0.0
9 栃木県	1.8
10 群馬県	0.0
11 埼玉県	1.8
12 千葉県	3.6
13 東京都	23.6

14	神奈川県	5.5
15	新潟県	3.6
16	富山県	1.8
17	石川県	0.0
18	福井県	0.0
19	山梨県	1.8
20	長野県	0.0
21	岐阜県	0.0
22	静岡県	1.8
23	愛知県	10.9
24	三重県	1.8
25	滋賀県	0.0
26	京都府	1.8
27	大阪府	5.5
28	兵庫県	5.5
29	奈良県	1.8
30	和歌山県	0.0
31	鳥取県	0.0
32	島根県	0.0
33	岡山県	0.0
34	広島県	1.8
35	山口県	3.6
36	徳島県	1.8
37	香川県	1.8
38	愛媛県	3.6
39	高知県	0.0
40	福岡県	0.0
41	佐賀県	0.0
42	長崎県	0.0
43	熊本県	1.8
44	大分県	0.0
45	宮崎県	0.0
46	鹿児島県	0.0
47	沖縄県	0.0
48	インドネシア	0.0
49	その他の外国	1.8
		3.6

日本語学科学生が抱く日本イメージ調査

2013/10/31

- ■調査期日　2013年9月
- ■調査手法　質問紙調査
- ■調査対象　ウダヤナ大学文学部日本語学科　学部生
  　　　　　　有効回収数：176s

		回収数	サンプル構成比
合計		176	100.0%
男女別	男性	31	17.6%
	女性	140	79.5%

		回収数	サンプル構成比
合計		176	100.0%
年代別	1年生	54	30.7%
	2年生	42	23.9%
	3年生	38	21.6%
	4年生	42	23.9%

Q1　あなたが日本に興味を持ったきっかけはなんですか。（いくつでも）

全体ベース　N = 176

1	テレビや新聞で報道されたから	34.1
2	インターネットで知ったから	41.5
3	映画・ドラマ・アニメ・音楽を見聞きしてから	70.5
4	家族・親戚が日本のことを話していたから	14.8
5	友人・知人が日本のことを話していたから	20.5
6	学校の先生が日本のことを話していたから	42.6
7	日本人留学生が身近にいるから	3.4
8	日本人観光客と知り合いになったから	16.5
9	学校の授業で日本のことを学んだから	56.8
10	日本食を食べてから	23.9
11	日本のスポーツに関心を持ったから	1.1
12	その他	8.0

Q1.1　それはいつ頃ですか。（一つだけ）

全体ベース　N = 176

1	小学校入学以前	8.5
2	小学校	17.0
3	中学校	17.6
4	高校	56.8

Q2　あなたはなぜ日本語学科に進学したのですか。（いくつでも）

全体ベース　N = 176

1	日本語を学びたかったから	80.1
2	日本文化・社会に関心があったから	72.2
3	映画・ドラマ・アニメ・音楽などを日本語で楽しみたいから	51.1
4	日本食に関心があったから	25.0
5	バリで日本に関わる仕事をしたいから	53.4
6	日本で仕事をしたいから	43.2
7	日本の大学に進学・留学したいから	36.4
8	日本に住みたいから	28.4
9	日本人と仲良くなりたいから	40.3
10	家族・親戚（友人・知人）に勧められたから	5.7
11	その他	1.7

Q3 あなたが進学を決めた際、あなたの家族・友人の反応はどのようなものでしたか。（いくつでも）

〈賛成した〉

全体ベース　N＝176

1　父	89.2
2　母	90.3
2　兄・姉	42.0
3　弟・妹	39.2
4　友人・知人	52.3
5　その他	8.5
6　ひとりもいない	-

1.1

〈反対した〉

全体ベース　N＝176

1　父	5.1
2　母	6.3
2　兄・姉	3.4
3　弟・妹	1.1
4　友人・知人	4.0
5　その他	5.7
6　ひとりもいない	4.5

76.1

Q4 あなたが日本について日常的に見たり聞いたりするメディアはなんですか。（いくつでも）

全体ベース　N＝176

1　テレビ	69.3
2　ラジオ	29.0
3　新聞	18.8
4　インターネット	89.2
5　その他	4.5

Q5 バリ島在住の日本人の知り合いはだいたい何人ですか。（数字を記入）

回答者ベース　N＝102　2人

またどのようなお付き合いをしていますか。（いくつでも）

「日本人の知り合いがいる」人ベース　N＝83

1　家族ぐるみの付き合い	20.5
2　学校での付き合い	30.1

3 アルバイト先などの職場での付き合い		12.0
4 趣味のサークルなどでの付き合い		9.6
5 近隣での付き合い		22.9
6 インターネットでの付き合い		27.7
7 その他		13.3
		1.2

Q6 あなたは日本のどのようなことを知っていますか。また、その中で興味・関心を持っているものは何ですか。(いくつでも)

全体ベース　N＝176

		知っている	興味・関心がある
1	アニメ	63.6	14.8
2	漫画	56.8	14.8
3	映画	63.1	11.4
4	音楽	64.2	13.1
5	アイドル・歌手	33.0	5.7
6	ファッション	44.3	9.7
7	化粧	13.1	1.1
8	車	25.0	2.3
9	日本食	67.6	11.4
10	スポーツ	16.5	0.6
11	文化	77.8	22.2
12	温泉	32.4	1.7
13	着物	61.9	6.3
14	侍	23.3	3.4
15	四季	56.8	6.8
16	地震・津波	25.0	0.6
17	原発事故	11.9	1.7
18	富士山	29.5	2.3
19	東京	48.9	4.5
20	京都	23.9	3.4
21	浅草	9.7	1.7
22	東京タワー	38.6	4.5
23	スカイツリー	15.9	2.8
24	その他	10.2	4.5
			44.9

Q7　あなたは日本に何回行ったことがありますか。(数字を記入)
　　　　　　　　　　　　　　　回答者ベース　N = 109　0.2回

Q7SQ1　(Q7で行ったことがある人)最も長く滞在したのは何日ですか。(数字を記入)
　　　　　「日本に行ったことがある」回答者ベース　N = 176　9.0日

Q8　あなたは日本語学科に入学前、日本人および日本の社会に対してどのようなイメージを持っていましたか。(いくつでも)
〈日本人〉

全体ベース　N = 176

1	親切である	68.2
2	社交的である	29.5
3	真面目である	54.5
4	よく働く	90.9
5	仲間を大切にする	17.6
6	おしゃれである	21.6
7	金持ちである	23.3
8	あまり主張しない	8.0
9	浪費家である	5.1
10	職業や肩書きで判断する	18.2
11	ささいなことにこだわる	67.0
12	その他	7.4
		0.6

〈日本社会〉

全体ベース　N = 176

1	豊かである	36.4
2	清潔である	89.2
3	治安が良い	46.6
4	個人より集団を大切にする	37.5
5	集団より個人を大切にする	11.9
6	長寿国である	50.6
7	安全ではない	4.0
8	物価が高い	63.6
9	災害が多い	39.2
10	その他	6.3
		1.1

Q9 日本語学科に入学後、Q8のイメージは変化しましたか。「より思うようになった」もの、「あまり思わなくなった」もの、それぞれにあてはまるものを選んでください。(いくつでも)

A より思うようになった

〈日本人〉

全体ベース　N=176

1　親切である	17.0
2　社交的である	4.5
3　真面目である	8.5
4　よく働く	10.8
5　仲間を大切にする	2.8
6　おしゃれである	1.1
7　金持ちである	4.5
8　あまり主張しない	3.4
9　浪費家である	1.7
10　職業や肩書きで判断する	2.8
11　ささいなことにこだわる	5.1
12　その他	-

71.0

〈日本社会〉

全体ベース　N=176

1　豊かである	8.0
2　清潔である	5.7
3　治安が良い	5.1
4　個人より集団を大切にする	5.1
5　集団より個人を大切にする	1.1
6　長寿国である	2.8
7　安全ではない	1.1
8　物価が高い	8.0
9　災害が多い	5.1
10　その他	-

81.8

B あまり思わなくなった

〈日本人〉

全体ベース　N=176

1　親切である	13.6
2　社交的である	2.8

3	真面目である	10.8
4	よく働く	9.7
5	仲間を大切にする	1.7
6	おしゃれである	2.8
7	金持ちである	1.7
8	あまり主張しない	-
9	浪費家である	1.1
10	職業や肩書きで判断する	2.3
11	ささいなことにこだわる	6.3
12	その他	0.6

72.7

〈日本社会〉

全体ベース　N=176

1	豊かである	4.0
2	清潔である	15.3
3	治安が良い	5.1
4	個人より集団を大切にする	5.7
5	集団より個人を大切にする	2.8
6	長寿国である	5.1
7	安全ではない	2.8
8	物価が高い	8.0
9	災害が多い	3.4
10	その他	1.1

72.7

Q10　あなたは卒業後どうしたいと考えていますか。(いくつでも)

全体ベース　N=176

1	日本に留学したい	38.6
2	日本で仕事をしたい	52.3
3	日本に住みたい	31.3
4	日本人と結婚したい	12.5
5	バリにある大学院に進みたい	13.1
6	バリ以外の大学院に進みたい	15.9
7	バリで日本に関わる仕事をしたい	65.3
8	バリで日本にこだわらず仕事をしたい	6.3
9	まだ具体的に決めていない	10.2
10	その他	4.0

0.6

F4　家族構成を教えてください。(いくつでも)

全体ベース　N = 176

1	祖父	43.2
2	祖母	57.4
3	父	93.2
4	母	93.8
5	配偶者	1.1
6	兄	27.3
7	姉	27.8
8	弟	43.2
9	妹	39.8
10	子ども	2.3
11	その他	7.4

1.7

F5　普段よく話す友人は何人いますか。(数字を記入)

　　A　男性　　　　　　　　回答者ベース　N = 146　　7.4人

　　B　女性　　　　　　　　回答者ベース　N = 149　　11.8人

F6　今現在、アルバイトをしていますか。(一つだけ)

全体ベース　N = 176

1	している	8.5
2	していない	84.1

7.4

F7　あなたがお持ちの情報機器の台数。(数字を記入)

全体ベース　N = 176　　2.4台

あとがき

　本書のタイトルである『海外日本人社会とメディア・ネットワーク』は、編者の3人が相談して決めたものであるが、確信があってそうしたわけではない。本当のところは何となくそうなったと言うべきであろう。とはいえ、3人が本書にたいして共通に抱く思いはある。それはひとことで言うと、移動をベースに据えるということである。当然のことながら、移動が人びとのなかにどのように身体化され、「共同性」というものを形成してきたかが問われざるを得ない。ちなみに、この「共同性」について、伊豫谷登士翁は次のように述べている（伊豫谷「移動のなかに住まう」）。

　　「共同性を共有する人びとの集団があり、移動した人びとは、その共同性を抱き続ける、あるいは新しい故郷を創りあげる。古里への帰郷、戻れぬ故郷といった物語である。しかし実際は、戻るべき物語への帰郷という物語は、しばしば幻想であった。これまでの移民研究でしばしば指摘されてきたように、移動こそが共同性を生み出し、戻るべき場所を創り出したのである。移動は、成功したがゆえに戻らず、失敗したがゆえに戻れない。そしていま、移動する人びとを戻るべき場所と結びつけてきた共同性という神話が崩壊してきている。」

　本書において、伊豫谷のいう「共同性」、そしてそこにひそむ故郷という物語をどの程度浮き彫りにすることができているかと問われると、はなはだ心もとないが、人の移動という現象を通して、その底流をなしている劇的に変化しているものにある程度接近することができたのではないかと考えている。専門的な立場からすれば、本書が移民研究の系に位置づくのか、それともグローバリゼーション・スタディーズの系に位置づくのかといったことは重要な問題圏を構成するのかもしれないが、わたしたちからすれば、そのようなことは所詮、副次的なものでしかない。

本書はもともと、吉原を代表とする平成24年度〜26年度基盤研究B（「海外日本人社会における移民主体の変容とコミュニティの再形成に関する経験的研究」）および平成25年度〜28年度基盤研究B（「アジアメガシティの多層化するモビリティとコミュニティの動態に関する経験的研究」）によって得られた知見にもとづいている。その前の基盤研究A（海外研究）、さらに東北大学グローバルCOEで得られた知見を加えると、10年近くの現地調査の成果を集約したものであるといえる。正直いって、時間をかけた割には核心に迫り得ていないという思いはあるが、今回はとりあえず前記の平成25年度〜28年度基盤研究Bにもとづく中間成果報告書として刊行することにした。

さていま述べたように、本書につながる現地調査はほぼ10年にわたっておこなってきたことになるが、最初から編者3人が足並みを揃えて現地に入ったわけではない。私以外の2人の編者、すなわち今野裕昭氏と松本行真氏は途中から加わった。それは基盤研究Bがはじまった頃だっただろうか。それ以降、3人は年平均3〜4回、同じ飛行機で赤道を越えた。私に関していうと、その間、3ヶ月ほどウダヤナ大学の客員教授をつとめたので、二人よりも現地滞在時間がやや長かった。現地調査のスタイルは、今日に至るまで驚くほど変わっていない。インフォーマントに連絡をしてアポイントメントをとって訪ねていく。そして数時間かけて聞き、聞き返される。それを数十回にわたって繰り返してきた。何十冊ものノートが乱雑にしるされた文字で埋まった。

いつもバリのなかの旅はきまっていた。サヌールからウブドへ、そしてウブドからサヌールへ。この往還の旅をどれだけおこなったことであろうか。道の両側にならぶ椰子の木々、そしてその向こう側に見え隠れする棚田がいつの間にか目に焼きついていた。舗装されているとはいえ、ところどころ穴のあいた道路をクーラーの効かないわたしたちの車が疾走する。対向者がひっきりなしにやってくる。一つ間違えば、大事故だ。それでいて、いつも「ゴムの時間」との戦いであった。

常宿であるホテルでは、毎朝、朝食のときに日程の調整をおこなった。ヒヤリングを終えてホテルに帰ってきてからは、夕食をかねてその日に知り得

たことを3人で語り合った。

　最初は暗中模索の状態であった。そしてヒヤリングを重ねるごとに最初に設定したテーマが大きすぎることに気づき、それを焦点化するのに苦労した。とりわけテーマの背後にある理論レベルのイシューをめぐって、さらにそれをどう調査のレベルで具体化するのかをめぐって喧々諤々の議論が続いた。その場合、松本行真さんは「行動隊長」として軽やかで柔軟な意見を、今野裕昭さんは「慎重居士」としての抑制の効いた議論をおこなうのが常であった。そして私はといえば、二人の議論を聞きながら途方に暮れるのであった。結局、わたしたちが直面していたのは、フィールドにおける複雑に絡み合った事象を前にして、自分たちの立ち位置をどう確立するかということであったように思う。このことは、あとになってわかったことだが、最初にテーマ設定した際に設けた前提や枠組みを問い直す作業でもあった。そこでは、わたしたちがおこなっていることが移民研究に属するのか、それともグローバリゼーション・スタディーズに属するのかという問いの設定じたい、空しいものであった。

　それにしても、フィールドでこのような体験をすることができたのは幸運であった。というのも、わたしたちが普段ややもすれば抽象的な議論に陥りがちなグローバリゼーションの実相をテーマに引き寄せて明らかにすることができたからである。バリの日本人社会をみることは、単に移民社会／エスニック・コミュニティの変容をみるということにとどまらず、今日のグローバルな社会における移動、越境、そしてナショナリティのありようを検討することにもつながる。バリはこのところグローバル・ツーリズムの進展とともに、「グローバル・ブランド」としての地位を獲得しつつある。そうしたなかで、バリの日本人社会にアクセスすることは、移動からグローバリゼーションをみる際の有力な手がかり（方法視角）を得ることになるのである。わたしたちがそのことをどれだけ意識していたかはさておき、異郷にいて実に貴重な体験をしたといえよう。

　それにしてもさまざまなことがあった。わたしたちはフィールドで実に多くの日本人に出会った。そうしたインフォーマントの大半はいまもバリにい

る。しかし帰国した人もいれば、亡くなった方もいる。前掲の伊豫谷さんが指摘しているように、海外の日本人が「移動のなかに住まう」／「旅のなかに住まう」のであれば、こうした出会いと別れは基本的に避けられないと思う。しかしどのような形であれ、会えなくなってしまった方がたには心が残る。去ってしまった人たち、そして逝ってしまった人たち——かれら／かの女らは最後に日本をどう感じたのであろうか。わたしたちがフィールドで途方に暮れて立ち往生しているときに、かれら／かの女らの多くは実に優しかった。遠くにいる人が近くにみえた。聞くものと聞きかえすものとの間で「等身大のささやき」が交わされた。フィールドの現場で存在論的に出会うというのは、まさにこういうことをいうのであろう。

　そうしたなかでとりわけSさんのことが気にかかる。Sさんは、わたしたちのかけがえのないインフォーマントでありパートナーであった。いやいまもそうであるのだが、このところ重い病を得て病床に伏しがちであると聞いている。Sさんは、わたしたちが日本人社会に入るときに、いつもやさしく誘ってくれた。それだけでなく、わたしたちが「日本人からみたバリ」と「バリ人からみた日本」との間のギャップに戸惑っていたときに、数々の適切なアドバイスをしてくれた。どれだけ助かったことであろうか。いつかSさんのライフヒストリーを書きたいと考えている。日本人として生まれ、バリに生き、そしてどう生き抜いてきたのかを、Sさんとともに振り返ってみたいのである。いま一度、Sさんと日常的生活者として出会いたい。

　もちろん、出会ったのは日本人だけではない。日本人社会の周辺で多くのバリ人、そしてバリ人以外の異国の人びととも出会った。当然といえばそれまでだが、日本人社会はこれらの人びととともにある。わたしたちは積極的にこれらの人びとと会話を重ねてきた。こうした人びとの日本人および日本人社会へのまなざしがひどく気にもなっていた。そうした人びとのなかで地元のウダヤナ大学のスタッフとは早い段階で近しくなった。とりわけイ・マデ・センドラさん、イ・マデ・ブディアナさんの両氏は、気がついたら、わたしたちの研究パートナーになっていた。そしていまや両氏、とりわけ後者のブディアナさんは、わたしたちの現地調査において欠かせない人になって

いる。かれを通してディープ・バリにも足を運ぶようになった。

　本書の基礎は、以上のような経緯、人的な交流のなかでできあがった。とはいえ、刊行されてしまった以上、本書の内容は、ある意味で一人歩きしてしまわざるを得ない。吉村昭がいみじくも指摘しているように「［作品は］それが作者の手もとからはなれると、読者一人一人の思いのままに扱われる」（吉村『白い遠景』）のは避けられないのである。もちろん、研究者であれば、本書が関連分野においてどれだけパラダイム・シフトを果たしているかとか新しい枠組みを打ちだしているかなどといったことが問題になるのかもしれない（このことは、序章でも若干言及している）。しかし、それも相対的な評価にかかわる問題であろう。基本的には、バリの日本人社会の「いま」にどれだけ迫り得ているのか、そしてその「いま」がグローバリゼーションの機制のもとでどのような変化の兆しを内包しているのかを、どれだけヴィヴィドに描き切れているのかが問われることになろう。いずれにせよ、最終的には読者の判断にゆだねるしかない。

　併せて、その読まれるという行為を前提にして本書の内容構成を正確に伝えるために、みてきたような経緯、人的な交流の外にいた／いる何人かの方がたに寄稿をお願いしたことを記しておく必要があるだろう。それには別に深い理由があったわけではない。ひとことで言うと、わたしたちの及ばないところに参加してもらったのである。もっとも、ただ身近にいるとか頼みやすいなどということでお願いしたのではない。いずれの方がたも、バリの日本人社会をよく知っていて、すでに関連するいくつかの論文を発表している。さらにアドホックにわたしたちの現地調査に参加した経験も有している。結果的に適材適所であったと考えている。

　なお、本書の内容の一部は、ウダヤナ大学と大妻女子大学のそれぞれで開催された国際セミナーですでに報告されている。ちなみに、このセミナーには両大学の学生が数多く参加し、海外日本人社会にたいする知見に接するとともに、グローバルな移動への関心を深めることになった。またセミナー終了時に実施したアンケート調査結果はその後の現地調査に反映された。こう

したセミナーの開催は、本書刊行を側面から支えたという点できわめて重要な役割を果たしたといえる。

　赤道の向こう側のフィールド・ワークは共同研究のフロンティアの部分である。しかしそのフィールド・ワークが成功するためには、現地調査で得た知見を集約しそれを一定の形にするための、日常的な作業の場＝ホームが必要である。吉原研究室がそれであったわけだが、ここに今野、松本の両氏がしばしば通い議論の場となった。ここに遠くバリからブディさんが来ることもあった。そしてこの場にはいつも玉土身和子さんがいて、面倒な仕事を嫌な顔一つせずこなしてくれた。本書刊行を文字通り下から支えてくれたと考えている。

　最後になったが、東信堂編集部の向井智央氏には本書刊行にあたって大変お世話になった。向井氏にはこれまでもいくつかの作品を世に送りだしていただいたが、今回は企画から刊行までの時間が十分にとれず迷惑のかけ通しであった。向井さんの献身的な支えがなければ、本書の刊行はあり得なかっただろう。心よりお礼申し上げる次第である。

2016 年 2 月
吉原 直樹

事項索引

ア行

アイデンティティ　5, 7-10, 19-21, 45, 52, 109, 199, 203, 250
　ナショナル・──　11, 225, 249, 252
　ナショナリティ・──　250
アソシエーション　52, 149
アダット　11
移動
　選べない──　40, 42, 46, 47, 49, 50, 221, 222
　選べる──　42, 43, 45, 47, 49, 221, 222, 409
　帰れない──　47, 49
　強制的──　39
　非強制的──　39
移民
　──の非男性化　7
　官約──　25, 40
　企業──　6, 8, 31, 34, 40-44, 46, 52, 148, 202, 204, 221, 222, 249, 250, 252, 395
　帰国──　28
　経済──　291
　契約──　26
　国策──　6, 30, 31, 34, 37, 40-42, 46, 204, 221, 222, 249, 252
　政治──　291
　戦後──　31
　ブラジル──　29, 30, 34
　文化──　7, 37, 42, 220, 221, 291
　分村──　30
　亡命──　27, 33
　北海道──　28, 29
　満州──　30, 34, 40, 204
　ライフスタイル──　7, 31, 35, 37, 40, 42-46, 50, 53, 148, 178, 202, 204, 220-222, 226, 240, 249, 252, 278, 287, 291, 292, 302, 303, 354, 355, 394, 395, 409
　リタイアメント──　7
　労働──　28, 31, 33, 34, 353
イメージ
　──形成　160, 161, 278, 309, 310, 311
　日本──　309-311, 323, 327, 350
インターナショナルスクール　42, 113, 132, 134
エスニシティ　19, 21, 22, 395
　つくられる──　10
エスノスケイプ　203
エンクレイブ　193
　──化　190, 191
ODA　60, 71, 80, 81
オリエンタリズム　44, 52, 222, 246, 303
　──的バイアス　285, 286, 301

カ行

会社
　（カイシャ）社会　41, 43, 44
　──縁　42
ガラパゴス化　43
間国家的　9, 10
棄民　40, 41, 46, 49, 50, 53, 221
　──化　42, 45, 46, 253
　──の物語　52
9.11 同時多発テロ　106
共同企業体　75, 80
凝集性　10, 246
共同性　4, 246, 441
グローカル・アトラクタの問題圏　12
グローバル
　──・コンプレキシティ　9
　──・スタンダード　142
　──・ツーリズム　11, 38, 148, 204, 443
グローバル化 (グローバリゼーション)
　3-7, 12, 20, 37, 39, 40, 42, 49-52, 59, 82, 85, 86, 126, 145, 146, 202, 225, 226, 281, 443, 445
結婚
　国際──　7, 61, 67, 71-76, 79, 81-, 83, 85, 92, 94-98, 100, 113, 118, 134-137, 153, 154, 203, 226, 285-289, 291-299, 301-303, 405
　上昇（ハイパガミー）志向──　285
ケチャック瓦版　66, 86, 87, 94, 107, 176, 196, 197

血統主義　294
ゲート空間　354, 394
原発災害　46
公共性　354, 394
　国際——　145
国策自治会　47
国籍唯一の原則　293
国民国家　19, 40, 41, 49, 145, 146
ココナッツだより　66, 67
個人化　355, 391, 394
コミュニタリアニズム（共同体主義）　48
コミュニティ
　エスニック・——　8-12, 20, 38, 202, 203, 240, 443,
　ゲーテッド・——　353-356, 367, 368, 370, 372, 375, 380, 382, 389-395
　宗教——　20
　ネットワーク型——　50
　——期待論　48
　——の問題　12-14
　——パラダイム　14
コミュニケーション
　——ツール　247, 248
コロニアル　3, 6, 13, 21, 40, 50, 51, 203, 221, 222, 368, 370, 371,
　ポスト——　3, 5, 6, 11, 13, 41, 50, 53, 203, 221, 222

サ行

在留資格　285, 292, 293, 295-298, 300-302
3 高　287, 288
3 C　288
惨事便乗型資本主義　48
サンフランシスコ講和条約　57
私化　355, 391, 394
時間と空間の圧縮　9, 145, 397
私生活主義　246
JICA　13, 56, 59-61, 71-73, 80, 82, 86, 93, 101, 134-136
社会観　398, 408, 409, 413
JAL
　——直行（直航）便　70, 74, 75, 82, 98, 115, 133, 257,
　——直行（直航）便廃止（撤退）　78, 107, 133

消費　219, 264, 266, 268, 272, 273, 275, 276, 278, 281, 412
情報環境　19, 51, 146, 190, 191, 193, 197-199, 202, 203, 220, 247, 248, 256-258, 274, 277, 282, 309, 397, 398
新自由主義（的）　48, 50, 53
人身売買　24
生活
　——の共同　10, 48, 53
　——の私事化　53
生地主義　294
セーフティネット　10, 50, 67, 79, 163, 190, 221, 227, 241, 249
セキュリティ　235, 353, 354, 370, 384, 386
選択縁　409
創発
　——性　51
　——的　10
外こもり　355, 392, 394, 395

タ行

第 1 世代　82, 84, 91, 92, 95, 99, 100, 128, 139, 141, 142, 241, 242, 246, 250
第 2 世代　82, 85, 86, 92, 95, 97, 98, 99, 101, 128, 139, 241, 242
第 3 世代　79, 83-86, 99, 241
脱
　——統合的　10, 44, 148, 227
　——ナショナリティ　44, 163, 193, 202, 203
通貨危機　106, 124, 126, 133
ディアスポラ　6, 7, 8, 12, 13, 20-22, 33, 38
　——の類型　33
　——・メディア　42, 204
　グローバル・——　8, 20, 38, 43
帝国主義　28
ディバイド（分岐、裂開）　154, 220, 248, 310, 311, 326, 327, 350, 394, 395
　デジタル・——　247
出稼ぎ　26, 28, 37
テロ
　9.11 同時多発——　106, 133, 257
　爆弾——　74, 77, 87, 106, 107, 133, 147, 266, 366, 390
同化　6, 8, 11, 38, 48, 141, 142, 168, 195, 202,

　　　　246, 250
トランスナショナル　　4, 8, 9, 11

ナ行

ニーズ　　47, 115, 190, 200, 227, 250, 256, 261, 269, 274, 276-278, 398
日系人　　19, 55, 56, 61, 62, 68, 71, 73, 82, 83, 84, 97, 100, 101, 119, 128, 129, 136, 141-143
ネットワーク　　3, 4, 9, 11, 12, 24, 34, 79, 84, 145, 146, 159, 163, 167, 168, 174, 178, 189, 203, 207, 208, 214-216, 220, 226, 227, 230, 231, 233, 235, 239, 240, 246-250, 255, 266, 277, 281, 282, 309, 409
　メディア・──　　10
年金族
　ひきこもり──　　239, 240, 246, 247, 249, 252, 253

ハ行

賠償留学生（ハンパサン）　　96, 121, 252
ハイブリッド
　──化　　51
　──社会　　240
　──なバリ　　371, 392
　──なもの　　145
ハイブリディティ　　4, 7, 13
ハブ　　214, 216, 218, 220, 222, 277
バリ
　──日本人会の歩み　　59, 61, 68, 71-73, 86, 87, 135
　──日本友好協会　　60, 76, 126
　──日本語補習（授業）校　　56, 57, 59, 60, 62, 66, 75, 76, 79-81, 83, 87, 99, 105, 107, 113, 126, 134, 362
　──日本人会　　55, 56, 59-63, 71, 75, 78, 79, 81, 82, 84, 86, 92, 94, 97-99, 101, 107, 114, 126, 128, 133, 136, 139, 141, 149, 151, 155, 204, 225, 250
　──ラサ・サヤン　　126, 127
バンジャール　　11, 378, 391, 402, 410
東日本大震災　　38, 48, 277, 319, 367
被曝　　38, 46, 47, 53
非場所性　　392, 394
フリー

　　──ペーパー　　270, 274, 276, 282
　　──マガジン　　200
ホスト
　　──社会　　8, 10, 20, 22-24, 26, 33, 51
　　──地　　21, 28, 33, 34
ボーダレス　　8, 37, 39, 42, 202
ホーム
　　──社会　　21
　　──地　　20, 21, 28, 33, 34
　　──ランド社会　　23

マ行

マイノリティ
　ポジティヴ・──　　10
　モデル・──　　6, 7, 10, 38, 195, 241
まなざし　　5, 7, 8, 38, 203, 256, 258, 266, 267, 273, 274, 276, 277, 312, 398, 408, 409, 413, 444
満蒙開拓団　　30
民衆知　　410
メディア
　　──・ミックス　　275, 282
　印刷──　　191, 201, 202, 295
　映像──　　295
　エスニック・──　　12, 190, 191, 193, 201, 204
　放送──　　201
モーティリティ　　355, 391, 394, 395
モナド　　146
モビリティ　　4, 5, 6, 8, 11, 13, 14, 51, 353-355, 391-395
　　──スタディーズ　　12, 13, 50, 51, 203
　　──ストラテジー　　355, 394
　ヴァーチャルな──　　355, 391, 393

ラ行

ライフスタイル
　　──志向（型）　　150, 289, 302
楽園通信　　66, 86, 176
リーダー　　238, 239
　　──シップ　　56, 228
リタイアメント
　　──層　　44-46, 49, 52, 53, 78, 79, 150, 222
　　──ビザ　　53, 235, 252
リンク　　214-216, 222
ロングステイ　　7, 148, 291

人名索引

ア行

アーリ（Urry, J.）　4, 9, 14, 12, 37, 38, 51, 202, 252, 278, 355, 395, 398
アーレント（Arendt, H.）　53
アパデュライ（Appadurai, A.）　4, 13, 278
蘭信三　204
アンダーソン（Anderson, B.）　145
池本幸三　24
イ・ニョマン・ブレレン（平良定三）　92
伊豫谷登士翁　8, 9, 441
岩生成一　23
岩﨑典子　351
ウィナルソ（Winarso, H.）　395
ウィルソン（Wilson, T. W.）　28
上野千鶴子　409
岡戸浩子　287
岡部牧夫　26
小倉千加子　288
小野真由美　291
オレイリー（O'Reilly, K.）　291
オン（Ong, A.）　44

カ行

夏素彦　350
カウフマン（Kaufmann, V.）　395
加賀美常美代　310
柿原武史　287
片寄美惠子　303
金沢泰子　303
金子堅太郎　27
河原俊昭　287
ギアーツ　410
ギデンズ（Giddens, A.）　53
キャス（Cass, N.）　395
クスノキイチエモン　23
クライン（Klein, N.）　48
グラント（Grant, J. L.）　353
クリフォード（Clifford, J.）　8

グリヤ（Geriya, I. W.）　203, 204, 222
ケッセルリンク（Kesselring, S.）　355
ケルスキー（Kelsky, K.）　303
見城悌治　310
小泉康一　203, 204, 252
コーエン（Cohen, R.）　8, 20, 21, 38
コーザー（Koser, K.）　291
小林英夫　57
コンスタブル（Constable, N.）　303

サ行

サイード（Said, E. W.）　303
坂口満弘　28
佐藤成基　252
佐藤真知子　7, 37, 42, 291
サフラン（Safran, W.）　20
シェーラー（Sheller, M.）　355, 395
島村麻里　7, 395
下川裕治　395
シマルマタ（Simarmata, A.）　395
ショーブ（Shove, E.）　395
白水繁彦　201
ズー（Zhu, J.）　395
スナイダー（Snyder, M. G.）　353, 395
スペックス（Specx, J.）　23
ソルニット（Solnit, R.）　47

タ行

竹下修子　287
張勇　310, 350
テドン（Tedong, P. A.）　353, 395

ナ行

中隅哲郎　29

ハ行

ハーヴェイ（Harvey, D.）　3, 9, 53, 145, 397
バウマン（Bauman Z.）　145

朴志仙　310
馬場辰猪　27
浜田晋　240
菱山宏輔　353, 355, 394, 395
ヒューダラー（Hudalah, D.）　395
ファーマン（Firman, T.）　395
藤田結子　7, 37, 42, 225, 291
二松啓紀　30
プリングル（Pringle, R.）　52, 222
ブレークリー（Blakely, E. J.）　353, 395
ベンソン（Benson, M.）　291
ホール（Hall, C. M.）　291

マ行

松下慶太　311
松田義幸　263
松村章子　303
マヤコフスキー（Mayakovskii, V.）　5
三村達哉　310
武藤山治　26
メッザードラ（Mezzadra S.）　4, 13, 9
森木和美　294
モーリス・スズキ（Morris-Suzuki, T.）　5

守谷智美　310

ヤ行

山口誠　278
山下晋司　8, 13, 37, 43, 226, 278, 291, 395
山田昌弘　303
山田長政　24
山田鐐一　294
山中速人　25
吉田正紀　226, 287
吉原直樹　11, 13, 14, 31, 53, 84, 148, 204, 252, 256, 265, 291, 395
吉村昭　445
嘉本伊都子　303

ラ行

ラッツァラート（Lazzarato, M.）　53
ラッセン（Lassen, C.）　395
ラムズドン（Lumsdon, L.）　278

ワ行

渡辺靖　145

執筆者紹介 （執筆順、○印編者）

○吉原　直樹（序章、2章、5章、6章、7章）
　　奥付参照

前山総一郎（まえやま　そういちろう）（1章）
　　福山市立大学都市経営学研究科大学院教授
　　1959年生　東北大学大学院文学研究科博士後期課程修了　博士（文学）
　　主要著作：『アメリカのコミュニティ自治』（南窓社、2004年）、『コミュニティ自治の理論と実践』（東京法令出版、2009年）、『直接立法と市民オルタナティブ——アメリカにおける新公共圏創生の試み』（御茶の水書房、2009年）

○今野　裕昭（3章、4章）
　　奥付参照

○松本　行真（5章、8章、10章、12章）
　　奥付参照

ニ・ヌンガー・スアルティニ（NI NENGAH SUARTINI）（9章）
　　東北大学大学院文学研究科博士課程後期
　　1974年生　修士（社会学）
　　主要著作：「洪水の襲来に悩むジャカルタ」『アジア遊学第90号——ジャカルタのいまを読む』（勉誠出版、2006年、pp.67-70)、「バリ語における尊敬語・謙譲語」「アグン山」『変わるバリ変わらないバリ』（倉沢愛子・吉原直樹編、勉誠出版、2009年、pp.244-250、pp.284-86）

イ・マデ・ブディアナ（I MADE BUDIANA）（10章）
　　ウダヤナ大学文学部・専任講師
　　1977年生　ウダヤナ大学大学院修士課程修了　修士（言語学）
　　主要著作：「バリにおける日本人社会と多重化する情報環境——予備的分析」、『東北大学文学研究科研究年報　第59号』（2009年、吉原らとの共著）、「バリにおける日本人向けメディアの動向——予備的考察」、『ヘスティアとクリオ』No.10（2011年、吉原らとの共著）

菱山　宏輔（ひしやま　こうすけ）（11章）
　　鹿児島大学法文学部准教授
　　1977年生　東北大学大学院文学研究科博士後期課程修了　博士（文学）
　　主要著作：『移動の時代を生きる——人・権力・コミュニティ』（共編著、東信堂、2012年）、『防災の社会学 第二版——防災コミュニティの社会設計に向けて』（共著、東信堂、2012年）、『グローバル・ツーリズムの進展と地域コミュニティの変容』（共著、御茶の水書房、2008年）

吉原　直樹（よしはら　なおき）
大妻女子大学社会情報学部教授、東北大学名誉教授、日本学術会議連携会員
1949 年生　慶應義塾大学大学院社会学研究科単位取得退学　社会学博士
主要著作：『震災と市民』1・2（共編著、東京大学出版会、2015 年）、『防災の社会学第二版』（編著、東信堂、2012 年）、『モビリティと場所―― 21 世紀都市空間の転回』（東京大学出版会、2008 年）

今野　裕昭（こんの　ひろあき）
専修大学人間科学部教授
1949 年生　東北大学大学院教育学研究科博士後期課程中途退学　博士（社会学）
主要著作：「観光リゾート都市バリの光と影」『変わるバリ 変わらないバリ』（倉沢愛子・吉原直樹編、勉誠出版、2009 年）、「グローバル化と地方分権化のなかのデサ」『グローバル・ツーリズムの進展と地域コミュニティの変容』（吉原直樹編、御茶の水書房、2008 年）。「都市中間層の動向」『グローバル化とアジア社会』（新津晃一・吉原直樹編、東信堂、2006 年）

松本　行真（まつもと　みちまさ）
東北大学災害科学国際研究所准教授
1972 年生　東北大学大学院情報科学研究科博士課程後期修了　博士（情報科学）
主要著作：『被災コミュニティの実相と変容』（御茶の水書房、2015 年）、『東日本大震災と被災・避難の生活記録』（共編著、六花出版、2015 年）、「都市と相互作用の世界」『交響する空間と場所 Ⅰ ―― 開かれた都市空間』（吉原直樹・堀田泉編、法政大学出版局、2015 年）

海外日本人社会とメディア・ネットワーク――バリ日本人社会を事例として

2016 年 2 月 29 日　初　版第 1 刷発行　　　　　　　　　〔検印省略〕

＊定価はカバーに表示してあります

編著者 © 吉原直樹・今野裕昭・松本行真　発行者 下田勝司　印刷・製本　中央精版印刷

東京都文京区向丘 1-20-6　郵便振替 00110-6-37828
〒 113-0023　TEL 03-3818-5521（代）FAX 03-3818-5514
E-Mail tk203444@fsinet.or.jp　URL:http://www.toshindo-pub.com/
発行所　株式会社 東信堂
Published by TOSHINDO PUBLISHING CO.,LTD.
1-20-6, Mukougaoka, Bunkyo-ku, Tokyo, 113-0023, Japan

ISBN978-4-7989-1343-8 C3036

東信堂

書名	著者	価格
海外日本人社会とメディア・ネットワーク——パリ日本人社会を事例として	今野裕昭編著	四六〇〇円
移動の時代を生きる——人・権力・コミュニティ 国際社会学ブックレット1	吉原直樹監修	三三〇〇円
国際社会学の射程——日韓の事例と多文化主義再考 国際社会学ブックレット2	西原和久・芝真里編訳	二二〇〇円
国際移動と移民政策 国際社会学ブックレット3	西原和久・有本かほり編著	一〇〇〇円
トランスナショナリズムと社会のイノベーション——越境する国際社会学とコスモポリタン的志向	西原和久	一三〇〇円
現代日本の地域分化——センサス等の市町村別集計に見る地域変動のダイナミックス	蓮見音彦	三八〇〇円
地域社会研究と社会学者群像——社会学としての闘争論の伝統	橋本和孝	五九〇〇円
「むつ小川原開発・核燃料サイクル施設問題」研究資料集	舩橋晴俊編著	一八〇〇〇円
組織の存立構造論と両義性論——社会学理論の重層的探究	舩橋晴俊	二五〇〇〇円
新版 新潟水俣病問題——加害と被害の社会学	飯島伸子・舩橋晴俊編	三八〇〇円
新潟水俣病をめぐる制度・表象・地域	関礼子編	五六〇〇円
新潟水俣病問題の受容と克服	堀田恭子	四八〇〇円
公害被害放置の社会学——イタイイタイ病・カドミウム問題の歴史と現在	渡辺伸一・藤川賢・飯島伸子編	三六〇〇円
自立支援の実践知——阪神・淡路大震災と共同・市民社会	似田貝香門編	三八〇〇円
[改訂版] ボランティア活動の論理——ボランタリズムとサブシステムズ	西山志保	三六〇〇円
自立と支援の社会学——阪神・淡路大震災と共同・市民社会	似田貝香門編	三八〇〇円
個人化する社会と行政の変容——情報、コミュニケーションによるガバナンスの変容	佐藤恵	三三〇〇円
《大転換期と教育社会構造：地域社会変革の社会論的考察》	藤谷忠昭	三八〇〇円
第1巻 教育社会史——日本とイタリアと	小林甫	七八〇〇円
第2巻 現代的教養Ⅰ——生活者生涯学習の地域的展開	小林甫	六八〇〇円
第2巻 現代的教養Ⅱ——技術者生涯学習の生成と展望	小林甫	六八〇〇円
第3巻 学習力変革——地域自治と社会構築	小林甫	近刊
第4巻 社会共生力——東アジアと成人学習	小林甫	近刊

〒113-0023 東京都文京区向丘1-20-6　TEL 03-3818-5521　FAX 03-3818-5514　振替 00110-6-37828
Email tk203444@fsinet.or.jp　URL:http://www.toshindo-pub.com/

※定価：表示価格（本体）＋税

東信堂

〈シリーズ 社会学のアクチュアリティ：批判と創造 全12巻+2〉

書名	編者	価格
クリティークとしての社会学——現代を批判的に見る眼	西原和久編	一八〇〇円
都市社会とリスク——豊かな生活に見る眼	都築京子編	一八〇〇円
言説分析の可能性——社会学的方法の迷宮から	三浦野田正弘編	二〇〇〇円
グローバル化とアジア社会——ポストコロニアルの地平	武川正吾編	二三〇〇円
公共政策の社会学——社会的現実との格闘	吉原直樹編	二二〇〇円
社会学のアリーナへ——21世紀社会を読み解く	友枝敏雄編	二三〇〇円
モダニティと空間の物語——社会学のフロンティア	厚東洋輔編	二二〇〇円

〈地域社会学講座 全3巻〉

書名	監修	価格
地域社会学の視座と方法	似田貝香門監修	二五〇〇円
グローバリゼーション/ポスト・モダンと地域社会	古城利明監修	二五〇〇円
地域社会の政策とガバナンス	矢澤澄子監修	二七〇〇円

〈シリーズ世界の社会学・日本の社会学〉

書名	著者	価格
タルコット・パーソンズ——最後の近代主義者	中野秀一郎	一八〇〇円
ゲオルグ・ジンメル——現代分化社会における個人と社会	居安正	一八〇〇円
ジョージ・H・ミード——社会的自我論の展開	船津衛	一八〇〇円
アラン・トゥーレーヌ——現代社会のゆくえと新しい社会運動	杉山光信	一八〇〇円
アルフレッド・シュッツ——社会的時間と主観的空間	森元孝	一八〇〇円
エミール・デュルケム——危機の時代と社会学	岩城完之	一八〇〇円
レイモン・アロン——再建と社会学する亡命者の時代	吉田浩	一八〇〇円
フェルディナンド・テンニエス——ゲマインシャフトとゲゼルシャフト	澤井敦	一八〇〇円
カール・マンハイム——時代を診断する亡命者	園部雅久	一八〇〇円
ロバート・リンド——アメリカ文化の内省的批判者	鈴木富久	一八〇〇円
アントニオ・グラムシ——『獄中ノート』と批判社会学の生成	佐々木衛	一八〇〇円
費孝通——民族自省の社会学	藤本雅弘	一八〇〇円
奥井復太郎——都市社会学と生活論の創始者	山本鎮雄	一八〇〇円
新明正道——綜合社会学の探究	中島久滋	一八〇〇円
米庄保太郎——新総合社会学の先駆者	川合隆男	一八〇〇円
高田保馬——理論と政策の無媒介的統一	蓮見音彦	一八〇〇円
戸田貞三——家族研究の軌跡		一八〇〇円
福武直——実証社会学の民主化と社会主義化を推進・現実化		一八〇〇円

〒113-0023 東京都文京区向丘1-20-6　TEL 03-3818-5521　FAX03-3818-5514　振替 00110-6-37828
Email tk203444@fsinet.or.jp　URL:http://www.toshindo-pub.com/

※定価：表示価格（本体）＋税

東信堂

書名	編著訳者	価格
ベーシック条約集（二〇一六年版）	編集代表 薬師寺・坂元・浅田	二六〇〇円
国際人権条約・宣言集（第3版）	編集代表 薬師寺・薬師寺・小畑・徳川	三八〇〇円
ワークアウト国際人権法	代表坂元・ベネディック、小畑・徳川中坂・徳川編訳	三〇〇〇円
難民問題と『連帯』——人権を理解するために——EUのダブリン・システムと地域保護プログラム	中坂恵美子	二八〇〇円
難民問題のグローバル・ガバナンス	中山裕美	三二〇〇円
軍縮問題入門〔第4版〕	黒澤満編著	二五〇〇円
国際共生とは何か——平和で公正な社会へ	黒澤満編	二〇〇〇円
宰相の羅針盤——総理がなすべき政策	村上誠一郎	一六〇〇円
福島原発の真実——このままでは永遠に収束しない〔改訂版〕日本よ、浮上せよ！	村上誠一郎+21世紀戦略研究室	二〇〇〇円
——まだ遅くない——原子炉を「冷温密封」する！	+原発対策国民会議	
3・11本当は何が起こったか：巨大津波と福島原発	丸山茂徳監修	一七一四円
新版 世界と日本の赤十字——科学の最前線を教材にした暁星国際学園「ヨハネ研究の森コース」の教育実践	桝居 孝	二四〇〇円
解説 赤十字の基本原則〔第2版〕——世界最大の人道支援機関の活動	森 正孝	
赤十字標章の歴史——人道のシンボルをめぐる国家の攻防 人道機関の理念と行動規範	J・ピクテ 井上忠男訳	一〇〇〇円
赤十字標章ハンドブック	F・ブニヨン 井上忠男訳	一六〇〇円
医師・看護師の有事行動マニュアル〔第2版〕——医療関係者の役割と権利義務	井上忠男編訳	六五〇〇円
震災・避難所生活と地域防災力——北茨城市大津町の記録	井上忠男	二二〇〇円
〈シリーズ防災を考える・全6巻〉	松村直道編著	一〇〇〇円
防災の社会学〔第二版〕	吉原直樹編	三八〇〇円
防災の心理学——ほんとうの安心とは何か——防災コミュニティの社会設計へ向けて	仁平義明編	三三〇〇円
防災の法と仕組み	生田長人編	三三〇〇円
防災教育の展開	今村文彦編	三三〇〇円
防災と都市・地域計画	増田聡編	続刊
防災の歴史と文化	平川 新編	続刊

〒113-0023 東京都文京区向丘 1-20-6　TEL 03-3818-5521　FAX03-3818-5514　振替 00110-6-37828
Email tk203444@fsinet.or.jp　URL:http://www.toshindo-pub.com/

※定価：表示価格（本体）＋税

東信堂

書名	著者	価格
園田保健社会学の形成と展開	山手茂男編著	三六〇〇円
社会的健康論	米林・須田・綿子	二五〇〇円
保健・医療・福祉の研究・教育・実践	園田恭一	三四〇〇円
研究道 学的探求の道案内	米田林喜男一茂編	二八〇〇円
福祉政策の理論と実際（改訂版）	平岡公一・武川正吾・山田昌弘・黒田浩一郎監修	二五〇〇円
認知症家族介護を生きる―新しい認知症ケア時代の臨床社会学	三重野卓編 平岡公一編	四二〇〇円
社会福祉における介護時間の研究―タイムスタディ調査の応用	井口高志	三八〇〇円 福祉社会学研究入門
発達障害支援の社会学	渡邊裕子	五四〇〇円
介護予防支援と福祉コミュニティ	木村祐子	三六〇〇円
対人サービスの民営化―行政・営利・非営利の境界線	松村直道	二五〇〇円
グローバル化と知的様式―社会科学方法論についての七つのエッセー	須田木綿子	二三〇〇円
社会的自我論の現代的展開	J・ガルトゥング 大矢澤修次郎訳	二八〇〇円
社会学の射程―ポストコロニアルな地球市民の社会学へ	船津衛	二四〇〇円
地球市民学を創る―地球社会の危機と変革のなかで	庄司興吉	三二〇〇円
現代日本の階級構造―理論・方法・計量分析	庄司興吉編著	三二〇〇円
文明化と暴力―エリアス社会理論の研究	橋本健二	四五〇〇円
人間諸科学の形成と制度化―社会諸科学との比較研究	内海博文	三四〇〇円
現代社会と権威主義―フランクフルト学派権威論の再構成	長谷川幸一	三八〇〇円
観察の政治思想―アーレントと判断力	保坂稔	三六〇〇円
インターネットの銀河系―ネット時代のビジネスと社会	小山花子	二五〇〇円
マナーと作法の社会学	M・カステル 矢澤・小山訳	三六〇〇円
マナーと作法の人間学	加野芳正編著	二四〇〇円
	矢野智司編著	二〇〇〇円

〒113-0023　東京都文京区向丘1-20-6　TEL 03-3818-5521　FAX 03-3818-5514　振替 00110-6-37828
Email tk203444@fsinet.or.jp　URL:http://www.toshindo-pub.com/

※定価：表示価格（本体）＋税

東信堂

書名	著者	価格
大学の自己変革とオートノミー——点検から創造へ	寺﨑昌男	二五〇〇円
大学教育の創造——歴史・システム・カリキュラム	寺﨑昌男	二五〇〇円
大学教育の可能性——教養教育・評価・実践	寺﨑昌男	二五〇〇円
大学は歴史の思想で変わる——FD・評価・私学	寺﨑昌男	二八〇〇円
大学改革 その先を読む	寺﨑昌男	二三〇〇円
大学自らの総合力——理念とSDそしてSD	寺﨑昌男	二四〇〇円
大学自らの総合力Ⅱ——大学再生への構想力	寺﨑昌男	
アウトカムに基づく大学教育の質保証——チューニングとアセスメントにみる世界の動向	深堀聰子 編	三六〇〇円
高等教育質保証の国際比較	羽田貴史・米澤彰純・杉本和弘 編	三二〇〇円
学士課程教育の質保証へむけて——学生調査と初年次教育からみえてきたもの	山田礼子	
主体的学び 創刊号	主体的学び研究所編	一八〇〇円
主体的学び 2号	主体的学び研究所編	一六〇〇円
主体的学び 3号	主体的学び研究所編	一六〇〇円
「主体的学び」につなげる評価と学習方法——カナダで実践されるICEモデル	Sヤング&Rウィルソン著 土持ゲーリー法一監訳	二五〇〇円
ポートフォリオが日本の大学を変える——ティーチング/ラーニング/アカデミック・ポートフォリオの活用	土持ゲーリー法一	二〇〇〇円
ティーチング・ポートフォリオ——授業改善の秘訣	土持ゲーリー法一	二五〇〇円
ラーニング・ポートフォリオ——学習改善の秘訣	土持ゲーリー法一	二五〇〇円
アクティブラーニングと教授学習パラダイムの転換	溝上慎一	二四〇〇円
大学生の学習ダイナミクス——授業内外のラーニング・ブリッジング	河井亨	四五〇〇円
アカデミック・アドバイジング——その専門性と実践 日本の大学へのアメリカの示唆	清水栄子	二四〇〇円
CT（授業協力者）と共に創る劇場型授業——新たな協働空間は学生をどう変えるのか	大山牧子・筒井洋一・木以和子 編著	二〇〇〇円
「学び」の質を保証するアクティブラーニング——3年間の全国大学調査から	河合塾編著	二八〇〇円
「深い学び」につながるアクティブラーニング——全国大学の学科調査報告とカリキュラム設計の課題	河合塾編著	二八〇〇円
アクティブラーニングでなぜ学生が成長するのか——経済系・工学系の全国大学調査からみえてきたこと	河合塾編著	二八〇〇円
初年次教育でなぜ学生が成長するのか——全国大学調査からみえてきたこと	河合塾編著	二八〇〇円

〒113-0023 東京都文京区向丘1-20-6　TEL 03-3818-5521　FAX 03-3818-5514　振替 00110-6-37828
Email tk203444@fsinet.or.jp　URL:http://www.toshindo-pub.com/

※定価：表示価格（本体）＋税

東信堂

書名	訳者/編者	価格
ハンス・ヨナス「回想記」	盛永審一郎・木下喬・馬渕浩二・山本達訳	四八〇〇円
責任という原理――科学技術文明のための倫理学の試み〔新装版〕	H・ヨナス／加藤尚武監訳	四八〇〇円
原子力と倫理――原子力時代の自己理解	H・ヨナス／尚武ほか訳	一八〇〇円
科学の公的責任――科学者と私たちに問われていること	小笠原道雄編	一八〇〇円
生命科学とバイオセキュリティ	小Th・リュット編訳	一八〇〇円
バイオエシックス入門〔第3版〕――デュアルユース・ジレンマとその対応	河原直人編著	二四〇〇円
医学の歴史	今井道夫・香川知晶編	二三八一円
死の質――エンド・オブ・ライフケア世界ランキング	今井道夫	四六〇〇円
生命の神聖性説批判	石川・小野谷・片桐・水野訳	四六〇〇円
医療・看護倫理の要点	丸祐一・奈良雅俊・飯田亘之訳	一二〇〇円
	加藤クーゼ・飯田訳	四六〇〇円
概念と個別性――スピノザ哲学研究	朝倉友海	四六〇〇円
〈現われ〉とその秩序――メーヌ・ド・ビラン研究	村松正隆	三八〇〇円
省みることの哲学――ジャン・ナベール研究	越門勝彦	三二〇〇円
ミシェル・フーコー――批判的実証主義と主体性の哲学	手塚博	三八〇〇円
カンデライオ（ブルジョルダーノ著作集・1巻）	加藤守通訳	三二〇〇円
原因・原理・一者について（ブルジョルダーノ著作集・3巻）	加藤守通訳	三二〇〇円
傲れる野獣の追放（ブルジョルダーノ著作集・5巻）	加藤守通訳	四八〇〇円
英雄的狂気（ブルジョルダーノ著作集・7巻）	加藤守通訳	三六〇〇円
〔哲学への誘い――新しい形を求めて 全5巻〕		
哲学の立ち位置	水野俊誠	二〇〇〇円
哲学の振る舞い	朝倉友海	
社会の中の哲学		
世界経験の枠組み		
自己		
画像と知覚の哲学――現象学と分析哲学からの接近	小熊正久・清塚邦彦編著	三六〇〇円
経験のエレメント――体の感覚と物象の経験	浅田淳一編	二九〇〇円
価値・意味・秩序――もう一つの哲学概論：哲学が考えるべきこと	松永澄夫・佐藤敷隆編	四六〇〇円
知覚・質と空間規定	伊佐敷隆弘編	三九〇〇円
哲学史を読むⅠ・Ⅱ	松永澄夫編	各三八〇〇円
食を料理する――哲学的考察	松永澄夫	二〇〇〇円
言葉の力（言葉の力第Ⅰ部）	松永澄夫	二五〇〇円
音の経験（音の経験・言葉の力第Ⅱ部）――言葉はどのようにして可能となるのか	松永澄夫	二八〇〇円

〒113-0023 東京都文京区向丘1-20-6　TEL 03-3818-5521　FAX 03-3818-5514　振替 00110-6-37828
Email tk203444@fsinet.or.jp　URL:http://www.toshindo-pub.com/

※定価：表示価格（本体）＋税

東信堂

書名	著者	価格
オックスフォード キリスト教美術・建築事典	P&L・マレー著 中森義宗監訳	三〇〇〇〇円
イタリア・ルネサンス事典	J・R・ヘイル編 中森義宗監訳	七八〇〇円
美術史の辞典	P・デューロ他 中森義宗・清水忠朗訳	三六〇〇円
書に想い 時代を読む	河田悌一	一八〇〇円
日本人画工 牧野義雄―平治ロンドン日記	ますこ ひろしげ	五四〇〇円
〈芸術学叢書〉		
芸術理論の現在―モダニズムから	尾崎信一郎	四六〇〇円
絵画論を超えて	谷川渥 藤枝晃雄編著	三八〇〇円
美を究め美に遊ぶ―芸術と社会のあわい	荻野厚志 田中佳編著	二八〇〇円
バロックの魅力	小穴晶子編	二六〇〇円
新版 ジャクソン・ポロック	藤枝晃雄	三八〇〇円
美学と現代美術の距離―アメリカにおけるその乖離と接近をめぐって	金悠美	三八〇〇円
ロジャー・フライの批評理論―知性と感受性の間で	要真理子	四二〇〇円
レオノール・フィニ―境界を侵犯する新しい一種	尾形希和子	二八〇〇円
いま蘇るブリア=サヴァランの美味学	川端晶子	三八〇〇円
〈世界美術双書〉		
バルビゾン派	井出洋一郎	二〇〇〇円
キリスト教シンボル図典	中森義宗	二三〇〇円
パルテノンとギリシア陶器	関隆志	二三〇〇円
中国の版画―唐代から清代まで	小林宏光	二三〇〇円
象徴主義―モダニズムへの警鐘	中村隆夫	二三〇〇円
中国の仏教美術―後漢代から元代まで	久野美樹	二三〇〇円
セザンヌとその時代	浅野春男	二三〇〇円
日本の南画	武田光一	二三〇〇円
画家とふるさと	小林忠	二三〇〇円
ドイツの国民記念碑―一八一三年	大原まゆみ	二三〇〇円
日本・アジア美術探索	永井信一	二三〇〇円
インド、チョーラ朝の美術	袋井由布子	二三〇〇円
古代ギリシアのブロンズ彫刻	羽田康一	二三〇〇円

〒113-0023 東京都文京区向丘1-20-6
TEL 03-3818-5521 FAX 03-3818-5514 振替 00110-6-37828
Email tk203444@fsinet.or.jp URL:http://www.toshindo-pub.com/

※定価：表示価格（本体）＋税